**Arbitragem Tributária
no Brasil**

Arbitragem Tributária no Brasil

2017

Marcelo Ricardo Escobar

ARBITRAGEM TRIBUTÁRIA NO BRASIL
© Almedina, 2017
AUTOR: Marcelo Ricardo Escobar
DIAGRAMAÇÃO: Almedina
DESIGN DE CAPA: FBA
ISBN: 978-858-49-3217-7

Dados Internacionais de Catalogação na Publicação (CIP)
(Câmara Brasileira do Livro, SP, Brasil)

Escobar, Marcelo Ricardo
Arbitragem tributária no Brasil / Marcelo Ricardo
Escobar. -- São Paulo : Almedina, 2017.
Bibliografia.
ISBN: 978-85-8493-217-7
1. Administração pública 2. Arbitragem (Direito) -
Brasil 3. Direito tributário I. Título.

17-03967	CDU-34:336.2(81)

Índices para catálogo sistemático:
1. Brasil : Arbitragem : Direito tributário 34:336.2(81)

Este livro segue as regras do novo Acordo Ortográfico da Língua Portuguesa (1990).

Todos os direitos reservados. Nenhuma parte deste livro, protegido por copyright, pode ser reproduzida, armazenada ou transmitida de alguma forma ou por algum meio, seja eletrônico ou mecânico, inclusive fotocópia, gravação ou qualquer sistema de armazenagem de informações, sem a permissão expressa e por escrito da editora.

Maio, 2017

EDITORA: Almedina Brasil
Rua José Maria Lisboa, 860, Conj.131 e 132, CEP: 01423-001 São Paulo | Brasil
editora@almedina.com.br
www.almedina.com.br

AGRADECIMENTOS

À Dora, pela eloquência contida na doçura do seu sorriso matinal, fonte inesgotável de inspiração diária.

À Laura, companheira de vida, de Direito e por Direito, pela dedicação incessante em nutrir o nosso relacionamento com o mel da vida, bem como pelas incontáveis leituras e discussões das versões preliminares, madrugadas adentro.

Aos meus pais Jonny e Jad por nunca olvidarem os valores essenciais e incutirem em mim a importância dos estudos.

À Elaine, Ingrid e Patrick pelo constante incentivo.

Ao Charlie, por demostrar os sacerdócios do Direito e por me franquear acesso aos seus três maiores tesouros: a Laura, seus estudos, e sua biblioteca jurídica.

À Carmem Sílvia, Elisa, Luísa e Leonardo, pelo apoio incondicional em todos os momentos.

Ao Prof. Livre-Docente Cláudio Finkelstein, por abrir todas as portas possíveis através de sua magnificência pessoal, acadêmica e profissional.

Aos membros do Grupo de Estudos em Arbitragem e Compra e Venda Internacional da PUC/SP, bem como aos integrantes das equipes do Vis Moot de Viena e Hong Kong, que tive a honra de treinar e aprender a todo momento.

Aos amigos portugueses, pelo pronto e gentil envio de material de pesquisa, em especial: ao Catedrático da Universidade de Coimbra, Prof. Dr. Diogo Leite de Campos; ao Vice-Reitor da Universidade Católica Portuguesa, Prof. Dr. Mario Aroso de Almeida; ao Catedrático da Universidade de Lisboa, Prof. Dr. Fausto de Quadros; e ao Conselheiro Jurídico do Tribunal Permanente de Haia, o Dr. João Vilhena Valério.

PREFÁCIO

A excelente dissertação do Doutor Marcelo Escobar integra-se num movimento de cidadania (jurídica), pós-Estado monopolista do Direito e da judicação.

Estado que hoje começa a reconhecer, a nível da judicatura, a existência dos cidadãos autores da resolução dos conflitos. A monopolização pelo Estado da criação do Direito e da resolução dos conflitos, afirmada desde os séculos XV/XVI, vem sendo lentamente mitigada pelo crescente protagonismo dos cidadãos na vida pública – aprofundamento do Estado-democrático a caminho do Estado dos cidadãos.

Aqui se integram a arbitragem e os outros meios de resolução dos conflitos.

Mas sendo os interessados, através dos árbitros por si nomeados, mais próximos da resolução do conflito, também terão a oportunidade de influenciar o Direito através do seu "Direito"(direitos), promovendo uma ordem jurídica mais próxima dos cidadãos.

A presente obra do Doutor Marcelo Escobar, tendo presente este ponto de partida, faz proficuamente uma análise sólida e aprofundada da arbitragem em matéria de Direito público, afastando com elevada técnica os obstáculos que lhe têm sido levantados.

Pelo percurso e pelas conclusões, é uma obra do presente virada para o futuro, indicando novos caminhos.

Uma tese no verdadeiro sentido do termo.

DIOGO LEITE DE CAMPOS
Professor Catedrático da Faculdade De Direito de Coimbra (Jub.)
Agregado em Direito (Univ. de Coimbra)
Doutor em Direito (Univ. de Coimbra e Paris II)
Doutor em Políticas Económicas e Sociais (Univ. de Paris IX)

SUMÁRIO

INTRODUÇÃO   13

1. PRESSUPOSTOS TEÓRICOS E METODOLÓGICOS   17
   1.1. A sociedade em rede e o Direito global como fontes de novas tecnologias jurídicas   17
   1.2. Interligação subsistêmica entre arbitragem e o Direito Tributário   23
   1.3. Hermenêutica   31

2. ARBITRAGEM NA ADMINISTRAÇÃO PÚBLICA   41
   2.1. Conceitos   41
       2.1.1. Arbitragem   41
          2.1.1.1. (In)afastabilidade do controle jurisdicional   43
          2.1.1.2. Delineamento do instituto e abrangência   47
          2.1.1.3. Convenção, cláusula e compromisso arbitral   50
          2.1.1.4. Potencialidades da arbitragem   53
       2.1.2. Administração Pública   73
       2.1.3. Interesse público   80
          2.1.3.1. O interesse público na perspectiva da arbitragem   83
   2.2. Ainda a questão da indisponibilidade   86
   2.3. Cronologia fático-normativa da arbitragem (tributária) no Brasil   96
   2.4. Tratamento legislativo atual no sistema pátrio   131
       2.4.1. Lei Federal n. 5.662/71 (BNDES – art. 5º, parágrafo único)   131
       2.4.2. Decreto-Lei n. 1.312/74 (Empréstimos Externos – art. 11)   132
       2.4.3. Constituição Federal de 1988   132
       2.4.4. Lei RJ n. 1.481/89 (Concessões de Serviços e Obras Públicas – art. 5º §§ 2º e 3º)   135
       2.4.5. Lei SP n. 7.835/92 (Concessões de Obras e Serviços Públicos – art. 8º, XXI)   136

ARBITRAGEM TRIBUTÁRIA NO BRASIL

2.4.6. Lei Federal n. 8.693/93 (Transporte Ferroviário – art. 1º § 8º) 137
2.4.7. Lei Federal n. 8.666/93 – (Licitações – previsão genérica) 137
2.4.8. Lei Federal n. 8.987/95 – (Concessões – art. 23) 140
2.4.9. Lei Federal n. 9.307/96 – (Lei Brasileira de Arbitragem) 141
2.4.10. Lei Federal n. 9.472/97 (Telecomunicações – art. 93, XV) 143
2.4.11. Lei Federal n. 9.478/97 (Petróleo – art. 43, X) 146
2.4.12. Lei Federal n. 10.233/01 (Concessão de Transporte
– art. 35, XVI) 147
2.4.13. Lei Federal n. 10.303/01 (Direito Societário) 147
2.4.14. Lei Federal n. 10.438/02 (ANEEL – art. 4º § 5º, V) 150
2.4.15. Lei Federal n. 10.848/04 (CCEE – art. 4º § 6º) 151
2.4.16. Lei Federal n. 11.079/04 (PPP – art. 11) 154
2.4.17. Emenda Constitucional n. 45/04 155
2.4.18. Lei Mineira de Arbitragem na Administração Pública
n. 19.477/11 156
2.4.19. Lei Federal n. 12.815/13 (Portos – art. 37) 160
2.5. O Tratamento Jurisprudencial das Arbitragens Envolvendo
a Administração Pública 167
2.5.1. STF e os Casos "Lage" 168
2.5.1.1. Decisão STF – RE n. 56.851 (1º Caso Lage) 171
2.5.1.2. Decisão STF – AI n. 52.181 (2º Caso Lage) 173
2.5.2. Decisão STJ – REsp n. 616-RJ 175
2.5.3. Decisão TCU – TC n. 286/1993 176
2.5.4. Decisão STF – SE n. 5.206-7 177
2.5.5. Acórdão TCU – TC n. 587/03 180
2.5.6. Decisão STJ – REsp n. 612.439 182
2.6. Experiências paradigmáticas 187
2.6.1. Arbitragem internacional envolvendo empresa estatal
brasileira (PETROBRAS x Astra Oil) 188
2.6.2. Arbitragem nacional envolvendo empresa estatal brasileira
(Consórcio Via Amarela Cia. Metropolitana de São Paulo) 190
2.6.3. Arbitragem nacional envolvendo entes públicos 193
2.6.3.1. MPF x União Federal e ANTT (Trem Bala: RJ
– Campinas) 193
2.6.3.2. ANP x PETROBRAS (Unificação dos Blocos
de Cernambi e Lula) 195
2.6.4. Previsão nos contratos de para os estádios da Copa do Mundo
de 2014 197
3. ARBITRABILIDADE TRIBUTÁRIA 207
3.1. Hipóteses alienígenas de arbitragem tributária 209

SUMÁRIO

3.1.1. Referência paradigmática portuguesa e o CAAD — 209

3.1.2. Referência americana (belga, canadense, alemã e francesa) – IRS Mandatory Tax Treaty Arbitration — 216

3.1.3. Menção genérica a outras referências de arbitragem tributária (Holanda, Egito, Kwait, Macedônia, Moldávia e Uzbequistão) — 219

3.2. Conceitos e (pre)conceitos da arbitrabilidade tributária e a *matryoshka* — 220

3.2.1. (Pre)conceitos — 221

3.2.1.1. Ausência de previsão legal e o Projeto de LC n. 468/09 — 221

3.2.1.2. Ausência de vedação legal expressa — 225

3.2.1.3. (In)disponibilidade do crédito tributário — 227

3.2.2. Conceitos — 230

3.2.2.1. A publicidade, a jurisdição privada não estatal e a LAI — 230

3.2.2.2. A dupla rejeição da equidade em arbitragem tributária — 238

3.2.2.3. O paradoxo da escolha dos árbitros para a configuração de um processo tributário equitativo — 239

3.2.2.3.1. Proposta de um sistema elástico-pragmático--acadêmico escalonado aberto de escolha dos árbitros — 242

3.2.2.4. Brevíssimas considerações sobre a condenação da Fazenda ao pagamento em espécie — 247

3.3. Exemplo interno e vigente de arbitragem tributária – CCAF — 248

3.3.1. Conclusões parciais sobre a arbitragem tributária vigente no Brasil — 260

3.3.2. Considerações sobre a viabilidade da arbitragem tributária no Brasil — 262

3.4. Outras formas de utilização da arbitragem tributária — 266

3.5. Classificação proposta da arbitragem tributária — 270

3.6. Inversão do olhar: tributação da arbitragem — 275

3.6.1. Tributação dos valores recebidos pelas Câmaras e repassados aos árbitros — 277

3.6.2. Tributação dos honorários dos árbitros — 287

CONCLUSÃO — 295

REFERÊNCIAS — 303

INTRODUÇÃO

O presente trabalho analisará diversas vertentes da arbitragem tributária, de modo a indicar que há ramificações neste instituto, que vão além da simples resolução de conflitos entre o Erário e os contribuintes. Em apertadíssima síntese percorreremos esse caminho, tomando como premissa a arbitragem na Administração Pública como pressuposto da arbitrabildiade tributária.

Em que pese a vigente lei brasileira de arbitragem não ter completado duas décadas de vigência, uma análise histórica demonstrará que a arbitragem envolvendo a Administração Pública é muito mais antiga, remontando ao descobrimento do Brasil, tendo sido prevista especificamente em relação ao Direito Tributário em diploma datado da época do Império, não mais vigente.

A sua reinserção, no ano de 1996, no sistema legislativo pátrio reacendeu discussões já ultrapassadas nos sistemas pretéritos, especialmente no que tange à arbitrabilidade da Administração Pública, que, mesmo contando com disposições legais expressas, força uma nova construção doutrinária e jurisprudencial, haja vista que a corrente que sustenta a inaplicabilidade do instituto quando envolvidos entes públicos conta com autoridades doutrinárias de renome.

Diante deste cenário, a arbitragem de questões tributárias está ainda mais distante de ser um consenso, pois, além de superar os óbices da arbitrabilidade da Administração Pública no atual contexto legislativo, possui a árdua tarefa de afastar o princípio da estrita legalidade em matéria tributária, que pulsa por lei específica, bem como o da indisponibilidade do crédito tributário.

A metodologia utilizada para confrontarmos esses problemas consubstanciou-se na utilização do método indutivo para, através da fundamentação empírica, dissecarmos a subsunção da Administração Pública à arbitragem. Fincadas essas premissas, lançamos mão do método dialético-fenomenológico para estudar a arbitrabilidade de disputas tributárias, partindo da transcendência das contradições para buscar o alcance das soluções, levando em conta que a ausência de unicidade da realidade advém da diversidade de suas interpretações e comunicações.

As hipóteses suscitadas para transpor a problemática residiram inicialmente na análise da viabilidade da subsunção da Administração Pública à arbitragem para, num momento subsequente, dissecarmos se haveria como transcender os obstáculos encontrados nos princípios da estrita legalidade em matéria tributária e da indisponibilidade do crédito tributário, dentre outros

O presente trabalho objetiva, assim, sedimentar a possibilidade de a Administração Pública se submeter à arbitragem para, com base nessa experiência, questionar os óbices de sua expansão para questões tributárias. Para tanto, pormenorizaremos os conceitos de "arbitragem", de "Administração Pública", de "interesse público", assim como percorreremos os caminhos que permitiriam a disponibilidade desses interesses, para, somente então, refletir essas conclusões parciais quando acrescermos à possibilidade de estendê-las à arbitragem tributária.

A relevância do tema consiste na adoção de novas ferramentas jurídicas já em plena utilização no direito comparado, como forma de atribuir, dentre outras potencialidades, maior celeridade, imparcialidade e tecnicidade ao julgamento de questões tributárias.

O tema se justifica tanto por sua relevância interna – como forma de desafogar o Judiciário, uma vez que a Administração Pública é o maior litigante pátrio, em especial quando a questão levada a conhecimento do Estado envolve tributos – quanto sob a ótica internacional, pela possibilidade de expansão da arbitrabilidade de questões envolvendo acordos para evitar a dupla tributação, bem como relacionadas a investimentos estrangeiros e, consequentemente, aos tributos decorrentes de tais aportes de capitais.

A metodologia empregada serviu de base para identificarmos as formas de contornar os óbices suscitados, em especial através da análise pormenorizada da prática do instituto tanto no Direito alienígena quanto interno.

O presente trabalho encontra-se estruturado em três capítulos, sendo o primeiro preliminar, porém necessário para a aglutinação das premissas nas quais se baseia o estudo, e os dois remanescentes abrangendo o mérito da pesquisa.

Como introito ao capítulo inaugural (intitulado "pressupostos teóricos") traremos o conceito de "sociedade em rede", tal como proposto pelo espanhol Manuel Castells, que, analisando o advento da sociedade em rede – uma nova constituição social marcada pelo pluralismo, a consensualidade, a transparência, a participação e a *accountability*, com a relativização do poder estatal e de seu monopólio sobre o público – como um novo paradigma decorrente da necessidade social, discorre acerca do desenvolvimento social dos povos. Adaptaremos, de forma perfunctória, a ideia de desenvolvimento social à utilização de novas ferramentas, mas utilizando mecanismos jurídicos inovadores.

Ainda de forma introdutória, visando aglutinar as experiências de ambos os objetos maiores do presente trabalho – arbitragem e Direito Tributário – e partindo da teoria dos sistemas autopoiéticos desenvolvida pelos biólogos Humberto Maturana Romesín e Francisco J. Varela Garcia e incorporada ao Direito por Luhmann, extrairemos que é da complexidade dos sistemas que surge a necessidade interativa entre os vários subsistemas, em especial o da arbitragem e o do direito tributário.

Antes ainda de entrar no mérito da pesquisa, e de forma a demonstrar os caminhos pelos quais definimos a hermenêutica utilizada no decorrer do processo de sua elaboração, buscaremos o seu significado epistemológico, para somente então fazermos a exegese extraindo sua função cognoscitiva.

Adentrando no mérito da pesquisa, abordaremos a aplicação direta da arbitragem nas diversas searas de atuação da Administração Pública, fazendo-o através de uma cronologia fático-normativa, para, logo em seguida, verificar os vieses da suposta indisponibilidade do interesse público.

Discorreremos sobre o tratamento legislativo e jurisprudencial do tema e traremos relatos recentes de casos paradigmáticos, como, por exemplo, da suspensão do edital do trem-bala Rio de Janeiro-Campinas por conta da sua previsão de submeter à arbitragem eventuais controvérsias.

Por fim, chegaremos à arbitrabilidade de discussões envolvendo o Direito Tributário, que será analisada de forma direta e indireta, através da experiência internacional e interna.

No âmbito comparado, nos basearemos nos paradigmas da legislação portuguesa – que desde 2010 já submete à arbitragem suas questões tributárias –, assim como da legislação americana, onde há previsão de discussão arbitral de divergências decorrentes de acordos para evitar a dupla tributação.

Internamente, abordaremos o esforço da própria Administração Pública em regulamentar a questão no âmbito da Advocacia Geral da União, demonstrando os avanços as limitações desta empreita.

Em suma, navegaremos pelos primórdios da arbitragem envolvendo a Administração Pública no Brasil descortinando os caminhos pelos quais, em sistemas idos, já se transpuseram os óbices novamente levantados na atualidade, demonstrando as reais possibilidades, os percalços, vantagens e desvantagens da utilização do instituto no cenário proposto.

1
Pressupostos Teóricos e Metodológicos

O presente capítulo mostra-se necessário para aglutinar as premissas nas quais se baseiam as digressões contidas nos dois remanescentes, que adentram no mérito da pesquisa, demonstrando, assim, os aspectos que nortearam o presente estudo e o quadro teórico em que formatado.

Na primeira subseção traremos o conceito de ferramentas jurídicas inovadoras e a sua umbilical ligação com o aperfeiçoamento legislativo e social nos locais de sua implementação inaugural – no presente caso, a utilização da arbitragem nas questões tributárias –, traçando um paralelo com a chamada "sociedade em rede".

Apresentada a justificativa social contida no tópico anterior, abordaremos, a partir da definição dos sistemas autopoiéticos, como os dois objetos maiores do presente estudo – arbitragem e Direito Tributário – se observam de forma a extrair conceitos e experiências comuns para o aperfeiçoamento de ambos.

Por fim, discorreremos sobre a hermenêutica utilizada no presente trabalho, de forma a demonstrar a forma de interpretação levada em consideração para o desenvolvimento.

1.1. A sociedade em rede e o Direito global como fontes de novas tecnologias jurídicas

O vocábulo "*Nettsamfunn*",[1] cunhado em 1981 pelo norueguês Stein Braten quando da publicação de seu livro intitulado "*Modeller av menneske og*

---

[1] "*Comunidade*" em norueguês.

samfunn: bro mellom teori og erfaring fra sosiologi og sosialpsykologi"[2] foi trabalhado por Jan Van Dijk na década seguinte,[3] culminando em 1991 na expressão *"De Netwerkmaatschappij"*,[4] ou na versão em inglês, como comumente é mencionada, *"Network Society"*,[5] cuja tradução literal remete a "sociedade em rede".

Pode-se conceituar "sociedade em rede" como a estrutura social resultante a partir da interação entre um novo paradigma tecnológico e a organização social.[6]

Para o espanhol Manuel Castells, o surgimento da Internet na década de 1970 trouxe um novo paradigma tecnológico baseado em tecnologia de informação e comunicação advindo da necessidade social,[7] sendo a espinha dorsal da comunicação global mediada por computadores.[8]

A revolução da tecnologia da informação, aliada à crise econômica do capitalismo e do estatismo – e a reestruturação de ambos –, e o apogeu de movimentos sociais e culturais contextualizam o surgimento da chamada "era da informação", em que são instituídos canais e mecanismos de percepção de participação social, a organização político-administrativa do Estado descentralizadas e o governo global.[9]

Para o autor ibérico, a sociedade em rede é resultado de:

> um processo irreversível de soberania compartilhada na abordagem das principais questões de ordem econômica, ambiental, e de segurança e do

---

[2] Em tradução livre para o português: "Todos os modelos de homem e da sociedade: a lacuna entre a teoria e a experiência da sociologia e da psicologia social". Vide: BRÅTEN, Stein. **Modeller av menneske og samfunn: bro mellom teori og erfaring fra sosiologi og sosialpsykologi.** Universitetsforlaget: Oslo-Bergen-Tromsø, 1981.

[3] DIJK, Jan van. **De Netwerkmaatschappij: sociale aspecten van nieuwe media.** Wolters Kluwer, 2001.

[4] Sociedade em rede.

[5] Sociedade em rede.

[6] CASTELLS, Manuel; CARDOSO, Gustavo. **The Network Society: From Knowledge to Policy.** Washington: Johns Hopkins Center for Transatlantic Relations, 2005, p. 3.

[7] Idem.

[8] CASTELLS, Manuel. **A sociedade em rede.** São Paulo: Paz e Terra, 2005. p. 431.

[9] OLIVEIRA, Gustavo Justino. **A administração consensual como a nova face da administração pública no século XXI: fundamentos dogmáticos, formas de expressão, e instrumento de ação.** In: OLIVEIRA, Gustavo Justino. Direito Administrativo Democrático. Belo Horizonte: Fórum, 2010, p. 213.

entrincheiramento dos estados nação como componentes básicos desse complexo emaranhado de instituições políticas.[10]

Não se discute que, com o advento da Internet, diversas concepções rapidamente se alteraram e a forma de gerir, obter e escolher informações foi drasticamente alterada, já que o conteúdo franqueado pela rede mundial de computadores entrega dados para uma gama infinitamente superior de destinatários do que há décadas atrás.

E da mesma forma com que a sociedades em rede evoluiu utilizando os paradigmas delineados por Castells, as tecnologias jurídicas à disposição em outros países devem ser levadas em consideração para que o crescimento do Direito seja homogêneo e concomitante com as novas técnicas – no que tange ao objeto maior do presente trabalho, em especial em Portugal e nos Estados Unidos, países em que a arbitragem em temas relacionados ao Direito Tributário já é uma realidade.

Referimo-nos ao que chamamos de ferramentas jurídicas inovadoras e a sua íntima ligação com o aperfeiçoamento legislativo e social nos locais de sua implementação.

Cumpre-nos registrar que a utilização da expressão "tecnologia jurídica", em especial em relação à arbitragem, não se trata de inovação do presente estudo, constando registro de sua utilização na doutrina.[11]

Os ordenamentos jurídicos não podem mais ser considerados de maneira isolada, restando as próprias soberanias estatais relativizadas por meio de ferramentas como o Direito global, assim definido nas palavras de Carlos Ari Sunfeld:

> Tomo por direito doméstico aquele enclausurado nos limites do Estado Nacional, isto é, cujas fontes encontram-se nesse Estado (em sua Constituição, em suas leis, em seus regulamentos [...], cujos mecanismos de aplicação e

---

[10] CASTELLS, Manuel. **O poder da identidade.** Tradução de Klauss Brandini Gerhart. 3. Ed. São Paulo: Paz e Terra, 2002, p. 313. *Apud*: OLIVEIRA, Gustavo Justino. **A administração consensual como a nova face da administração pública no século XXI: fundamentos dogmáticos, formas de expressão, e instrumento de ação.** In: OLIVEIRA, Gustavo Justino. Direito Administrativo Democrático. Belo Horizonte: Fórum, 2010, p. 215.

[11] DA SILVA, Eduardo Silva. **Arbitragem e Direito da Empresa.** São Paulo: RT, 2003, p. 120 e DA SILVA, Eduardo Silva. **Brasil e Infraestrutura:** *Aggiornamento* **do Direito da Empresa e da Arbitragem. Primeira Linhas.** In: LEMES, Selma Ferreira; BALBINO, Inez (coord.). Arbitragem. Temas Contemporâneos. São Paulo: Quartier Latin, 2012, p. 105.

proteção são operados exclusivamente por seus órgãos (é dizer: por sua Administração e seu Judiciário) e cujo conteúdo, se não foge à influência externa – afinal, idéias e interesses econômicos jamais foram contidos pelos mapas – é basicamente construído em função das necessidades de organização da vida econômica, social e política internas ao País.

Já o direito global extrapola largamente as fronteiras do Estado Nacional para buscar suas fontes também fora dele: desde os tratados multilaterais (como os que decidem integrações dos tipos Mercosul ou União Européia, as Convenções de Direitos Humanos, etc.) até as normas emanadas dos organismos internacionais (a ONU, a Organização Mundial do Comércio, o Conselho da Europa, etc.), passando pela rica jurisprudência dos entes jurisdicionais internacionais (Corte Internacional de Justiça, Corte Interamericana de Direitos Humanos, e por aí vai). Se é certo que os tratados têm como sujeitos os Estados – estando, assim, de algum modo conectados ao sistema do direito doméstico – as demais das normas citadas originam-se em órgãos propriamente internacionais, com filiação remota (se tanto) à ordem interna.[12]

Perde o Estado o monopólio das atividades públicas, inclusive legislativa e normativa, com a inclusão de novos atores igualmente competentes na atuação na arena global, inclusive aqueles de natureza privada, como organismos transnacionais, organizações não governamentais internacionais[13] e entidades intergovernamentais.[14]

---

[12] SUNDFELD, Carlos Ari. **A Administração Pública na Era do Direito Global**. Revista Diálogo Jurídico, Salvador, CAJ – Centro de Atualização Jurídica, ano I, vol. 1, n.. 2, maio, 2001, p. 1-2. Disponível em: < http://www.direitopublico.com.br > Acesso em: 31 de outubro de 2015.

[13] De acordo com Kenneth Anderson: "ONGs internacionais são de alguma forma o equivalente internacional do que os teóricos sociais e políticos há muito tempo chamam de 'sociedade civil'. Desta forma, as ONGs internacionais são espécies de instituição 'intermediárias' – nem Estado, nem organização internacional, nem mercado, nem empresa privada. Elas são o que se denomina 'terceiro setor'." Ou, nas palavras originais de sua publicação: *"international NGOs are somehow the international equivalent of what, within, a single society, social and political theorists have long called 'civil society'. If that is so, than international NGOs are species of 'intermediate' institution – neither stat nor international organization, yet neither market nor private business enterprise. They are instead the so called 'third sector'"*. "in", ANDERSON, Kenneth. **The Ottawa Convention Banning Landmines, the Role of International Non-governmental Organizations and the Idea of International Civil Society**. European Journal of International Law. Vol. 11, Issue 1, 2000, p. 20. Disponível em: < http://papers.ssrn.com/sol3/papers.cfm?abstract_id=233561 >, acesso em 31 de outubro de 2015.

[14] ONU e OECDA.

O direito deveria evoluir juntamente com as novas ferramentas tecnológicas para que não houvesse lacunas regulamentares, nem mesmo insegurança quando de sua utilização.

Entretanto, é cediço que isso não ocorre, sendo que as inovações criadas pela era digital – e que informam os estudos de Castells – dão origem a situações cuja solução jurídica pode causar perplexidade, tal como expressamente ressaltou a Ministra Nancy Andrighi em 27 de agosto de 2013, quando do julgamento do Recurso Especial n. 1.383.354 – SP (2013/0074298-9):

> [...] As adversidades indissociáveis da tutela das inovações criadas pela era digital dão origem a situações cuja solução pode causar certa perplexidade. Há de se ter em mente, no entanto, que a Internet é reflexo da sociedade e de seus constantes avanços. Se, ainda hoje, não conseguimos tutelar com total equidade direitos seculares e consagrados, seria utópico contar com resultados mais eficientes nos conflitos relativos à rede mundial de computadores. [...].[15]

A decisão em questão foi proferida pelo Superior Tribunal de Justiça após mais de quatro décadas do advento da Internet, sendo evidente o descompasso entre as ferramentas tecnológicas e a efetiva implementação e validação dos mecanismos jurídicos.

Em que pese a demora do judiciário pátrio em reconhecer a validade dos instrumentais jurídicos decorrentes de teses inovadoras que já foram implementadas em sistemas alheios, não se pode perder de vista tais novidades, sob pena de tardar ainda mais sua análise e legalização plena no território nacional.

Evidente que não se propõe simplesmente importar mecanismos jurídicos de vanguarda já em funcionamento no exterior, mas sim adaptá-los ao sistema pátrio, observando sua legalidade e adequação às normas vigentes, ou em certos casos municiar estudos para propostas legislativas para a sua plena integração.

Nesse cenário, trazemos à baila os exemplos portugueses e norte-americanos, em que já se implantaram opções válidas para submeter à arbitragem discussões atinentes ao Direito Tributário.

---

[15] Trecho do voto da Ministra Nanci Andrighi, Ministra Relatoria do REsp n. 1.383.354 – SP (2013/0074298-9), julgado em 27 de agosto de 2013, p. 12.

No âmbito lusitano destacamos a regulamentação local específica instituída pelo Decreto-Lei nº 10, de 20 de janeiro de 2011,[16] através do qual passa essa possibilidade a ser submetida ao Centro de Arbitragem Administrativa (CAAD).

Nessa linha, o discurso do Presidente do Supremo Tribunal Administrativo Português proferido em 08 de março de 2010 na Faculdade de Direito de Lisboa, quando da sessão de abertura da I Conferência conjunta da Associação Ibero-Americana de Arbitragem Tributária (AIBAT) e do Instituto de Direito Econômico, Financeiro e Fiscal da Faculdade de Direito de Lisboa (IDEFF):

> [...] agora se fala em arbitragem em Direito Tributário.
>
> Sendo que – é bom dizê-lo – a crescente litigiosidade na área fiscal tornará, por certo, os tribunais inoperacionais.
>
> A arbitragem, como se sabe é um campo de excelência do direito privado. [...] As partes podem, a seu bel-prazer, escolher entre si quem deve dirimir as suas questões particulares, que só a elas dizem respeito.
>
> Mas a coisa muda de figura no domínio do direito público. [...] Não mais o interesse privado a prevalecer mas sim interesse público.
>
> Há pois que caminhar com a máxima cautela neste domínio.
>
> Demais que os impostos são a coisa pública por excelência.
>
> Neste caminho melindroso, há que lançar mão da experiência de direito comparado a nível do mundo civilizado, e não colher ensinamentos terceiro--mundistas.[17]

Vê-se que a ojeriza em relação aos ensinamentos provenientes de países em desenvolvimento afasta naturalmente a aplicação de novas ferramentas jurídicas, até por conta da demasiada demora em sua análise de legalidade por parte dos tribunais superiores.

Essa a função do trabalho acadêmico, de desmistificar impressões como as acima mencionadas de imprestabilidade dos ensinamentos provenien-

---

[16] No presente trabalho remeteremos ao diploma original; todavia, já com as incorporações das alterações advindas pelas Lei n. 64-B, de 30 de dezembro de 2011; Lei n. 20, de 14 de maio de 2012; e lei n. 66-B, de 31 de dezembro de 2012.

[17] BARBOSA, Lúcio de Assunção. **A arbitragem em Direito Tributário**. In: CAMPOS, Diogo Leite de; Ferreira, Eduardo Paz (coord.). A Arbitragem em Direito Tributário: I Conferência AIBAT – IDEFF. Coimbra: Almedina/Instituto de Direito Econômico, Financeiro e Fiscal, 2010, p. 10-11.

PRESSUPOSTOS TEÓRICOS E METODOLÓGICOS

tes de países em desenvolvimento, haja vista que, no mundo globalizado, nenhuma experiência levada a efeito em qualquer país pode ser tomada de forma isolada, sendo inevitáveis os intercâmbios de experiências e influências nos campos econômico, social, cultural e, consequentemente, jurídico.

1.2. Interligação subsistêmica entre arbitragem e o Direito Tributário

Os dois grandes objetos do presente trabalho são a arbitragem e o Direito Tributário, e o objetivo maior consubstancia-se na demonstração dos caminhos pelos quais ambos podem convergir diante do sistema pátrio.

Analisando a importância da simetria entre ramos autônomos do Direito para o auxílio da implementação de novas tecnologias jurídicas, aponta Jonathan Barros Vita:

> O futuro desta ciência tem como fundamento o fato de que é a partir das analogias e da compreensão de padrões de comportamento/simetrias entre ciências e/ou ramos didaticamente autônomos do direito distintos é que uma ciência mais universal pode ser (re)produzida.
>
> Mais ainda, quando extremos são estudados a partir de novos paradigmas é que novas perspectivas futuras surgem, eliminando-se os pontos cegos e lacunas doutrinárias e legais e aumentando a capacidade de visualização do futuro no presente.
>
> Com isto, tem-se que os futuros presentes e os estados alcançados cada vez são mais semelhantes, diminuindo as contingências e aumentando a previsibilidade do comportamento (decisional) do sistema jurídico.
>
> É neste campo em que o direito tributário e a arbitragem comercial e/ou de investimentos se encontram para serem relacionados de variadas formas utilizando-se de ferramentas comuns que percebem [...].[18]

Assim, antes de nos debruçarmos sobre os conceitos que serão extraídos tanto da arbitragem quanto do Direito Tributário para o objeto maior do presente estudo, cumpre-nos, em apertadíssima síntese – haja vista não ser o objetivo imediato nem mesmo mediato do presente trabalho –, trazer à baila a denominada teoria dos sistemas autopoiéticos, com a finalidade de demonstrar que é da complexidade dos sistemas que exsurge a

---

[18] VITA, Jonathan Barros. **Arbitragem Comercial e de Investimentos e o Direito Tributário.** São Paulo: No prelo, 2015, p. 2-3.

necessidade interativa entre os vários sistemas,[19] em especial no que toca à arbitragem e ao Direito Tributário.

Mesmo que de forma perfunctoria, cumpre-nos percorrer as conclusões alcançadas pelos estudiosos que culminaram no entendimento de que há autonomia do processo arbitral em relação ao sistema processual, para, em momento subsequente, identificar a aplicação de referida teoria ao Direito Tributário.

Fincadas essas premissas e tendo em vista as limitações do presente estudo, cujo foco principal não é a teoria dos sistemas autopoiéticos, e baseando-nos na complexidade e na não incidência direta sobre o Direito de uma infinidade de conceitos, teorizações e controvérsias, importa mencionar que existem dois sistemas, o cibernético e o auto-organizativo (autopoiético), sendo imprescindível para sua inteligência relacionarmos a geração sistêmica que o precedeu, o sistemismo artificialista cibernético.[20]

Explicando a evolução histórica dos dois sistemismos, José Joaquim Gomes Canotilho pontua, quanto ao cibernético:

> A primeira geração de "teorias sistêmicas" procurou, de certa forma, reconduzir os sistemas naturais a sistemas artificiais. Umas vezes, o sistemismo político-social desenvolveu autonomamente as suas premissas teóricas (ex.: o "sistema político" de David Easton); outras vezes, recolhe o modelo cibernético elaborado por engenheiros e físicos (ex.: o sistema cibernético de T. Ashby e de N. Wiener). Como o próprio nome indica (cibernética: gubernator), a teoria sistêmico-cibernética era tributária de uma ciência de pilotagem, ou seja, uma ciência de concepção, comando e regulação de sistemas complexos. As máquinas de inputs/outputs são o símbolo de um sistemismo preocupado com o processo de conversão de demandas políticas exógenas que entravam no interior de uma caixa negra da política e do político, cujo mecanismo interior permanecia na penumbra, só dando sinal através das respostas tornadas possíveis pelos circuitos de informação e retroacção. Os sistemas de "feed-backs", ou, como em termos tendencialmente caricaturais, também se designaram – os "sistemas retroactas" –, não ousavam entrar

---

[19] Niklas Luhmann compreende a sociedade como um acoplamento estrutural, através do qual um sistema principal envolve outros sistemas, tidos por subsistemas, tais como a Economia, a Política, a Educação, o Direito, a Educação, etc. Vide: LUHMANN, Liklas. El derecho de la sociedad. Madrid: Iberoamericana, 2002. p. 37.

[20] CANOTILHO, José Joaquim Gomes. **Direito constitucional e teoria da constituição**. Coimbra: Almedina, 2003. p. 1383.

no interior mesmo do próprio sistema. Contentavam-se com as influências recíprocas sistema/ambiente.[21]

No que tange ao segundo sistemismo, segue o autor destacando o que denomina *"seu propósito ambicioso"* consubstanciado na compreensão de como os sistemas se organizam a partir do seu interior. Para tanto, registra que "os sistemas vivos organizam-se a si próprios. Daí a transferência da autopoiesis biológico-natural desenvolvida originariamente pela Escola de Santiago – Maturana e Varela – começasse a merecer atenção dos cientistas sociais (Luhmann, Teubner)".[22]

Os mencionados precursores da autopoiese, os chilenos Humberto Maturana Romesín[23] e Francisco J. Varela Garcia,[24] publicaram a obra *"De máquinas y seres vivos: autopoiesis: la organización de lo vivo"*[25]– cuja primeira edição data de 1973.

Dessa obra extraímos que o antecedente direto da gestação da autopoiese foi um texto escrito por Maturana datado de 1969 e intitulado *"Neurophysiology of cognition"*[26] – posteriormente revisado e publicado como *"Biology of cognition"*[27/28] – oportunidade em que, continuando o seu questionamento

---

[21] CANOTILHO, José Joaquim Gomes. **Direito constitucional e teoria da constituição.** Coimbra: Almedina, 2003. p. 1383.

[22] Idem. P. 1383-1384.

[23] Doutor em Biologia pela Universidade de Harvard, Professor Titular da Universidade do Chile e ganhador do Prêmio Nacional de Ciências (1994).

[24] Doutor em Biologia pela Universidade de Harvard, Professor Titular do Centre National de la Recherche Scientifique (CNRS) de Paris.

[25] Máquinas e seres vivos: autopoiese: a organização da vida. Vide: MATURANA R., Humberto; VARELA G., Francisco. **De máquinas y seres vivos – Autopoiesis: la organización de lo vivo.** Santiago: Editorial Universitária, 1998.

[26] Neurofisiologia da cognição. Vide: MATURANA, R. Humberto. **Neurophysiology of Cognition.** Biological Computer Laboratory Report 165. Urbana: University of Illinois, 1970.

[27] Biologia da cognição. Vide: MATURANA, R. Humberto. **Biology of Cognition.** Biological Computer Laboratory 9.0. Urbana: Defence Technical Information Center, 1970.

[28] Em outra obra, o autor esclarece que a publicação decorreu de uma palestra que proferiu na Universidade de Illinois, atendendo ao convite do Professor Heinz von Foerster, que originalmente o havia indicado para tratar do "Estado da arte da neurofisiologia da cognição", mas decidiu não palestrar sobre circuitos neurais, impulsos nervosos ou sinapses, optando por falar sobre o que ocorre no organismo durante a cognição, assim considerada como fenômeno biológico. Nesta oportunidade, descobriu que suas duas atividades acadêmicas, aparentemente contraditórias, além de não o serem, eram destinatárias do mesmo fenômeno: cognição e a operação do sistema vivo – sistema nervoso incluído quando presente – eram a

sobre a inadequação da ideia de informação e representação para compreender o sistema biológico, pela primeira vez evidenciou o que até então denominava caráter "autorreferido" dos seres vivos e identificou a necessidade de substituição da noção de representação como o pilar do conhecimento científico, para em seu lugar chamar atenção para a concatenação interna dos processos neurais, descrevendo o sistema nervoso como um sistema "fechado".[29]

Desses ensinamentos tem-se que tanto o senso comum quanto a ciência fundamentam-se a partir de deduções lógicas através de estruturas mentais que viabilizam a coerência no ato de formular ou reproduzir conceitos, haja vista que o cientista é um observador. No que Maturana denomina "objetividade sem parênteses", o observador duvida da sua própria objetividade e a realidade é explicada através de nosso cotidiano experimental e com elementos próprios da experiência.[30]

mesma coisa. Trecho original em inglês: *"In September of that year [1968], I accepted an invitation to go to the University of Illinois at Urbana to the Biological Computer Laboratory of Professor Heiz von Foerster. Furthermore, Professor von Foerster invited me to participate in a symposium sponsored by the Wenner-Gren Foundation for Anthropological Research to be held during March 1969 in Chicago, with the purpose of considering the anthropology of cognition. The invitation was to speak on 'The state of the art of the neurophysiology of cognition. I accepted this invitation and decided not to speak about neuronal circuits, nerve impulses or synapses, but rather I decided to consider what should take place in the organism during cognition by considering cognition as a biological phenomenon. In doing this I found that my two apparently contradictory academic activities were not contradictory, and they were, in fact, addressed to the same phenomenon: cognition and the operation of the living system – its nervous system included when present – were the same thing. From this understanding the essay 'Biology of cognition' arose as an expansion of my presentation in that symposium".* (MATURANA, R., Humberto; VARELA G. Francisco. **Autopoiesis and cognition. The realization of the Living**. Dordrecht: D. Reidel Publishing Company (Kluwer Group), 1980, p. xv-xvi).

[29] Trecho original em espanhol: *"El antecedente directo de la gestación de la autopoiesis es el texto de Maturana escrito hacia mediados de 1969 originalmente titulado 'Neurophysiology of cognition'. Humberto había continuado su próprio camino de interrogación sobre lo inadecuado de la idea de información y representación para entender el sistema biológico [...] dando por primera vez expresión clara atractiva a sus ideas maduradas hasta entonces, para poner más en claro lo que hasta entonces aludía como el carácter autorreferido de los seres vivos, y para definitivamente identificar la noción de representación como el pivote epistemológico que había que cambiar. En su lugar era necesario poner al centro de atención la concatenación interna de los procesos neuronales, y describir al sistema nervioso como un sistema "cerrado" como dice el texto. [...] Poco después Humberto retrabajó este texto a uno más definitivo que pasó a llamarse Biology of cognition"* In: MATURANA R., Humberto; VARELA G., Francisco. **De máquinas y seres vivos – Autopoiesis: la organización de lo vivo**. Santiago: Editorial Universitária, 1998, p. 42.

[30] ANDRADE, Claudia Castro de. **A fenomenologia da percepção a partir da autopoiesis de Humberto Maturana e Francisco Varela**. Griot – Revista de Filosofia, Amargosa, Bahia, Brasil. V.6, n. 2, dezembro/2012, p. 104-105.

PRESSUPOSTOS TEÓRICOS E METODOLÓGICOS

E é da experiência jurídica nacional e comparada que procuraremos produzir os próprios elementos de validade da arbitragem no Direito Tributário, uma vez ser esta a conceituação descodificada[31] proposta por Canotilho – para quem "dizer que o direito constitui um sistema autopoiético significa que ele produz os seus próprios elementos, determina as suas estruturas e fixa os seus limites. Auto-poiése (*autopoiesis*) é, no fundo, isto: acção de fazer a si mesmo".[32]

Essa a base da teoria dos sistemas de Luhmann, que, por sua vez, também se divide em duas fases:

> Muito sinteticamente, na primeira foi fixada a ideia de sistemas sociais. Na segunda, Luhmann agregou ao seu pensamento elementos da biologia, da chamada teoria da autopoiese. É nessa segunda fase que está o ponto principal de sua obra. Foi ali que nasceu a chamada teoria dos sistemas autopoiéticos e é a partir deste ponto que surge o principal interesse para o presente estudo.

A segunda fase do pensamento de Luhmann levou à evolução da teoria dos sistemas como hoje é conhecida, inclusive com suas variações doutrinárias. Na aplicação da ideia de autopoiese para os sistemas, grosso modo, um sistema social, para ser assim considerado, deve ser composto por um conjunto instrumental lógico, coerente e produzido pelo próprio sistema. Tais mecanismos compõem o seu modo de ser, de funcionar. O sistema nestes termos, basta-se a si próprio, é autônomo. Sendo capaz de produzir e regular seu conteúdo instrumental funcional, independe de outros sistemas, ou de instrumentos vindos de outros sistemas. Ademais, o sistema autopoiético é autorreferencial. Isso quer dizer que não é regulado, ou normatizado, por qualquer outro sistema. Possui, com essa autorregulação, autonomia. Tudo isso compõe o que se convencionou chamar de fechamento operacional dos sistemas.[33]

---

[31] Uma vez que a definição denominada avançada pelo autor português, é a retirada de um dos livros mais significativos sobre a cultura auto-poiética de autoria do jurista e sociólogo alemão Gunther Teubner: "*O direito é um sistema social autopoiético de segundo grau porque ele obtém uma cláusula operativa autónoma face à Sociedade, entendida como sistema autopoiético de primeiro grau, graças à constituição auto-referencial dos seus componentes sistémicos e à articulação destes num hiperciclo*", em: TEUBNER, Gunther. **Recht als autopoietisches System**. Frankfurt am Main: Suhrkamp Verlag, 1989. Tradução portuguesa de: José Augusto Quelhas Lima Engrácia Antunes. **O direito como sistema autopoiético**. Lisboa: Fundação Gulbenkian, 1993.

[32] CANOTILHO, José Joaquim Gomes. **Direito constitucional e teoria da constituição**. Coimbra: Almedina, 2003. p. 1384.

[33] PARENTE, Eduardo Albuquerque. Op. Cit. p. 11-12.

Do trecho acima podemos extrair que, pela teoria dos sistemas auto-poiéticos, o sistema é autônomo, autorreferencial e fechado estrutural-mente, todavia, "o fato de ser fechado estruturalmente, relativamente a seus instrumentos, não quer dizer indiferente aos demais sistemas, especialmente ao ambiente contingencial, ao entorno que o cerca, que é a sociedade".[34]

Essa interação, ou interdisciplinaridade entre os diversos sistemas jurídicos não tem sabor de novidade, haja vista o estudo deflagrado por José Joaquim Gomes Canotilho, que, baseado em Gerd Roellecke,[35] alcançou essa conclusão ao analisar o sistema constitucional português com base na teoria dos sistemas autopoiéticos:

> A Constituição, na sua qualidade de estatuto político, pretende *politizar* os restantes sistemas da sociedade (econômico, científico) fazendo valer nestes as suas regras e princípios estruturantes (*pretensão de universalidade*). Só o poderá fazer de forma "não imperialista", ou seja, se não perturbar estes outros sistemas. Em primeiro lugar o direito e o político não podem desempenhar as funções, por exemplo, do sistema econômico, do sistema científico do sistema familiar, do sistema religioso. Estes sistemas têm legítimas pretensões de universalidade: a religião procura a universalidade salvífica; a economia anseia encontrar a mão invisível da criação e distribuição de riqueza; a ciência procura a verdade; a família ergue a universalidade o bem da felicidade pessoal. A constituição concorre hoje com estas universalidades. [...] A concorrência destas universalidades pode radicalizar as fracturas sociais e a pluralização dos discursos dos vários sistemas e intensifica ainda mais o problema central das sociedades modernas. Esse problema é o da subsistência de padrões de comportamento integrados de campos de sistemas heterogéneos. [...] Por outras palavras: a constituição é agora uma gramática aleatória (mas gramática!) fornecedora de regras mínimas garantidoras da própria integridade dos sistemas sociais interactivos e de uma dimensão de justiça no seio da complexidade social.[36]

---

[34] PARENTE, Eduardo Albuquerque. Op. Cit. p. 14.
[35] ROELLECKE, Gerd. **Die Legitimation des Grundgesetzes aus Sicht von Rechtsphilosophie und Gesellschafstheorie**. Baden-Baden: Nomos Verlag, 1996. p. 433.
[36] CANOTILHO, José Joaquim Gomes. **Direito constitucional e teoria da constituição**. Coimbra: Almedina, 2003. p. 1453-1454.

PRESSUPOSTOS TEÓRICOS E METODOLÓGICOS

E é justamente na interatividade havida entre os diversos sistemas sociais que Eduardo de Albuquerque Parente, ao analisar as relações entre processo arbitral e sistema, pontua com propriedade:

> [...] para ser um sistema de acordo com a teoria em questão o organismo social deve ser capaz de se comunicar com outros organismos sistêmicos, igualmente dotados de fechamento estrutural, e de intercalar mútuas interferências com o seu entorno, a sociedade. Trocar informações e dados que, de alguma forma, influenciam um ao outro, especialmente com fins de evolução (ou melhor dizendo, de acompanhar a evolução da sociedade). Essa comunicação é o que se convencionou chamar de abertura cognitiva dos sistemas sociais.[37]

Da abertura cognitiva dos sistemas sociais extraímos a necessidade dos sistemas autônomos entre si interagirem trocando mútuos influxos[38] – sem perderem sua essência – de forma a acompanharem os desdobramentos dos demais sistemas sociais.[39]

Feitas as presentes considerações, justificamos a escolha do termo "subsistema" para qualificar tanto o arbitral quanto o tributário, seguindo, assim, a coerência com a doutrina de Luhmann.[40]

A doutrina já identificou a aplicação das potenciais relações da teoria ao subsistema tributário,[41] bem como entre este e o da arbitragem, que transitariam em dois eixos: (*i*) o subsistema tributário observando o subsistema arbitral; e (*ii*) o subsistema da arbitragem observando o tributário [42]:

---

[37] PARENTE, Eduardo Albuquerque. Op. Cit. p. 14.

[38] PARENTE, Eduardo Albuquerque. Op. Cit. p. 59.

[39] Quanto à integração dos sistemas, pontuamos interessante comentário na nota de rodapé n. 6 da p. 42 registrado por Eduardo Albuquerque Parente: "[...] relevante repetir que, dentro da premissa sistêmica adotada, num ambiente em que há fechamento operacional, as trocas de influência entre sistemas, que ocorrem via abertura cognitiva, trazem para o contexto daquele sistema novos elementos, que serão a ele integrados mediante uma aferição do código binário lícito/ilícito, cuja operação, por sua vez, influencia o próprio entorno do sistema, que é sociedade [...]." (PARENTE, Eduardo Albuquerque. Processo arbitral e sistema. São Paulo: Atlas, 2012. p. 42).

[40] PARENTE, Eduardo Albuquerque. Op. Cit. p. 40.

[41] VALVERDE, Gustavo Sampaio. Coisa julgada em matéria tributária. São Paulo: Quartier Latin, 2004. p. 53-54.

[42] O autor faz a ressalva de que a expressão observação entre o Direito Tributário e o Direito Arbitral foi utilizada como uma heteroobservação interna ao sistema jurídico, no sentido

Na primeira destas formas, quando o direito tributário se relaciona com a arbitragem ele o faz sob duas perspectivas: o direito tributário utiliza-se da arbitragem como plataforma de aprendizado (observando) para ((re)construir) sua própria solução de controvérsias; ou atua sobre a substância dos laudos arbitrais, tributando: o resultado da arbitragem e os honorários dos sujeitos envolvidos no procedimento arbitral como câmara arbitral, árbitro e advogados, técnicos, peritos, etc.

Com relação ao primeiro destes pontos, deixa-se claro que, apesar das opiniões doutrinárias em contrário, cada vez mais o direito tributário tende a convergir para soluções alternativas de controvérsias, tendo, inclusive, no novo Modelo de Convenção da OCDE, sido objeto de artigo específico (artigo 25, parágrafo 5º), que não foi adotado pelo Brasil em nenhuma de suas convenções. [...]

Com relação ao segundo ponto, da relação entre o direito tributário e a arbitragem, interessante é notar que este foi subdividido em dois.

A primeira parte deste subitem faz parte de uma observação recíproca realizada pela arbitragem, como será visto, pois a sentença arbitral pode servir como (novo) fato jurídico tributário, o que implica uma relação jurídico-tributária correspondente, que terá seu tributo incidente ou a alíquotas relacionadas, a exemplos, diretamente, a qual categoria jurídica este fato jurídico está subsumido (juros, serviços, dividendos, etc.).

Com relação ao segundo subtópico deste item, que trata a respeito dos outros elementos envolvidos na arbitragem e tributáveis, estes rendimentos dos sujeitos envolvidos neste procedimento serão objetos, a exemplo, do imposto sobre a renda, o imposto sobre serviços, contribuições previdenciárias, entre outros, impactando os custos legais efetivamente exigidos no campo arbitral.

Prosseguindo e sob o ângulo oposto, a arbitragem pode aprender com o direito tributário também sob dois aspectos: o direito tributário materialmente formatando decisão tomada para que o impacto tributário incidente sobre esta decisão seja mitigado; e o direito tributário induzindo a necessidade de arbitragens, este podendo ocorrer de forma direta ou indireta [...].[43]

---

encontrado em: LUHMANN, Niklas. **Law as a social system.** Oxford: Oxford University Press, 2004. Vide: VITA, Jonathan Barros. **Arbitragem Comercial e de Investimentos e o Direito Tributário.** São Paulo: No prelo, 2015, p. 5.

[43] VITA, Jonathan Barros. **Arbitragem Comercial e de Investimentos e o Direito Tributário.** São Paulo: No prelo, 2015, p. 5-7.

Partindo das observações relativas aos dois subsistemas e ampliando os conceitos acima observados, entendemos que desse processo extraímos a nossa percepção de que a arbitragem tributária para fins acadêmicos pode ser subdividida:

i) Quanto ao tempo:
  a) preliminarmente à constituição do crédito tributário; ou
  b) subsequentemente à constituição do crédito tributário.
ii) Quanto ao mérito:
  a) direta: analisando diretamente as questões tributárias; ou
  b) indireta: quando dos laudos arbitrais surge um novo fato jurídico tributário.
iii) Quanto à abrangência:
  a) interna: entre os próprios entes federativos pátrios, ou entre Administração e contribuintes nacionais;
  b) internacional estatal: para dirimir questões envolvendo acordos destinados a evitar a dupla tributação; ou
  c) internacional mista: quando envolver um Estado e um ente privado estrangeiro (acordos de investimento).

Com base na subdivisão extraída da observação mútua de ambos os subsistemas, percorreremos a hermenêutica que será utilizada, para, posteriormente adentrarmos na análise da arbitragem na Administração Pública.

1.3. Hermenêutica

Para que possamos analisar o objeto maior do presente trabalho – qual seja, a arbitrabilidade das questões tributárias envolvendo a Administração Pública –, imprescindível delinearmos, mesmo que perfunctoriamente, seu significado epistemológico, para somente então fazermos a exegese para extrair sua função cognoscitiva.[44]

Perquiriremos, assim, o conceito de "método jurídico" e sua aplicação em sistemas do *common law* e do *civil law* – posto que, em se tratando

---

[44] As ideias fundamentais do presente subitem já foram por nós analisadas, sob outro enfoque, e em idioma diverso: ESCOBAR, Marcelo Ricardo; LEITE, Yuri Pedroza. Article 13 – Interpretation. *"in"* STRAUBE, Frederico José; FINKELSTEIN, Cláudio; CASADO FILHO, Napoleão. **The CAM-CCBC Arbitration Rules 2012: a commentary**. The Hague: Eleven, 2016. P. 205-219.

de arbitragem, dependendo do local onde ocorrer, a legislação aplicável seguirá esse critério geográfico –, para então diferenciarmos *signos* e *símbolos*, distinguirmos *texto* de *contexto*, criando um arcabouço necessário para contextualizarmos o que se chama de "mínimo irredutível da mensagem deôntica", passando pela verificação da inesgotabilidade e da interdisciplinaridade no nível estritamente jurídico, destacando assim, a importância da semiótica como teoria geral dos signos de qualquer linguagem.

Digna de registro a lição do jurista dinamarquês Alf Ross, segundo a qual os esforços interpretativos pretendem determinar os significados das diretivas, indicando sob quais circunstâncias deverão ser aplicadas e, em sendo, como o juiz deverá se comportar.

Exemplifica o autor tal raciocínio através da interpretação do art. 67 da Constituição dinamarquesa,[45] que garante liberdade de culto aos cidadãos[46]:

> Sustenta-se que a palavra cidadãos deve aqui ser interpretada no sentido inclusivo tanto dos nacionais da Dinamarca quanto aqueles que não o são, o que significa que ao aplicar o art. 67 o juiz não deve atribuir importância alguma à nacionalidade da pessoa que recorre ao direito de professar seu culto.[47]

Prossegue diferenciando o que se pode considerar como *interpretação vigente* e *direito vigente*, em especial quando as regras interpretativas servirem de base para decisões emanadas por aqueles que, assim como os atores da arbitragem, aplicam o Direito ao caso concreto finalizando uma controvérsia:

> Devemos agora examinar se esses enunciados, referentes à intepretação, podem ser considerados como asserções sobre o que é *interpretação vigente* análogas às asserções acerca do que é *direito vigente*. Se este for o caso, então também esses enunciados, de acordo com o seu conteúdo real, serão entendidos como previsões, *quer dizer*, previsões no sentido de que tal interpretação terá a adesão dos tribunais quando a regra em questão for adotada como base para a decisão de um caso jurídico específico.

[45] **Section 67 [Right to Worship]** The citizens shall be entitled to form congregations for the worship of God in a manner consistent with their convictions, provided that nothing at variance with good morals or public order shall be taught or done.

[46] Ross, Alf. **Direito e Justiça**. Bauru : EDIPRO, 2000, p. 135.

[47] Idem.

PRESSUPOSTOS TEÓRICOS E METODOLÓGICOS

Uma previsão desse tipo pode apoiar-se em precedentes. Neste caso, o pronunciamento referente à interpretação pode ser equiparada aos pronunciamentos acerca do direito vigente.[48]

O que se extrai desse raciocínio é que, sob determinadas condições, os tribunais tomarão o Direito vigente como base para seus precedentes;[49] todavia, quando essas decisões não proporcionarem um critério provido de autoridade, necessário será indagar se mediante o estudo da prática judicial podem ser descobertos certos princípios que os guiam na sua aplicação de regras gerais a casos específicos. E é essa prática dos tribunais, bem como a descoberta dos princípios e regras que os norteiam, que o autor denomina *método jurídico* "[...] ou, no caso da aplicação do direito formulado (direito legislado em lato sentido), interpretação".[50]

Os problemas do método jurídico, segundo o doutrinador dinamarquês, assumem formas diversas no caso de se estar diante de um sistema de *common law* – onde a jurisprudência constitui fonte predominante do Direito – ou de *civil law* – onde a legislação é sua fonte principal.[51]

No que se refere aos problemas do método jurídico interpretativo aplicado aos sistemas de *common law*, baseando-se no sistema inglês, estatui o autor:

> No primeiro sistema o juiz não se encontra diante de uma formulação revestida da autoridade de uma regra geral de direito. O problema do método, portanto, consiste em como extrair uma regra geral dos precedentes existentes e aplicá-la ao caso a ser decidido. A situação se complica pelo fato da regra geral com frequência se alterar no curso desse desenvolvimento de um caso para outro. Haver continuidade ou alteração dependerá do juiz, ao examinar as semelhanças e as diferenças entre o caso presente e o precedente, entender que os fatos relevantes podem ser classificados segundo os mesmos conceitos pressupostos no precedente, ou em outras palavras, decidir que é mister introduzir uma distinção com o auxílio de outros conceitos. [...] O *raciocínio jurídico* (método jurídico) num sistema como esse é raciocínio por via de exemplos, e a técnica de argumentação exigida por esse método visa a

---

[48] Ross, Alf. **Op. Cit.** p. 136.
[49] Ross, Alf. **Op. Cit.** p. 135.
[50] Ross, Alf. **Op. Cit.** p. 135.
[51] Ross, Alf. **Op. Cit.** p. 138.

mostrar as semelhanças e diferenças exibidas pelos casos e asseverar que as diferenças são ou não são relevantes.[52]

Já no que tange aos problemas do método quando deparado em sistemas de *civil law*, assevera que "possui o caráter de intepretação de um texto provido de autoridade" em que a atenção se concentra na relação existente entre uma "dada relação linguística e um complexo específico de fatos", visando descobrir o significado da lei e sustentar que os fatos dados são abarcados por ele ou não.[53]

Partindo da premissa de que nos países de *civil law* – como o Brasil, caso a arbitragem seja sediada em seu território – toda interpretação do texto legislado se principia na própria letra da lei, em uma fórmula linguística escrita, na extração do significado de seus símbolos impressos, especifica que:

> Se as linhas e pontos pretos que constituem o aspecto físico do texto da lei são capazes de influenciar o juiz, assim é porque possuem um significado que nada tem a ver com a substância física real. Esse significado é conferido ao impresso pela pessoa que por meio da faculdade da visão experimenta esses caracteres. A função destes é a de certos símbolos, ou seja, eles *designam (querem dizer)* ou *apontam para* algo que é distinto deles mesmos.[54]

Diferencia *símbolos* e *signos* estatuindo que estes são (sinais) naturais, ao passo que os símbolos são artificiais, "um produto elaborado por seres humanos. Mais exatamente, a significação do signo está contida simplesmente em meu conhecimento do curso da natureza e da interação das coisas."[55] E conclui que, de todos os sistemas de símbolos, "a linguagem é o mais plenamente desenvolvido, o mais eficaz e o mais complicado",[56] uma vez que a maioria das palavras não tem um campo de referência único, mas sim dois ou mais, configurando uma ambiguidade.[57]

Diante deste cenário, deduz que o papel desempenhado pelas conexões na determinação do significado "consiste em elas proporcionarem

---

[52] Idem.
[53] Idem.
[54] Ross, Alf. **Op. Cit.** p. 139.
[55] Idem.
[56] Ross, Alf. **Op. Cit.** p. 140.
[57] Ross, Alf. **Op. Cit.** p. 143.

PRESSUPOSTOS TEÓRICOS E METODOLÓGICOS

um fundamento para se decidir, com base em certas hipóteses, qual das diversas interpretações [...] é a mais possível". Deste modo, é "imperioso decidir o que pode ser aceito, conforme as circunstâncias, como contexto e situação",[58] e tal atividade, que confirma expor o significado de uma expressão, se denomina *interpretação*.[59]

Nesse contexto trazemos à baila os ensinamentos do professor Lourival Villanova, para quem "altera-se o mundo físico mediante o trabalho e a tecnologia, que o potencia em resultados. E altera-se o mundo social mediante a linguagem das normas, uma classe da qual é a linguagem das normas do Direito."[60]

E é justamente o esforço interpretativo dessas normas de Direito que será objeto das próximas linhas.

Tal como suscitado em proêmio, a análise epistemológica precede a elaboração científica,[61] sendo que o exegeta, na sua tarefa cognoscitiva, reflete sobre o conhecimento jurídico, recuperando o espaço das noções fundamentais de sua ciência; e, sendo esta ciência a jurídica, o dado da linguagem é um dos seus integrantes constitutivos, tanto como fala do objeto (Ciência do Direito) quanto como participeda sua constituição (Direito positivo).[62]

Partindo dessa premissa, o professor Paulo de Barros Carvalho concebe que "interpretar é atribuir valores aos símbolos, isto é, adjudicar-lhes significações e por meio dessas, referências a objetos"[63] e, procurando instrumentos adequados para a exploração dos textos em Direito positivado, os decompõe em quatro subsistemas jurídicos.

A trajetória da interpretação parte da evidência da necessidade de interprestar a forma para outorgar-lhe conteúdo, evoluindo para o percurso gerador de sentido e as estruturas sígnicas do sistema jurídico: "se ocorrer o fato F, instalar-se-á a relação R entre dois ou mais sujeitos de direito (S' e S")".[64]

---

[58] Ross, Alf. **Op. Cit.** p. 144.

[59] Ross, Alf. **Op. Cit.** p. 145.

[60] Villanova, Lourival. *As estruturas Lógicas e o Sistema do Direito Positivo.* Noeses: São Paulo, 2006, p. 42.

[61] Carvalho, Paulo de Barros. **Direito Tributário: linguagem e método.** 4ª ed. – São Paulo: Noeses, 2011, p. 180.

[62] Carvalho, Paulo de Barros. **Op. Cit.** p. 181.

[63] Idem.

[64] Carvalho, Paulo de Barros. **Op. Cit.** p. 185.

A norma jurídica é uma estrutura categorial construída epistemo-logicamente pelo intérprete a partir das significações que a leitura do Direito positivo desperta em seu espírito, para alcançar a conclusão de que um único artigo será insuficiente para a compreensão da regra jurídica, devendo o exegeta consultar outros preceitos do mesmo diploma, podendo, inclusive, extrapolá-lo.[65]

Fincadas essas premissas, antes de prosseguirmos nesse breve exercício de contextualização de interpretação jurídica, cumpre-nos, mesmo que em apertada síntese, distinguir os conceitos de "texto" e "contexto", o que também o faremos com soldo nas lições do professor Paulo de Barros Carvalho, que os denomina "texto estrito e texto em sentido amplo".[66]

Pode-se conceituar "texto" como o suporte físico, a base material para produzir a representação na consciência do homem e a relação semântica com os objetos significados, sendo o ponto de partida para a formação das significações, em que as manifestações subjetivas ganham objetividade, tornando-se intersubjetivas.[67] Na acepção *stricto sensu*, o texto se restringe ao plano dos enunciados enquanto suporte de significação, de caráter eminentemente físico, expresso na sequência material do eixo sintagmático.[68]

O contexto, por sua vez, refere-se às associações do eixo paradigmático, incluindo todo e qualquer elemento extralinguístico. Trata-se da percepção ocorrida através dos nossos órgãos sensoriais, ensejando, a partir de tais percepções, intrassubjetivamente, as correspondentes significações. São estímulos que desencadeiam em nós produções de sentido.[69]

Para que haja a devida compreensão pelo destinatário do comando jurídico, este deve ser revestido de um *quantum* de estrutura formal, estrutura esta esquematizada pelo professor Paulo de Barros Carvalho através da fórmula:

$$D [F \rightarrow (S' \ R \ S'')]$$

Que deve ser interpretada da seguinte maneira: "deve-ser que, dado o fato F, então se instale a relação jurídica R, entre os sujeitos S' e S".[70]

---

[65] CARVALHO, Paulo de Barros. **Op. Cit.** p. 189.
[66] CARVALHO, Paulo de Barros. **Op. Cit.** p. 192.
[67] CARVALHO, Paulo de Barros. **Op. Cit.** p. 189-190.
[68] CARVALHO, Paulo de Barros. **Op. Cit.** p. 190.
[69] CARVALHO, Paulo de Barros. **Op. Cit.** p. 190-191.
[70] CARVALHO, Paulo de Barros. **Op. Cit.** p. 193.

PRESSUPOSTOS TEÓRICOS E METODOLÓGICOS

Prossegue asseverando que a aproximação da linguagem do Direito posto para validar o conhecimento em função do sujeito cognoscente (atitude gnosiológica) demonstra uniformidade ao objeto, uma vez que o discurso do Legislador em sentido amplo é todo redutível a regras jurídicas correspondentes a um juízo condicional "em que se associa uma consequência à realização de um acontecimento fáctico previsto no antecedente. Agora, a implicação é o conectivo das formações normativas, após a leitura dos enunciados prescritivos."[71]

Na lição de referido professor, os enunciados prescritivos ingressam na estrutura sintática das normas, na condição de proposição-hipótese (antecedente) e de proposição-tese (consequente), "e tudo isso se dá porque firmamos a norma jurídica como unidade mínima e irredutível de significado deôntico".[72]

Em outras palavras, o teor prescritivo de frases isoladas dos textos positivados não basta, uma vez que deve, necessariamente, integrar-se em unidades normativas como "mínimos deônticos completos".[73]

Prossegue analisando o reflexo do método de construção do texto, demonstrando a importância da semiótica como teoria geral dos signos de toda e qualquer linguagem, uma vez que o ponto de partida para o conhecimento das estruturas mesmas do fenômeno jurídico é o contato com a linguagem do Direito, concluindo que não haveria que se interpretar sem a experiência efetiva da intertextualidade, interior e exterior ao Direito.[74]

Nesse contexto, chamamos atenção para as colunas de sustentação do processo interpretativo: os conceitos de intertextualidade e inesgotabilidade.

A intertextualidade é o procedimento elementar para a composição do texto, que, partindo de duas ou mais materialidades textuais, desenha e atualiza o sentido naquela particular situação de interdiscursividade.[75]

A outra coluna de sustentação do processo interpretativo é a inesgotabilidade, que se baseia nas premissas de que o programa de pesquisa para acesso à compreensão é interminável, que conhecer e operar os textos, aprofundando o saber, é obra de uma vida inteira, mesmo em se tratando

[71] Idem.
[72] Idem.
[73] Idem.
[74] CARVALHO, Paulo de Barros. **Op. Cit.** p. 194-195.
[75] CARVALHO, Paulo de Barros. **Op. Cit.** p. 198-199.

de algo aparentemente simples, uma vez que os signos do Direito surgem e vão se transformando ao sabor das circunstâncias.[76]

Posteriormente, ao comentar os axiomas da interpretação e os limites do exegeta, chama atenção para o axioma da inesgotabilidade do sentido, uma vez que o sujeito do conhecimento não "extrai" ou "descobre" o sentido que se achava oculto no texto, ele o "constrói" em função de sua ideologia e, principalmente, dentro dos limites de seu "mundo", do seu universo de linguagem.[77]

Analisa ainda a interdisciplinaridade, seja no nível estritamente jurídico – estabelecido entre os vários ramos do Direito –,seja no chamado "jurídico em acepção lata", abrangendo todos os setores que têm o Direito como objeto, mas o consideram sob ângulo externo (intertextualidade externa ou extrajurídica); e a intertextualidade, já abordada acima.[78]

Desdobra-se ainda sobre as diferentes técnicas interpretativas[79] e, partindo da premissa do Direito positivo como camada linguística, demonstra que deve ser interpretado com base nos métodos empregados em sistema de linguagens, que, por sua vez, remetem à investigação de seus três planos fundamentais: a disposição das palavras nas frases e das frases no discurso (a sintaxe), o estudo do significado (a semântica) e o sentido de uma ideia em conformidade com os seus desdobramentos práticos (a pragmática),[80] oportunidade em que conclui pela prevalência da interpretação sistemática, considerada pelo autor o método interpretativo por excelência:

> Os métodos literal e lógico estão no plano sintático, enquanto o histórico e o teleológico influem tanto no nível semântico quanto no pragmático. O critério sistemático da interpretação envolve os três planos e é, por isso mesmo, exaustivo da linguagem do direito. Isoladamente, só o último (sistemático) tem condições de prevalecer, exatamente porque ante-supõe os anteriores. É, assim, considerado o método por excelência.[81]

---

[76] CARVALHO, Paulo de Barros. **Op. Cit.** p. 196-197.
[77] CARVALHO, Paulo de Barros. **Op. Cit.** p. 196-197.
[78] CARVALHO, Paulo de Barros. **Op. Cit.** p. 198-199.
[79] Literal ou gramatical, histórico ou histórico-evolutivo, lógico, teleológico e sistemático.
[80] CARVALHO, Paulo de Barros. **Op. Cit.** p. 202.
[81] CARVALHO, Paulo de Barros. **Op. Cit.** p. 204.

Assim, diante de todo o exposto, em uma primeira conclusão parcial, temos que as regras interpretativas aplicadas à arbitragem e ao Direito Tributário não podem e não devem ser tomadas isoladamente, devendo-se lançar mão da chamada *interpretação sistemática* para extrair o seu verdadeiro substrato, especialmente no que se refere à hermenêutica jurídica.

2
Arbitragem na Administração Pública

Percorridos os pressupostos teóricos e metodológicos que nortearão o presente trabalho, passaremos à análise da arbitragem na Administração Púbica, trazendo, em um primeiro momento, a conceituação de ambos, para somente então adentrarmos à verificação das possiblidades e óbices para sua utilização.

2.1. Conceitos

Assim como evidenciado na seção 1.3, acima, a tarefa do exegeta é atribuir valores aos símbolos, adjudicando-os significações.

Nessa linha, outorgaremos conteúdo para gerar sentido às estruturas sígnicas da arbitragem e da Administração Pública para os fins almejados no presente trabalho.

2.1.1. Arbitragem

De forma preliminar, pode-se indicar arbitragem como um método alternativo[82] – adequado[83] – e facultativo[84] de solução de controvérsias, que

---

[82] Cândido Rangel Dinamarco pontua que: "A longa tradição da jurisdição estatal como o centro natural de solução de conflitos, sendo cultivada por muitos séculos a ideia do monopólio da jurisdição pelo Estado, leva o jurista a qualificar a arbitragem como meio alternativo de solução de conflitos (alternative dispute resolution), não um meio primário. Uma adequada percepção do sistema como um todo, associada a uma perspectiva histórica dos institutos, permite até que se vejam de um modo um pouco diferente as relações entre jurisdição estatal e a arbitral, porque é socialmente mais conveniente resolver conflitos mediante um prévio entendimento entre as partes, dispondo-se estas a aceitar a solução a ser fornecida por um

possui caráter subsidiário por conta do princípio da inafastabilidade do controle jurisdicional consagrado desde a constituição brasileira de 1946,[85] e atualmente previsto no art. 5º, XXXV, da CF/88.[86]

sujeito a escolha de ambas. Convencionar a realização de uma arbitragem é assumir uma atitude menos belicosa do que recorrer desde logo à última ratio representada pela provocação do exercício da jurisdição pelos juízes togados. Vistas assim as coisas, a arbitragem não deixa de ser um meio alternativo, porque depende do concreto consenso dos sujeitos conflitados, mas aparece também como uma solução socialmente mais conveniente". In: DINAMARCO, Cândido Rangel. **A arbitragem na Teoria Geral do Processo**. São Paulo: Malheiros, 2013, p. 32.

[83] Fazemos registro acerca da discussão doutrinária que aponta uma visão mais moderna do tema apontando para a expressão correta como sendo "meios adequados" e não "meios alternativos" de solução de litígios: "Faço aqui um alerta: a terminologia tradicional, que se reporta a 'meios alternativos' parece estar sob ataque, na medida em que uma visão mais moderna do tema aponta meios adequados (ou mais adequados) de solução de litígios, não necessariamente alternativos. Em boa lógica (e tendo em conta o grau de civilidade que a maior parte da sociedades atingiu neste terceiro milênio) é razoável pensar que as controvérsias tendam a ser resolvidas, num primeiro momento, diretamente pelas partes interessadas (negociação, mediação, conciliação); em caso de fracasso deste diálogo primário (método autocompositivo), recorrerão os conflitantes às fórmulas heterocompositivas (processo estatal, processo arbitral). Sob esse enfoquem os métodos verdadeiramente alternativos de solução de controvérsias seriam os heterocompositivos (o processo, seja estatal, seja arbitral), não os autocompositivos (negociação, mediação, conciliação). Para evitar esta contradição, soa correta a referência a métodos adequados de solução de litígios, não métodos alternativos. Um sistema multiportas de resolução de disputas, em resumo, oferecerá aos litigantes diversos métodos, sendo necessário que o operador saiba escolher aquele mais adequado ao caso concreto". In: CARMONA, Carlos Alberto. **Arbitragem e Processo: um comentário à Lei n. 9.307/96**. São Paulo: Atlas, 2009, p. 32.

[84] Paulo Osternack Amaral faz a ressalva na nota de rodapé n. 51 do seu livro Arbitragem e Administração Pública, de que *"a título de referência histórica, destaque-se que já existiu no Brasil arbitragem obrigatória em matéria societária, nos termos do art. 294 do Código Civil, atualmente revogado"*. AMARAL, Paulo Osternack. **Arbitragem e Administração Pública: aspectos processuais, medidas de urgência e instrumentos de controle**. Belo Horizonte: Fórum, 2012, p. 33.

[85] Art. 141 – A Constituição assegura aos brasileiros e aos estrangeiros residentes no País a inviolabilidade dos direitos concernentes à vida, à liberdade, a segurança individual e à propriedade, nos termos seguintes: [...]
§ 4º – A lei não poderá excluir da apreciação do Poder Judiciário qualquer lesão de direito individual. [...]

[86] Art. 5º Todos são iguais perante a lei, sem distinção de qualquer natureza, garantindo-se aos brasileiros e aos estrangeiros residentes no País a inviolabilidade do direito à vida, à liberdade, à igualdade, à segurança e à propriedade, nos termos seguintes: [...]
XXXV – a lei não excluirá da apreciação do Poder Judiciário lesão ou ameaça a direito. [...]

Partindo dessa premissa, para atingir os objetivos parciais propostos na presente seção, percorreremos as nuances referentes à ausência de monopólio da jurisdição pelo Estado, para somente então delinearmos o instituto e a abrangência da arbitragem, analisando o que se entende por "convenção", "cláusula", e "compromisso arbitral", bem como suas potencialidades.

2.1.1.1. (In)afastabilidade do controle jurisdicional

No que tange à suposta inafastabilidade do controle jurisdicional, tem-se que, depois de um longo período de evolução de processos de composição e autotutela, o controle jurisdicional sedimentou-se como monopólio do Estado.[87]

Ocorre, entretanto, que, diante da incapacidade estatal de dirimir com celeridade a integralidade de discussões, combinada às modernas concepções de Estado, funções estatais e Administração Pública, os meios alternativos de solução de controvérsias voltaram a despertar o interesse da sociedade e dos entes públicos.

Nas palavras de Ada Pellegrini Grinover:

> Logo se percebeu, porém, que o Estado não seria capaz de dirimir toda a massa de controvérsias levada aos tribunais. E voltou a renascer o interesse

---

[87] Sobre as origens e evolução do princípio da inafastabilidade do controle jurisdicional, Ada Pellegrini Grinover resume: *"Nas fases primitivas da civilização dos povos, quando ainda inexistiam leis gerais e abstratas ou um órgão estatal que, com soberania e autoridade, garantisse o cumprimento do direito, quem pretendesse alguma coisa que outrem o impedisse de obter haveria, com sua própria força e na medida dela, tratar de conseguir, por si mesmo, a satisfação de sua pretensão. Tratava-se da autotutela, naturalmente precária e aleatória, que não garantia a justiça, mas a vitória do mais forte, astuto ou ousado. Além da autotutela, nos sistemas primitivos, existia a autocomposição, pela qual uma das partes em conflito, ou ambas, abriam mão do interesse ou de parte dele. Pouco a pouco, foram sendo procuradas soluções imparciais por decisão de terceiros, pessoas de confiança mútua das partes, que resolvessem seus conflitos. Surgiram assim os árbitros, sacerdotes ou anciãos, que agiam de acordo com a vontade dos deuses ou por conhecerem os costumes do grupo social integrado pelos interessados. Só mais tarde, à medida que o Estado foi se afirmando e conseguiu impor-se aos particulares, nasceu gradativamente a tendência a absorver o poder de ditar as soluções para os conflitos, passando-se da justiça privada para a justiça pública. E nasceu assim a jurisdição, atividade mediante a qual os juízes estatais examinam as pretensões e resolvem os conflitos, substituindo-se à vontade das partes. A jurisdição acabou absorvendo todo o poder de dirimir conflitos e pacificar pessoas, tornando-se monopólio do Estado."* GRINOVER, Ada Pellegrini. **A inafastabilidade do controle jurisdicional e uma nova modalidade de autotutela (parágrafos únicos dos artigos 249 e 251 do Código Civil). In:** *Revista Brasileira de Direito Constitucional – RBDC n. 10 – jul./dez. 2007.* São Paulo: ESDC, p. 13.

para as modalidades não jurisdicionais de solução de conflitos, tratadas como meios alternativos de pacificação social. Ganhou corpo a consciência de que, se o que importa é pacificar, se torna irrelevante que a pacificação se faça por obra do Estado ou por outros meios, desde que eficientes e justos. Por outro lado, cresceu a percepção de que o Estado tem falhado na sua missão pacificadora, que tenta realizar por meio da jurisdição e através das formas do processo. A sentença autorizativa do juiz não pacifica as partes, porquanto imposta. Sempre haverá uma parte – e freqüentemente as duas – descontente com a decisão do juiz e recalcitrante em seu cumprimento. Por outro lado, as formalidades do processo – no limite necessário a assegurar suas garantias – exigem tempo, e o tempo é inimigo da função pacificadora. Ao lado da duração do processo, outro problema é constituído por seu custo, constituindo mais um óbice à plenitude da função pacificadora.

Essas e outras dificuldades – como a sobrecarga dos tribunais – têm conduzido os processualistas modernos a excogitar novos meios para a solução de conflitos. A primeira vertente em que se trabalhou foi a da ruptura com o formalismo processual, ou seja, a *desformalização do processo*, que trata de dar pronta solução aos litígios, constituindo fator de celeridade. A *deslegalização* foi outra tendência, substituindo os juízos de legalidade, baseados exclusivamente na norma jurídica, pelos *juízos de eqüidade*. A *gratuidade* do processo constitui outra característica marcante ancorada na preocupação social de levar a justiça a todos. E o incremento dos *meios alternativos* de pacificação social – denominados de *equivalentes jurisdicionais* – é outra vertente que ocasionou o incremento da *mediação*, da *conciliação* e da *arbitragem*.

Esses meios alternativos de solução das controvérsias podem ser extrajudiciais, mas mesmo assim se inserem no amplo quadro da política judiciária e do acesso à justiça: pode-se falar, portanto, de uma justiça não estatal, mas que também não é totalmente privada. Ou seja, de uma *justiça pública não-estatal*.[88]

Aqui, importante trazer a reflexão de Diogo de Figueiredo Moreira Neto, que, ao analisar a arbitragem nos contratos administrativos, suscita que o advento da Lei n. 9.307/1996 acrescentou novas perplexidades, como a *juridicidade* da submissão de conflitos de interesses envolvendo entidades

---

[88] GRINOVER, Ada Pellegrini. **A inafastabilidade do controle jurisdicional e uma nova modalidade de autotutela (parágrafos únicos dos artigos 249 e 251 do Código Civil)**. In: *Revista Brasileira de Direito Constitucional – RBDC n. 10 – jul./dez. 2007*. São Paulo: ESDC, p. 14.

públicas a uma composição extrajudicial via arbitragem, concluindo que o Estado contemporâneo vem perdendo o monopólio não apenas na produção normativa, mas também o da distribuição da justiça:

> Essa dúvida tem, todavia, uma raiz cultural, pois o *positivismo jurídico*, enfatizando a sobrevalorização das fórmulas escritas, aliado ao *estatismo*, que magnifica o papel do Estado, e ainda a uma kafkiana *processualística*, entre outros equívocos, têm sido responsáveis pela elementar confusão reinante entre *monopólio da jurisdição* e *monopólio da justiça*. [...]
>
> Foi necessário, portanto, mais de meio século de evolução juspolítica para que se viesse a lograr a superação da adoração hegeliana do Estado, dos preconceitos ideológicos das extremas esquerda e direita e da crença, um tanto ingênua, no valor absoluto das formas, e se restabelecesse o respeito à liberdade de buscar a justiça como exercício do consenso, o que recentemente ocorreu com a promulgação da Lei n. 9.307, de 23 de setembro de 1996, que veio dar nova configuração legal à arbitragem.
>
> Efetivamente, numa sociedade contemporânea, que exalta os valores liberais e democráticos, a *jurisdição* é e deve continuar a ser um monopólio indisputável do Estado, uma vez que é absolutamente necessário que exista este terceiro, parte neutra e dotada do atributo da coercitividade, para dar apenas que essa prerrogativa não envolve, não elimina nem prejudica a busca pela *justiça*, enquanto anseio e atividade humana, que não é monopólio de ninguém, nem mesmo de organizações políticas.
>
> Assim como o Estado contemporâneo vai perdendo o monopólio da *produção normativa*, para quedar-se com o da política legislativa, tendência que se manifesta com o desenvolvimento da *regulática*; assim como, também, já não mais detém ele o monopólio da *execução administrativa*, para reservar-se a função, esta sim essencial, de seu controle, com a expansão das *parcerias*; tampouco pode ele irrogar-se o monopólio da *distribuição da justiça*, em sociedades que valorizam cada vez mais o *consenso* como instrumento privilegiado da convivência social.[89]

De fato, a busca pela justiça teria se iniciado com a arbitragem, tal como apontou Pontes de Miranda: "a função do juiz chamado arbitral é resíduo

---

[89] NETO, Diogo de Figueiredo Moreira. **Mutações do Direito Administrativo**. Rio de Janeiro: Renovar, 2007, p. 273-274.

de eras primitivas, antes da estatalização da justiça. A técnica acomodou-a aos novos tempos."[90]

Defender que haveria uma suposta inafastabilidade do controle jurisdicional do Estado não encontra atualmente qualquer sorte de sustentação, inclusive em razão de ausência previsão constitucional ou estrutural nesse sentido, posto que a Carta Magna em momento algum indica qualquer monopólio do exercício da função jurisdicional pelo Judiciário.

Da leitura do art. 5º, inciso XXXV, da CF/88 extrai-se a faculdade – permissão –, para que o cidadão recorra ao Judiciário, não uma obrigação, configurando uma proibição constitucional ao legislador vedar esse direito.

Trata-se de entendimento do próprio STF, que, ao analisar a constitucionalidade do instituto da arbitragem nos autos da SE n. 5.206-AgR – que será pormenorizada na seção 2.5.4, pacificou esse entendimento.

Do voto do Ministro Nelson Jobim extraímos que nessa regra constitucional não se "tem como destinatário o legislador, a proibição das partes renunciarem à ação judicial quanto a litígios determináveis [...] lá não se encontra essa proibição. Pelo contrário, o texto proíbe o legislador, não o cidadão."[91]

Abordando o assunto diretamente, o português Pedro Gonçalves aponta que "mesmo na falta de uma previsão constitucional expressa, não haveria dúvidas quanto à possibilidade dessa categoria de tribunais",[92] que adiante denomina como exceção à jurisdição estatal, e meio alternativo da justiça estatal, concluindo que a "instituição de tribunais arbitrais voluntários é uma mera 'exceção aparente' à reserva da jurisdição".[93]

Sedimentada, portanto, a discussão, seja pela interpretação da própria constituição, ou mesmo pela decisão proferida pelo Pretório Excelso, passemos ao delineamento do instituto e sua abrangência.

---

[90] PONTES DE MIRANDA, Francisco Cavalcanti. **Tratado de Direito Privado**. Tomo XXVI. Rio de Janeiro: Borsoi, 1959, p. 356.

[91] Trecho do voto do Ministro Nelson Jobim nos autos da SE n. 5.206-7, p. 1.064.

[92] GONÇALVES, Pedro. **Entidades privada com poderes públicos: o exercício de poderes públicos de autoridade por entidades privadas com funções administrativas**. Coimbra: Almedina, 2008, p. 564.

[93] Idem.

2.1.1.2. Delineamento do instituto e abrangência

Pontes de Miranda já ensinava, em 1958, que o processo arbitral não é processo estatal, mas processo estatalmente disciplinado, ordenado, em que o Estado traça regras fundamentais, dentro das quais se exerce, com largueza excepcional, a vontade das partes.[94]

Eduardo Silva da Silva caracteriza o instituto como uma tecnologia jurídica voltada à realização, conservação e superação de impasses nos vínculos negociais.[95]

Quanto ao delineamento do instituto, Leonardo de Faria Beraldo faz um interessante contraponto ao partir da conceituação por negação, baseando-se nas conclusões de Welber Barral,[96] a partir do qual afasta, num primeiro momento, as conceituações que entende inaplicáveis – como "privatização da justiça" e "celeridade do judiciário inerte" –, para somente então indicá-la como renúncia ao modo habitual de tratamento de litígios utilizada de forma restrita:

> A *arbitragem, por sua vez, não deve ser considerada a ascensão judiciosa do neoliberalismo triunfante*, não devendo ser intitulada de "privatização da justiça" e nem de "celeridade do Judiciário inerte", uma vez que, há décadas, já vem se desenvolvendo e expandindo em outros países. Também não deve se afirmar que arbitragem seria um corretivo aos inconvenientes da competência dos tribunais, mas sim, ima renúncia ao modo habitual de tratamento dos litígios, e que somente será utilizada em casos bem excepcionais.[97]

Na doutrina, as conceituações muito se assemelham,[98] motivo pelo qual optamos por sintetizá-las num conceito mais amplo e largamente difundido, trazido por Carlos Alberto Carmona:

---

[94] PONTES DE MIRANDA, Francisco Cavalcanti. **Tratado de Direito Privado**. Tomo XXVI. Rio de Janeiro: Borsoi, 1959, p. 332.

[95] DA SILVA, Eduardo Silva. **Brasil e Infraestrutura:** *Aggiornamento* **do Direito da Empresa e da Arbitragem. Primeira Linhas**. In: LEMES, Selma Ferreira; BALBINO, Inez (coord.). Arbitragem. Temas Contemporâneos. São Paulo: Quartier Latin, 2012, p. 105.

[96] BARRAL, Welber. **Arbitragem e jurisdição**. In: Arbitragem: lei brasileira e praxe internacional. 2ª ed. Paulo B. Casella (coord.). São Paulo, LTr, 1999, p. 174.

[97] BERALDO, Leonardo de Faria. **Curso de arbitragem: nos termos da Lei n. 9.307/96**. São Paulo: Atlas, 2014, p.1-2.

[98] Exemplificadamente: "A arbitragem é, em sua essência e originalidade, mecanismo mito de composição de conflitos, baseado tanto em negociação, como em adjudicação, no qual as partes investem de poder os árbitros para que cheguem à solução satisfatória dotada de

A arbitragem – meio alternativo de solução de controvérsias através de intervenção de uma ou mais pessoas que recebem seus poderes de uma convenção privada, decidindo com base nela, sem intervenção estatal, sendo a decisão destinada a assumir a mesma eficácia da sentença judicial – é colocada à disposição de quem quer que seja, para solução de conflitos relativos a direitos patrimoniais acerca dos quais os litigantes possam dispor.[99]

Todavia, para o fim do presente trabalho, e lançando mão das conclusões parciais contidas no tópico 1.3, propomos um conceito de arbitragem através de uma interpretação sistemática.

Assim, no âmbito do presente estudo, tomamos arbitragem – além da premissa acima construída – como uma tecnologia jurídica de afastamento do controle jurisdicional[100] por vontade expressa das partes,[101] que outorgam

---

reconhecimento e identidade jurisdicional". Basso, Maristela. **Procedimento Arbitral Atual: Necessidade de um Diálogo de Reforma?** In: Lemes, Selma; Carmona, Carlos Alberto; Martins, Pedro Batista. **Arbitragem: estudos em homenagem ao Prof. Guido Fernando da Silva Soares.** São Paulo: Atlas, 2007, p. 1-2; e *"meio alternativo de solução de controvérsias, por meio do qual as partes – no âmbito da autonomia da vontade – as investem um ou mais particulares de poderes para solucionar litígio que verse sobre direitos patrimoniais disponíveis, cuja decisão se equipara à judicial e se reveste da garantia constitucional da coisa julgada material".* Amaral, Paulo Osternack. **Vantagens, desvantagens e peculiaridades da arbitragem envolvendo o Poder Público.** In: Pereira, Cesar A. Guimarães; Talamini, Eduardo (coord.). Arbitragem e o Poder Público. São Paulo: Saraiva, 2010, p. 329; e *"[...] a arbitragem, por definição, é uma forma privada de resolução de controvérsias, no sentido de ser conduzida pelas próprias partes e árbitros, quando muito com o concurso de uma instituição ou entidade especializada administradora do procedimento, a qual também é privada, no sentido de ser, via de regra, desvinculada do Poder Público".* In: Fonseca, Rodrigo Garcia da; Correia, André de Luizi. **Confidencialidade na Arbitragem. Fundamentos e Limites.** In: Lemes, Selma Ferreira; Balbino, Inez (coord.). Arbitragem. Temas Contemporâneos. São Paulo: Quartier Latin, 2012, p; 419.

[99] Carmona, Carlos Alberto. **Arbitragem e Processo: um comentário à Lei n. 9.307/96.** São Paulo: Atlas, 2009, p. 31.

[100] Tal como decidido pelo STF quando do julgamento do Agravo Regimental na Sentença Estrangeira n. 5.206-7 – Reino da Espanha, assim ementada: "[...] 3. Lei de Arbitragem (L. 9.307/96): constitucionalidade, em tese, do juízo arbitral; discussão incidental da constitucionalidade de vários dos tópicos da nova lei, especialmente acerca da compatibilidade, ou não, entre a execução judicial específica para a solução de futuros conflitos da cláusula compromissória e a garantia constitucional da universalidade da jurisdição do Poder Judiciário (CF, art. 5º, XXXV). Constitucionalmente declarada pelo plenário, considerando o Tribunal por maioria de votos, que a manifestação de vontade da parte na cláusula compromissória, quando da celebração do contrato, e a permissão legal dada ao juiz para que substitua a vontade da parte recalcitrante em firmar o compromisso não ofendem o artigo 5ºm XXXV,

a particulares[102] ou a instituições[103] poderes para dirimir conflitos decorrentes de direitos patrimoniais disponíveis,[104] com a finalidade de obter uma decisão escrita,[105] final,[106] irrecorrível,[107] que, sendo condenatória, constituirá título executivo,[108] com força de título executivo judicial.[109]

Essa vontade expressa das partes será abordada na subseção abaixo, onde traremos os conceitos e as discussões quanto às denominações das formas de se pactuar o afastamento do controle jurisdicional.

---

da CF. Votos vencidos, em parte – incluindo o do relator – que entendiam inconstitucionais a cláusula compromissória – dada a indeterminação de seu objeto – e a possibilidade de a outra parte, havendo resistência quanto à instituição da arbitragem, recorrer ao Poder Judiciário para compelir a parte recalcitrante a firmar o compromisso, e, consequentemente, declaravam a inconstitucionalidade de dispositivos da Lei 9.307/96 (art. 6º, parág. Único; 7º e seus parág. Único; 7º e seus parágrafos e, no art. 42, das novas redações atribuídas ao art. 267, VII e art. 301, inciso IX do C. Pr. Civil; e art. 42), por violação da garantia da universalidade da jurisdição do Poder Judiciário. [...]".

[101] Lei n. 9.307/96, arts. 3º e 4º: "as partes interessadas podem submeter a solução de seus litígios ao juízo arbitral mediante convenção de arbitragem, assim entendida a cláusula compromissória e o compromisso arbitral; a cláusula compromissória é a convenção através da qual as partes em um contrato comprometem-se a submeter à arbitragem os litígios que possam vir a surgir, relativamente a tal contrato".

[102] Lei n. 9.307/96, art. 13: "pode ser árbitro qualquer pessoa capaz e que tenha a confiança das partes".

[103] Lei n. 9.307/96, art. 5º: "reportando-se as partes, na cláusula compromissória, às regras de algum órgão arbitral institucional ou entidade especializada, a arbitragem será instituída e processada de acordo com tais regras, podendo, igualmente, as partes estabelecer na própria cláusula, ou em outro documento, a forma convencionada para a instituição da arbitragem"; e Lei n. 9.307/96, art. 13, § 3º: "as partes poderão, de comum acordo, estabelecer o processo de escolha dos árbitros, ou adotar as regras de um órgão arbitral institucional ou entidade especializada".

[104] Lei n. 9.307/96, art. 1º: "as pessoas capazes de contratar poderão valer-se da arbitragem para dirimir litígios relativos a direitos patrimoniais disponíveis".

[105] Lei n. 9.307/96, art. 24: "a decisão do árbitro ou dos árbitros será expressa em documento escrito".

[106] CF/88, art. 5º, XXXI: "a lei não prejudicará o direito adquirido, o ato jurídico perfeito e a coisa julgada".

[107] Lei n. 9.307/96, art. 18: "o árbitro é juiz de fato e de direito, e a sentença que proferir não fica sujeita a recurso ou a homologação pelo Poder Judiciário".

[108] Lei n. 9.307/96, art. 31: "a sentença arbitral produz, entre as partes e seus sucessores, os mesmos efeitos da sentença proferida pelos órgãos do Poder Judiciário e, sendo condenatória, constitui título executivo".

[109] CPC/15, art. 515, inciso VII: "Art. 515. São títulos executivos judiciais, cujo cumprimento dar-se-á de acordo com os artigos previstos neste Título: [...]VII – a sentença arbitral".

2.1.1.3. Convenção, cláusula e compromisso arbitral

Pontes de Miranda não ressaltou qualquer distinção entre convenção, cláusula e compromisso arbitral, conceituando este em sentido técnico como "quem se submete a juízo arbitral",[110] e advertiu que "qualquer outro sentido que se dê a 'compromisso' é extensão devida à linguagem vulgar e imprópria de juristas. No fundo, teste para se saber até onde vão os conhecimentos de quem escreve sobre direito."[111]

Tomando por base a ressalva do jurista, e despido de qualquer jactância, mas apenas seguindo o cunho acadêmico do presente estudo, imperioso percorremos os pensamentos doutrinários correntes, posto que divergentes.

Essa jornada se justifica porque identificamos uma tendência cíclica na doutrina e na legislação, que partiram da ausência de distinção entre cláusula compromissória e compromisso arbitral – tal como advertido por Pontes de Miranda acima –, rumando para a diferenciação entre ambos, para novamente retroceder à simplicidade e elegância eficaz de sua unicidade.

Nesse contexto, Philippe Fouchard, Emmanuel Gaillard, Berthold Goldman e John Savage indicam que, apesar de a distinção entre cláusula e compromisso arbitral constar de tratados antigos, os diplomas mais atualizados, como o da Bélgica – desde a Lei de 4 de Julho de 1972[112] –, e o da Suíça – desde a Lei de 18 de dezembro de 1987 –, expressamente rejeitam a distinção.[113]

Referidos autores ressalvam a previsão da lei suíça que, em seu art. 178 (3),[114] estatui que a validade de uma "convenção de arbitragem não pode

---

[110] PONTES DE MIRANDA, Francisco Cavalcanti. **Tratado de Direito Privado**. Tomo XXVI. Rio de Janeiro: Borsoi, 1959. P. 317.

[111] Idem.

[112] *"Art. 1677 (1) – An arbitration agreement shall be constituted by an instrument in writing signed by the parties or by other documents binding on the parties and showing their intention to have recourse to arbitration."* O Capítulo 6 do "Judicial Code" Belga foi modiciado em 1 de setembro de 2013, sendo que, atualmente, a previsão em questão encontra-se em seu art. 1681, assim redigido: *"An arbitration agreement is an agreement by the parties to submit to arbitration all or certain disputes which have arisen or which may arise between them in respect of a defined legal relationship, whether contractual or not".*

[113] FOUCHARD, Philippe; GAILLARD, Emmanuel; GOLDMAN, Berthold; SAVAGE, John. **Fouchard, Gaillard, Goldman on International Commercial Arbitration**. The Hague: Kluwer Law International, 1999, p. 195, paras. 386.

[114] *"Art. 178 (3) – The arbitration agreement cannot be contested on the grounds that the main contract is not valid or that the arbitration agreement concerns a dispute which had not as yet arisen."*

ser contestada com o fundamento de que [...] a convenção de arbitragem diz respeito a um litígio que não tinha ainda surgido".[115]

Também em relação à unicidade conceitual entre cláusula e compromisso arbitral, Leonardo de Faria Beraldo indica que essa distinção não ocorreria, por exemplo, na Espanha, que em sua ótica trata ambas como "convênio arbitral", indicando nitidamente as duas formas de convencioná-la, mas se posiciona no sentido de não vislumbrar diferença entre elas.[116]

Registrando respeito ao autor mineiro, discordamos da conclusão acima, uma vez que a lei espanhola[117] distingue cláusula e compromisso arbitral – diferentemente das leis belgas e suíça que, como visto, optaram pela unicidade – e estatui em seu art. 9º[118]: "a convenção de arbitragem, que pode assumir a forma de uma cláusula incorporada num contrato ou acordo em separado".

Se considerarmos apenas essa primeira parte do art. 9º, verificamos que, quando a lei determina que a convenção de arbitragem – *el convenio arbitral* – pode assumir tanto a forma de uma cláusula incorporada num contrato quanto se formalizar num acordo em separado, está realmente distinguindo as duas formas de pactuá-la.

Contudo, ao analisarmos a redação do trecho final do mesmo artigo, alcançamos conclusão diversa, pois se evidencia a diferenciação das formas de pactuar a convenção de arbitragem em relação ao aspecto temporal do surgimento do litígio: (i) os litígios que "tenham surgido", referindo-se ao compromisso arbitral; e (ii) das controvérsias que "possam surgir", remetendo à cláusula compromissória.

Dessa maneira, entendemos não se tratar de mera distinção entre as formas de convencionar a arbitragem, mas sim o tal preciosismo também

---

[115] Idem.

[116] BERALDO, Leonardo de Faria. **Curso de arbitragem: nos termos da Lei n. 9.307/96.** São Paulo: Atlas, 2014, p. 157.

[117] Ley n. 60/2003.

[118] *"Art. 9º – El convenio arbitral, que podrá adoptar la forma de cláusula incorporada a un contrato o de acuerdo independiente, deberá expresar la voluntad de las partes de someter a arbitraje todas o algunas de las controversias que hayan surgido o puedan surgir respecto de una determinada relación jurídica, contractual o no contractual."* Tradução livre para o português: "Art. 9º – A convenção de arbitragem, que pode assumir a forma de uma cláusula incorporada num contrato ou acordo em separado, deve expressar a vontade das partes de submeter à arbitragem todos ou determinados litígios que tenham surgido ou possam surgir em relação a uma determinada relação jurídica, seja ela contratual ou não."

identificado na lei brasileira, da distinção temporal quanto ao aparecimento da pretensão resistida.

Em outras palavras a distinção entre cláusula compromissória e compromisso arbitral reside no critério temporal do surgimento do litígio, apontando a doutrina internacional que a cláusula é pactuada antes do surgimento do litígio, ao passo que o compromisso é firmado após o surgimento da controvérsia.[119]

Nesta esteira, a legislação brasileira indica que a vontade expressa das partes é formalizada através da *convenção de arbitragem* – gênero do qual *cláusula compromissória* e *compromisso arbitral* são espécies.[120]

Em âmbito interno, a cláusula compromissória é definida em lei como "a convenção através da qual as partes em um contrato comprometem-se a submeter à arbitragem os litígios que possam vir a surgir, relativamente a tal contrato",[121] devendo, necessariamente, ser estipulada por escrito, sendo permitida a sua inserção no próprio contrato, ou em outro documento, desde que se refira expressamente à ela.[122]

O art. 853 do Código Civil reitera a possibilidade de resolução de divergências por intermédio da arbitragem, admitindo expressamente a inclusão nos ajustes da cláusula compromissória.[123]

Diferentemente da cláusula compromissória que se encontra incluída em um contrato e antecede o conflito, o compromisso arbitral é uma convenção específica "através da qual as partes submetem um litígio à arbitragem",[124] podendo ser tanto judicial como extrajudicial.

Em sendo judicial, estabelece a lei que será celebrada nos próprios autos onde tramite a demanda[125] – não por escrito que se junte aos autos, seguido

---

[119] FOUCHARD, Philippe; GAILLARD, Emmanuel; GOLDMAN, Berthold; SAVAGE, John. **Fouchard, Gaillard, Goldman on International Commercial Arbitration**. The Hague: Kluwer Law International, 1999, p. 193, paras. 386.

[120] Lei n. 9.307/96, art. 3º: "as partes interessadas podem submeter a solução de seus litígios ao juízo arbitral mediante convenção de arbitragem, assim entendida a cláusula compromissória e o compromisso arbitral".

[121] Lei n. 9.307/96, art. 4º.

[122] Lei n. 9.307/96, art. 4º, § 1º.

[123] Art. 853 do CC/02: "Admite-se nos contratos a cláusula compromissória, para resolver divergências mediante juízo arbitral, na forma estabelecida em lei especial".

[124] Lei n. 9.307/96, art. 9º.

[125] Lei n. 9.307/96, art. 9º, § 1º.

de homologação[126] –, e formalizada extrajudicialmente deverá o ser por escrito, assinada por duas testemunhas, ou por instrumento público,[127] encontrando esteio também no art. 851 do Código Civil.[128]

Estabelecida a base constitucional da possibilidade de particulares afastarem a jurisdição estatal, bem como as formas de se pactuar a arbitragem, discorreremos a seguir sobre suas potencialidades.

2.1.1.4. Potencialidades da arbitragem

Ultrapassadas essas questões de ordem dogmática, vale ressaltar que o resultado de uma pesquisa levada a termo em 2015 pela School of International Arbittration, da Queen Mary, University of London,[129] indicou que os maiores atrativos da arbitragem seriam: (i) exequibilidade dos laudos arbitrais; (ii)[130] flexibilidade do procedimento; (iii) possibilidade de seleção dos árbitros; (iv) confidencialidade; (v) neutralidade; (vi) definitividade das decisões; (vii) celeridade do procedimento arbitral; e (viii) custo.

Em que pese a pesquisa ter sido feita no âmbito da arbitragem internacional, extraímos e adaptamos os principais atrativos e os analisamos sob a ótima interna.

Dissequemos cada uma dessas potencialidades.

Quanto à *exequibilidade dos laudos arbitrais*, ressalvamos que, dado o presente trabalho ser moldado sob a ótica interna, como trataremos de disputas tributárias envolvendo inclusive mais de um país, cumpre-nos, mesmo que de forma célere, demonstrar os motivos pelos quais a facilidade em homologar e executar um laudo arbitral é tida como vantagem fundamental do procedimento.

E o faremos com fulcro em outra pesquisa também desenvolvida pela School of International Arbittration, da Queen Mary, University of Lon-

---

[126] PONTES DE MIRANDA, Francisco Cavalcanti. **Tratado de Direito Privado**. Tomo XXVI. Rio de Janeiro: Borsoi, 1959, p. 320.

[127] Lei n. 9.307/96, art. 9º, § 2º.

[128] Art. 851 do CC/01: "É admitido compromisso, judicial ou extrajudicial, para resolver litígios entre pessoas que podem contratar".

[129] FRIEDLAND, Paul; MISTELIS, Loukas. **2015 International Arbitration Survey: Improvements and Innovations in International Arbitration**. London: Queen Mary University of London – School of International Arbitration/White & Case, 2015, p. 6.

[130] A segunda questão mais relevante seria *"avoiding specific legal systems/national courts"*, mas, dado o caráter interno da presente pesquisa, ressalvamos sua existência, mas não o consideraremos no texto.

don, no ano de 2008, onde se concluiu que em grande parte dos casos o processo de homologação e execução de um laudo arbitral estrangeiro durou menos de um ano.

Os números apontados foram que: 57% (cinquenta e sete por cento) dos entrevistados venceram essas etapas em menos de um ano, 14% (quatorze por cento) o fizeram em menos de seis meses, entretanto, em 5% (cinco por cento) dos casos, esses procedimentos levaram de dois a quatro anos para serem levados a termo.[131]

Evidente, portanto, que a agilidade na execução de um laudo arbitral estrangeiro é, sem dúvida, um dos grandes atrativos dessa forma alternativa de resolução de controvérsias, até porque não raramente as empresas possuem ativos em diversos países, sendo certo que a facilidade em executar um laudo proveniente de uma arbitragem em outro território que não o que a sediou potencializa o instituto.

No que concerne à *flexibilidade do procedimento*, ressalvamos em proêmio que não pretendemos nos estender no presente tópico, uma vez que apenas esse diferencial da arbitragem foi objeto de estudo de fôlego, do qual extraímos, para fins do presente, sua conceituação como sendo "tanto a qualidade de algo que pode ser moldado (a criação do procedimento), quanto à qualidade de ser modificado, já que não se trata de coisa rígida (a adaptação do procedimento)".[132]

E é com base nessa conceituação que identificamos, lastreado na vontade das partes, a possibilidade dessas iniciarem a flexibilização já no momento da lavratura do contrato, ao discutirem e culminarem na escolha da instituição – ou do árbitro –, e consequentemente do seu regulamento que regerá o procedimento.

Há ainda a opção de que os atores da arbitragem – partes, árbitros, câmaras arbitrais e, ainda que de forma indireta, o Juízo estatal – customizem as regras procedimentais em cada litígio, no momento da confecção do termo de arbitragem, bem como a chance de nova adaptação dessas regras ao longo da disputa diferenciar o método, em especial se

---

[131] LAGERBERG, Gerry; MISTELIS, Loukas. **International Arbitration: Corporate attitudes and practices 2008**. London: Queen Mary University of London – School of International Arbitration/Price Waterhouse Coopers, 2008, p. 12.

[132] MONTORO, Marcos André Franco. **Flexibilidade do procedimento arbitral**. São Paulo, 2010. Tese de Doutorado em Direito, Faculdade de Direito da Universidade de São Paulo, p. 350.

comparado à maior rigidez de um Código de Processo Civil, aplicado às demandas judiciais.

Observa-se ainda a flexibilização do procedimento arbitral, quando se mitiga o instituto da preclusão, de forma a atenuá-lo.[133]

No que tange à *possibilidade de seleção dos árbitros*, entendemos ser um dos grandes diferenciais da arbitragem, posto que engloba, além de uma maior tecnicidade das decisões, também um alargamento dos atores decisivos no procedimento.

No sistema estatal, ao submeter uma demanda ao Judiciário, as partes além de dependerem de um sistema eletrônico de distribuição dos processos, contam com o acaso novamente na separação interna das varas, posto que possuem, em tese, um Juiz Titular e um Substituto, podendo, a partir de então, se deparar com dois cenários.

O primeiro, concernente aos grandes centros, comarcas de entrâncias finais – no Estado de São Paulo consideradas as comarcas com mais de 130.000 (cento e trinta mil) eleitores e 25.000 (vinte e cinco mil) feitos por ano[134] –, como a própria cidade de São Paulo, onde há inúmeras Varas dividias por ramos do Direito como Cível, Criminal, Família e Sucessões, Fazenda Pública, Execuções Fiscais da Fazenda Pública, Juizados Especiais.[135]

Nessas entrâncias finais, além da segregação em diversas especialidades, ainda há uma quantidade significativa de varas similares em uma única cidade, como, por exemplo, a de São Paulo, que extrapola os 10 (dez) Foros Regionais,[136] sendo que apenas no Central encontram-se mais de 40 (quarenta) Varas Cíveis, com um número equivalente de magistrados – considerando ainda que cada Vara possui um Juiz Titular e um Juiz Substituto –, não são necessárias maiores digressões para inferirmos que as experiências desses diversos magistrados são distintas, bem como suas afeições para matérias diversas.

Dada à pluralidade de matérias nesses grandes centros, um magistrado lotado em uma entrância intermediária pode ser especializado em Direito

---

[133] Idem, p. 353.

[134] Lei Complementar Estadual Paulista n. 980, de 21 de dezembro de 2005, com redação dada pela Lei Complementar Estadual Paulista n. 1.089, de 14 de abril de 2009.

[135] Cível, Criminal e da Fazenda Pública.

[136] I – Santana, II – Santo Amaro, III – Jabaquara, IV – Lapa, V – São Miguel Paulista, VI – Penha de França, VII – Itaquera, VIII – Tatuapé, IX – Vila Prudente, X – Ipiranga, XI – Pinheiros, XII – Nossa Senhora do Ó, e XV – Butantã.

Civil e, por uma oportunidade de transferência para uma entrância final, optar por uma lotação em uma Vara Criminal ou da Fazenda Pública.

Não se discute a capacidade de sua adaptação aos desafios trazidos pelas novas matérias que lidará com referida mudança, assim como não se questiona, posto que evidente, que durante esta adaptação ele não se furtará a decidir as lides que estiverem sob sua responsabilidade, fazendo ou com que os jurisdicionados tenham que aguardar um tempo demasiado para esse seu aperfeiçoamento, ou fornecendo-lhes uma decisão desprovida de fundamentos técnicos ou desatualizada da jurisprudência corrente.

O outro cenário advém dos magistrados lotados nas entrâncias iniciais – que no Estado de São Paulo correspondem às Comarcas com até 50.000 (cinquenta mil) eleitores e 7.000 (sete mil) feitos por ano[137] –, onde comumente há uma Vara única para todos os ramos do Direito acima listados, sendo desnecessário qualquer comentário acerca da impossibilidade de um magistrado possuir excelência em toda a gama de assuntos colocados à sua prova.

Diante deste contexto, a possibilidade de escolha dos árbitros visa justamente possibilitar o aceso a uma maior tecnicidade das decisões, justamente por permitir às partes que escolham livremente os árbitros que decidirão suas controvérsias.

A Lei Brasileira de Arbitragem apenas traz dois requisitos[138] para a nomeação dos árbitros: (i) que seja capaz;[139] e (ii) que detenha a confiança das partes.

O desdobramento natural desses dois requisitos é justamente o segundo atrativo da possibilidade de escolha dos árbitros, ou seja, o maciço alargamento – e especialização – dos atores decisórios, posto não haver qualquer proibição para indicação de árbitros estrangeiros[140] ou com outras forma-

---

[137] Lei Complementar Estadual Paulista n. 980, de 21 de dezembro de 2005, com redação dada pela Lei Complementar Estadual Paulista n. 1.089, de 14 de abril de 2009.

[138] Art. 13: "Pode ser árbitro qualquer pessoa capaz e que tenha a confiança das partes".

[139] Leonardo de Faria Beraldo indica que: "A capacidade exigida é a de fato, e não meramente, a de direito. A justificativa é óbvia, ou seja, apenas o sujeito com capacidade de fato pode praticar plenamente todos os atos da vida civil. Com isso, resta claro que os incapazes, seja absoluta ou relativamente, não podem ser árbitros". In: BERALDO, Leonardo de Faria. **Curso de arbitragem: nos termos da Lei n. 9.307/96**. São Paulo: Atlas, 2014, p. 228.

[140] Caso o árbitro seja pessoa estrangeira, a sua capacidade deverá ser aferida nos termos da lei de onde ele tem domicílio, *ex vi* do art. 7º da LINDB. In: BERALDO, Leonardo de Faria. **Curso de arbitragem: nos termos da Lei n. 9.307/96**. São Paulo: Atlas, 2014, p. 228.

ções que não o Direito, sendo, aliás, salutar e digna de louvor a oxigenação de especialidades dependendo da matéria em discussão.

A título de epílogo em relação à escolha dos árbitros, impinge destacar que, apesar dos dois requisitos acima indicados pela lei, tal como batido e rebatido, devemos lançar mão de uma interpretação sistemática para aferir a real intenção de cada dispositivo, o que nos leva a impossibilidade de o juiz estatal exercer a função de árbitro, por esbarrar, justamente, nas previsões contidas na Lei Orgânica da Magistratura Nacional – Lei Complementar n. 35, de 14 de março de 1979 –, donde se extrai ser hipótese de perda do cargo o exercício de qualquer outra função, excetuada um cargo de magistério superior, público ou particular.[141]

O assunto não passou despercebido por Carlos Alberto Carmona, que acresce, ainda, a ideia de que, mesmo com o magistrado desempenhando a função de árbitro sem qualquer remuneração, continuará sujeito à perda do cargo:

> A Lei Orgânica da Magistratura (Lei Complementar n. 35/79) não parece deixar dúvida sobre a impossibilidade de o juiz estatal exercer a função de árbitro: o art. 26, II, do referido diploma complementar considera grave – a ponto de decretar a perda do cargo do magistrado – o exercício de qualquer função, excetuada a de professor (a lei admite que o magistrado exerça um único cargo de professor em curso superior). A regra foi recebida pela Constituição de 1988 e, portanto, continua a vigorar, tudo com o objetivo de impedir que o juiz ocupe seu tempo com outras atividades que não aquela para a qual ingressou nos quadros dos agentes políticos dos Estado. Note-se que não é importante que a função de árbitro seja desempenhada a título gratuito: a lei não se preocupou em evitar que o juiz receba proventos, mas sim que desvie sua atenção para outra atividade que não seja a de exercer a judicatura.[142]

---

[141] Art. 26 – O magistrado vitalício somente perderá o cargo (vetado): [...]
II – em procedimento administrativo para a perda do cargo nas hipóteses seguintes:
a) exercício, ainda que em disponibilidade, de qualquer outra função, salvo um cargo de magistério superior, público ou particular; [...]
§ 1º – O exercício de cargo de magistério superior, público ou particular, somente será permitido se houver correlação de matérias e compatibilidade de horários, vedado, em qualquer hipótese, o desempenho de função de direção administrativa ou técnica de estabelecimento de ensino.
§ 2º – Não se considera exercício do cargo o desempenho de função docente em curso oficial de preparação para judicatura ou aperfeiçoamento de magistrados.
[142] P. 232.

No que concerne à *confidencialidade* nas arbitragens, esta decorre da lei, dos regulamentos das Câmaras de Arbitragem, ou do pacto arbitral.[143]

A ausência de previsão quanto à confidencialidade da arbitragem nos diplomas legais se repete em praticamente todos os países, exceto na lei de arbitragem da Nova Zelândia, de 1996 (art. 14),[144] que estabelece "expressamente que são proibidas a divulgação e publicação de qualquer dados e informações relativos ao procedimento arbitral e à própria sentença arbitral".[145]

A similitude em relação às previsões e omissões nas leis de arbitragens dos diversos países merece uma breve contextualização.

O processo de internacionalização da arbitragem no século XX decorreu da assinatura do Protocolo de Genebra de 24 de setembro de 1923[146] – firmado sob os auspícios da International Chamber of Commerce –, entabulado para absorver a demanda crescente dos negócios entre países, que clamava por uma legislação que facilitasse a implementação de meios voltados a dirimir questões domésticas, e particularmente, controvérsias comerciais internacionais.[147]

O protocolo foi seguido da Convenção de Genebra para a Execução de Laudos Arbitrais Estrangeiros[148] de 1927, que, reconhecendo as deficiências do Protocolo de Genebra de 1923 nessa matéria, expandiu a execução dos laudos arbitrais para os países signatários, e proibiu a revisão de mérito substancial pelas Cortes Estatais.[149]

Depois de um hiato provocado pela Segunda Guerra Mundial, retomou-se o desenvolvimento pró-arbitragem em relações comerciais internacionais, destacando-se a assinatura da Convenção de Nova Iorque em 1958, a

---

[143] BAPTISTA, Luiz Olavo. **Confidencialidade na Arbitragem**. In: V Congresso do Centro de Arbitragem Comercial: Intervenções. Coimbra: Centro de Arbitragem Comercial/Almedina, 2012, p. 204.

[144] *"Art. 14-A – An arbitral tribunal must conduct the arbitral proceedings in private. (Acrescido em 08 de outubro de 2007, pela seção 6 do Arbitration Amendment Act 2007 (2007 No 94)) Art. 14-B (1) – Every arbitration agreement to which this section applies is deemed to provide that the parties and the arbitral tribunal must not disclose confidential information"*

[145] Idem.

[146] Em última análise foi ratificado pelo Reino Unido, Alemanha, França, Japão, Índia, Brasil e cerca de outras duas dúzias de nações.

[147] BORN, Gary. **International Commercial Arbitration**. Vol I. Alphen aan den Rijn: Kluwer Law International, 2009, p. 58-59.

[148] Geneva Convention for the Execution of Foreign Arbitral Awards.

[149] Op. Cit., p. 61.

promulgação das Regras de Arbitragens da Comissão das Nações Unidas para o Direito Comercial Internacional ("UNCITRAL[150]") em 1976, e a adoção da Lei Modelo da UNCITRAL em 1985.

Esses dois últimos exemplos são a ligação em relação à similitude em relação às legislações que tratam de arbitragem ao redor do mundo, bem como das regras procedimentais das mais renomadas Câmaras arbitrais, indo de encontro tendência de internacionalização das relações comerciais mundiais apontada por Paulo Borba Casella.[151]

A UNCITRAL propôs, em 1973, o ambicioso projeto de elaboração de um regulamento de arbitragem modelo, criando um paradigma híbrido que funcionasse nos países de *common law, civil law* e quaisquer outros sistemas, através de um cenário procedimental unificado, previsível e ao mesmo tempo estável para arbitragens internacionais, sem retirar o seu caráter de informalidade e flexibilidade,[152]

As regras procedimentais modelo da UNCITRAL foram promulgadas pela Resolução UN Doc A/Res/31/98, aprovada pela Assembleia Geral da ONU em 15 de dezembro de 1976, recomendando o uso das regras "na resolução de litígios decorrentes das relações comerciais internacionais".[153]

Da mesma maneira que agiu com a elaboração das regras procedimentais modelo, a UNCITRAL, visando facilitar a arbitragem comercial internacional e garantir o seu pleno funcionamento e reconhecimento, tomou por base os defeitos identificados nas legislações de diversos países para confeccionar a Lei Modelo da UNCITRAL.

Percebe-se, portanto, que o fato de vários Estados basearem tanto suas leis de arbitragem quanto as principais Câmaras tomarem como exemplo os trabalhos da UNCITRAL em nada lhes tira o brilhantismo, vez que uma de suas grandes virtudes é justamente replicar e adaptar modelos que foram intensa e amplamente debatidos para funcionar nos diversos sistemas jurídicos, fazendo com que quem os utilize se insira num contexto atual, globalizado e reconhecido.

---

[150] Sigla decorrente do nome em inglês: *United Nations Commission on International Trade Law.*

[151] CASELLA, Paulo Borba. **Efetividade da nova lei.** In: CASELLA, Paulo Borba (Coord.). Arbitragem – a nova lei brasileira e a praxe internacional. São Paulo: LTr, 1997, p. 13-20.

[152] BORN, Gary. **International Commercial Arbitration.** Vol I. Alphen aan den Rijn: Kluwer Law International, 2009, p. 151.

[153] BROCHES, Aron. **Selected essays: World Bank, ICSID, and other subjects of public and private international law.** Dordrecht: Martinus Nijhoff Publishers, 1994, p. 375.

O fruto desses trabalhos, que foram e são colhidos na medida em que cada país e cada Câmara adota os modelos sugeridos pela UNCITRAL, resumem-se à segurança que os atores da arbitragem detêm ao se depararem com leis e regulamentos de seu amplo conhecimento em qualquer país ou instituição do mundo.

Fechando o parêntese, tem-se que, no Brasil – país que também seguiu e adaptou o modelo legal da UNCITRAL em sua lei vigente –, a confidencialidade na arbitragem também não decorre de previsão legal, ressalvada apenas a previsão advinda com a Lei n. 13.129/2015, que acresceu o art. 22-C[154] e seu parágrafo único[155] à Lei Brasileira de Arbitragem, e que tratam da confidencialidade da carta arbitral, desde que comprovada a opção pelas partes na arbitragem.

Na mesma esteira, os regulamentos das principais Câmaras de arbitragem brasileiras, inspirados no trabalho da UNCITRAL, preveem o sigilo dos procedimentos em seu âmbito interno: (i) Câmara de Arbitragem e Mediação da Câmara de Comércio Brasil-Canadá ("CAM-CCBC") de 2012, art. 14;[156] (ii) Câmara de Arbitragem e Mediação CIESP/FIESP ("CAM--CIESP/FIESP"), de 2013, arts. 10.6,[157] 20.4,[158] 20.5;[159] (iii) Câmara de Arbi-

---

[154] Art. 22-C. O árbitro ou o tribunal arbitral poderá expedir carta arbitral para que o órgão jurisdicional nacional pratique ou determine o cumprimento, na área de sua competência territorial, de ato solicitado pelo árbitro.

[155] Parágrafo único. No cumprimento da carta arbitral será observado o segredo de justiça, desde que comprovada a confidencialidade estipulada na arbitragem.

[156] 14.1. O procedimento arbitral é sigiloso, ressalvadas as hipóteses previstas em lei ou por acordo expresso das partes ou diante da necessidade de proteção de direito de parte envolvida na arbitragem.
14.1.1. Para fins de pesquisa e levantamentos estatísticos, o CAM/CCBC se reserva o direito de publicar excertos da sentença, sem mencionar as partes ou permitir sua identificação.
14.2. É vedado aos membros do CAM/CCBC, aos árbitros, aos peritos, às partes e aos demais intervenientes divulgar quaisquer informações a que tenham tido acesso em decorrência de ofício ou de participação no procedimento arbitral.

[157] 10.6 – É vedado aos membros da Câmara, aos árbitros e às partes divulgar informações a que tenham tido acesso em decorrência de ofício ou de participação no procedimento arbitral, salvo em atendimento a determinação legal.

[158] 20.4 – Poderá a Câmara publicar em Ementário excertos da sentença arbitral, sendo sempre preservada a identidade das partes.

[159] 20.5 – Quando houver interesse das partes e, mediante expressa autorização, poderá a Câmara divulgar a íntegra da sentença arbitral.

tragem Empresarial – Brasil ("CAMARB"), art. 12.1;[160] (iv) Câmara FGV de Conciliação e Arbitragem ("CFGV-CA"), art. 61;[161] (v) Centro de Arbitragem da Câmara Americana de Comércio de São Paulo ("CAM-AMCHAM), de 2014, art. 18;[162] e (vi) Conselho Nacional das Instituições de Mediação e Arbitragem ("CONIMA"), art. 12.2.[163]

Quanto à *neutralidade*, há ligeira confusão com outra característica do método, a imparcialidade, sendo que esta se refere à ausência de favorecimento de tratamento com as partes – atuar sem inclinar a balança, igualdade de tratamento –, ao passo que ser neutro relaciona-se ao comportamento indiferente ao resultado do pleito.[164]

Também não nos aprofundaremos na busca dos signos para fundamentar a diferença entre neutralidade e imparcialidade, posto que também seria necessário inúmeras páginas para fazê-lo, o que certamente desvirtuaria o sentido do presente estudo, mas, apenas para registro, apontamos o extrato do que se entende por neutralidade filosófica, que, tal como no trecho abaixo, não é transponível ao plano empírico da decisão:

> [...] o *locus* de aplicação da neutralidade e da imparcialidade aqui considerado é aquele afeto às decisões judiciais, ambiente em que só é possível afirmar

---

[160] 12.1 – O procedimento arbitral será rigorosamente sigiloso, sendo vedado à CAMARB, aos árbitros e às próprias partes divulgar quaisquer informações a que tenham acesso em decorrência de seu ofício ou de sua participação no processo, sem o consentimento de todas as partes, ressalvados os casos em que haja obrigação legal de publicidade.

[161] Art. 61 – Os processos de conciliação e arbitragem deverão transcorrer em absoluto sigilo, sendo vedado aos membros da Câmara FGV, aos conciliadores, aos árbitros, às partes e aos demais participantes do processo divulgar qualquer informação a que tenham tido acesso em decorrência de sua participação no procedimento.

[162] 18.1 – Salvo acordo entre as Partes ou decisão do Tribunal Arbitral em sentido contrário, o procedimento arbitral é sigiloso, sendo vedado a todos os membros do Centro de Arbitragem e Mediação AMCHAM, aos árbitros, às Partes e a quaisquer outros eventualmente envolvidos divulgar quaisquer informações a ele relacionadas, salvo mediante autorização escrita de todas as Partes.

18.2 – Os membros do Centro de Arbitragem e Mediação AMCHAM não serão responsáveis perante qualquer pessoa por quaisquer atos ou omissões relacionados a um procedimento arbitral, salvo as disposições imperativas da lei aplicável.

[163] 12.2 – O processo arbitral é sigiloso sendo vedado às partes, aos árbitros, aos membros da CÂMARA e às pessoas que tenham participado no referido processo, divulgar informações a ele relacionadas.

[164] MOREIRA, José Carlos Barbosa. **Reflexões sobre a Imparcialidade do Juiz**. In: Temas de Direto Processual Civil, 7ª Série. São Paulo: Saraiva, 1994, p. 19-30.

que o magistrado pode ser neutro se, com isso, esteja-se desejando atribuir à neutralidade a carga valorativa da imparcialidade, operação que, ademais, pode, a uma primeira vista, relevar-se por demais despicienda e inapropriada, todavia, em contexto específico poderá representar significativo agregado à teoria e à *praxis* processual, especialmente no que concerne à atuação do magistrado e à imagem do Poder Judiciário.

Impõe-se considerar, pois, a necessidade de se invocar o pensamento de Edmund Husserl para sustentar a possibilidade de neutralidade humana diante de uma situação de conflito, importando, todavia, advertir que a suspensão de juízos (*epoché, epokhé* ou *εποχη*) é uma ação que pode se afirmar impossível de ser atingida em toda a sua extensão, sobretudo porque o objetivo do pensar fenomenológico é o alcançar da essência (*eidos*), limite da redução eidética.

Dessa forma, a essência, que se localiza no Ser (*Sein*) próprio de determinado indivíduo como o que (*Was*) ele é, resta conduzida ao mundo das ideias (*in Ideen gesetzt*). A intuição empírica (*erfahrende Anschauung*) ou individual (*individuelle*) pode ser transformada em visão de essência (*Wesensanschauung*) ou ideação (*Ideation*).[165]

Assim, essa "suspensão de juízo" no campo fenomenológico não implica a neutralidade no sentido amplo e irrestrito, mas sim pretende a "contemplação desinteressada", alusivas aos interesses naturais na existência, abstendo-se de emitir juízos sobre ela, sem, todavia, pô-la em dúvida. Trata-se da neutralidade filosófica, não transportável ao plano empírico da decisão.[166]

Desta maneira, quanto à neutralidade, não nos referimos ao posicionamento quando do julgamento do caso, pois, como já visto, é complexa a sua não transposição ao plano empírico da decisão, mas sim ao distanciamento do julgador de suas crenças e tradições como verdades absolutas:

---

[165] *"Zunächst bezeichnete 'Wesen' das im selbsteigenen Sein eines Individuum als sein Was Vorfindliche. Jedes solches Was kann aber 'in Idee gesetz' werden. Ehfahrende oder individuelle Anschauung kann in Wesensanschauung (Ideation) umgewandelt werden – eine Möglichkeit, die selbst nicht als empiriche, sondern als Wesensmöglichkeit zu verstehen ist. Das Erschaute ist dann das entsprechende reine Wesen oder Eidos, sei es die oberste Kategorie, sei es Besonderung derselben, bis herab zur vollen Konkretion"*. In: HUSSERL, Edmund. **Ideen zu einer reinen Phänomenologie und phänomenologischen Philosophie**. Hamburg: Felix Meiner Verlag GmbH: 2009. p. 13.

[166] FILHO, Rodolfo Pamplona; BARBOSA, Charles. **Reflexões Filosóficas sobre a neutralidade e imparcialidade no ato de julgar**. Rev. TST, Brasília, vol. 77, n. 3, jul/set 2011, p. 259-260.

É claro que um árbitro não pode ser abstraído do meio no qual foi formado, e onde adquiriu sua cultura jurídica e social; no entanto, a partir do momento que esse árbitro esteja à frente de uma arbitragem internacional, suas crenças e tradições não podem ser vistas como verdades absolutas. A ausência de neutralidade é flagrante se o árbitro age de tal forma.

Nesse sentido, afirma Marc Henry: *"l'obligation de neutralité de l'arbitre correspond en définitive à une nécessaire ouverture d'esprit, une absence de nationalisme juridique et une prédisposition à la méthode comparative"*.[167]

Nessa mesma linha, as palavras da Ministra Eliana Calmon, que aglutina diversas das potencialidades abordadas na presente seção, denominando esse atrativo como *neutralidade ideológica*: "é a arbitragem atividade sigilosa, absolutamente imparcial, ostentando ainda neutralidade ideológica e baixos custos a médio prazo".[168]

No Brasil, apesar não constar expressamente no texto legal, a neutralidade é extraída da leitura do art. 14 da Lei Brasileira de Arbitragem.[169]

No âmbito internacional, encontramos menção à neutralidade no art. 11 (1) e (5) da Lei Modelo da UNCITRAL,[170] de onde se retira a neutralidade

---

[167] LEE, João Bosco; PROCOPIAK, Maria Claudia de Assis. **A obrigação da Revelação do Árbitro – Está Influenciada por Aspectos Culturais ou Existe um Verdadeiro *Standard* Universal?** In: *Revista Brasileira de Arbitragem*, Ano IV, n. 14, abr/jun 2007. São Paulo: IOB Thomson, p. 17.

[168] CALMON, Eliana. **A Arbitragem Internacional**. Informativo Jurídico da Biblioteca Ministro Oscar Saraiva, v. 16, n. 1, Jan./Jul. 2004, p. 11. Disponível em: <http://www.stj.jus.br/publicacaoinstitucional/index.php/informativo/article/viewFile/434/392>, acesso em 07/01/16.

[169] Art. 14. Estão impedidos de funcionar como árbitros as pessoas que tenham, com as partes ou com o litígio que lhes for submetido, algumas das relações que caracterizam os casos de impedimento ou suspeição de juízes, aplicando-se-lhes, no que couber, os mesmos deveres e responsabilidades, conforme previsto no Código de Processo Civil.
§ 1º As pessoas indicadas para funcionar como árbitro têm o dever de revelar, antes da aceitação da função, qualquer fato que denote dúvida justificada quanto à sua imparcialidade e independência.
§ 2º O árbitro somente poderá ser recusado por motivo ocorrido após sua nomeação. Poderá, entretanto, ser recusado por motivo anterior à sua nomeação, quando:
a) não for nomeado, diretamente, pela parte; ou
b) o motivo para a recusa do árbitro for conhecido posteriormente à sua nomeação.

[170] Artigo 11 – Nomeação de árbitros
(1) Ninguém poderá, em razão de sua nacionalidade, ser impedido de exercer as funções de árbitro, salvo acordo das partes em contrário. [...]

- política e cultural –, o dever de, em regra, escolher árbitros que sejam todos de nacionalidades diferentes e que não sejam da nacionalidade das partes, ou até da dos advogados que as representam.[171]

Nesse sentido, corrobora João Bosco Lee ao afirmar que, "ao invés de falar em termos de independência ou imparcialidade, com relação à nacionalidade do árbitro, preferimos nos referir à neutralidade".[172]

Em relação à *definitividade das decisões*, reiteramos parte do conceito proposto para arbitragem na seção 2.1.1.2, haja vista que, pela utilização do método, se alcançará uma decisão final,[173] irrecorrível,[174] que, sendo condenatória, constituirá título executivo,[175] com força de título executivo judicial.[176]

Ressalvamos apenas que, após proferido o laudo arbitral, cabe, no prazo de 5 (cinco) dias, pedido de correção de erro material, ou de esclarecimento de quaisquer obscuridade, dúvida ou contradição, bem como o pedido de complementação judicial previsto no art. 33, § 4º da Lei nº 9.307/96.[177]

---

(5) A decisão de uma questão confiada a um tribunal estatal ou a outra autoridade referida no artigo 6º, nos termos dos parágrafos 3º e 4º do presente artigo, é insuscetível de recurso. Quando nomear um árbitro o tribunal estatal ou a outra autoridade, terá em conta as qualificações exigidas a um árbitro pelo acordo das partes e tudo o que for relevante para garantir a nomeação de um árbitro independente e imparcial e, quando nomear um árbitro único ou um terceiro árbitro, o tribunal estatal terá igualmente em consideração o fato de que poderá ser desejável a nomeação de um árbitro de nacionalidade diferente da das partes.

[171] VICENTE, Dario Moura (Coord.) **Lei da Arbitragem Voluntária Anotada.** Coimbra: Almedina/Associação Portuguesa de Arbitragem, 2015, p. 32.

[172] LEE, João Bosco; PROCOPIAK, Maria Claudia de Assis. **A obrigação da Revelação do Árbitro – Está Influenciada por Aspectos Culturais ou Existe um Verdadeiro *Standard* Universal?** In: *Revista Brasileira de Arbitragem*, Ano IV, n. 14, abr/jun 2007. São Paulo: IOB Thomson, p. 20.

[173] CF/88, art. 5º, XXXI: "a lei não prejudicará o direito adquirido, o ato jurídico perfeito e a coisa julgada".

[174] Lei n. 9.307/96, art. 18: "o árbitro é juiz de fato e de direito, e a sentença que proferir não fica sujeita a recurso ou a homologação pelo Poder Judiciário".

[175] Lei n. 9.307/96, art. 31: "a sentença arbitral produz, entre as partes e seus sucessores, os mesmos efeitos da sentença proferida pelos órgãos do Poder Judiciário e, sendo condenatória, constitui título executivo".

[176] CPC/15, art. 515, inciso VII: "Art. 515. São títulos executivos judiciais, cujo cumprimento dar-se-á de acordo com os artigos previstos neste Título: [...]VII – a sentença arbitral".

[177] Lei n. 9.307/96:
Art. 30 – No prazo de 5 (cinco) dias, a contar do recebimento da notificação ou da ciência pessoal da sentença arbitral, salvo se outro prazo for acordado entre as partes, a parte interessada, mediante comunicação à outra parte, poderá solicitar ao árbitro ou ao tribunal arbitral que:

ARBITRAGEM NA ADMINISTRAÇÃO PÚBLICA

O fato de não se aceitar recurso de mérito da decisão contida em um laudo arbitral representará um impacto severo nas potencialidades a seguir delineadas, posto que, ao encerrar a discussão em definitivo em um julgamento único, os maiores benefícios dessa pronta prestação jurisdicional serão mais bem compreendidos quando em contraponto com a verificação da celeridade e custo dos procedimentos arbitrais.

Quanto à *celeridade*, não se trata de uma inovação da arbitragem, mas sim uma determinação constitucional, contida no art. 5º, inciso LXXVIII,[178] assegurando a todos, tanto no âmbito judicial quanto no administrativo, "a razoável duração do processo e os meios que garantam a celeridade de sua tramitação", o que é inquestionavelmente mais bem observado nos meios alternativos de resolução de disputas.

Diferentemente, no que concerne às Cortes estatais, sua lentidão e inefetividade não são problemas hodiernos, uma vez que presentes desde as Ordenações do Reino, não se tendo notícia, em momento algum da história, de que a jurisdição estatal tenha respondido de forma integralmente satisfatória aos anseios da sociedade.[179]

Levando-se em conta o objeto do presente trabalho, imperioso ressaltar o estudo realizado pelo Instituto de Pesquisa Econômica Aplicada ("IPEA") identificando o tempo médio de um processo de execução fiscal na Justiça Federal como sendo "de 2.989 dias, ou seja, 8 anos, 2 meses e 9 dias",[180] ou cerca de 98 (noventa e oito meses).

No âmbito da arbitragem, a agilidade do procedimento é sem dúvida tida como uma grande vantagem, posto que, apesar de não haver uma

---

I – corrija qualquer erro material da sentença arbitral;

II – esclareça alguma obscuridade, dúvida ou contradição da sentença arbitral, ou se pronuncie sobre ponto omitido a respeito do qual devia manifestar-se a decisão. [...]

[178] Incluído pela Emenda Constitucional n. 45, de 2004.

[179] "Não é recente a temática atinente à 'crise na justiça'. Na época em que vigoraram as Ordenações do Reino já se vislumbrava a preocupação dos governantes com a celeridade e a efetividade processual. Aliás, não se encontra na literatura um momento histórico sequer em que se tenha reputado que o Poder Judiciário teria respondido de forma plenamente adequada aos anseios da sociedade. Ao contrário, a morosidade sempre foi associada de forma direta à atuação estatal". In: AMARAL, Paulo Osternack. **Arbitragem e Administração Publica: aspectos processuais, medidas de urgência e instrumentos de controle**. Belo Horizonte: Fórum, 2012, p. 15.

[180] BRASIL. Secretaria de Assuntos Estratégicos. Instituto de Pesquisa Econômica Aplicada. Diretoria de Estudos e Políticas do Estado, das Instituições, e da Democracia. **Custo Unitário do Processo de Execução Fiscal na Justiça Federal**. 2011, p. 42.

medição precisa dada a pluralidade de assuntos e a diversidade de discussões, as câmaras arbitrais de maior prestígio no mundo estimam que o tempo de duração de um procedimento seja de aproximadamente 18 (dezoito) meses.[181]

A comparação natural dos dados acima – 18 meses em relação a 98 meses – demonstra que o procedimento arbitral dura cerca de 5,5 (cinco e meia) vezes menos do que uma discussão judicial.

Vale ressaltar, entretanto, que, se esse atrativo era unânime há cerca de duas décadas, recentemente identificamos registros sobre a duração inapropriada de alguns procedimentos arbitrais, bem como dos seus elevados custos, elementos tidos, atualmente, pelos estudiosos do método, como os principais obstáculos para que a arbitragem se desenvolva como nos últimos anos.[182]

Evidente que, como toda nova tecnologia, as jurídicas também possuem elementos imponderáveis considerados pontos fora da curva, importando que, desde suas identificações, esses marcadores passaram a despertar sólido interesse da comunidade arbitral internacional, acirrando um amplo debate acerca das maneiras de evitar que tais exceções virassem regra.

---

[181] Dados extraídos de três fontes: (i) *"Both the International Chamber of Commerce (ICC) and the American Arbitration Association/International Centre for Dispute Resolution (AAA/ICDR) claim that, in the majority of the cases, an award is rendered within 18 months from filing a request for arbitration, which is quicker than most transnational litigation cases"*. In: LAGERBERG, Gerry; MISTELIS, Loukas. **International Arbitration: Corporate attitudes and practices 2006**. London: Queen Mary University of London – School of International Arbitration/Price Waterhouse Coopers, 2006, p. 7; (ii) Lista de perguntas frequentes constantes no site da London Court of International Arbitration ("LCIA"): *"How long does the average LCIA arbitration last? There is no such thing as an "average" arbitration. Sums in issue, and technical and legal complexity, may vary greatly between one case and another, as may the volume of evidence, oral and written, that may be required to determine the dispute. However, currently, around half of all cases referred to the LCIA that run their course from Request for Arbitration to Final Award are typically concluded in 12 months or less, and more than three quarters in 18 months or less"*. Disponível em: < http://www.lcia.org/frequently_asked_questions.aspx#Length >, acesso em 29/11/15; e (iii) Matéria veiculada no jornal *"The Economist"* indica que nos Estados Unidos a média de um procedimento arbitral seria entre 16 e 17 meses. Disponível em: < http://www.economist.com/node/8633318 >, acesso em 29/11/15.

[182] RISSE, Joerg. **Ten Drastic Proposals for Saving Time and Costs in Arbitral Proceedings**. In: Arbitration International Vol. 29, n. 3, 2013, London: LCIA/Kluwer Law International, 2013, p. 453.

Sob o enfoque pragmático, digna ainda de registro a pesquisa levada a termo pelo CNJ intitulada "A execução fiscal no Brasil e o impacto no Judiciário", que demonstra que a arbitragem "entre o fisco e contribuinte é aspecto a ser avaliado como 'medida para desobstruir o Judiciário e para dar maior agilidade às ações', o que tem apoio de 71,5% dos entrevistados em pesquisa de campo realizada".[183]

A afirmação acima, bem como o percentual de apoio nela indicado, demonstram não somente a insatisfação com o sistema jurisdicional estatal, mas também a abertura para o estudo de novas tecnologias jurídicas que possam entregar melhores resultados de forma mais ágil, precisa, confiável e eficiente, como a arbitragem tributária estudada na presente tese.

Tal como ressalvado quanto à duração dos procedimentos arbitrais, os *custos* em uma arbitragem também cresceram nos últimos vinte anos,[184] sendo certo que estudos desenvolvidos pela School of International Arbitration, da Queen Mary, University of London, no ano de 2006 demonstraram que, comumente, cerca de 10% (dez por cento) do valor em disputa são gastos com o próprio procedimento, sendo metade com honorários dos advogados e a outra metade entre os honorários dos árbitros e com os custos das instituições arbitrais.[185]

Uma comparação direta dos custos da arbitragem – 10% do valor em disputa –, com os do Judiciário estadual apontariam para uma discrepância sem precedentes – uma vez que no Judiciário Estadual Paulista, por exemplo, um processo de conhecimento custa cerca de 5% (cinco por cento)[186/187]

---

[183] MENDONÇA, Priscila Faricelli de. **Arbitragem e transação tributárias**. In: GRINOVER, *Ada Pelegrinni; WATANABE, Kazuo. Meios Alternativos de Solução de Controvérsias.* Brasília: Gazeta Jurídica, 2014, p. 66-67.

[184] RISSE, Joerg. **Ten Drastic Proposals for Saving Time and Costs in Arbitral Proceedings.** In: Arbitration International Vol. 29, n. 3, 2013, London: LCIA/Kluwer Law International, 2013, p. 453.

[185] *"The respondents reported that in 64% of cases, counsel's fees were greater than 50% of the total cost of the arbitration. Whilst the costs of the arbitration institution and tribunal may appear significant, their share of the overall expense is not regarded as excessive".* In: LAGERBERG, Gerry; MISTELIS, Loukas. **International Arbitration: Corporate attitudes and practices 2006**. London: Queen Mary University of London – School of International Arbitration/Price Waterhouse Coopers, 2006, p. 19.

[186] 1% (um por cento) no preparo da inicial, e mais 4% (quatro por cento) quando da apelação. Ressalvamos que, até 31 de dezembro de 2015, o preparo das apelações era de 2% (dois por cento), tendo dobrado o custo a partir de 1º de janeiro de 2016.

[187] Lei Estadual Paulista n. 11.608, de 29 de dezembro de 2003, atualizada até a Lei Estadual Paulista n. 15.855, de 02 de julho de 2015:

do valor em debate, ressalvado o teto de arrecadação,[188] atualmente fixado em R$ 75.210,00 (setenta e cinco mil, duzentos e dez reais)[189]–, favorecendo, sob essa visão escoteira e míope, uma suposta, porém infundada, atratividade dos custos dos procedimentos judiciais.

Essa impressão inicial nos levaria à equivocada conclusão de que os custos de um procedimento judicial (5%) corresponderiam à metade dos custos de uma arbitragem (10%).

Ocorre, entretanto, que o fator custo deve, necessariamente, ser analisado conjuntamente com outro marcador, a duração de um processo, haja vista que a demora na prestação jurisdicional implicará no acréscimo do valor discutido tanto em relação aos juros quanto na correção monetária.

Sugerimos, abaixo, um exemplo prático, porém hipotético, para balancear os custos nos dois tipos de discussão.

Tomemos por base dois casos idênticos que teriam se iniciado em novembro de 2007, um decidido através de arbitragem e o outro submetido ao Judiciário Estatal paulista, onde o valor em disputa era originariamente de R$ 1.000.000,00 (um milhão de reais) cada.

Consideraremos também que, em ambos os casos, uma parte sagrou-se integralmente vencedora, sendo a parte vencida condenada ao pagamento integral do valor em disputa com os acréscimos devidos.

---

art. 4º – O recolhimento da taxa judiciária será feito da seguinte forma:
I – 1% (um por cento) sobre o valor da causa no momento da distribuição ou, na falta desta, antes do despacho inicial; essa mesma regra se aplica às hipóteses de reconvenção e de oposição;
II – 4% (quatro por cento) sobre o valor da causa, nos termos do artigo 511 do Código de Processo Civil, como preparo da apelação e do recurso adesivo, ou, nos processos de competência originária do Tribunal, como preparo dos embargos infringentes; (NR); [...]

[188] Referente a 3.000 (três mil) UFESPs – art. 4º, § 1º da Lei Estadual Paulista n. 11.608, de 29 de dezembro de 2003, atualizada até a Lei Estadual Paulista n. 15.855, de 02 de julho de 2015: "Os valores mínimo e máximo a recolher-se, em cada uma das hipóteses previstas nos incisos anteriores, equivalerão a 5 (cinco) e a 3.000 (três mil) UFESPs – Unidades Fiscais do Estado de São Paulo, respectivamente, segundo o valor de cada UFESP vigente no primeiro dia do mês em que deva ser feito o recolhimento".

[189] Calculado com base no valor da UFESP para o período de 01/01/16 a 31/12/16 de R$ 23,55 (vinte e três reais e cinquenta e cinco centavos), nos termos do Comunicado CAT 22 (DOE-SP 19/12).

Diante deste cenário, e levando-se em consideração o tempo médio de duração acima exposto, a arbitragem teria se encerrado após 18 (dezoito) meses, ou seja, em abril de 2009, ao passo que o processo judicial teria se arrastado por 98 (noventa e oito) meses, transitando em julgado apenas em dezembro de 2015.

No presente caso adotaremos também a máxima de que tanto a correção monetária[190] quanto os juros[191] foram calculados utilizando-se as mesmas bases do processo judicial, haja vista esta ser uma prerrogativa da arbitragem – eleita por vontade das partes, devidamente refletida no termo de arbitragem.

Teríamos, assim, que o valor em disputa, incluídos os custos acima destacados, quando do término da arbitragem, em abril de 2009, corresponderam a R$ 1.372.225,35 (um milhão, trezentos e setenta e dois mil, duzentos e vinte e cinco reais e trinta e cinco centavos),[192] ao passo que o valor discutido no processo judicial, no momento de seu trânsito em julgado, em dezembro de 2015, equivaleu a R$ 2.697.459,18 (dois milhões, seiscentos e noventa e sete mil, quatrocentos e cinquenta e nove reais e dezoito centavos).[193]

---

[190] Valores contidos na Tabela Prática para Cálculo de Atualização Monetária dos Débitos Judiciais do Tribunal de Justiça do Estado de São Paulo, disponível em: <http://www.tjsp.jus.br/Download/Tabelas/TabelaDebitosJudiciais.pdf>, acesso em 06/01/16.

[191] 1% ao mês, tal como previsto no art. 406 do Código Civil de 2002, interpretado conjuntamente com o art. 161, § 1º do CTN:
Art. 406 do CC/02: "Quando os juros moratórios não forem convencionados, ou o forem sem taxa estipulada, ou quando provierem de determinação da lei, serão fixados segundo a taxa que estiver em vigor para a mora do pagamento de impostos devidos à Fazenda Nacional";
Art. 161, § 1º do CTN: "Se a lei não dispuser de modo diverso, os juros de mora são calculados à taxa de um por cento ao mês".

[192] Considerando o valor inicial, acrescido de: (i) *custas* de 10% (dez por cento), no valor de R$ 100.000,00 (cem mil reais); (ii) *correção monetária* (divisor Nov/07: 36,91161; e multiplicador Abr/09: 40,315796) de R$ 92.225,35 (noventa e dois mil, duzentos e vinte e cinco reais e trinta e cinco centavos); e (iii) *juros* de 18% (dezoito por cento) calculados de forma simples: R$ 180.000,00 (cento e oitenta mil reais).

[193] Considerando o valor inicial, acrescido de: (i) *custas* de 5% (cinco por cento), no valor de R$ 50.000,00 (cinquenta mil reais); (ii) *correção monetária* (divisor Nov/07: 36,91161; e multiplicador Dez/15: 61,548603) de R$ 667.459,18 (seiscentos e sessenta e sete mil, quatrocentos e cinquenta e nove reais e dezoito centavos); e (iii) *juros* de 98% (noventa e oito por cento) calculados de forma simples: R$ 980.000,00 (novecentos e oitenta mil reais), correspondentes às 98% (noventa e oito por cento).

Um comparativo inicial em percentuais demonstra que o processo judicial custou ao vencido aproximadamente 104% (cento e quatro por cento) a mais do que o procedimento arbitral.

Ocorre, entretanto, que esse percentual não pode ainda ser considerado como conclusivo para presente exemplo.

Referimo-nos ao fato de que, nos custos estáticos da arbitragem – 10% do valor em disputa –, tal como ressaltado pela pesquisa acima destacada, encontram-se contidos, dentre outros custos, os honorários dos advogados, que correspondem à metade desse seu valor.

Essa inclusão referente aos honorários não ocorreu na estimativa em relação ao processo judicial, onde as partes pagam aos seus patronos até 20% (vinte por cento) do êxito da demanda, sem contar a sucumbência, que pode variar entre 10% (dez por cento) e 20% (vinte por cento) da condenação.[194]

Assim, para uma comparação isonômica, devemos acrescer ao percentual até então identificado (104%) os custos com os advogados de um processo judicial, o que estimamos em: 10% (dez por cento) a título de honorários contratuais, e mais 10% (dez por cento) equivalentes aos honorários sucumbenciais, essa diferença percentual subirá para cerca de 135% (cento e trinta e cinco por cento).[195]

Assim, ao considerarmos os custos de contratação de advogados e sucumbência ao exemplo em questão, concluirmos que o processo judicial demorou 80 (oitenta) meses a meais, e foi 135% (cento e trinta e cinco por cento) mais caro do que o procedimento arbitral.

Pelo exposto, defendemos que a análise dos custos de uma arbitragem não pode e não deve ser realizada apenas em relação aos custos iniciais comparados de forma estática, posto que o fator tempo influencia, significativamente, o montante em disputa.

---

[194] Nos termos do art. 85 do CPC/15.

[195] Ao aplicarmos o percentual de 20% relativo aos custos dos advogados e sucumbenciais sobre o valor total da condenação (R$ 2.697.459,18) deveremos acrescer, ainda, mais R$ 539.491,84, totalizando, assim, um custo total final do processo judicial como sendo, para o presente exemplo, de R$ 3.236.951,02, que, comparado ao custo integral da arbitragem de R$ 1.372.225,35, contemplará uma diferença em relação a esse de 135,89%.

Ademais, vale também recordar que essa elevação do custo deve refletir nos balanços das partes litigantes, na forma de provisão contábil,[196/197] lá permanecendo até que se chegue a uma decisão terminativa.

[196] Nos termos dos arts. 6º, 10, e 11 da Resolução do Conselho Federal de Contabilidade n. 750, de 29 de dezembro de 1993, com as alterações promovidas pela Resolução do Conselho Federal de Contabilidade n. 1.282, de 28 de maio de 2010:

Art. 6º O Princípio da Oportunidade refere-se ao processo de mensuração e apresentação dos componentes patrimoniais para produzir informações íntegras e tempestivas.

Parágrafo único. A falta de integridade e tempestividade na produção e na divulgação da informação contábil pode ocasionar a perda de sua relevância, por isso é necessário ponderar a relação entre a oportunidade e a confiabilidade da informação. [...]

Art. 10. O Princípio da Prudência determina a adoção do menor valor para os componentes do ATIVO e do maior para os do passivo, sempre que se apresentem alternativas igualmente válidas para a quantificação das mutações patrimoniais que alterem o patrimônio líquido.

Parágrafo único. O Princípio da Prudência pressupõe o emprego de certo grau de precaução no exercício dos julgamentos necessários às estimativas em certas condições de incerteza, no sentido de que ativos e receitas não sejam superestimados e que passivos e despesas não sejam subestimados, atribuindo maior confiabilidade ao processo de mensuração e apresentação dos componentes patrimoniais.

Art. 11. A inobservância dos Princípios de Contabilidade constitui infração nas alíneas "c", "d" e "e" do art. 27 do Decreto-Lei nº 9.295, de 27 de maio de 1946 e, quando aplicável, ao Código de Ética Profissional do Contabilista.

[197] Assim como previsto nos itens 11, 12, 13, 14, e 16 da Resolução do Conselho Federal de Contabilidade n. 1.180, de 24 de julho de 2009, que aprovou as Normas Brasileiras de Contabilidade ("NBC") TG 25, que trata de provisões, passivos contingentes e ativos contingentes:

11 – As provisões podem ser distintas de outros passivos tais como contas a pagar e passivos derivados de apropriações por competência (accruals) porque há incerteza sobre o prazo ou o valor do desembolso futuro necessário para a sua liquidação. Por contraste:

(a) as contas a pagar são passivos a pagar por conta de bens ou serviços fornecidos ou recebidos e que tenham sido faturados ou formalmente acordados com o fornecedor; e

(b) os passivos derivados de apropriações por competência (accruals) são passivos a pagar por bens ou serviços fornecidos ou recebidos, mas que não tenham sido pagos, faturados ou formalmente acordados com o fornecedor, incluindo valores devidos a empregados (por exemplo, valores relacionados com pagamento de férias). Embora algumas vezes seja necessário estimar o valor ou prazo desses passivos, a incerteza é geralmente muito menor do que nas provisões.

Os passivos derivados de apropriação por competência (accruals) são frequentemente divulgados como parte das contas a pagar, enquanto as provisões são divulgadas separadamente.

12 – Em sentido geral, todas as provisões são contingentes porque são incertas quanto ao seu prazo ou valor. Porém, nesta Norma o termo "contingente" é usado para passivos e ativos que não sejam reconhecidos porque a sua existência somente será confirmada pela ocorrência ou não de um ou mais eventos futuros incertos não totalmente sob o controle da entidade.

A essas oito potencialidades tradicionais, acima analisadas, Cândido Rangel Dinamarco acresce, ainda, outra, da qual somos partidários, como o menor grau de agressividade ou beligerância esperada das partes por estarem "estritamente vinculadas por um superlativo dever de boa-fé, ou de lealdade processual, de maior intensidade que o dever de lealdade inerente aos processos judiciais".[198]

Adicionalmente, o termo passivo contingente é usado para passivos que não satisfaçam os critérios de reconhecimento.

13 – Esta Norma distingue entre:

(a) provisões – que são reconhecidas como passivo (presumindo-se que possa ser feita uma estimativa confiável) porque são obrigações presentes e é provável que uma saída de recursos que incorporam benefícios econômicos seja necessária para liquidar a obrigação; e

(b) passivos contingentes – que não são reconhecidos como passivo porque são:

(i) obrigações possíveis, visto que ainda há de ser confirmado se a entidade tem ou não uma obrigação presente que possa conduzir a uma saída de recursos que incorporam benefícios econômicos; ou

(ii) obrigações presentes que não satisfazem os critérios de reconhecimento desta Norma (porque não é provável que seja necessária uma saída de recursos que incorporem benefícios econômicos para liquidar a obrigação, ou não pode ser feita uma estimativa suficientemente confiável do valor da obrigação).

14 – Uma provisão deve ser reconhecida quando:

(a) a entidade tem uma obrigação presente (legal ou não formalizada) como resultado de evento passado;

(b) seja provável que será necessária uma saída de recursos que incorporam benefícios econômicos para liquidar a obrigação; e

(c) possa ser feita uma estimativa confiável do valor da obrigação.

Se essas condições não forem satisfeitas, nenhuma provisão deve ser reconhecida. [...]

16 – Em quase todos os casos será claro se um evento passado deu origem a uma obrigação presente. Em casos raros – como em um processo judicial, por exemplo –, pode-se discutir tanto se certos eventos ocorreram quanto se esses eventos resultaram em uma obrigação presente. Nesse caso, a entidade deve determinar se a obrigação presente existe na data do balanço ao considerar toda a evidência disponível incluindo, por exemplo, a opinião de peritos. A evidência considerada inclui qualquer evidência adicional proporcionada por eventos após a data do balanço. Com base em tal evidência:

(a) quando for mais provável que sim do que não que existe uma obrigação presente na data do balanço, a entidade deve reconhecer a provisão (se os critérios de reconhecimento forem satisfeitos); e

(b) quando for mais provável que não existe uma obrigação presente na data do balanço, a entidade divulga um passivo contingente, a menos que seja remota a possibilidade de uma saída de recursos que incorporam benefícios econômicos (ver item 86). [...]

[198] DINAMARCO, Cândido Rangel. **A arbitragem na Teoria Geral do Processo**. São Paulo: Malheiros, 2013, p. 32.

A afirmativa de Dinamarco se justifica, uma vez que, no processo judicial, o réu não tem escolha a não ser se defender no exíguo prazo informado com a surpresa da notícia da demanda, sob pena de ter contra si a pesada carga da revelia e seus efeitos. Por outro lado, na arbitragem, a origem da controvérsia advém da vontade expressa das partes em submeter eventuais litígios ao instituto, não contendo o elemento obrigatoriedade, o que, naturalmente, diminui a beligerância e acresce os deveres de lealdade e boa-fé.

Ultrapassadas essas questões atinentes à arbitragem, debruçar-nos-emos agora sobre o conceito de Administração Pública.

2.1.2. Administração Pública

A análise etimológica do vocábulo "administração" remete à *manus*, *mandare*, tendo por raiz o vernáculo *man*, sendo-lhe intrínseca a ideia de comando, orientação, chefia, paralelamente à de subordinação, obediência e servidão, ou seja, relação de hierarquia e de um comportamento dinâmico.[199]

Dos ensinamentos do administrativista português Marcello Caetano extrai-se que o sentido material de *administração pública* corresponde à assistência regular prestada por estruturas constituídas por agentes estáveis, tarefas definidas e dotação orçamentária e de poderes jurídicos decorrentes do caráter permanente das necessidades coletivas[200]:

> A administração pública é, em sentido material, o conjunto de decisões e operações mediante as quais o Estado e outras entidades públicas procuram, dentro de orientações gerais traçadas pela Política e directamente ou mediante estímulo, coordenação e orientação das actividades privadas assegurar a satisfação regular das necessidades colectivas de segurança e bem-estar dos indivíduos, obtendo e empregando racionalmente para esse efeito os recursos adequados.[201]

Prossegue registrando que, na linguagem vulgar, tal como na terminologia jurídica, comumente se utiliza a mesma expressão para denominar tanto as atividades prestadas quanto, "no seu conjunto, a orgânica que

---

[199] GASPARINI, Diógenes. **Direito Administrativo**. São Paulo: Saraiva, 2011, p. 96.
[200] CAETANO, Marcello. **Manual de Direito Administrativo**. Coimbra: Almedina, 2010, p. 5.
[201] Idem.

a desenvolve", e conclui diferenciando que *administração pública*, quando grafado em letras minúsculas, refere-se às atividades, ao passo que *Administração Pública* – com letras maiúsculas – significa o "conjunto de entidades jurídicas que podem desenvolver a actividade administrativa de interesse colectivo".[202]

Diante da tecnicidade dessa concepção, somos dela partidários, justificando, assim, a utilização, no presente trabalho, da referência *Administração Pública*, sempre com letras iniciais maiúsculas.

Na mesma linha, o brasileiro Diogo de Figueiredo Moreira Neto define Administração Pública "em seu sentido funcional e lato, como a gestão de interesses gerais constitucionalmente cometida às organizações políticas".[203]

Odete Medauar indica que a Administração Pública pode ser considerada tanto no aspecto *funcional* – conjunto de atividades do Estado que auxiliam as instituições políticas de cúpula no exercício de funções de governo, que organizam a realização das finalidades públicas postas por tais instituições e que produzem serviços pens e utilidades para a população – quanto *organizacional* – estrutura ou aparelhamento articulado, destinado à realização daquelas atividades[204].

Contextualizando a sua aplicação, pontua a autora que uma das obscuridades da acepção clássica da separação de poderes reside na ausência da Administração Pública que aparecia no século XIX, sempre inserida no Poder Executivo, refletindo um excesso de formalismo, resultando na Administração "por documentos", onde o que não é documentação não existia, mantendo o indivíduo na condição de súdito.[205]

Prossegue a administrativista indicando que no século XX, entre as décadas de 1930 e 1990, a Administração se ampliou e assumiu novos papéis, tanto na estrutura quanto nos campos de atividade, adquirindo dimensões gigantescas e tornando-se imprescindível à coletividade.[206]

---

[202] CAETANO, Marcello. **Manual de Direito Administrativo**. Coimbra: Almedina, 2010, p. 5-6.

[203] NETO, Diogo de Figueiredo Moreira. **Mutações do Direito Administrativo**. Rio de Janeiro: Renovar, 2007, p. 17.

[204] MEDAUAR, Odete. **Direito administrativo moderno**. São Paulo: Editora Revista dos Tribunais, 2010, p. 48.

[205] MEDAUAR, Odete. **O direito administrativo em evolução**. São Paulo: Editora Revista dos Tribunais, 2003, p. 124-126.

[206] Op. Cit. p. 126-127.

ARBITRAGEM NA ADMINISTRAÇÃO PÚBLICA

Indica que foi nesse período, em especial entre o final da década de 1970 e a de 1980, que passou a existir "um descompasso entre as transformações ocorridas na sociedade e no Estado e o modo de atuar da Administração Pública, pregando-se recíproco condicionamento entre a conformação da Administração, o quadro constitucional e o sistema político-social".[207]

Aponta que, a partir do início da década de 1990, desencadeado por fatores como: a crise financeira do Estado; descontentamento da sociedade com a atuação do setor público; e busca de eficiência dos órgãos estatais, observou-se um amplo movimento de reforma administrativa, exigindo-se que ela fosse legal e eficiente, razoável, equitativa, baseada no consenso dos destinatários e destinada a excelente rendimento.[208]

Fincada essa premissa e levando-se em consideração que o objeto do presente trabalho não é o aprofundamento de questões de Direito Administrativo para justificar a adoção da arbitragem envolvendo a Administração Pública, mas sim demonstrar que essa é uma prática corrente no Brasil, plenamente consentânea com os ditames constitucionais e com a estrutura ordenamento pátrio, para, num momento subsequente, contrapormos as experiências nos seus diversos ramos de atuação – vide seção 2.4 – com o Direito Tributário, logo em proêmio destacamos que se pode afirmar "que está superada a concepção de que o Poder Público jamais poderia se submeter à solução de conflitos pela via arbitral".[209]

Nesse sentido pontua Paulo Brancher:

> Muito se discute, não somente no Brasil, mas também em ordenamentos jurídicos alienígenas, sobre questões ligadas à arbitragem e o Poder Público. O enfoque é dado basicamente sobre a possibilidade jurídica da submissão do Estado (considerando nele tanto a Administração direta como indireta) a processos de arbitragem, para fins de solução de litígios que envolvam direitos patrimoniais disponíveis. Várias são as questões e os argumentos pró ou contra referida possibilidade, havendo, inclusive, entendimentos radicais em ambos os lados.[210]

---

[207] Op. Cit. p. 128

[208] Indica a autora que isso se deu através de diversas rubricas: "reforma do Estado, modernização do Estado, modernização da Administração, renovação da Administração, "reinventando o governo", propostas pelo Poder Executivo". Op. Cit. p. 131-136.

[209] CARDOSO, André Guskow. **Arbitragem e Função Administrativa**. *In: PEREIRA, Cesar A. Guimarães; TALAMINI, Eduardo (coord.). Arbitragem e o Poder Público.* São Paulo: Saraiva, 2010, p. 16.

[210] BRANCHER, Paulo. **Soluções de Controvérsias e as Agências Reguladoras**. In: *Revista Brasileira de Arbitragem*, Ano I, n. 1, jan/mar 2004. São Paulo: IOB Thomson, p. 40.

O percurso que se deve transcorrer não é o de discutir se a Administração Pública pode ou não se submeter à arbitragem – questão já ultrapassada, conforme acima destacado –, mas sim se há restrições para a arbitrabilidade de determinadas questões envolvendo esse ator.

Imperioso, então, conceituarmos arbitrabilidade, para somente então prosseguirmos.

Para tanto, trazemos o conceito proposto por Cláudio Finkelstein, para quem arbitrabilidade é:

> [...] uma condição pela qual um determinado caso se enquadra ou não aos fatos de uma certa disputa para determinar se a controvérsia é ou não sujeita à resolução pela via arbitral. Assim, temos que, a despeito de qualquer disputa ser passível de revisão judicial, somente algumas podem ser solucionadas pela via arbitral. Arbitrabilidade, nesta perspectiva, é uma condição distinta e mais ampla do que a questão de validade do pacto arbitral.[211]

Evidente, portanto, que nem todas as disputas envolvendo entes governamentais são passíveis de serem arbitradas, restando a difícil tarefa de identificar o que pode ou não ser objeto de arbitragem.

Assim, a verificação da possiblidade das diversas matérias potencialmente sujeitas à arbitragem consiste na análise de aspectos da arbitrabilidade: (*i*) subjetiva – quem pode se sujeitar à arbitragem;[212] e (*ii*) objetiva – o que é suscetível à arbitragem: direitos patrimoniais disponíveis.[213]

Impinge destacar, no que concerne à arbitrabilidade objetiva, que o art. 841 do CC/2002 apenas permite transacionar direitos patrimoniais de caráter privado,[214] e o art. 852 do CC/2002 veda o compromisso para matérias que não tenham caráter estritamente patrimonial, de direito pessoal e de família, bem com questões de estado,[215] o que, nas palavras de

---

[211] FINKELSTEIN, Cláudio. **A Questão da Arbitrabilidade**. In: *Revista Brasileira de Arbitragem*, Ano IV, n. 13, jan/mar 2007. São Paulo: IOB Thomson, p. 24.

[212] Tal como preconizado na parte inicial do art. 1º da Lei n. 9.307/96: "*as pessoas capazes de contratar poderão valer-se da arbitragem*".

[213] Assim como previsto na parte final do art. 1º da Lei n. 9.307/96: "*[...] para dirimir litígios relativos a direitos patrimoniais disponíveis*".

[214] Art. 841 do CC/02: "

[215] Art. 852 do CC/02: "É vedado compromisso para solução de questões de estado, de direito pessoal de família e de outras que não tenham caráter estritamente patrimonial".

Carlos Alberto Carmona, "nada acrescentou (e nada retirou) ao art. 1º da Lei de Arbitragem"[216].

Tal como ressaltado por Carmona no âmbito privado, também em relação à Administração Pública a dúvida quanto ao que se pode considerar como direitos patrimoniais disponíveis persiste, tal como será pormenorizado abaixo, e na seção 2.2.

Quanto à arbitrabilidade subjetiva, sendo a Administração capaz de contratar, teria, em princípio, essa faculdade, pelo confronto direto do fato com o antecedente da norma contida no *"caput"* do art. 1º da Lei n. 9.307/1996: "Art. 1º As pessoas capazes de contratar poderão valer-se da arbitragem para dirimir litígios relativos a direitos patrimoniais disponíveis."

Diante de uma análise inicial do *caput* em questão, "a rigor, não estão isentas de seu alcance, portanto, as pessoas jurídicas que possam validamente assumir obrigações de natureza sinalagmática",[217] como a própria Administração Pública quando contrata em âmbito privado.

Carlos Ari Sunfeld, registrando o novo panorama da Administração Pública, pontua quanto à exploração do serviço público em regime privado:

---

[216] CARMONA, Carlos Alberto. **Arbitragem e Processo: um comentário à Lei n. 9.307/96**. São Paulo: Atlas, 2009, p. 39. Para chegar a essa conclusão o autor precede o comentário dos seguintes dizeres: "Estas constatações não são suficientes, porém para excluir de forma absoluta do âmbito da arbitragem toda e qualquer demanda que tanja o direito de família ou o direito penal, pois as consequências patrimoniais tanto num caso como noutro podem ser objeto de solução extrajudicial. Dizendo de outro modo, se é verdade que uma demanda que verse sobre direito de prestar e receber alimentos trata de direito indisponível, não é menos verdadeiro que o quantum da pensão pode ser livremente pactuado pelas partes (e isto torna arbitrável esta questão); da mesma forma, o fato caracterizador de conduta antijurídica típica deve ser apurado exclusivamente pelo Estado, sem prejuízo de as partes levarem à solução arbitral a responsabilidade civil decorrente de ato delituoso".

[217] BRANCHER, Paulo. **Soluções de Controvérsias e as Agências Reguladoras**. In: *Revista Brasileira de Arbitragem*, Ano I, n. 1, jan/mar 2004. São Paulo: IOB Thomson, p. 45. Por oportuno, vale trazer à baila a lição de César Fiuza, que conceitua contratos sinalagmáticos ou bilaterais são aqueles "em que ambas as partes possuem direitos e deveres. Exemplificando com a compra e vendam temos, de um lado, o comprador que possui o direito de receber o objeto, mas o dever de pagar o preço; do outro lado, temos o vendedor, com o direito de receber o preço, mas o dever de entregar o objeto". In: FIUZA, César. **Direito civil: Curso Completo**. Belo Horizonte: Del Rey, 2002, p. 436.

Os velhos serviços públicos, de regime jurídico afrancesado e explorados diretamente pelo Estado, estão desaparecendo, com as empresas estatais virando particulares e o regime de exploração dos serviços sofrendo sucessivos choques de alta tensão. Telecomunicações, energia elétrica e portos são alguns dos setores em que a noção de "serviço público", se algo ainda diz, diz pouco: admite-se a exploração em regime privado, por meio de autorizações, não mais apenas pelas clássicas concessões; introduz-se a competição entre prestadores, suscitando a aplicação do "direito da concorrência" (ou antitruste) e a interferência dos órgãos incumbidos de protegê-la.[218]

Gustavo Justino de Oliveira também se posiciona no mesmo sentido:

[...] parece não haver dúvidas de que o ordenamento genericamente confere ao Estado capacidade para comprometer-se e contratar, aptidão que é inferida de sua personalidade jurídica de direito público. As entidades administrativas que integram a organização administrativa em sua feição indireta (v.g. autarquias, empresas públicas, etc.) também gozam de capacidade de contratar, como decorrência da personalidade jurídica de que são dotadas.[219]

Seguindo essa linha e analisando os desdobramentos da contratação estatal na órbita privada sob a ótica da arbitragem, Carlos Alberto Carmona discorre:

Quando o Estado atua fora de sua condição de entidade pública, praticando atos de natureza privada – onde poderia ser substituído por um particular na relação jurídica negocial – não se pode pretender aplicáveis as normas próprias dos contratos administrativos, ancoradas no direito público. Se a premissa desta constatação é de que o Estado pode contratar na órbita privada, a consequência natural é de que pode também firmar um compromisso arbitral para decidir os litígios que posam decorrer da contratação. Em conclusão, quando o Estado pratica atos de gestão, desveste-se da supremacia que caracteriza sua atividade típica (exercício de autoridade, onde a Administração

---

[218] SUNDFELD, Carlos Ari. **A Administração Pública na Era do Direito Global**. Revista Diálogo Jurídico, Salvador, CAJ – Centro de Atualização Jurídica, ano I, vol. 1, n.. 2, maio, 2001, p. 3-4. Disponível em: < http://www.direitopublico.com.br > Acesso em: 31 de outubro de 2015.

[219] OLIVEIRA, Gustavo Justino. **A Arbitragem e as Parcerias Público-Privadas**. In: OLIVEIRA, Gustavo Justino. Direito Administrativo Democrático. Belo Horizonte: Fórum, 2010, p. 98.

pratica atos impondo aos administrados seu obrigatório atendimento), igualando-se aos particulares: os atos, portanto, "tornam-se vinculantes, geram direitos subjetivos e permanecem imodificáveis pela Administração, salvo quando precários por sua própria natureza".[220]

O tema não passou desapercebido pelo Judiciário, sendo que o STJ, em interessante decisão sobre o tema, diferencia as atuações das empresas estatais quando firmam contratos que tenham por objeto atividade econômica em sentido estrito, e aponta para a disponibilidade desses direitos, bem como sua consequente sujeição à arbitragem:

> [...] quando os contratos celebrados pela empresa estatal versem sobre atividade econômica em sentido estrito – isto é, serviços públicos de natureza industrial ou atividade econômica de produção ou comercialização de bens, suscetíveis de produzir renda e lucro –, os direitos e as obrigações deles decorrentes serão transacionáveis, disponíveis e, portanto, sujeitos à arbitragem. Ressalte-se que a própria lei que dispõe acerca da arbitragem – art. 1º da Lei n. 9.307/96 – estatui que "as pessoas capazes de contratar poderão valer-se da arbitragem para dirimir litígios relativos a direitos patrimoniais disponíveis". [...].[221]

Visando apaziguar os ânimos, a recente modificação da lei brasileira de arbitragem, advinda com a publicação da Lei n. 13.129/2015, acresceu os parágrafos primeiro e segundo ao art. 1º:

> § 1º – A administração pública direta e indireta poderá utilizar-se da arbitragem para dirimir conflitos relativos a direitos patrimoniais disponíveis. (Incluído pela Lei n. 13.129, de 2015)
>
> § 2º – A autoridade ou o órgão competente da administração pública direta para a celebração de convenção de arbitragem é a mesma para a realização de acordos ou transações. (Incluído pela Lei n. 13.129, de 2015)

Em que pese a tentativa do legislador em sedimentar de vez a aplicação da arbitragem à Administração Pública, tais alterações basicamente rei-

---

[220] CARMONA, Carlos Alberto. **Arbitragem e Processo: um comentário à Lei n. 9.307/96.** São Paulo: Atlas, 2009, p. 45-46.

[221] Trecho do voto do Ministro relator, João Otávio de Noronha, nos autos do REsp n. 612.439 – RS (2003/0212460-3), p. 8.

teraram o que se extraía do *caput* do art. 1º, pois apenas se reafirmou que a subsunção somente se aplica em relação aos direitos patrimoniais disponíveis, bem como se indicou qual seria a autoridade competente para celebrar a convenção de arbitragem.

Tal como vimos desenhando no decorrer da presente seção, a grande discussão gira em torno do que se pode considerar como direito patrimonial disponível para a Administração Pública em relação à arbitragem, e, tal como já afirmado, as alterações perpetradas não resolveram essa importante questão.

Essa divergência em relação à disponibilidade de direitos patrimoniais no âmbito da Administração Pública decorre do confronto de ideais entre os pensamentos clássicos do Direito Administrativo e os doutrinadores hodiernos.

Para que possamos avançar no presente estudo, definindo o que se pode considerar como direito patrimonial disponível em relação à Administração Pública, cumpre-nos percorrer o que se entende por "interesse público", suas subdivisões, bem como os conflitos de pensamento entre os estudiosos do tema.

2.1.3. Interesse público

Genericamente, pode-se dizer que interesses são projeções das necessidades, sendo que as próprias pessoas se encarregam de prover a maior parte dos seus próprios interesses, desenvolvendo, assim, o mercado, onde se pactua acesso aos bens e serviços através da prevalência da autonomia da vontade, como força jurídica vinculante, e o princípio da disponibilidade.[222]

No que tange à disponibilidade, e conforme acenamos acima, pode ser subjetiva ou objetiva.

A distinção entre ambas, nas palavras de Diogo de Figueiredo Moreira Neto, reside no fato de a disponibilidade subjetiva referir-se à "capacidade jurídica da pessoa de estatuir sobre seus bens e serviços, enquanto que o conceito de disponibilidade objetivamente considerado, refere-se à própria negociabilidade, ou seja, de estarem juridicamente livres para o mercado".[223]

---

[222] NETO, Diogo de Figueiredo Moreira. **Mutações do Direito Administrativo**. Rio de Janeiro: Renovar, 2007, p. 277.

[223] Idem.

Prossegue pontuando que, apesar de no mercado tudo ser disponível, certos interesses são considerados demasiadamente relevantes para a segurança e para o bem-estar da sociedade, de modo que o ordenamento jurídico os destaca e os define como de competência do Estado satisfazê-los sob regime próprio, que se denomina *interesse público*.[224]

Feitas essas considerações, pode-se conceituar "interesse público" tanto como fundamento, limite e instrumento de poder quanto como medida e finalidade da função administrativa, apresentando-se como suporte e legitimação de atos e medidas no âmbito da Administração.[225]

A noção aflora quando se considera a dicotomia público-privada, por ser um critério de diferenciação, dando azo ao *princípio da primazia do interesse público*, de onde advém o *princípio da indisponibilidade do interesse público*, que, nas palavras de Odete Medauar – que ressalva a impossibilidade de se chegar a uma definição jurídica precisa –, configura-se na vedação à "autoridade administrativa deixar de tomar medidas ou retardar medidas que são relevantes ao atendimento do interesse público, em virtude de qualquer outro motivo".[226]

A autora aponta ainda que, no âmbito brasileiro, Floriano de Azevedo Marques enfrentou a questão propondo uma nova feição ao princípio da supremacia do interesse público "para se tornar prevalência dos interesses públicos, e reformulação do interesse da indisponibilidade para expressar a irrenunciabilidade à tutela dos interesses públicos difusos".[227]

Ocorre, entretanto, que a indisponibilidade do interesse público pode ser absoluta – regra – ou relativa – exceção, pois recai sobre os interesses públicos derivados referidos às pessoas jurídicas que os administram e que, por esse motivo, necessitam de autorização constitucional genérica e, por vezes, de autorização legal.[228]

Em outras palavras, existiriam duas categorias de interesses públicos, os primários – indisponíveis – e os secundários ou derivados – de natureza instrumental para que os primários sejam satisfeitos, resolvendo-se "em

---

[224] Op. Cit. p. 277-278.

[225] MEDAUAR, Odete. **O direito administrativo em evolução**. São Paulo: Editora Revista dos Tribunais, 2003, p. 185-186.

[226] Op. Cit., p. 186-188.

[227] Op. Cit. p. 193.

[228] NETO, Diogo de Figueiredo Moreira. **Mutações do Direito Administrativo**. Rio de Janeiro: Renovar, 2007, p. 278.

relações patrimoniais e, por isso, tornaram-se disponíveis na forma da lei, não importando sob que regime".[229]

Dado a importância do paradigma, novamente nos socorrermos do voto de relatoria do Ministro João Otávio de Noronha nos autos do REsp. n. 612.439 extraindo de um trecho mais amplo a divisão entre a disponibilidade dos interesses de acordo com as atividades desenvolvidas pela Administração Pública:

> Em outras palavras, pode-se afirmar que, quando os contratos celebrados pela empresa estatal versem sobre atividade econômica em sentido estrito – isto é, serviços públicos de natureza industrial ou atividade econômica de produção ou comercialização de bens, suscetíveis de produzir renda e lucro –, os direitos e as obrigações deles decorrentes serão transacionáveis, disponíveis e, portanto, sujeitos à arbitragem. Ressalte-se que a própria lei que dispõe acerca da arbitragem – art. 1º da Lei n. 9.307/96 – estatui que *as pessoas capazes de contratar poderão valer-se da arbitragem para dirimir litígios relativos a direitos patrimoniais disponíveis*.
>
> Por outro lado, quando as atividades desenvolvidas pela empresa estatal decorram do poder de império da Administração Pública e, conseqüentemente, sua consecução esteja diretamente relacionada ao interesse público primário, estarão envolvidos direitos indisponíveis e, portanto, não-sujeitos à arbitragem.[230]

Essa distinção entre atos de império (disponíveis) e atos de gestão (indisponíveis) remete ao século XIX, tendo sido sistematizada pelo francês Henry Bethélemy em sua obra datada de 1933: Traité de Droit Administratif.[231]

O que se verifica, neste momento, é a distinção entre duas modalidades de interesse público, os primários e indisponíveis, e os secundários, disponíveis.

Nos próximos itens, nos aprofundaremos sobre as implicâncias decorrentes dessa divisão, uma vez haver discordância acerca do que pode, e se pode, se disponibilizar qualquer sorte de interesses ao envolver a Administração Pública.

---

[229] Idem.

[230] REsp n. 612.439/RS (2003/0212460-3), de relatoria do Ministro João Otávio de Noronha, julgado pela Segunda Turma do STJ em 25/10/05.

[231] NETO, Diogo de Figueiredo Moreira. **Mutações do Direito Administrativo**. Rio de Janeiro: Renovar, 2007, p. 279.

2.1.3.1. O interesse público na perspectiva da arbitragem

Antes de analisarmos as duas modalidades de interesse público na arbitragem, vejamos novamente os conceitos de ambos.

Essa revisão conceitual possui lugar por advir daqueles que criticam a subsunção da Administração Pública à arbitragem, mesmo distinguindo os interesses em primários e secundários.

Para Celso Antônio Bandeira de Mello, interesse público primário é "àquele que a lei aponta como sendo interesse da coletividade: da observância da ordem jurídica estabelecida a título de bem curar o interesse de todos".[232]

O mesmo autor, baseando-se nas lições de Renato Alessi, Carnelutti e Picardi, indica que os "interesses secundários do Estado só podem ser por ele buscados quando coincidentes com os interesses primários, isto é, com interesses públicos propriamente ditos".[233]

E, aplicando os conceitos especificamente à arbitragem, registra ainda o autor:

> A indisponibilidade dos interesses públicos significa que, sendo interesses qualificados como próprios da coletividade – internos ao setor público –, não se encontram à livre disposição de quem quer que seja, por inapropriáveis. O próprio órgão administrativo que os representa não tem disponibilidade sobre eles, no sentido de que lhe incumbe apenas curá-los – o que é também um dever – na estrita conformidade do que predispuser a *intentio legis*. [...]
>
> Em suma, o necessário – parece-nos – é encarecer na administração os bens e os interesses *não se acham entregues à livre disposição da vontade do administrador*. Antes, para este, coloca-se a obrigação, o dever de curá-los nos termos da finalidade a que estão adstritos. É a ordem legal que dispõe sobre ela.
>
> Relembre-se que a Administração não titulariza interesses públicos. O titular deles é o Estado, que, em certa esfera, os protege e exercita através da função administrativa, mediante o conjunto de órgãos (chamados administração, em sentido subjetivo ou orgânico), veículos da vontade estatal consagrada em lei.[234]

---

[232] BANDEIRA DE MELLO, Celso Antônio. **Curso de Direito Administrativo**. 32ª ed. São Paulo: Malheiros, 2015, p. 73.

[233] BANDEIRA DE MELLO, Celso Antônio. **Curso de Direito Administrativo**. 32ª ed. São Paulo: Malheiros, 2015, p. 67.

[234] BANDEIRA DE MELLO, Celso Antônio. **Curso de Direito Administrativo**. 32ª ed. São Paulo: Malheiros, 2015, p. 76-77.

Acresce, ainda, exemplos que, em sua ótica, são todos norteados pela "busca indevida de interesses secundários, todos extraídos, infelizmente, da desmandada pratica administrativa brasileira":

> Poderíamos acrescentar que seria concebível um interesse da pessoa Estado em recusar administrativamente – e até a questionar em juízo, se convocado aos pretórios – responsabilidade patrimonial por atos lesivos a terceiros, mesmo que os houvesse causado. Teria interesse em pagar valor ínfimo nas desapropriações, isto é, abaixo do justo, inobstante o preceito constitucional. Com todos esses expedientes, muitos dos quais infelizmente (e injustamente) adota, resguardaria ao máximo seu patrimônio, defendendo interesses à moda de qualquer outro sujeito, mas agrediria a ordem normativa. Ocorre que em todas estas hipóteses estará agindo contra o Direito, divorciado do interesse público, do interesse primário que lhe assiste cumprir. Este proceder, nada obstante seja comum, é fruto de uma falsa compreensão do dever administrativo ou resultado de ignorância jurídica. Os interesses a que se aludiu são todos interesses secundários e que a pessoa governamental tem apenas segundo os termos em que o teria qualquer pessoa. Não são interesses públicos. Não respondem à razão última de existir própria das pessoas governamentais em geral.[235]

Percebe-se que o autor, mesmo distinguindo os tipos de interesse, indica que os secundários não seriam interesses públicos, nem disponíveis, por entender serem "inapropriáveis" e não estarem "entregues à livre disposição da vontade do administrador".

Na mesma linha restritiva aponta Lúcia Valle Figueiredo, para quem a arbitragem se destinaria apenas à resolução de conflitos oriundos de direitos patrimoniais disponíveis, que seriam antagônicos em relação ao interesse público.

Justifica seu pensamento no fato de que obstar o recurso ao Judiciário supostamente afrontaria as regras constitucionais dos direitos e garantias individuais[236] de que as regras processuais em relação à União seriam matérias constitucionais, não podendo ser derrogadas por lei infraconstitucional, e que os entes federativos não poderiam legislar sobre arbitragem por ser norma processual de competência privativa da União.[237]

---

[235] Idem.
[236] Arts. 5º, incisos XXXV, LXIX, LX, e LXXIII da CF/88:
[237] FIGUEIREDO, Lúcia Valle. **Curso de direito administrativo**. 6. Ed. São Paulo: Malheiros, 2003, p. 106. Por oportuno, transcrevemos também o conteúdo do art. 22, I da CF/88: "Compete

O interesse público secundário, todavia, como já pincelado acima – o que será retomado com maior ênfase na próxima seção –, é aquele tido por disponível e assim, passível de se submeter à arbitragem.

Para Carlos Alberto Carmona, um direito é disponível:

> quando ele pode ser ou não exercido livremente pelo seu titular, sem que haja norma cogente impondo o cumprimento do preceito, sob pena de nulidade ou anulabilidade do ato praticado com sua infringência. Assim, são disponíveis (do latim *disponere*, dispor, pôr em vários lugares, regular) aqueles bens que podem ser livremente alienados ou negociados, por encontrarem-se desembaraçados, tendo o alienante plena capacidade jurídica para tanto.
>
> De maneira geral, não estão no âmbito do direito disponível as questões relacionadas ao direito de família (em especial ao estado das pessoas, tais como filiação, pátrio poder, casamento, alimentos), aquelas atinentes ao direito de sucessão, as que têm por objeto as coisas fora do comércio, as obrigações naturais, as relativas ao direito penal, entre outras tantas, já que ficam estas matérias todas fora dos limites em que pode atuar a autonomia da vontade dos contendentes.[238]

Em que pese o fato de o autor exemplificar alguns dos direitos que seriam indisponíveis, mais adiante faz a ressalva de que, mesmo dentre os direitos tidos inicialmente por indisponíveis, há exceções:

> Estas constatações não são suficientes, porém para excluir de forma absoluta do âmbito da arbitragem toda e qualquer demanda que tanja o direito de família ou o direito penal, pois as consequências patrimoniais tanto num caso como noutro podem ser objeto de solução extrajudicial. Dizendo de outro modo, se é verdade que uma demanda que verse sobre direito de prestar e receber alimentos trata de direito indisponível, não é menos verdadeiro que o quantum da pensão pode ser livremente pactuado pelas partes (e isto torna arbitrável esta questão); da mesma forma, o fato caracterizados de conduta antijurídica típica deve ser apurado exclusivamente pelo Estado, sem prejuízo de as partes levarem à solução arbitral a responsabilidade civil decorrente de ato delituoso.[239]

---

privativamente à União legislar sobre [...] I – direito civil, comercial, penal, processual, eleitoral, agrário, marítimo, aeronáutico, espacial e do trabalho".

[238] CARMONA, Carlos Alberto. **Arbitragem e Processo: um comentário à Lei n. 9.307/96.** São Paulo: Atlas, 2009, p 38.

[239] Op. Cit., p. 38-39.

O que se extrai, segundo a doutrina analisada, é que, para os administrativistas clássico-conservadores, o óbice seria radical, uma vez que nenhum direito da Administração Pública seria arbitrável, posto que indisponíveis, ao passo que, para os arbitralistas, mesmo dentre a indisponibilidade há exceções, posto que, estando o objeto do contrato de serviço público atribuído à entidade estatal estritamente vinculado à atividade econômica desenvolvida, inexiste óbice a que seja pactuada a respectiva cláusula compromissória na hipótese de descumprimento da avença,[240] por estar caracterizado o interesse público secundário.

Na presente seção, buscamos apenas pontuar os pensamentos divergentes, para analisa-los com ênfase na subsequente.

2.2. Ainda a questão da indisponibilidade

Como se verá no presente tópico, há uma sólida corrente doutrinária que há tempos defende a possibilidade de a Administração Pública se submeter à arbitragem.

Essa discussão também não é recente, sendo certo que doutrinadores de pcso não encontravam óbices a essa submissão mesmo no passado, como Pontes de Miranda, que afirmou: "o compromisso em que figura o Estado nem sempre é de direito público. O Estado pode nêle figurar como particular."[241]

Nas palavras de Luciano Benetti Timm e Thiago Tavares da Silva, apesar de a prática social exigir cooperação entre o público e o privado, boa parte da nossa legislação, doutrina e jurisprudência e, sobretudo, dos legisladores e juristas "ainda estão atreladas a um Direito Administrativo conservador e pouco flexível do século XIX de matriz francesa".[242] E concluem afirmando que "esse esquema mental não é afeito a atos de colaboração e igualdade (pelo menos do ponto de vista formal) entre público e o privado e [esses operadores do direito enxergam] com desconfiança o espaço do mercado".[243]

---

[240] Adaptação de trecho do volto do Ministro Relator João Otávio de Noronha, nos autos do REsp n. 612.439 – RS (2003/0212460-3), p. 09.

[241] PONTES DE MIRANDA, Francisco Cavalcanti. **Tratado de Direito Privado**. Tomo XXVI. Rio de Janeiro: Borsoi, 1959, p. 319.

[242] TIMM, Luciano Benetti; SILVA, Thiago Tavares da. **Os Contratos Administrativos e a Arbitragem**. In: *Revista Brasileira de Arbitragem*, Ano VIII, n. 29, jan/mar 2011. São Paulo: IOB Thomson, p. 46.

[243] Idem.

Maria Sylvia Zanella Di Pietro, reconhecendo o distanciamento desse mencionado Direito Administrativo conservador e pouco flexível, indica que a "Administração Pública brasileira vive um momento de reforma, acompanhando o movimento de globalização que vem tomando conta do mundo",[244] e ressalva que essa reforma é irreversível.

O que se chama de "novo Direito Administrativo" não é uma concepção moderna, mas sim a matização dessa reforma latente, sendo que "a verdadeira alteração não é aparente nem específica do Direito administrativo; está incrustada no substrato mental de um novo tempo. Um tempo que não mais é propício para alguns signos tradicionalmente aceitos".[245]

Assim, o novo Direito Administrativo, quebrando os paradigmas com o clássico, responsável pela divisão estática entre interesse público primário e secundário, traz novas perspectivas refletidas em obras como: O Direito Administrativo em Evolução,[246] Mutações do Direito Administrativo,[247] Quatro Paradigmas do Direito Administrativo Pós-Moderno,[248] a Teoria Geral do Direito Administrativo como Sistema,[249] Interesse Público e Subsidiariedade,[250] Direito Administrativo Democrático.[251]

Chamamos atenção para que o distanciamento entre a doutrina administrativista clássica e a pós-moderna reside, nas palavras de Diogo de Figueiredo Moreira Neto, nas técnicas hermenêuticas, tais como nas conclusões parciais alcançadas após o desenvolvimento da seção 1.3, desta-

---

[244] PIETRO, Maria Sylvia Zanella Di. **Parcerias na Administração Pública.** São Paulo: Atlas, 2005, p. 46.

[245] GABARDO, Emerson. **Interesse Público e Subsidiariedade: o Estado e a sociedade civil para além do bem e do mal.** Belo Horizonte: Fórum, 2009, p. 22.

[246] MEDAUAR, Odete. **O direito administrativo em evolução.** São Paulo: Editora Revista dos Tribunais, 2003.

[247] NETO, Diogo de Figueiredo Moreira. **Mutações do Direito Administrativo.** Rio de Janeiro: Renovar, 2007.

[248] NETO, Diogo de Figueiredo Moreira. **Quatro paradigmas do direito administrativo pós-moderno: legitimidade: finalidade: eficiência: resultados.** Belo Horizonte: Fórum, 2008.

[249] SCHMIDT-ASSMANN, John Eberhard. **La Teoría General del Derecho Administrativo como sistema: Objeto y fundamentos de la construción sistemática.** Instituto Nacional de Administración Pública Marcial Pons/Ediciones Jurídicas y Sociales S.A.: Madrid, 2003.

[250] GABARDO, Emerson. **Interesse Público e Subsidiariedade: o Estado e a sociedade civil para além do bem e do mal.** Belo Horizonte: Fórum, 2009.

[251] OLIVEIRA, Gustavo Justino. **Direito Administrativo Democrático.** Belo Horizonte: Fórum, 2010.

cando que "o fenômeno da aplicação do direito é muito mais rico do que o da aplicação da lei como se entendia no positivismo jurídico".[252] O autor prossegue, nas mesmas premissas nas quais fundamentamos o presente trabalho, demonstrando a importância da exegese na interpretação e na integração do Direito em relação às novas ferramentas jurídicas[253] diante de um cenário das mutações que ressalta ser o real campo de atuação do aplicador do novo conceito de Direito, que demanda uma nova hermenêutica para sua plena aplicação:

> [...] no positivismo jurídico o aplicador não deveria ser mais do que a *boca da lei*, como no conhecido apotegma francês dirigido aos juízes, no pós-positivismo, o intérprete aplicador, qualquer que seja, e não apenas o magistrado, é também um conformador da *norma* aplicada, pois lhe cabe retirar do *texto* inicial, que é a *lei*, o comando a ser efetivado, que é o *direito*, mas não ficar apenas na exegese, pois que também deve integrá-lo com seus próprios subsídios para afeiçoá-lo adequadamente à hipótese sob decisão e, necessariamente, enunciar os valores e as razões por que o faz, na interpretação e na integração. [...]
>
> Assim é que o entendimento equivocado que ainda subsiste quanto à *natureza jurídica* dos novos institutos pós-modernos introduzidos no Brasil a partir da Constituição de 1988, demanda uma séria reflexão sobre a necessidade de *aggiornamento* não apenas da ordem jurídica, como também da sua hermenêutica aplicativa. [...]
>
> É, portanto, utilíssimo, que mais não seja em benefício do progresso científico do Direito, dedicar algum tempo a considerar o desdobramento contemporâneo das referências hermenêuticas postas no *cenário das mutações*, que continuamente se nos é desvendado, pois, afinal, é neste que o operador do direito deve atuar, alcançar resultados profissionais e sua realização pessoal.
>
> [...] a perspectiva da interpretação pospositivista reclama uma visão material do direito público, voltada à eficiência, e aos esperados resultados na aplicação constitucional informados pelo conceito de legitimidade e iluminado por uma nova visão do Estado, do Poder e das relações entre sociedade e Estado, em suma: um novo conceito de Direito e uma nova hermenêutica para aplica-lo.[254]

---

[252] NETO, Diogo de Figueiredo Moreira. **Quatro paradigmas do direito administrativo pós-moderno: legitimidade: finalidade: eficiência: resultados**. Belo Horizonte: Fórum, 2008, p. 24.

[253] Que denomina novos institutos pós-modernos.

[254] Op. Cit.,, p. 24-26.

Vale ainda ressaltar o breve trecho onde se evidencia a confluência com as premissas do presente estudo: "a boa hermenêutica, contudo, deve ser a doutrinariamente atualizada, para evitar que se interprete o novo com olhos no espelho retrovisor, para usar uma imagem mais intuitiva".[255]

Tendo por base esse novo Direito, Emerson Gabardo faz questionamentos impactantes, demonstrando o claro distanciamento com a doutrina clássica: "É possível a adoção de direitos fundamentais que se oponham à vontade da maioria? Qual seria o fundamento de legitimidade para [que] o Estado encampe determinadas atividades como suas e não minhas? Quem titulariza o interesse público se não é próprio povo?"[256]

Já o alemão John Eberhard Schmidt-Assmann, ao tratar do que denomina Direito Administrativo Democrático, traz o conceito de *consenso* – *Akzeptanz* – como sendo a disponibilidade para aceitar decisões, e o diferencia de legitimidade democrática – em que o poder se legitima mediante a sua capacidade de conexão com o povo, chave da legitimidade dos poderes públicos[257] –, pois aquele não é um conceito dogmático da teoria da legitimidade.[258]

Traçando uma relação entre a participação democrática e os impulsos desenvolvimentistas que implicam o Estado de Direito com base no Direito Comunitário, pontua:

> A participação implica que aqueles que são afetados de uma maneira específica por determinada decisão, tenham participado no processo que a conduziu [...] as comunidades de interessados não são comparáveis ao "povo" [...] e, portanto, não podem conferir a legitimidade exigida por essa disposição [...] No entanto, do conceito de direito administrativo que surgem dos aspectos ideais da democracia e do Estado de direito derivam certo impulso para o desenvolvimento de participação. Neste sentido, tem-se considerado duas principais áreas de debate sobre a participação: de um lado, a participação dos cidadãos e dos grupos em que se organizam, em alguns procedimentos admi-

---

[255] Op. Cit., p. 26.

[256] GABARDO, Emerson. **Interesse Público e Subsidiariedade: o Estado e a sociedade civil para além do bem e do mal.** Belo Horizonte: Fórum, 2009, p. 24.

[257] SCHMIDT-ASSMANN, John Eberhard. **La Teoría General del Derecho Administrativo como sistema: Objeto y fundamentos de la construción sistemática.** Instituto Nacional de Administración Pública Marcial Pons/Ediciones Jurídicas y Sociales S.A.: Madrid, 2003, p. 100-101.

[258] Op. Cit. p 116.

nistrativos, sempre no campo do direito ambiental e planejamento, considera-se um princípio jurídico comum nos países da União Europeia. De outro lado, aponta-se para inúmeras formas de cooperação entre o Estado e a economia que se cristalizaram em organizações que servem de exemplo para uma ideia de participação avançada. O espectro de formas de participação reconhecidas pela lei vai desde a clássica participação individual, enraizada no Estado de direito, passando pela participação coletiva por grupos, associações e representantes até atingir a participação aberta ao público. O Direito comunitário insta os Estados-Membros para desenvolver estas formas de participação e complementá-las através possibilidades de participação transnacionais. Aqui se perfila uma linha de relação entre os princípios da participação democrática e os impulsos de desenvolvimento que envolvem o Estado de direito [...] orientando a construção de uma estrutura "intermediária" que pondere os interesses e transcenda as posições jurídicas puramente individuais.[259]

Extrai-se de suas lições que a participação direta daqueles que são afetados por uma decisão específica legitima o consenso das decisões administrativas, e, como no presente estudo, justifica-se a legitimação e a implementação de uma nova ferramenta jurídica, a arbitragem tributária.

---

[259] *"La participación supone que los que se encuentran afectados de una forma específica por una determinada decisión han tomado parte en el proceso de condujo a la misma [...] las comunidades de interesados no son equiparables al "pueblo" [...] y, por tanto, no pueden aportar la legitimidad exigida por esa disposición [...] Sin embargo, de la concepción de Derecho administrativo que surge de los aspectos ideales de la democracia y del Estado de Derecho se derivan ciertos impulsos al desarrollo de la participación. En este sentido, han de considerarse dos grande ámbitos del debate sobre la participación: de una parte, la participación de los ciudadanos, y de los grupos en los que éstos se organizan, en algunos procedimientos administrativos, usual en el ámbito del Derecho ambiental y en la planificación, y que se considera un principio jurídico común en los países de la Unión Europea. De outra parte se pueden señalar numerosas formas de cooperación entre el Estado y la Economia que han cristalizado en organizaciones que sirven de ejemplo para una idea de participación avanzada. El espectro de forma de participación reconocido por la Ley va desde la clássica participación individual, enraizada en el Estado de Derecho, pasando por la participación colectiva por grupos asociaciones o representantes hasta llegar a la participación abierta al público. El Derecho comunitario exhorta a los Estados miembros a desarrollar estas formas de participación y complementarlas mediante posibilidades de participación transfronteriza. Aquí se perfila una línea de relación entre los postulados de la participación democrática y los impulsos de desarrollo que implica el Estado de Derecho [...] orientados a la construción de una estructura "intermedia" que pondere los intereses y transcienda las posiciones jurídicas puramente individuales." In:* SCHMIDT-ASSMANN, John Eberhard. **La Teoría General del Derecho Administrativo como sistema: Objeto y fundamentos de la construción sistemática**. Instituto Nacional de Administración Pública Marcial Pons/Ediciones Jurídicas y Sociales S.A.: Madrid, 2003, p. 118.

Conectando a premissa ora adotada ao que já foi analisado como pressupostos teóricos e metodológicos (seção 1.1) temos uma ligação umbilical entre a era da informação – sociedade em rede – e o que se denomina "sociedade participativa".

Nas palavras de Diogo de Figueiredo Moreira Neto:

> A Era das Comunicações, produzindo a elevação dos índices de informação e educação da sociedade, veio a despertar-lhe a consciência sobre seus interesses, sobre seu poder e sobre a natureza de sua relação com o Estado, levando-a a reclamar por maior participação nas atividades por ele desenvolvidas.
>
> Por isso, as pessoas não se conformam apenas em fazer a tradicional escolha subjetiva daqueles concidadãos que serão seus governantes e, gradualmente, demandam ser também obtidas nas tomadas de decisões objetivas, que envolvam diretamente seus interesses individuais e metaindividuais específicos, notadamente aquelas a cargo da administração pública que se situa nos níveis mais próximos dos administrados. [...]
>
> Está-se diante de um poderosíssimo fator de mudança diretamente influente sobre a legitimidade das decisões políticas, denotando uma retomada da ação e da responsabilidade da sociedade na conclusão desses processos, não obstante ter ficado deles durante muito tempo afastada, afogada sob as vagas avassaladoras das ditaduras, das ideologias de esquerda e de direita, e das burocracias e das tecnocracias autocráticas que devastaram a vida política do século vinte.[260]

Nessa linha, estatui a autora portuguesa Cláudia Sofia Melo Figueiras que a crescente parceria do Estado com novos atores sociais acabou por alargar progressivamente a administração da justiça, ressaltando que se o Estado aceitou tal parceria não é de se admirar que também o faça na função jurisdicional,[261] especificamente na arbitragem.

Este o cenário no qual o que se pode chamar de novo Direito Administrativo vem se distanciando das lições estáticas do pensamento administrativista clássico, sendo que, tal como demonstrado, a participação direta

---

[260] NETO, Diogo de Figueiredo Moreira. **Mutações do Direito Administrativo**. Rio de Janeiro: Renovar, 2007, p. 12-13.

[261] FIGUEIRAS, Cláudia Sofia de Melo. **Arbitragem: a redescoberta de um novo paradigma de justiça tributária?** In: FONSECA, Isabel Celeste M. (coord.) A Arbitragem Administrativa e Tributária – problemas e desafios. Coimbra: Almedina, 2013, p 87.

daqueles que são afetados por uma decisão específica legitima o consenso e as decisões consensuadas.

E o instituto da arbitragem conflui com essa linha de pensamento, pois é inequívoca a participação tanto dos administrados, quanto da própria Administração nas fases pré e pós arbitral.

Com base nessa nova linha de pensamento, "pode-se afirmar que está superada a concepção de que o Poder Público jamais poderia se submeter à solução de conflitos pela via arbitral".[262]

Como será demonstrado nas seções abaixo, é fato reiterado que a Administração Pública tem, cada vez mais, optado pela arbitragem através de cláusula compromissória ou compromisso arbitral, deixando claro que, nos casos em que tem permissão para contratar, tem também a faculdade de submeter as controvérsias advindas dos objetos contratados à arbitragem.

Uma vez optando pelo instituto – que é facultativo e não obrigatório –, deve-se "fazê-lo com responsabilidade e boa-fé, abstendo-se de futuramente arguir sua condição de ente estatal como suposto fundamento para a invalidação da arbitragem",[263] até por levar em consideração a vedação do *venire contra factum proprium*, como ressalvado por César Augusto Guimarães Pereira:

> Mais do que nunca, deve-se atentar para a vedação do *venire contra factum próprium*. Se o Estado adota a arbitragem – firmando cláusula compromissória ou compromisso arbitral, atos necessariamente voluntários –, esta opção deve ser respeitada como definitiva e irretratável. A partir daí, os controles aplicáveis são os próprios do regime da arbitragem, notadamente os dos arts. 32 e 33 da Lei n. 9.307/96 no caso das arbitragens internas e dos arts. 38 e 39 da Lei n. 9.306/96 no caso das sentenças arbitrais estrangeiras, passíveis de homologação pelo STJ.[264]

Ocorre, entretanto, que, apesar do sólido posicionamento doutrinário, Celso Antônio Bandeira de Mello, em obra datada de 2015, sustenta

---

[262] CARDOSO, André Guskow. **As Agências Reguladoras e a Arbitragem**. In: PEREIRA, Cesar A. Guimarães; TALAMINI, Eduardo (coord.). Arbitragem e o Poder Público. São Paulo: Saraiva, 2010, p. 16.

[263] PEREIRA, Cesar A. Guimarães; TALAMINI, Eduardo (coord.). **Arbitragem e o Poder Público**. São Paulo: Saraiva, 2010, p. 10.

[264] Op. Cit., p. 11.

que somente o Estado teria a função jurisdicional, e somente ele poderia resolver controvérsias:

> Função jurisdicional é a função que o Estado, e somente ele, exerce por via de decisões que resolvem controvérsias com força de "coisa julgada", atributo este que corresponde à decisão proferida em última instância pelo Judiciário e que é predicado desfrutado por qualquer sentença ou acórdão contra o qual não tenha havido tempestivo recurso.[265]

O comentário em questão vai de encontro às questões já analisadas no presente trabalho, em especial a ausência do monopólio da função jurisdicional do Estado, a necessidade de uma interpretação sistemática e uma hermenêutica de excelência, tendo por base doutrina atualizada.

Para o mesmo autor, a resolução por arbitragem de litígios envolvendo a Administração Pública seria incompatível com o nosso sistema constitucional, pois entende que os contratos de concessão e os de parceria público-privada envolveriam, em sua ótica, interesses essencialmente indisponíveis:

> Não é aceitável perante a Constituição que particulares árbitros [...] possam solver contendas nas quais estejam e causa interesses concernentes a serviços públicos, os quais não se constituem em bens disponíveis, mas indisponíveis, coisas *extra commercium*. Tudo que diz respeito ao serviço público, portanto – condições de prestação, instrumentos jurídicos compostos em vista desse desiderato, recursos necessários para bem desempenhá-los, comprometimento destes mesmo recursos – é questão que ultrapassa por completo o âmbito decisório de particulares [...] Envolve interesses de elevada estatura, pertinentes à Sociedade como um todo; e, bem por isto, quando suscitar algum quadro conflitivo entre partes, só pode ser soluto pelo Poder Judiciário. Permitir que simples árbitros disponham sobre matéria litigiosa que circunde um serviço público e que esteja, dessarte, com ele imbricada ofenderia o papel constitucional do serviço público e a própria dignidade que o envolve. [266]

---

[265] BANDEIRA DE MELLO, Celso Antônio. **Curso de Direito Administrativo.** 32ª ed. São Paulo: Malheiros, 2015, p. 36.

[266] BANDEIRA DE MELLO, Celso Antônio. **Curso de Direito Administrativo.** 32ª ed. São Paulo: Malheiros, 2015, p. 812.

As críticas do autor esteiam sua obra registrando que o Estado Social de Direito foi objeto de enfurecidas críticas "coordenadas por todas as forças hostis aos controles impostos pelo Estado e aos investimentos públicos por ele realizados", com o fim de implantar "um 'darwinismo' social e político",[267] baseando-se "em uma gigantesca companha publicitária denominada 'globalização',[268] que preconizou um conjunto de providên-

---

[267] Ressalta o autor em nota de rodapé n. 31: "Naturalmente, a sede mental e operacional de tal empreendimento foram os países cêntricos, notadamente mais poderoso deles, vale dizer os Estados Unidos da América do Norte, atuando sobretudo por via dos organismos de financiamentos internacionais, com destaque para o Fundo Monetário Internacional. Não é possível encontrar melhor identificação e resumo desta hipertrofia dos interesses econômicos do que a residente nos seguintes comentários do filósofo Leonardo Boff: 'a economia se desgarrou da sociedade. Desinserida e desvinculada de qualquer controle social, estatal e humano ela ganhou livre curso. Funciona obedecendo a sua própria lógica que é maximizar os ganhos minimalizar os investimentos e encurtar ao máximo os prazos. E isso em escala mundial e sem qualquer cuidado ecológico. Tudo vira um grande Big Mac, tudo é colocado na banca do mercado: saúde, cultura, órgãos, religião. É sinal da 'corrupção geral e da venalidade universal' como dizia Marx em 1847 (Miséria da Filosofia). É a 'grande transformação', como caracteriza Polanyi, nunca antes havida. [...]". Op. Cit., p. 51.

[268] Em relação á globalização, registra o autor: "Por meio dela, fantasiadas de análises político-econômicas, foram vendidas, com os mais sofisticados ingredientes de merchandising, as 'palavras de ordem': 'reforma do Estado', para reduzir-lhe a atuação a um mínimo; 'privatização', para passar a mãos privadas a titularidade ou meramente a prestação de serviços públicos; 'flexibilização' da legislação protetora dos economicamente hipossuficientes e irrestrita abertura dos mercados dos países subdesenvolvidos, para que não houvesse peias algumas tanto à ocupação de seus mercados pelos países cêntricos quanto ao fluxo do capital especulativo internacional. Tal campanha foi ensejada por uma oportunidade histórica que os interessados não deixaram passar, a saber: com a implosão da União Soviética, deixou de existir a bipolaridade mundial, que, além de concorrer para minorar descomedimentos políticos de cada um dos blocos, cumpria outra função fundamental: a de bloquear a desenfreada expansão das aspirações de quaisquer dos lados. É que o confronto de ideias provindas dos dois centros produtores de ideologias antagônicas tanto gerava uma área de fricção, de per si desgastadora de seus extremismos, como, e sobretudo, produzia um natural convite à crítica de ambas concorrendo, par aa busca da ´síntese resultante de tal dialética. Uma vez livres de qualquer contestação, e exorcizado o receio de que os órfãos das benesses do desenvolvimento capitalista pudessem ser um fator inquietante do equilíbrio mundial, as forças nele dominantes puderem exibir sua face oculta e, sem qualquer contraponto ideológico, propagar tudo que lhes convinha, seja para debilitar as conquistas sociais em todo o mundo, seja para que lhes fossem irrestritamente franqueados os mercados dos países subdesenvolvidos, dos quais, inclusive, no campo dos serviços públicos, expulsaram os Estados nacionais, que até então preenchiam tal espaço e o tinham como reservado". Op. Cit., nota de rodapé n. 32, p. 51-52.

ARBITRAGEM NA ADMINISTRAÇÃO PÚBLICA

cias concretas representativas do chamado 'neoliberalismo'";[269] e conclui afirmando que esse movimento "não passa, na História, de um simples 'soluço', e já começa a se despir".[270/271]

O posicionamento doutrinário indicado não só contraria a construção desenvolvida até o presente momento, mas também colide com a

---

[269] Ressalva o autor em relação ao neoliberalismo: "Evidentemente, as pessoas acostumadas profissionalmente ao exercício mental não tiverem dificuldade alguma em perceber que não havia relação alguma entre o desenvolvimento tecnológico, que se dizia ser inexoravelmente responsável pela 'globalização', e as providências político-econômicas que em nome dela eram propagadas como inevitáveis. Com efeito, o fato de ter havido notável progresso no campo da Informática e das Telecomunicações, que facilitou a rapidez dos contatos entre as pessoas e os Estados – e que foi, na verdade, a transformação significativa recente –, não predicava logicamente nem a redução do papel do Estado na vida econômica e social, nem a franquia dos mercados para os grandes grupos econômicos, nem a liberação deles para a especulação da finança internacional. Entre uma coisa e outra não há nexo algum em compulsoriedade lógica ou social ou política, ou econômica ou jurídica. Tais eventos nada mais são que o fruto de decisões governamentais tomadas em função de uma insistente, repetitiva e avassaladora divulgação de propostas político-econômicas inseminadas sobretudo entre os países subdesenvolvidos, que as acolheram como lições ditadas pelos mais capazes e experientes. É curioso notar que o empresariado de tais países, ao se manifestar pressurosamente como um adepto entusiasta das preconizadas – e afinal efetivadas – 'aberturas de mercado', praticava um espetacular suicídio coletivo. Com efeito, é meridianamente óbvio que empresas de economias incipientes, ao menos se comparadas com a dos países cêntricos, por terem limitada capacidade de inversão recursos tecnológicos menores e agravas, em muitos casos, por juros espetaculares, não teriam a mais remota possibilidade de competir com êxito, a menos que a tal abertura fosse seletiva e efetuada com grande prudência. Sem embargo, este mesmo empresariado, na América Latina, hoje combalido e trôpego, apoiou de todos os modos aqueles políticos eu representava, com invulgar eficiência, as teses de seus verdugos (e verdugos de suas populações). Carlons Menen na Argentina – a qual serve como exemplo modelar do 'sucesso' das teses do Fundo Monetário Internacional –, Alberto Fujimori, no Peru, e Fernando Henrique Cardoso, no Brasil, os três que reformaram as respectivas Constituições para se reelegerem e cujas atuações deixaram seus países no estado miserável em que ficaram após suas desastrosas passagens". Op. Cit., nota de rodapé n. 33, p. 52-53.

[270] Ainda registra o autor: "Isto se deve, de um lado, às agudas manifestações censórias que passou a receber, ante o cortejo de misérias que vem semeando por todo o mundo, e, de outro lado, possivelmente, ao fato principal de que seus objetivos, a esta altura, se encontram quase inteiramente alcançados. Deveras, já está efetivada em larga medida, a substituição interna do empresariado dos países emergentes pelos grandes grupos econômicos internacionais. Assim também, já ocorreu uma amplíssima captação dos marcados destes países e, inclusive, sua ampliação para tais fins, graças à inclusão neles dos serviços públicos, dantes cativos em mãos dos respectivos governos que daí foram expulsos, ficando, pois, liberados para serem apropriados pelos grupos econômicos internacionais". Op. Cit., nota de rodapé n. 34, p. 53.

[271] Op. Cit. p. 51-53.

análise cronológica fático-normativa da arbitragem no Brasil, com o tratamento legislativo da matéria e com a jurisprudência administrativa e judicial, inclusive da Suprema Corte, que serão objeto de análise nas seções seguintes.

Não se coaduna, inclusive, com os princípios constitucionais basilares da eficiência da atuação pública, razoabilidade e garantia da eficaz distribuição da justiça.

Conforme demonstrado na seção 2.1.1.1, a Constituição Federal em momento algum trouxe qualquer monopólio do exercício da função jurisdicional pelo Judiciário.

E, se ao cidadão comum é garantida a utilização de meios mais efetivos e eficazes de solução de conflitos, negar essa possibilidade à Administração Pública, que justamente representa os interesses públicos em geral, seria nada menos que verdadeira subversão da lógica constitucional e de estruturação do próprio Estado.

2.3. Cronologia fático-normativa da arbitragem (tributária) no Brasil

O presente tópico se justifica diante da dificuldade em localizar com precisão as datas e os fatos envolvendo as arbitragens brasileiras, em especial aquelas em que o país figurou como parte antes do advento do presente sistema constitucional.

Justifica-se ainda, para demonstrar que a arbitragem envolvendo a Administração Pública está umbilicalmente ligada à história do Brasil, desde o seu descobrimento, defesa de bens públicos, e até indenizações decorrentes de guerras.

Nas palavras de Diogo de Figueiredo Moreira Neto, ao comentar o acórdão proferido no caso Lage – vide item II.5 (a) – ele chama atenção para os motivos pelos quais devemos percorrer, com detalhamento acadêmico, a presente cronologia, ao trazer a tona que " *a tradição doutrinária brasileira, assentada desde o Império, em aceitar a arbitragem nas causas da Fazenda*"[272].

Feita a justificativa, temos que o instituto remonta à Grécia Antiga, havendo menção de possibilidade de sua ocorrência entre as divergências havidas em 752 a.C. entre as cidades gregas de Messênia e Esparta:

---

[272] NETO, Diogo de Figueiredo Moreira. **Mutações do Direito Administrativo**. Rio de Janeiro: Renovar, 2007, p. 282.

[...] Esparta logo estaria em guerra com os messênios, um povo vizinho. Esta foi igualmente cruel e injusta. Em vão os messênios anuíram submeterem-se à arbitragem do Amphitryons, ou a do Areópago de Atenas. Durante três anos, os espartanos mantiveram o seu ressentimento por uma lesão insignificante, e baixaram inesperadamente na cidade fronteiriça dos messênios (BC 752), massacrando todos os habitantes sem distinção de idade ou sexo. Os Lacedaemonianos foram então governados por seu rei Nicandro, filho Charilaus, que comandou, ou pelo menos permitiu, este ato de barbárie.[273]

José Cretella Neto faz um paralelo entre o mito e o fato, registrando que desse episódio teria surgido a primeira arbitragem, datada de 740 A.C.:

> Ténékides sugere que a arbitragem era tão comum na Grécia Antiga que os helenos a faziam remontar na sua origem à própria Mitologia. A Mitologia grega refere-se a Paris, filho de Príamo e Hécula, no monde Ida, funcionando como árbitro entre Atena, Príamo e Afrodite, que disputavam a maçã de ouro, destinada à mais bela. O litígio foi decidido em favor de Afrodite, que subornou o árbitro, prometendo-lhe, em troca, o amor de Helena, raptada, posteriormente, por Paris, daí resultando a Guerra de Tróia. E o rei Acrision, da cidade de Argos, pai de Danae, teria instituído o primeiro tribunal internacional, ao qual se referem Pausanias e Plutarco, em suas obras. A mais antiga arbitragem teria ocorrido entre Messenia e Esparta, em 740 a.C.[274]

Iniciando os precedentes brasileiros de arbitragem envolvendo a Administração Pública trazemos o comentário de Bertha Koiffman Becker[275]: *"na ausência de um direito internacional que regulasse a situação, coube à autoridade papal garantir o direito à posse. Os primeiros limites das grandes fronteiras foram,*

---

[273] Trecho original em inglês: *"Sparta was soon at war with the Messenians, a neighboring people. This was equally cruel and unjust. In vain the Messenians offered to submit to the arbitration of the Amphitryons, or that of the Areopagus at Athens. During three years, the Spartans retained their resentment for a trifling injury, and fell unexpectedly on the frontier city of the Messenians (B.C. 752), and massacred all the inhabitants without distinction of age or sex. The Lacedaemonians were then governed by their king Nicander, the son Charilaus, who commanded, or at least permitted, this act of barbarity"* In: ROBINSON, John. **Ancient History; exhibiting a summary view of progress, revolution, decline, and fall of the states and nations of antiquity**. London: Printed for John Souter, at the School Library, 73, St. Paul's Chuchyard, 1831, p. 233.

[274] CRETELLA NETO, José. **Curso de Arbitragem**. Rio de Janeiro: Forense, 2004, p. 6.

[275] Professora Titular de Geografia da Universidade Federal do Rio de Janeiro.

assim, as bulas papais, e o tratado de Tordesilhas, assinado em 1494 [...] é o Brasil o mais legítimo filho de Tordesilhas"[276].

Partindo desta premissa, podemos afirmar que a arbitragem surgiu concomitantemente com o descobrimento do Brasil, haja vista que, em 07 de junho de 1494, o Tratado de Tordesilhas, presidido pelo Papa Alexandre VI, marca o esgotamento da função da Santa Fé para regular a função entre os Estados sem uma autoridade supranacional, lançando mão do direito natural como meio de solução da controvérsia entre os Reis católicos de Portugal[277] e Espanha[278] na divisão das terras descobertas.

Durante o Brasil Colônia (1500-1808), há certa dificuldade em localizar um registro sistemático dos atos que regiam o país, uma vez que se aplicavam as normas jurídicas portuguesas (como colonia de Portugal, submetia-se às Ordenações do Reino – compilações de todas as leis vigentes em Portugal – que passavam a constituir base para o Direito vigente, dividindo-se cronologicamente em: (*i*) Ordenações Afonsinas – promulgadas por D. Afonso V, em 1480; (*ii*) Ordenações Manoelinas – promulgadas por D. Manuel I, em 1520; e (*iii*) Ordenações Filipinas – promulgadas por D. Filipe III, em 1603[279]).

E foi nas últimas Ordenações do Reino – Filipinas – que localizamos o primeiro registro normativo da arbitragem no Brasil, no Livro III, Títulos XVI e XVII, denominados respectivamente: *"Dos Juízes arbitros"* e *"Dos Arbitradores"*:

> Título XVI – Dos Juizes arbitros
>
> Posto que as partes compromettiam em algum Juiz, ou Juizes arbitros, e se obriguem no compromisso star por sua determinação e sentença, e que della não possam appellar, nem aggravar, e o que o contrario fizer pague à outra parte certa pena, e ainda que no compromisso se diga, que paga a pena, ou não paga, fique sempre a sentença dos arbitros firme e valiosa, poderá a parte que se sentir aggravada, sem embargo de tudo isto, appellar de sua sentença para os superiores sem pagar a dita pena; e se os arbitros lhe denegarem a appella-

---

[276] BECKER, Bertha Koiffman. **Brasil – Tordesilhas, Year 2000**. In: Revista Território, ano IV, n. 7. jul/ dez. 1999, Rio de Janeiro: LAGET/UFRJ, 1999, p. 8-9.

[277] João II.

[278] Fernando e Isabel.

[279] MARTINS FILHO, Ives Gandra da Silva. **O Ordenamento Jurídico Brasileiro**. In: *"Revista Jurídica Virtual"*. Vol. 1, n. 3, julho 1999, Brasília. Disponível em: < http://www.planalto.gov.br/ccivil_03/revista/Rev_03/ordenamento%20jur%20brasil.htm >, acesso em: 30/08/15.

ção, façam-lha dar aos Juizes ordinários Porém se os Juizes da appellação confirmarem a sentença dos arbitros, de que for appellado, pagará o appellante ao vencedor a pena conteuda no compromisso, que não se pode escusar de a pagar, pois prometeu não vir contra a sentença, e lhe achado que injustamente della appellou. E posto que as partes renunciem o beneficio desta Lei, tal renunciação será de nenhum effeito. [...]

Título XVII – Dos Arbitradores

Entre os Juizes arbitros e arbitradores (que qner tanto dizer como avaliadores ou estimadores) há hi differença; porque os Juizes arbitros não somente conhecem das cousas e razões, que consistem em feito, mas ainda das que stão em rigor de Direito, e guardarão os actos jndiciaes, como são obrigados de os guardar os Juizes ordinários e delegados. E os arbitradores conhecerão somente das cousas, que consistem em feito; e quando perante elles fôr allegada alguma cousa, em que caiba divida de Direito, remettel-a-hão aos Juizes da terra, que a despachem e determinem, como acharem per Direito; e dahi por diante, havida sua determinação, procederão em seu arbitramento, segundo lhes bem parecer, ganhando sempre o costume geral da terra que ao tempo de seu arbitramento fôr costumado. [...][280]

Diante dos dois títulos acima transcritos, vale trazer a distinção entre ambos, apontada por Pontes de Miranda, de que *"o arbitrador é o perito; o árbitro julga; é, a despeito de não ser completa a sua decisão, juiz"*[281].

Verifica-se que tal previsão continha a possibilidade de apelação, apenando o recorrente caso a decisão incialmente proferida pelos árbitros fosse mantida pelos Juízes ordinários.

Com o advento da *"Constituição Política do Império do Brazil"*, em 25 de março de 1824, elaborada por um Conselho de Estado e outorgada pelo Imperador D. Pedro I, a arbitragem figurou expressamente no artigo 160, figurando juntamente com a organização do Poder Judicial – Título 6º *"Do Poder Judicial"*, em capítulo único intitulado *"Dos Juizes, e Tribunais de Justiça"*:

---

[280] A Universidade de Coimbra digitalizou as Ordenações Filipinas na íntegra e as disponibilizou em seu site, no link: < http://www1.ci.uc.pt/ihti/proj/filipinas/ordenacoes. htm >, acesso em 30/08/15.

[281] PONTES DE MIRANDA, Francisco Cavalcanti. **Tratado de Direito Privado**. Tomo XXVI. Rio de Janeiro: Borsoi, 1959, p. 344.

Título 6º – Do Poder Judicial
Capitulo Único – Dos Juizes, e Tribunais de Justiça
Art. 160. Nas civeis, e nas penaes civilmente intentadas, poderão as Partes nomear Juizes Arbitros. Suas Sentenças serão executadas sem recurso, se assim o convencionarem as mesmas Partes.

A previsão retirou a possibilidade de recurso da decisão proferida pelos árbitros, mas condicionou a irrecorribilidade da decisão arbitral à convenção nesse sentido pelas partes.

Em 17 de agosto de 1827, advém a Carta de Lei de 17 de agosto de 1827[282], que ratifica o trabalho de amizade, navegação e comercio entre o *Império do Brazil*" e o Reino Unido da Grã-Bretanha e Irlanda, abrigando em seu artigo III previsão de arbitragem relativa a questões decorrentes dos súditos, mestres e tripulações de navios de ambos Estados, bem como matérias relacionadas ao direito sucessório:

ARTIGO III
Os Consules, e Vice-Consules de ambas as nações exercitarão cada um no seu respectivo lugar, a autoridade de arbitros nas duvidas que nascem entre subditos, mestres e tripolações dos navios das suas respectivas nações, sem a intervenção das autoridades territoriaes, senão quando a tranqullidade publica exigir esta intervenção, ou as Partes a requererem, intentando as suas causas perante os tribunaes do paiz, em que estas duvidas nascerem.

Da mesma sorte exercitarão o direito de administrarem a propriedade dos subditos da sua nação que fallecerem ab intestato, á beneficio dos legitimos herdeiros da dita propriedade, e dos credores á herança, tanto quanto o admittirem as Leis dos paizes respectivos.

Em que pese o resultado das deliberações não ter sido divulgada, há registro doutrinário[283] de que em 1829 o Brasil e a Grã-Bretanha figura-

---

[282] Disponível em: < http://www2.camara.leg.br/legin/fed/carlei/1824-1899/cartadelei-39868-17-agosto-1827-570824-publicacaooriginal-93923-pe.html >, acesso em 31/08/15.

[283] *"Brazil and Great Britain, in 1829. Maritime Captures. This was a question of the indemnity to be paid by Brazil for the capture of the British ships in 1826-1827. By a Convention signed at Rio de Janeiro, May 5th, 1829, it was referred to a mixed commission of four members, to be named by the respective Governments, or Ministers, with the stipulation that "if the majority do not agree, it shall be further referred to the Brazilian Secretary of State and the British Minister at Rio de Janeiro". They were to give precedence to the claims for vessels and cargoes condemned by the Decree of May, 21st, 1828, which had*

ram na arbitragem internacional conhecida por *"Maritime Captures"*, em que a Grã-Bretanha buscou indenização pela captura de seus navios ocorrida entre 1826 e 1827.

A convenção de arbitragem foi assinada em 05 de maio de 1829 no Rio de Janeiro, estipulando uma comissão mista de quatro membros que seriam nomeados pelos respectivos governos ou seus ministros, determinando que: *"se a maioria não concordar, a questão deverá ser submetida ao Secretário de Estado brasileiro e do Ministro britânico no Rio de Janeiro"*, e que deveriam dar prioridade aos pedidos de embarcações e cargas condenadas pelo Decreto de 21 de maio de 1828[284], que tinha tratado de vinte e cinco navios.

Em 1842, o Brasil voltaria a figurar em uma arbitragem internacional, mas dessa vez contra os Estados Unidos da América.

---

disposed of twenty-five ships. The result of their deliberations has not been published, so far as we have been able to ascertain". In: DARBY, Willian Evans. **International arbitration. International tribunals. A collection of the various schemes which have been propounded; and of instances in the nineteenth century.** London: J. M. Dent and Co., 1904, p. 776.

[284] DECRETO DE 21 DE MAIO DE 1828, Decide revistas de graça especialissima sobre sentenças de prezas proferidas no Supremo Conselho do Almirantado. Tendo ouvido o meu Conselho de Estado para decidir as revistas de graça especialissima sobre sentenças de prezas proferidas no Supremo Conselho do Almirantado, na fórma da resolução da Assembléa Geral Legislativa do Imperio que foi por mim sanccionada em 18 de Setembro do anno proximo passado: Hei por bem que, reformadas as sentenças proferidas pelo referido Tribunal nos processos dos navios denominados Ruth, Leonidas, Pioneer, Anna, Guilhermina e Maria, Anders, Jenny, Fortuna, Carolina, William Henry, Utopia e Dickins, na parte em que negam indemnizaçao pelo injusto aprezamento e detenção dos cascos e carregamentos dos referidos navios, ellas subsistam e se cumpram em tudo o mais, com declaração porém que, quanto á parte da carga do navio Leonidas que é de propriedade inimiga, será ella avaliada, para constar do seu valor, e entregue aos captores, ficando sujeita ao pagamento do frete por inteiro, e a ser restituida aos proprietarios quando as nações neutras obtiverem igual restituição a respeito da nação brazileira; que, reformadas semelhantemente as sentenças do mesmo Tribunal que declaram boas prezas os cascos e carregamentos dos navios denominados Belle Gabrielle, Sarah George, Atlantick, Stag e Junon, os ditos cascos e carregamentos se entreguem a seus respectivos donos, com o direito de haverem as indemnizações que se liquidarem do mesmo modo declarado relativamente ás primeiras; que finalmente subsistam e se cumpram inteiramente as sentenças proferidas pelo dito Tribunal nos processos dos navios denominados Henry e Isabella, Georqe, Coquito, S. Salvador, Courier, Jules John e Matilda. O Conselho Supremo do Almirantado o tenha assim entendido, e o cumpra com os despachos para isso necessarios. Palacio do Rio de Janeiro em 21 de Maio de 1828, 7º da Independencia e do Imperio. Com a rubrica de Sua Magestade Imperial. Marquez de Aracaty.

O caso decorreu da apreensão da escuna *"John S. Bryan"* na Província do Pará em junho de 1836, e culminou na nomeação de um comissário de cada país, no dia 15 de outubro de 1842.

Em 12 de junho de 1843 os comissários condenaram o Brasil a pagar 26 contos de réis a título de indenização pelas perdas e danos decorrentes da apreensão, pagamento realizado em valor histórico e com quase três anos de atraso, em 20 de maio de 1846 – o que ensejou um pedido de pagamento dos juros, bem como das despesas do procedimento original.[285]

Vinte e seis anos após a Constituição Imperial, adveio a Lei n. 556, de 25 de junho de 1850, que instituiu o Código Comercial – revogado em 2002[286] – com disposições específicas para a possibilidade de sujeição à arbitragem das questões decorrentes: (i) dos contratos de locação mercantil (art. 245[287]); (ii) divergências societárias, incluindo sua liquidação[288] ou partilha (art. 294[289])[290]; (iii) contrato de seguro marítimo (art. 667,

---

[285] *"Brazil and United States, in 1842. Maritime Capture. This was the case of the Schooner "John S. Bryan", which was seized in the Province of Para, in June, 1836. In October, 15th, 1842, Commissioners were appointed by the Governments of Brazil and United States Legation at Rio de Janeiro, respectively, to determine the amount of loss and damage suffered in consequence of the seizure and detention of the schooner. On June, 12th, 1843, the Commissioners awarded the sum of 26 contos de reis to be paid by Brazil as indemnification. The payment of this um was withheld till May, 20th, 1846, when it was to paid to the Minister of the United States at Rio, without interest. A claim for interest, and for the expenses incurred in the original claim, came before the Domestic Commission appointed under the Convention of January, 24th, 1849".* In: DARBY, Willian Evans. **International arbitration. International tribunals. A collection of the various schemes which have been propounded; and of instances in the nineteenth century.** London: J. M. Dent and Co., 1904, p. 779.

[286] Revogado pela Lei n. 10.406, de 10 de janeiro de 2002.

[287] Art. 245 – Todas as questões que resultarem de contratos de locação mercantil serão decididas em juízo arbitral.

[288] No que tange à liquidação das sociedades, vide art. 348: *"acabada a liquidação, e proposta a forma de divisão e partilha, e aprovada uma e outra pelos sócios liquidados, cessa toda e qualquer reclamação da parte destes, entre si reciprocamente e contra os liquidantes. O sócio que não aprovar a liquidação ou a partilha é obrigado a reclamar dentro de 10 (dez) dias depois desta lhe ser comunicada; pena de não poder mais ser admitido a reclamar, e de se julgar por boa a mesma liquidação e partilha. A reclamação que for apresentada em tempo, não se acordando sobre ela os interessados, será decidida por árbitros, dentro de outros 10 (dez) dias úteis; os quais o juiz de direito do comércio poderá prorrogar por mais 10 (dez) dias improrrogáveis".*

[289] Art. 294 – Todas as questões sociais que se suscitarem entre sócios durante a existência da sociedade ou companhia, sua liquidação ou partilha, serão decididas em juízo arbitral.

[290] Vide também art. 302, 5, em relação às sociedades comerciais: *"a escritura, ou seja pública ou particular, deve conter: [...] a forma da nomeação dos árbitros para juízes das dúvidas sociais".*

11^{291}); (iv) vencimentos decorrentes de salvamento de navio naufragado (art.736^{292}); (v) salvados (art. 739^{293}); (vi) danos causados por abalroação de navios (arts. 749^{294} e 750^{295}); (vii) regulação, repartição ou rateio de avarias em embarcações (art. 783^{296}); (viii) concordata (arts. 846^{297}, 847^{298}, e 854^{299}).

[291] Art. 667 – A apólice de seguro deve ser assinada pelos seguradores, e conter: [...]
11 – Declaração de que as partes se sujeitam à decisão arbitral, quando haja contestação, se elas assim o acordarem. [...]

[292] Art. 736 – O salário que vencerem as pessoas empregadas no serviço do salvamento do navio ou carga, e bem assim os prêmios que se deverem nos casos em que estes puderem ter lugar, serão regulados por árbitros; tendo-se em consideração o perigo e a natureza do serviço, a prontidão com que este for prestado, e a fidelidade com que as pessoas nele empregadas houverem feito entrega dos objetos salvos. (Revogado pela Lei n. 7.542, de 26.9.1986).

[293] Art. 739 – As questões que se moverem sobre o pagamento de salvados, serão decididas por árbitros no lugar do distrito onde tiver acontecido o naufrágio. (Revogado pela Lei n. 7.542, de 26.9.1986).

[294] Art. 749 – Sendo um navio abalroado por outro, o dano inteiro causado ao navio abalroado e à sua carga será pago por aquele que tiver causado a abalroação, se esta tiver acontecido por falta de observância do regulamento do porto, imperícia, ou negligência do capitão ou da tripulação; fazendo-se a estimação por árbitros.

[295] Art. 750 – Todos os casos de abalroação serão decididos, na menor dilação possível, por peritos, que julgarão qual dos navios foi o causador do dano, conformando-se com as disposições do regulamento do porto, e os usos e prática do lugar. No caso dos árbitros declararem que não podem julgar com segurança qual navio foi culpado, sofrerá cada um o dano que tiver recebido.

[296] Art. 783 – A regulação, repartição ou rateio das avarias grossas serão feitos por árbitros, nomeados por ambas as partes, as instâncias do capitão. Não se querendo as partes louvar, a nomeação de árbitros será feita pelo Tribunal do Comércio respectivo, ou pelo juiz de direito do comércio a que pertencer, nos lugares distantes do domicílio do mesmo tribunal. Se o capitão for omisso em fazer efetuar o rateio das avarias grossas, pode a diligência ser promovida por outra qualquer pessoa que seja interessada.

[297] Art. 846 – Na segunda reunião dos credores, apresentados os pareceres da Comissão e Curador fiscal, e não se oferecendo duvida sobre a admissão dos créditos constantes da lista, e havidos por verificados para o fim tão somente de habilitar o credor para poder votar e ser votado, o Juiz comissário proporá à deliberação da reunião o projeto de concordata, se o falido o tiver apresentado. (Vide Decreto-Lei n. 7.661, 1945). Porém se houver contestação sobre algum crédito, e não podendo o Juiz comissário conciliar as partes, se louvarão estas no mesmo ato em dois Juizes árbitros; os quais remeterão ao mesmo Juiz o seu parecer, dentro de cinco dias. Se os dois árbitros se não conformarem, o Juiz comissário dará vencimento com o seu voto àquela parte que lhe parecer, para o fim sobredito somente, e desta decisão arbitral não haverá recurso algum.

[298] Art. 847 – Lida em nova reunião a sentença arbitral, se passará seguidamente a deliberar sobre a concordata, ou sobre o contrato de união (art. 755). (Vide Decreto-Lei n. 7.661, 1945).

Insta registrar que na parte final do Código Comercial, e antecedendo ao Decreto-Lei n. 1.608, de 18 de setembro de 1939 – que instituiu o Código de Processo Civil, posteriormente disciplinado pela Lei n. 5.869, de 11 de janeiro de 1973, e a partir de 18 de março de 2016[300/301], pela Lei n. 13.105, de 16 de março de 2015[302] –, constava o título único denominado *"Da administração da justiça nos negócios e causas comerciais"*, no qual a seção III, *"Do Juízo Comercial"*, ainda trazia a previsão de que nos casos listados as controvérsias seriam, necessariamente, decididas através de arbitragem, nos termos de seus arts. 20 e 21:

> Art. 20 – Serão necessariamente decididas por árbitros as questões e controvérsias a que o Código Comercial dá esta forma de decisão.
>
> Art. 21 – Todo o Tribunal ou Juiz que conhecer de negócios ou causas do comércio, todo o árbitro ou arbitrador, experto ou perito que tiver de decidir sobre objetos, atos ou obrigações comerciais, é obrigado a fazer aplicação da Legislação comercial aos casos ocorrentes.

Cinco meses após o advento do Código Comercial adveio o Decreto n. 737, de 25 de novembro de 1850, que determina a ordem do Juízo no Pro-

---

Se ainda nesta reunião se apresentarem novos credores, poderão ser admitidos sem prejuízo dos já inscritos e reconhecidos: mas se não forem admitidos não poderão tomar parte nas deliberações da reunião; o que todavia não prejudicará aos direitos que lhes possam competir, sendo depois reconhecidos (art. 888).Para ser válida a concordata exige-se que seja concedida por um número tal de credores que represente pelo menos a maioria destes em número, e dois terços no valor de todos os créditos sujeitos aos efeitos da concordata.

[299] Art. 854 – Intimada a concordata ao Curador fiscal, e ao depositário ou depositários, estes são obrigados a entregar ao devedor todos os bens que se acharem em seu poder, e aquele a prestar contas da sua administração perante o Juiz comissário; ao qual incumbe resolver quaisquer duvidas que hajam de suscitar-se sobre a entrega dos bens, ou a prestação de contas; podendo referi-las à decisão de árbitros, quando as partes assim o requeiram. (Vide Decreto-Lei n. 7.661, 1945).

[300] Art. 1.045. Este Código entra em vigor após decorrido 1 (um) ano da data de sua publicação oficial.

[301] Vide art. 8º, § 1º, da Lei Complementar n. 95, de 26 de fevereiro de 1998, que estabelece a forma de contagem de prazo para entrada em vigor das leis: *"Art. 8º A vigência da lei será indicada de forma expressa e de modo a contemplar prazo razoável para que dela se tenha amplo conhecimento, reservada a cláusula 'entra em vigor na data de sua publicação' para as leis de pequena repercussão. § 1º A contagem do prazo para entrada em vigor das leis que estabeleçam período de vacância far-se-á com a inclusão da data da publicação e do último dia do prazo, entrando em vigor no dia subseqüente à sua consumação integral. (Incluído pela Lei Complementar n. 107, de 26.4.2001). [...]"*.

[302] Publicada no Diário Oficial da União no dia 17/03/15.

cesso Comercial e estabelece, dentre outras disposições, as formalidades que previsões de arbitragem do Código deviam observar. Cabe destacar que em seu título VII *"Do Juízo arbitral"*[303], o Decreto n. 737 indica que a arbitragem poderia ser tanto necessária[304], quanto voluntária[305], os tipos de convenção de arbitragem[306], a maneira de escolha dos árbitros[307], o tempo para a prolação da decisão[308], e as provas admitidas[309].

Em 1858, o Brasil figurou em outra arbitragem contra a Grã-Bretanha, dessa vez buscando a liquidação de diversos créditos privados pendentes contra ambos os países.

A convenção de arbitragem foi assinada no Rio de Janeiro, em 02 de junho, e ratificada em Londres, com a estipulação de uma comissão mista de dois membros.

Os árbitros reuniram-se pela primeira vez no Rio de Janeiro, em 10 de março de 1859, para analisar cinquenta e uma reivindicações inglesas e cento e oito brasileiras.

Com o início dos trabalhos, o governo inglês alegou que, pelo Tratado de 28 de julho de 1817, assinado entre eles e Portugal, a Comissão teria extrapolado a sua competência, culminando na suspensão das relações diplomáticas e no fim dos poderes outorgados aos comissários.[310]

---

[303] Arts. 411 a 475 do Decreto n. 737 de 1850.

[304] A arbitragem será necessária *"nos casos dos arts. 245, 294, 348, 739, 783 e 846 do Codigo Commercial, e em todos os mais, em que esta fórma de Juizo é pelo mesmo Codigo determinada"* (art. 411, § 2º, do Decreto n. 737 de 1850).

[305] A arbitragem será voluntária *"quando é instituido por compromisso das partes"* (art. 411 § 1º, do Decreto n. 737 de 1850).

[306] Judicial e extrajudicial (arts. 414 a 417 do Decreto n. 737 de 1850). Vide também arts. 428 429, e 430 do mesmo Decreto.

[307] Vide arts. 418 a 421 do Decreto n. 737 de 1850.

[308] Que na ausência de prazo marcado, seria de 4 (quatro) meses, contados da aceitação da indicação dos árbitros, podendo esse prazo ser prorrogado por consentimento expresso das partes (arts. 435 e 435 do Decreto n. 737 de 1850).

[309] O art. 452 do Decreto n. 737 de 1850, determina que: *"no Juizo arbitral são admittidas todas as provas enumeradas no capitulo XII do titulo II"*, que por sua vez estão listadas nos arts. 138 e 139: *"as escripturas publicas e instrumentos, que são como taes considerados pelo Codigo Commercial e leis civis; os escriptos particulares; a confissão judicial; a confissão extrajudicial; o juramento supletório; o juramento in litem; as testemunhas; as presumpções; o arbitramento; o depoimento da parte; e as vistorias. A respeito das provas dos contratos, guardar-se- ha o que está prescripto no Codigo Commercial a respeito dos contratos em geral (titulo V parte I), e de cada um delles em particular"*.

[310] *"Brazil and Great Britain, in 1858. Mutual Claims. This Case of Arbitration sought the settlement of a number of outstanding private claims against the Government of both countries. By a Convention*

No dia 07 de junho de 1861, um acontecimento nas praias do Albardão, na costa da província do Rio Grande do Sul – saque do navio britânico *Prince of Wales* após o seu naufrágio, e o suposto ataque da população que teria culminado na morte de 10 tripulantes, e no desaparecimento de seis corpos[311] –, somado a outro incidente ocorrido no dia 23 de maio de 1862, no bairro da Tijuca no Rio de Janeiro – prisão de três marinheiros britânicos da fragata *La Forte* por desacato após desentendimentos com a polícia local[312] –, culminaram em uma arbitragem internacional, em que foram partes o Brasil e a Inglaterra[313], no caso que ficou conhecido como "*A questão Christie*", vez que decorrentes dos atritos[314] havidos entre o embaixador inglês William Dougal Christie e D. Pedro II[316/317].

signed at Rio de Janeiro, June 2ⁿᵈ, 1858, and ratified at London, September 9ᵗʰ, 1858, these were referred to a mixed commission of two members, with Umpire to be chosen by lot if necessary. The Arbitrators held their first meeting at Rio de Janeiro, on March 10ᵗʰ, 1859, Fifty-one English claims and 108 Brazilian were presented to the Commission. The whole of the later referred to the slave trade, and when the commission had pronounced on five English and four Brazilian claims, the British Government interposed with the objection that, by the Treaty of November 23ʳᵈ, 1826, confirmatory of the Convention signed between Great Britain and Portugal on July 28ᵗʰ, 1817, these were beyond the competence of the Commission. The suspension of diplomatic relations between the two countries put an end to the powers of the Commissioners, and these seem never to have to been renewed". In: DARBY, Willian Evans. **International arbitration. International tribunals. A collection of the various schemes which have been propounded; and of instances in the nineteenth century.** London: J. M. Dent and Co., 1904, p. 784.

[311] Após o naufrágio do navio inglês na costa da província do Rio Grande do Sul, a Grã-Bretanha enviou um navio de guerra para colaborar com as investigações, auxílio este que foi rejeitado pelo presidente da província por acreditar ser uma forma de ameaça a soberania nacional, entrementes, apesar de sete acusados terem sido interrogados não houve prisões.

[312] Após os marinheiros britânicos terem sido presos por desacato a policiais cariocas, o embaixador britânico – juntamente com o Almirante Warren, comandante dos marinheiros – pediu a demissão dos policiais que os prenderam, um pedido de desculpas formal por parte do governo brasileiro, bem como uma indenização pelos prejuízos decorrentes do navio naufragado, pleitos rechaçados pelo governo brasileiro por afastar a tese assassinato dos tripulantes, tal como por entender que os marinheiros ingleses que teriam iniciado a confusão.

[313] Diante da negativa do governo brasileiro em face dos pleitos feitos pelo embaixador inglês, este fechou o porto do Rio de Janeiro com a esquadra britânica, confiscou cinco embarcações brasileiras, e proibiu a entrada de novos navios, ocasionando o pedido de indenização por parte do governo brasileiro, bem como um pedido formal de desculpas. Ocorre que neste ínterim, o embaixador brasileiro em Londres, Francisco Ignácio Carvalho Moreira – Barão de Penedo –, pagou a indenização pleiteada pelo embaixador inglês pelo naufrágio, dando início à arbitragem internacional entre os dois países.

[314] Daniel Jacuá Sinésio contextualiza o ocorrido em breves palavras: "*Pode parecer que esses acontecimentos foram incidentes sem grandes motivos que demonstrou mais uma vez, a arrogância*

Em 05 de janeiro de 1863 o Rei da Bélgica, Leopold I, foi indicado pelas partes como árbitro, e em 18 de junho daquele mesmo ano decidiu que: *"da forma como as leis brasileiras foram aplicadas aos oficiais ingleses não havia nem premeditação do crime nem ofensa para a Marinha Britânica"*. Com a ciência da decisão, o Sr.[317] Edward Thorton foi enviado em uma missão especial para expressar ao governo brasileiro o pesar dos britânicos, e as relações diplomáticas foram cordialmente retomadas[318].

Em 14 de setembro de 1866 é editada a Lei n. 1.350[319], que *"deroga o Juizo Arbitral necessario estabelecido pelo art. 20, título unico do Codigo Commercial"*, evidenciando que a arbitragem será sempre voluntária, e que as já instituídas, quando da sua edição, continuariam nos termos do Código Comercial.

Indiretamente, por força do mesmo ato, deixaram de ter validade as disposições contidas no Decreto n. 737, de 25 de novembro de 1850.

Em 19 de setembro de 1860 publica-se o Decreto n. 2.647, instituindo-se o Regulamento das Alfândegas e Mesas de Rendas, diploma que também possibilitava a arbitragem em casos determinados.

---

britânica e a de seu embaixador em organizar um cerco ao país. No entanto, diferentemente de outros tempos, D. Pedro II não aceitou os ataques britânicos, inclusive proferindo um discurso inflamado para a população. O imperador pouco tempo depois rompeu as relações diplomáticas com o pais mais rico e poderoso do planeta. Apenas como começo da Guerra do Paraguai, o embaixador britânico Eduard Thornton se retratou perante D. Pedro II". *In*: SINÉSIO, Daniel Jacuá. **A questão Christie e a atuação do Secretário João Batista Calógeras (1862-1865)**. Rio de Janeiro, 2013. Dissertação (Mestrado em História), Universidade Federal Fluminense, p. 17.

[315] SEITENFUS, Ricardo Antônio da Silva. **Relações internacionais**. Barueri: Manole, 2004, p. 161.

[316] SINÉSIO, Daniel Jacuá. **A questão Christie e a atuação do Secretário João Batista Calógeras (1862-1865)**. Rio de Janeiro, 2013. Dissertação (Mestrado em História), Universidade Federal Fluminense, p. 15-16.

[317] Posteriormente elevado a "Sir".

[318] DARBY, Willian Evans. **International arbitration. International tribunals. A collection of the various schemes which have been propounded; and of instances in the nineteenth century**. London: J. M. Dent and Co., 1904, p. 787-788.

[319] Art. 1º Fica derogado o Juizo Arbitral necessario, estabelecido pelo artigo vinte titulo unico do Codigo Commercial.

§ 1º O Juizo Arbitral será sempre voluntario mediante o compromisso das partes.

§ 2º Podem as partes autorizar os seus arbitros para julgarem por equidade independentemente das regras e fórmas de direito.

Art. 2º Os processos começados antes desta Lei, estando já os arbitros nomeados, e tendo aceitado, continuaráó a ser instruidos e julgados segundo o Codigo Commercial.

Art. 3º O Governo dará o Regulamento necessario para execução desta Lei.

Nele constava arbitragem para estimar os danos em mercadorias importadas, com a participação de três árbitros nos moldes atuais, posto que cada parte escolheria um e esses indicariam o terceiro[320].

O decreto em questão ainda elencou três matérias tributárias a serem dirimidas por arbitragem: (i) reconhecimento da qualificação de mercadoria importada – art. 559[321] – em nossa ótica uma maneira de se discutir o que atualmente denomina-se *"classificação fiscal de mercadoria"*; (ii) omissão de mercadoria importada – arts. 565 e 566[322]; e (iii) mercadorias sujeitas a

---

[320] Art. 293. Se o damno limitar-se unicamente ao envoltorio, far-se-ha immediatamnente a conveniente reparacão á custa do seu causador; e se comprehender o seu conteúdo, ou mercadoria, havendo contestação sobre o seu valor, proceder-se-ha da maneira seguinte: [...] § 2º Se a mercadoria fôr das que se despachão por factura, será o damno estimado por dous arbitros, hum nomeado pelo responsavel, e o outro polo dono, ou consignatorio da mercadoria, e, á revella destes, pelo Chefe da Repartição e ainda por 3º arbitro escolhido a aprazimento destes, se os dous primeiros não concordarem; e neste caso consistirá a indemnisação em pagar-se o que estimado for. § 3º Se porém a estimação arbitral parecer excessiva ao Chefe da Repartição, poderá este mandar arrematar a mercadoria, e neste caso se indemnisará a differença, que houver entre o preço da arrematação, e o da estimação da mercadoria antes de damnificada.

[321] Art. 559. No caso do Conferente reconhecer, pelo exame que fizer, que a qualificação da mercadoria expressa na nota para o seu despacho não he a legitima ou exacta, depois de ouvir a parte, ou seu preposto, e de proceder a quaesquer diligencias, que julgar necessarias para formar seu juizo, declarará a esta qual he no seu entender a qualificação que justamente cabe á referida mercadoria, e em que artigo da Tarifa a julga comprehendida, para o pagamento dos direitos de consumo.

§ 1º Se a parte não concordar com a opinião do Conferente poderá reclamar contra ella ao Chefe da Repartição, e este, depois de ouvida a Commissão da Tarifa, e de proceder a quaesquer outras diligencias que forem convenientes, decidirá qual das duas qualificações dadas he a legitima e exacta.

§ 2º Se a parte não concordar com a decisão do Chefe da Repartição, e a differença de direitos entre huma e outra qualificação exceder da alçada do Inspector, ou Administrador, poderá requerer que o negocio seja decidido por arbitros, e neste caso seguir-se-ha o disposto na Secção 11ª do presente Capitulo; ficando suspenso o despacho. Se a differença de direitos, porém, estiver dentro da referida alçada, observar-se-ha o disposto no art. 579.

§ 3º Se a decisão arbitral fôr contraria, a parte pagará os direitos conforme a decisão, e mais metade da importancia dos direitos da differença para o Conferente.

§ 4º Se a parte porém concordar com a decisão do Chefe da Repartição, e esta lhe fôr favoravel, de tal decisão haverá recurso ex-officio, sem suspensão do despacho, para a competente Autoridade superior, se a importancia da differença exceder a alçada do mesmo Chefe.

[322] Art. 565. Apresentadas a despacho, ou encontrando-se na verificação de qualquer volume mercadorias omissas na Tarifa, o respectivo Conferente, ouvindo a parte, passará logo a indagar a sua natureza, denominação, e uso a que he destinada, valor approximado que tiverem,

direitos *"ad valorem"* – art. 570[323] – o que também entendemos ser o berço da atual *"valoração aduaneira"*.

O processo arbitral foi previsto na Seção 11, inteiramente dedicada ao que denominou de *"processo de arbitramento"*.

Essa denominação merece destaque por divergir dos *"arbitradores"* previstos nas Ordenações Filipinas, que eram meros peritos, residindo aos "Juízes Árbitros" o poder decisório.

---

ou poderem ter no mercado; procurará além disto todo e qualquer outro esclarecimento, ou informação que julgar conveniente para basear seu juizo sobre sua classificação, ou qualificação, e de tudo fará hum relatorio ao Chefe da Repartição, no qual motivará sua opinião, indicando a mercadoria similar, ou com que as em questão tem mais a nalogia, ou afinidade, quer por sua natureza e qualidade da materia de que forem compostas, quer pelo seu fabrico, tecido, lavor, ou fórma, combinados com seu uso, ou emprego.

§ Unico. Ao relatorio deverá acompanhar a amostra da mercadoria, e qualquer exposição, ou documento que a parte offerecer.

Art. 566. A' vista do relatorio de que trata o artigo antecedente o Chefe da Repartição mandará examinar a mercadoria por dous peritos da sua escolha; e, conforme o parecer destes, decidirá se a assemelhação deve ou não ter lugar, e, no caso affirmativo, em que artigo da Tarifa se acha ou deve ficar a mercadoria comprehendida.

[323] **Art. 570.** No despacho das mercadorias sujeitas a direitos ad valorem, além do que se acha estabelecido na Secção 6ª, se observarão as seguintes disposições:

§ 1º O preço regulador para o despacho ad valorem será o do mercado importador em grosso ou atacado, deduzidos os competentes direitos, e mais 10% do mesmo preço. No acto do despacho, os donos, ou consignatarios das mercadorias deverão apresentar, se o Inspector, ou Administrador o exigir, suas facturas originaes, authenticadas por modo que faça fé, e, na falta dellas, os documentos particulares e authenticos que possuirem relativos ás mercadorias submettidas a despacho.

§ 2º O Conferente verificará por todos os meios a seu alcance se o preço declarado na nota he o do mercado, e do resultado de suas indagações dará parte por escripto ao Chefe da Repartição, expondo em termos breves a sua opinião, e as razões que a fundamentão; e, no caso de não conformar-se com o referido preço, indicará o que julgar justo.

§ 3º Se a parte não se conformar com o preço dado pelo Conferente, o Chefe da Repartição, depois de proceder, ou mandar proceder aos exames e informações que forem necessarios, se concordar com o valor expresso na nota, mandará prosseguir o despacho, se, porém, o reputar lesivo á Fazenda Publica será este arbitrado por huma commissão composta de tres Conferentes, ou de quaesquer outros Empregados de sua escolha.

§ 4º Esta commissão, procedendo ás precisas averiguações, arbitrará dentro de 48 horas o preço por que deve ser despachada a mercadoria, tomando por base do arbitramento as disposições do § 1º.

§ 5º Quando o Chefe da Repartição, ou a parte não se conformar com a decisão da commissão, poderá aquelle ordenar, e esta requerer novo arbitramento; e neste caso seguir-se-ha o disposto na Secção seguinte.

No caso do Decreto n. 2.469/1860, a opção pela adoção da expressão *"arbitramento"*, tratou de mera opção sintática, uma vez que a previsão, como será visto a seguir, era de arbitragem efetiva.

Essas ressalvas podem parecer tecnicidade excessiva, mas serão retomadas e justificadas no item III.3, posto que servirão de base para as conclusões lá externadas.

Retornando à análise do decreto imperial e de seu *"processo de arbitramento"* – art. 577[324] –, deve ser considerado como um verdadeiro marco legal na arbitragem tributária brasileira.

---

[324] **Art. 577.** O processo de arbitramento, nos casos marcados pelo presente Regulamento, e salvas as disposições do Cap. 5º do Tit. 3º e Cap. 3º do Tit. 8º, se regulará pelas seguintes:

§ 1º O Ministro da Fazenda na Côrte, e os Inspectores das Thesourarias de Fazenda nas Províncias escolherão d'entre as differentes classes dos Negociantes, Empregados, e pessoas profissionaes em cada hum ramo de industria, domiciliadas no lugar em que funccionar a respectiva Repartição Fiscal, que julgar mais idoneos para servirem de peritos ou practicos nas questões a que se referem os arts 559 § 2º, 566 e 570 § 5º A relação destes peritos assim escolhidos será publicada, e revista no fim de cada semestre, e sua leitura sempre franqueada ás partes.

§ 2º Verificado o caso de arbitramento, a parte escolherá d'entre as pessoas incluidas na lista de que trata o paragrapho antecedente dous arbitros, e manifestará por escripto ao Chefe da Repartição a sua definitiva escolha. Por sua vez o Inspector da Alfandega, ou Administrador da Mesa de Rendas escolherá do mesmo modo os dous arbitros da Fazenda Publica, e de accordo, com a parte hum quinto, e se esta se recusar a isso á sua revelia será o quinto arbitro designado pelo mesmo Inspector, ou Administrador, que marcará o dia em que elles se devem reunir; no caso porém de não haver accordo sobre o 5º arbitro será este designado pela sorte d'entre seis nomes escolhidos da lista dos arbitros, sendo tres pelo Chefe da Repartição, e outros tantos pela parte.

§ 3º Reunidos os quatro arbitros sob a presidencia do Chefe da Repartição, feita por este a exposição do facto, e ouvida a parte, procederão aos exames e indagações que julgarem convenientes, e no mesmo acto darão seu parecer por escripto, que será por todos assignado; não podendo retirar-se antes de concluido o julgamento e sua assignatura. E o que o contrario fizer será multado pelo Chefe da Repartição em 50$ até 200$, lavrando-se disto hum termo especial. Não comparecendo todos os arbitros no dia e hora marcados, o Inspector designará outro dia e hora; e se ainda se verificar neste ultimo caso falta, os arbitros presentes, qualquer que seja o seu numero, darão logo sua decisão; no caso, porém, da falta ser proveniente de fallecimento, ou de mudança de domicilio de algum dos arbitros, se procederá á substituição deste na fórma do § 2º

§ 4º A decisão se regulará pela maioria dos votos; quando porém houver empate decidi-lo-ha o quinto arbitro que houver sido nomeado a apraziniento da parte e do Chefe da Repartição, ou por este á revelia daquella.

§ 5º No caso da parte se louvar nos arbitros nomeados pelo Inspector da Alfandega, ou Administrador da Mesa de Rendas, a decisão destes será reputada decisão arbitral para todos os effeitos marcados neste Regulamento. No caso de empate entre estes, se escolherá hum

ARBITRAGEM NA ADMINISTRAÇÃO PÚBLICA

Em nosso entender, ainda devemos considerar esse procedimento como as raízes dos tribunais administrativos tributários, uma vez que sua forma de composição bem o peso das decisões de cada julgador muito se assemelha aos das cortes administrativas fiscais hodiernas.

De suas disposições, adaptadas aos dias atuais, previa-se que o Ministro da Fazenda, bem como os Secretários das Fazendas tinham competência para escolher os árbitros que decidiriam as três questões tributárias acima elencadas, formando com essas escolhas uma lista prévia.

Em verificada a necessidade de iniciar um procedimento, o contribuinte indicaria dois árbitros dentre os constantes na lista, e a fazenda outros dois.

Ambas as partes indicariam em comum acordo o quinto árbitro, e na ausência de acordo, o quinto elemento seria sorteado dentre três outros escolhidos pelo contribuinte, e o mesmo número por parte da fazenda.

A decisão era proferida por maioria de votos dos quatro primeiros árbitros, que chamariam para desempate o quinto, caso necessário.

Feito o registro da possibilidade da arbitragem tributária, retomemos à cronologia fático-normativa proposta.

Diante da revogação do Juízo Arbitral necessário, o Decreto n. 3.900, de 26 de junho de 1867, passou a regular o *Juizo Arbitral do Commercio*", merecendo destaque previsões peculiares, como o atual impensável impedimento à indicação de mulheres como árbitras[325], e a previsão de multa no valor de 5% (cinco por cento) do valor da causa e prisão de 08 (oito) a 20 (vinte) dias dos árbitros que estivessem em conluio com uma das partes para demorar a prolatar a decisão ou frustrar o compromisso[326], a previsão de preclusão consumativa[327] e de extinção do compromisso no caso de divergência da decisão e ausência de autorização para indicação do terceiro árbitro[328].

---

terceiro arbitro, na fórma estabelecida no § 2º, para a nomeação do quinto. Este quinto arbitro será sempre obrigado a concordar com hum dos laudos empatados.

[325] Art. 15. Podem ser arbitros todas as pessoas que merecerem a confiança das partes. Exceptão-se: [...]§ 4º As mulheres. [...]

[326] Art. 29. Terminado o prazo marcado para a decisão da causa (art. 26 § 5º) poderá o Juiz punir com multa de um a 5% do valor da causa e prisão de 8 a 20 dias, o arbitro que fôr convencido de conluio com uma das partes para demorar a decisão ou frustrar o compromisso.

[327] Art. 37. Se alguma das partes não allegar ou não ajuntar os seus documentos nos prazos marcados, irá por diante a causa; e não se ajuntarão depois, salvo se nisso convier a outra parte.

[328] Art. 50. Se occorrer divergencia entre os arbitros, e no compromisso as partes não tiverem nomeado 3º arbitro, ou autorisado a sua nomeação, o Escrivão fará os autos conclusos ao Juiz para declarar extincto o compromisso (arts. 14 e 26 § 1º).

Em 1870, o Brasil foi parte em uma arbitragem internacional contra os Estados Unidos decorrente da perda do navio baleeiro *"Canada"* no Recife de Garças em 27 de novembro de 1856, por conta da interferência ilegal dos oficiais brasileiros.

A questão foi submetida à arbitragem através de um protocolo assinado em 14 de março de 1870 no Rio de Janeiro, sendo que a decisão ficou a cargo do Ministro Britânico em Washington, Sir. Edward Thorton – o mesmo que foi enviado para se retratar formalmente ao final da *"Questão Christie"* – que condenou o Brasil a pagar US$ 100.740,04 (cem mil, setecentos e quarenta dólares e quatro centavos) aos Estados Unidos[329].

O Brasil figurou, ainda, em uma arbitragem contra a Noruega e a Suécia no ano de 1871, por conta do abalroamento do barco brasileiro *Pará* no norueguês *Queen* no porto de Assunção.

Em 12 de agosto de 1871 as partes submeteram a discussão ao Ministro Espanhol no Brasil, que proferiu decisão favorável ao Brasil em 26 de março de 1872, declarando a pretensão de indenização sem fundamentos.[330]

Em 1871, um brasileiro foi nomeado árbitro para dirimir uma das mais relevantes disputas internacionais da época[331], no notório caso conhecido por *"Alabama Case"*[332].

---

[329] *"Brazil and United States, in 1870. Loss of Ship. A claim was advanced against Brazil, for the loss on the Garças Reef, of the whale-ship "Canada" and her cargo, on November 27th, 1856, through the illegal interference of the Brazilians officials. It was submitted for Arbitration under a Protocol, signed at Rio de Janeiro, March 14th, 1870, to the British Minister at Washington, Sir Edward Thorton, whose award, July 11th, 1870, was favourable to the United States. The amount awarded by him was 100,740.04 dollars".* In: DARBY, Willian Evans. **International arbitration. International tribunals. A collection of the various schemes which have been propounded; and of instances in the nineteenth century**. London: J. M. Dent and Co., 1904, p. 793.

[330] *"Brazil and Norway and Sweden, in 1871. Damage to Ship. On April 5th, 1870, the Brazilian Monitor Para, had run foul of the Norwegian barque Queen, in the port of Assumption; and an indemnity was claimed of £ 530.10s. By un exchange of letters dated August 12th, 1871, it was agreed to submit the case to Arbitration of the Spanish Minister to Brazil. By an award given on March 26th, 1872, the Arbitrator pronounced in favor of Brazil and declared the claim to be without foundation".* In: DARBY, Willian Evans. **International arbitration. International tribunals. A collection of the various schemes which have been propounded; and of instances in the nineteenth century**. London: J. M. Dent and Co., 1904, p. 797.

[331] BIGGS, Gonzalo; CARVALHO, André Castro. **Arbitraje em Chile y Brasil**. In: LEMES, Selma Ferreira; BALBINO, Inez (coord.). Arbitragem. Temas Contemporâneos. São Paulo: Quartier Latin, 2012, p. 167.

[332] *"As Alabama Claims foram submetidas à arbitragem por força do Tratado de Washington celebrado entre Estados Unidos e Grã-Bretanha em 8 de maio de 1871. À época, os Estados Unidos acusavam a*

ARBITRAGEM NA ADMINISTRAÇÃO PÚBLICA

A disputa se deu entre a Grã-Bretanha e os Estados Unidos pelos atos praticados por algumas embarcações, em especial o navio corsário *Alabama*, armado e preparado pela ou por ordem da Grã-Bretanha.

Ocorre que com o final da guerra civil norte-americana, em 1865, com a derrota dos Estados do Sul, as relações do governo da União vencedora com a Inglaterra foram severamente desgastadas pelo apoio inglês aos sulistas. A União responsabilizou a Inglaterra pela prorrogação de uma guerra que causou imensos danos humanos e materiais, e que, em sua opinião, deveria ter terminado muitos anos antes[333].

Por conta do Tratado de Washington de 08 de maio de 1871 (arts. 1 a 11), a disputa foi confiada a uma comissão composta pelo diplomata brasileiro na França, Marcos Antonio de Araújo – 1º Barão e Visconde de Itajubá –, Charles Francis Adams, Sir. Alex Cockburn – Lord Chief Justice da Inglaterra –, Conde Frederick Sclopis de Salermano, e Jacob Stämpfli – suíço-alemão e presidente por três períodos da Confederação Suíça, que se reuniram primeiramente no Hotel de Ville, em Genebra, em 05 de dezembro de 1871, e em 14 de setembro de 1872 condenaram os ingleses

Grã-Bretanha de violar as regras de neutralidade durante a Guerra Civil norte-americana, entre 13 de abril de 1861 e 9 de abril de 1865, permitindo ou negligenciando a repressão à construção de navios de guerra confederados em território britânico. As demandas por reparação dos danos foram denominadas de Alabama Claims devido ao nome de um dos navios construídos em território britânico, o CSS Alabama. O Tratado de Washington, no entanto, não definia, precisamente, o escopo da jurisdição do tribunal arbitral. Por essa razão, a Grã-Bretanha alegou que diversas demandas submetidas pelos Estados Unidos ao tribunal arbitral não estariam contempladas pelo Tratado de Washington, reputadas pela Grã-Bretanha como "demandas indiretas". Nas "demandas indiretas", o Governo norte-americano pleiteava o ressarcimento pelos danos causados pelo prolongamento da guerra, pela diminuição de seu comércio marítimo e pelo aumento no pagamento de seguros, alegando que tais danos foram diretamente ocasionados por atos praticados pelos navios de guerra confederados. Após a Grã-Bretanha contestar a jurisdição do tribunal arbitral para decidir sobre as "demandas indiretas" e requerer a suspensão do procedimento por oito meses a fim de que Grã-Bretanha e Estados Unidos pudessem negociar uma solução para a controvérsia, o tribunal afirmou que cabia a ele decidir sobre a sua própria jurisdição e decidiu que as demandas indiretas extrapolavam o escopo do Tratado de Washington. Conforme o entendimento adotado, o tribunal teria poderes para decidir sobre a sua própria jurisdição e excluir do seu escopo as chamadas demandas indiretas, mesmo que não houvesse qualquer controvérsia sobre a questão entre os dois governos". FIGUEIREDO, Roberto Castro de. **Alabama Claims: Decision of the Arbitrators Respecting National Losses.** In: *Revista Brasileira de Arbitragem*, Ano VIII, n. 31, jul/set 2011. São Paulo: IOB Thomson, p.231-232.

[333] BIGGS, Gonzalo; CARVALHO, André Castro. **Arbitraje em Chile y Brasil.** In: LEMES, Selma Ferreira; BALBINO, Inez (coord.). Arbitragem. Temas Contemporâneos. São Paulo: Quartier Latin, 2012, p. 167-168.

a pagar aos americanos a quantia de US$ 15.500.000,00 (quinze milhões e quinhentos mi dólares) – (£ 3,100,000) –, montante pago na mesma data ao então Secretário do Tesouro, o Sr. Hamilton Fish.[334][335][336]

Encerrando o registro do *Alabama Case*, vale pontuar que a decisão não foi unânime, pois o árbitro inglês, Sir. Alexander Cockburn registrou e fundamentou seu voto divergente, o que foi considerado pelos Estados Unidos como incompatível com os deveres de independência e imparcialidade dos árbitros. A peculiaridade reside na resposta do árbitro inglês, que registrou ser o seu dever na arbitragem, representar os interesses do governo de sua Majestade Britânica[337].

A guerra entre o Brasil[338] e o Paraguai (1864 a 1870) culminou em uma arbitragem internacional, uma vez que pelo Tratado Definitivo de Paz assinado na cidade de Assunção em 09 de janeiro de 1872 restou acordado que as reinvindicações contra o Paraguai por conta das perdas privadas e das destruições de propriedades públicas seriam submetidas a uma comissão mista, formada por dois juízes e dois árbitros.

---

[334] *"Great Britan and United States, in 1871. "Alabama" Claims. Differences arose out of the acts committed by certain vessels, prominent among the "Alabama", privateer, which had been titted out, or armed, or equipped, in Great Britain, or in her Colonies, during the American Civil War. By the Treaty of Washington, May 8th, 1871 (Arts. 1-11), the dispute was referred to a high Commission, consisting of five members, nominated by America, Great Britain, Italy, Switzerland, and Brazil, viz., Mr. Chas. Francis Adams, Sir. Alex Cockburn, Count Ed. Sclopis, Mr. Jacob Staempfti, and Viscount d'Itajuba. This Commission met December 5th, 1871, at Geneva, and on September 14th, 1872 give its Decision, which awarded 15,500,000 dollars (£ 3,100,000) to the United States. This amount was paid to Mr. Hamilton Fish, as Secretary of the Treasury on the same date. This is one of the most important instances of Arbitration, and forms a distinct historical landmark".* In: DARBY, Willian Evans. **International arbitration. International tribunals. A collection of the various schemes which have been propounded; and of instances in the nineteenth century**. London: J. M. Dent and Co., 1904, p. 794-795.

[335] **Reports of International Arbitral Awards. Alabama claims of the United States of America against Great Britain**. Volume XXIX, United Nations, 2012, p. 127-134. (Reprinted from John Bassett Moore (ed.), History and Digest of the International Arbitrations to Which the United States has been a Party, vol. I, Washington, 1898, Government Printing Office, p. 653).

[336] BIGGS, Gonzalo; CARVALHO, André Castro. **Arbitraje em Chile y Brasil**. In: LEMES, Selma Ferreira; BALBINO, Inez (coord.). Arbitragem. Temas Contemporâneos. São Paulo: Quartier Latin, 2012, p. 169.

[337] BIGGS, Gonzalo; CARVALHO, André Castro. **Arbitraje em Chile y Brasil**. In: LEMES, Selma Ferreira; BALBINO, Inez (coord.). Arbitragem. Temas Contemporâneos. São Paulo: Quartier Latin, 2012, p. 170.

[338] Tríplice Aliança, formada por Brasil, Argentina e Uruguai.

Essa comissão deliberou entre 16 de dezembro de 1872 e 30 de julho de 1881, analisando 805 pedidos e concedendo indenização em favor do Brasil no valor de 17.919.702 réis (dezessete milhões, novecentos e dezenove mil setecentos e dois contos de réis).[339]

Em 1873 o Brasil figurou em outra disputa contra a Grã-Bretanha, mas dessa vez para o recebimento de serviços prestados durante a Guerra da Independência (1822-1825).

Como não possuíamos, à época, um exército nacional, D. Pedro I foi obrigado a formar milícias e a contratar franceses e ingleses para combater. Diante da inadimplência dos serviços prestados por Lord Cochrane, seu filho, o Conde de Dundonald, efetuou a cobrança.

Ausência de acordo entre os dois governos levou o Ministro Britânico a propor a arbitragem em janeiro de 1873 – proposta essa aceita pelo Brasil em 22 de abril de 1873.

Sugeriu-se como árbitros o americano James R. Partridge e o italiano Baron Cavalchini, com poderes para elegerem um terceiro árbitro no caso de empate. A decisão foi proferida no dia 06 de outubro de 1873 no Rio de Janeiro e os árbitros condenaram o Brasil a pagar £ 38.675 (trinta e oito mil, seiscentos e setenta e cinco libras esterlinas).[340]

---

[339] *"Brazil and Paraguay, in 1872. Damages during War. On the conclusion of Peace between Brazil and Paraguay, it was agreed that claims against the latter, for private losses and destruction of public property during the late war, should be submitted to a Mixed Commission, consisting of two judges and two Arbitrators. The terms of the reference were settled by Arts. 3 to 6 of The Definitive Treaty of Peace, signed at Cuidad de la Asunción, January 9th, 1872, and completed by an additional protocol of January 24th, 1874. The Commission met on December 16th, 1872, and sat until July 30th, 1881. It passed judgment on 805 claims, awarding 17,919,702 Reis 185, instead of 27,831,346 Reis 303"*. In: DARBY, Willian Evans. **International arbitration. International tribunals. A collection of the various schemes which have been propounded; and of instances in the nineteenth century.** London: J. M. Dent and Co., 1904, p. 797.

[340] *"Brazil and Great Britain, in 1873. Naval Services. This Arbitration arose of a Claim advanced by the Earl of Dundonald against the Brazilian Government, for services which his father, Admiral Lord Cochrane, had rendered to Brazil during the War of Independence. The two Governments being able to agree, the British Minister proposed Arbitration on January 11th, and 30th 1873. The Brazilian Government, by a note to the British Legation, April 22nd, 1873, accepted the proposal, and suggested the United States and Italian Ministers at Rio de Janeiro, Mr. James R. Partridge and Baron Cavalchini, with power to name an Umpire in case of difference, as an Arbitral Commission. On October 6th, 1873, at Rio de Janeiro, the Arbitrators gave their decision, and awarded the Earl of Dundonald £ 38,675"*. In: DARBY, Willian Evans. **International arbitration. International tribunals. A collection of the various schemes which have been propounded; and of instances in the nineteenth century.** London: J. M. Dent and Co., 1904, p. 798.

Após 16 (dezesseis) anos, o Brasil participou de outra arbitragem no ano de 1889, contra a Argentina no caso conhecido como *The Misiones Territory*, ou em português Questão das Missões, mas também chamado de Questão de Palmas, referente à disputa entre os dois países pelas terras localizadas a oeste do Estados de Santa Cataria e sudoeste do Estado do Paraná[341].

A disputa tem origem no Tratado de Tordesilhas, que estabelecia uma linha imaginária de demarcação *"de norte a sul, distante 370 léguas a oeste das ilhas de Cabo Verde. É consenso, hoje, que a referida linha cortaria o Brasil por Belém, na foz do rio Amazonas, ao norte, e pela cidade de Laguna, em Santa Catarina, ao sul"*[342], que diante da dificuldade em delimitar as terras foi revogado pelo Tratado de Madrid de 1750, redefinindo os limites entre Portugal e Espanha no Ocidente, estipulando *"que os limites fossem determinados pelos rios e montes mais notáveis e conhecidos, ficando cada uma das partes com o que possuía naquela data, excetuadas mútuas concessões que fossem feitas"*[343]. Entrementes, o governo de Portugal foi contrário à cessão da Colônia do Sacramento, ao passo que o da Espanha se opunha à dos Sete-Povos-das-Missões[344].

Diante das dificuldades, o Tratado de Madrid foi anulado pelo Tratado do Pardo, assinado em 12 de fevereiro de 1761. A questão foi novamente rediscutida em 1777 no Tratado de Santo Ildefonso, mas seus artigos teriam sido ditados pela Espanha, praticamente com as armas nas mãos[345].

Ainda sem resolução, o problema foi objeto de um Tratado de Arbitramento, assinado em 07 de setembro de 1889[346], indicando um prazo para

---

[341] FERRRARI, Maristela. **Conflitos Políticos na definição dos limites entre o Brasil e a Argentina: a questão de Palmas ou Missões (1857 e 1895)**. In: Anais do X Encontro de Geógrafos da América Latina – 20 a 26 de março de 2005 – Universidade de São Paulo, 2005, p. 4.955.

[342] Op. Cit., p. 4.956.

[343] PEREIRA, Renato Barbosa Rodrigues. **O Barão do Rio Branco e o traçado das fronteiras no Brasil**. In: Revista Brasileira de Geografia. Ano VII, n. 2, abr/jun. 1945, Rio de Janeiro: Instituto Brasileiro de Geografia e Estatística,1945, p. 187.

[344] Op. Cit., p. 188.

[345] Idem.

[346] Art. 1º – A discussão do direito que cada uma das altas partes contratantes julga ter ao território em litígio entre elas ficará encerrado o prazo de noventa dias contados da conclusão do reconhecimento do terreno em que se acham as cabeceiras do rio Xapecó ou Pequiri-guaçu e Jangada ou Santo-Antonio-guaçu. Entender-se-á concluído aquele reconhecimento no dia em que as Comissões nomeadas, em virtude do tratado de 1885, apresentarem aos seus Governos os relatórios e as plantas a que se refere o artigo 4º do Tratado.

a composição das partes, ou, se necessário, o presidente dos Estados Unidos como árbitro para dirimir a controvérsia.

Antes de vencido o prazo, um novo tratado foi assinado pelas partes – em Montevidéu, em 25 de setembro de 1890 –, mas não foi aprovado pelo Parlamento Brasileiro, dando início à arbitragem[347].

O pedido de arbitragem foi enviado ao Presidente Benjamin Harrison VI, mas foi recebido por seu sucessor, o presidente Stephen Grover Cleveland, em de junho de 1898. O laudo arbitral foi exarado em 05 de fevereiro de 1895, favoravelmente às pretensões brasileiras, o que foi recebido com grande euforia no Rio de Janeiro, e aceito cordialmente pela Argentina, que trocaram telegramas de congratulações[348].

Durante a Questão de Palmas o Brasil promulgou a Constituição Republicana de 24 de fevereiro de 1891, de matriz liberal e individualista, inspirada no modelo norte-americano, estabelece a forma federativa de estado[349], merecendo destaque, uma vez que previa em seu art. 34, 11[350], apenas a arbitragem pública – relegando à legislação infraconstitucional a regulamentação da arbitragem privada –, delegando competência do Congresso Nacional de submeter à arbitragem questões que poderiam dar início a guerras.

Advém a Lei n. 221, de 20 de novembro de 1894, versando sobre a organização da Justiça Federal, em moldes semelhantes à já mencionada Lei

---

Art. 2º – Terminado o prazo do artigo antecedente sem solução amigável, será a questão submetida ao arbitramento do presidente dos Estados-Unidos-da-América, a quem dentro dos sessenta dias seguintes se dirigirão as altas partes contratantes pedindo que acêite esse encargo.

[347] Op. Cit., p. 194.

[348] *"It was referred to Benjamin Harrison, President of United States [...] and settled by his sucessor, President Cleveland, who consented to act, June, 1898. His award, which was in favor of Brazil, was on February, 5th, 1895, delivered to the representatives of the contending parties. It was the ocasion of great rejoicing at Rio de Janeiro, while it was heartily accepted by Argentina, telegrams of congratulation beeing exchanged between the two countries".* In: DARBY, Willian Evans. **International arbitration. International tribunals. A collection of the various schemes which have been propounded; and of instances in the nineteenth century.** London: J. M. Dent and Co., 1904, p. 814-815.

[349] CANOTILHO, J. J. Gomes; MENDES, Gilmar F.; SARLET, Ingo W.; STRECK, Lanio L. (Coords.). **Comentários à Constituição do Brasil.** São Paulo: Saraiva/Almedina, 2013, p. 1.489.

[350] Art. 34 – Compete privativamente ao Congresso Nacional: [...]

11º) autorizar o governo a declarar guerra, se não tiver lugar ou malograr-se o recurso do arbitramento, e a fazer a paz; [...]

n. 1.350/1866, tendo sido regulamentada pelo Decreto n. 3.084, de 05 de novembro de 1898, que novamente trouxe a previsão da arbitragem voluntária em seu Título IX, denominado *"Do Juízo Arbitral"*, regulamentando o procedimento em seus arts. 767 a 838.

No ano de 1895 o Brasil figurou em um procedimento arbitral contra a Itália, iniciado por esse governo em nome de seus cidadãos que emigraram para o Brasil. O protocolo inicial foi assinado no Rio de Janeiro em 03 de dezembro de 1895, e novamente indicou-se o Presidente dos Estados Unidos como árbitro. O protocolo foi complementado por outro, assinado em 12 de fevereiro de 1896, que necessitava da homologação tanto do governo italiano, quanto do Congresso brasileiro, que se recusou a homologá-lo, culminando na renúncia do Ministro de Relações Exteriores. Todavia, seu sucessor entabulou um acordo em 19 de novembro de 1896, aceitando uma quantia de reparação de 4.000 contos de réis[351].

A título de registro, impinge destacar que o Brasil após uma tentativa frustrada de iniciar uma arbitragem, figurou, no ano de 1896, em uma Mediação com a Grã Bretanha, culminando na anexação da ilha de Trindade, distante 1.200 quilômetros a Leste, e ligeiramente ao Sul do Rio de Janeiro[352].

---

[351] *"Brazil and Italy, in 1895. Personal Claims. These claims, which were of various descriptions, and amounting to a considerable sum, were made by Italian Government on behalf of a number of its subjects who had emigrated to Brazil. By a Protocol, signed at Rio de Janeiro, December 3rd, 1895, these were referred to the President of the United States as Arbitrator. This Protocol was supplemented by another, which was more detailed, signed in the same city on Ferbuary, 12th, 1896. This Convention, however, required the sanction of the Brazilain Congress and the approval of the Italian Government. The Congress declined to sanction; the Foreign Minister resigned, and his successor settled the matter directly by the allowance of a certain sum for all the claims covered by the Protocol. The Agreement by which this was done was signed in Rio de Janeiro, November, 19th, 1896, and the amount allowed was 4,000 contos de reis". In:* DARBY, Willian Evans. **International arbitration. International tribunals. A collection of the various schemes which have been propounded; and of instances in the nineteenth century.** London: J. M. Dent and Co., 1904, p. 825.

[352] *"Brazil and Great Britain, in 1896. Annexation. This was a simple case of Mediation. The islet of Trinidad, which lies 700 miles to the East and a little to the South, of Rio de Janeiro, was formally annexed on behalf of the British Government by H.M.'s Ship 'Barracouta', in January 1895. Great excitement in Brazil followed, and sharp diplomatic correspondence took place between two Governments. Lord Salisbury , for Great Britain, offered to refer the matter to Arbitration. Brazil refused, but ultimately the 'good offices' of Portugal were accepted, and when Portugal, after the examination, had placed before the British Government her reasons for the conviction that the island belonged to Brazil, the British Government acknowledged her rights, and the island was, on September 1ˢᵗ, 1896, surrendered to Brazil".* Idem.

Brasil e Itália novamente figuraram em outra arbitragem no ano de 1896, por conta dos pedidos italianos de ressarcimento pelo suporte militar fornecido às autoridades brasileiras quando da eclosão da Revolução Federalista (1893 a 1895). O Governo brasileiro não discutiu a dívida, mas questionou o seu valor, e em 12 de fevereiro de 1896 foi assinado um protocolo na cidade do Rio de Janeiro dividindo a questão em duas arbitragens, compostas pelos governadores dos Estados envolvidos, pelo Cônsul italiano, e do Cônsul alemão para desempate caso necessário: (i) uma para o Estado do Rio Grande do Sul, com sede em Porto Alegre; e (ii) outra para o Estado de Santa Catarina, com sede em Florianópolis. Foram discutidos 376 questões, e, posteriormente, mais 63, das quais apenas 5 foram para o desempate do Cônsul Alemão, tendo sido resolvidas por um acordo, no dia 18 de junho de 1898, no valor de 59.882,50 réis[353].

O Amapá também foi reconhecido ao território Brasileiro após uma arbitragem contra a França, iniciada em 15 de abril de 1897, onde se discutia a exata localização do rio mencionado no art. 8º do Tratado de Utrecht, assinado 11 abril de 1713, designando-se a Confederação Suíça para dirimir a controvérsia, que emitiu um Laudo Arbitral extremamente volumoso em 1º de dezembro de 1900, conferindo ao Brasil grande parte do território em disputa[354].

---

[353] *"Brazil and Italy, in 1896. Military requisitions. Claims were made by the Italian subjects for requisitions of animals, merchandise, and valuables, which had been made by the Brazilian Authorities, in the States of Rio Grande do Sul and Santa Catarina, in the course of hostilities against the Federal troops. The Brazilian Government did not contested liability, but disputed the amount. It was agreed, by a Protocol signed at Rio de Janeiro, February, 12th, 1896, that this question should be referred to two Arbitration Commissions; the one for the State of Rio Grande, sitting at Porto Alegre, and the other for the State of Santa Catarina, at Florianopolis, and they be composed respectively of the Governor of the State and the Italian Consul, with the German Consul as Umpire, if necessary. The former Commission settled 376 claims, and the later 63. Five of these cases, however, were sent to the Umpire, and these were settled by a direct Agreement, dated June 18th, 1898, for an amount of 59,882.5 reis".* Op. Cit., p. 826.

[354] *"Brazil and France, in 1897. Boundary Dispute. This was a question involving more territory in French Guiana, than the Venezuela dispute with Great Britain. The point to be determined was practically to settle exactly which was the River Yapce, spoken in Art. 8 of the Treaty of Utrecht, signed April, 11th, 1713. By a Convention signed at Rio de Janeiro, April, 10th, 1897, between M. Pichon, the French Minister, and the Brazilian Minister of Foreign Affairs, announced by M. Hanotaux at a Cabinet Counsel in Paris, April 15th, 1897, it was agreed to submit this dispute to Arbitration. The Treaty was approved by the Chamber of Deputies at Rio de Janeiro on November 26th, 1897; ratifications were exchanged August 6th, 1898, and in September, the text of this Convention, designating the Swiss Confederation as Arbitrator, was presented by both the French and Brazilian Ministers to its President, thus fairly placing the case on the hands of the Arbitrator. The Special Commission sent to determine the frontier on the spot sailed*

Já no século XX, no ano de 1901 o Brasil voltou a figurar em uma arbitragem contra a Grã-Bretanha, desta vez discutindo as fronteiras da Guiana Inglesa, questão que se discutia desde 1842. A arbitragem foi aceita pelo governo brasileiro em 08 de março de 1901, e formalmente submetida ao Rei da Itália, através de uma convenção de arbitragem assinada em 06 de novembro do mesmo ano em Londres, e ratificada pelo senado brasileiro em 27 de dezembro. O Brasil foi representado por Joaquim Nabuco, e a decisão foi proferida pelo monarca italiano em 14 de Junho de 1904, em Roma, sendo extremamente favorável à Grã-Bretanha[355].

A divisa entre os Estados de Mato Grosso e Goiás também foi discutida em uma arbitragem iniciada em 1919, por iniciativa do Governo Federal.

A discussão territorial entre os Estados de Mato Grosso e Goiás que teve início com o desmembramento da Capitania de São Paulo nas de Goiás e Mato Grosso no ano de 1748 que culminaram no Termo de Adesão de 1º de Abril de 1771, onde o então governador da Capitania de Mato Grosso[356] aceitou as demarcações propostas por seu colega de Goiás, até que dois acontecimentos – invasão da região goiana de Camapuã em 1775[357], e a criação da Vila de Santana de Parnaíba, em território da Província de Goiás, em 1838 – trouxeram a questão das divisas à tona[358].

Com o advento dessas questões e o impasse instalado entre as regiões, o Governo Federal tomou a iniciativa de aproximá-los em uma mesa de negociação, que sem encontrar uma solução que aplacasse as intenções dos

---

from Bordeaux on September 26th, 1898. The Award was given December 1st, 1900, the greater part of the territory in dispute being adjudged to Brazil. This Award was very voluminous and discussed the question at issue with the greatest care". Op. Cit., p. 829.

[355] *"Brazil and Great Britain, in 1901. The Guiana Boundary. The dispute regarding the boundary between British Guiana and Brazil, which had been dragging on since 1842, and in connection with which the British proposal of Arbitration was accepted by the Brazilian Government on March 8th, 1899, was formally submitted to the Arbitration of King of Italy, by Art. 1 of a Convention, signed at London, November 6th, and approved by the Brazilian Senate, December 27th, 1901. Sir Rennell Rod, on behalf of the British Government, and Senhor Joaquim Nabuco, Special Envoy of Brazil, having presented their respective cases to the King, his Majesty signed his Award at Rome, June 14th, 1904. The result was greatly in favor of Great Britain. The line fixed in the Award is said to have been one proposed by Lord Salisbury in 1891 and rejected by Brazil".* Op. Cit., p. 900-901.

[356] Dom Luiz Pinto de Souza.

[357] Pelo Governador Matogrossense Luiz Albuquerque Melo Pereira de Cáceres.

[358] Extraído e adaptado do acórdão proferido pelo STF nos autos da Ação Cível Originária n. 307-5/010 – Mato Grosso, de relatoria do Ministro Néri da Silveira, julgado em 21 de novembro de 2001, p. 78.

ARBITRAGEM NA ADMINISTRAÇÃO PÚBLICA

dois lados, culminou em uma arbitragem entre os dois Estados[359], presidida pelo Procurador Geral da República, Ministro Pires de Albuquerque, e composta pelos co-árbitros Conde de Affonso Celso – indicado por Goiás –, e Dr. Prudente de Morais Filho, por parte de Mato Grosso[360].

O Tribunal Arbitral decidiu favoravelmente ao Estado do Mato Grosso concedendo a área localizada entre os rios Sucuriú e Aporé, demarcações não reclamadas em sua proposta, o que gerou novo impasse, desta vez discutido em atenção ao disposto no art. 13 do Ato das Disposições Constitucionais Transitórias ("ADCT") da Constituição de 1934[361], culminando no Acordo de 27 de agosto de 1937[362], que novamente foi questionado, até ser definitivamente decidido pelo Pretório Excelso em 21 de novembro de 2001[363/364], fixando a demarcação nas nascentes mais altas do rio Araguaia, tal como pleiteado pelo Estado do Mato Grosso.

---

[359] As questões levadas à arbitragem foram os estudos das seguintes propostas e limites: (i) Por parte de Goiás: uma reta tirada da foz do Aporé até a margem esquerda do Sucuriú; por este acima até encontrar o meridiano de 10º a oeste do Rio de Janeiro; daí por outra reta coincidindo com o mesmo meridiano até a margem esquerda do Rio das Mortes e por este abaixo até a sua confluência no Araguaia; e (ii) por parte do Mato Grosso: da foz do rio Aporé na Paranaíba até confrontar com a cabeceira do Indaiá-Mirim; por este abaixo até na Barra do Rio Indaiá; por este abaixo até sua foz no Sucuriú, por este acima até sua mais alta cabeceira; daí à cabeceira do Rio Araguaia e por este abaixo até os limites de Mato Grosso com o Pará.

[360] Idem, p. 79.

[361] Art 13 – Dentro de cinco anos, contados da vigência desta Constituição, deverão os Estados resolver as suas questões de limites, mediante acordo direto ou arbitramento.

§ 1º – Findo o prazo e não resolvidas as questões, o Presidente da República convidará os Estados interessados a indicarem árbitros, e se estes não chegarem a acordo na escolha do desempatador, cada Estado indicará Ministros da Corte Suprema em número correspondente a maioria absoluta dessa Corte, fazendo-se sorteio dentre os indicados.

§ 2º – Recusado o arbitramento, o Presidente da República nomeará unia Comissão especial para o estudo e a decisão de cada uma das questões, fixando normas de processo que assegurem aos interessados a produção de provas e alegações.

§ 3º – As Comissões decidirão afinal, sem mais recurso, sobre os limites controvertidos, fazendo-se a demarcação pelo Serviço Geográfico do Exército.

[362] Firmado pelos Governadores Mato Grosso e Goiás.

[363] Ação Cível Originária n. 307-5/010 – Mato Grosso, de relatoria do Ministro Néri da Silveira, julgado em 21 de novembro de 2001.

[364] EMENTA: – Ação cível originária. Questão de limites entre os Estados de Goiás e do Mato Grosso. Ação proposta pelo Estado do Mato Grosso. 2. Competência do Supremo Tribunal Federal para processar e julgar, originariamente, a demanda (Constituição, art. 102, I, letra f). 3. Ação declaratória incidental do Estado de Goiás, para os efeitos previstos no art. 470 do CPC, alegando a posse jurisdicional inconteste do referido Estado sobre a área, objeto da

Entre 15 de junho a 18 de outubro de 1907 ocorreu na cidade de Haia, 2ª Conferência Internacional da Paz objetivando aprimorar os métodos internacionais de resolução pacífica de controvérsias internacionais, merecendo algumas linhas.

O Brasil, representado por Rui Barbosa[365] e devidamente instruído pelo Barão de Rio Branco sobre como se posicionar[366], teve um papel de

ação. 4. Suspensão do processo em decorrência de pedido das partes, com base em Protocolo de Intenções firmado pelos Governos dos Estados litigantes, autorizados pelas respectivas Assembléias Legislativas, participando, também, o Estado de Mato Grosso do Sul, que não é parte no feito. 5. Em face de Relatório técnico da Diretoria de Serviço Geográfico do Exército, os Governadores dos três Estados acordaram em aceitar o laudo técnico expedido pelo Órgão Federal. 6. Acordo homologado pelas Assembléias Legislativas dos Estados de Mato Grosso e Mato Grosso do Sul, omitindo-se, nesse ponto, a Assembléia Legislativa do Estado de Goiás. 7. Pedido de prosseguimento da ação por parte do autor, para reconhecer os pontos assinalados no laudo como limites definitivos entre os Estados litigantes. 8. Opina a P.G.R. pela improcedência da ação declaratória incidental e pela procedência, em parte, da ação. 9. Sobrevindo a Constituição de 1988, nova suspensão da demanda ocorreu. 10. Reafirmou o Estado de Mato Grosso o interesse na solução do assunto na esfera do STF, posto que, nos termos do § 2º do art. 12, do ADCT de 1988, não se solucionou o pleito. 11. Preliminares do Estado de Goiás, quanto à impossibilidade jurídica do pedido e à inépcia da inicial recusadas. Ação declaratória incidental julgada improcedente. 12. Prova técnica resultante do laudo do Serviço Geográfico do Exército, órgão federal escolhido pelas partes, que merece acolhida, por sua qualificação, na definição das nascentes mais altas do Rio Araguaia, ponto limítrofe entre os Estados litigantes. 13. Ação do Estado de Mato Grosso conhecida, em parte, e, nessa parte, julgada procedente, para que se tenham como fixadas as nascentes mais altas do Rio Araguaia, nos termos da aludida prova técnica. 14. A ação do Estado de Mato Grosso não é conhecida, quanto ao pleito de restituição dos valores de tributos que teriam sido arrecadados, indevidamente, pelo Estado de Goiás, na área em litígio, bem assim relativamente à pretendida declaração de nulidade de títulos de domínio expedidos por órgão do Estado réu. Essas pretensões do Estado autor somente poderão ser deduzidas em ação própria. 15. O Serviço Geográfico do Exército ficou, desde logo, nomeado para execução dos trabalhos de demarcação necessários, com base no laudo técnico elaborado. (ACO 307, Relator(a): Min. NÉRI DA SILVEIRA, Tribunal Pleno, julgado em 21/11/2001, DJ 19-12-2001 PP-00003 EMENT VOL-02054-01 PP-00065)

[365] Através do Decreto Presidencial de 01 de maio de 1907: "O Presidente da República dos Estados Unidos do Brasil resolve nomear o Sr. Senador Ruy Barbosa, Embaixador Extraordinário e Plenipotenciário para representar o Brasil na Segunda Conferência da Paz na Haya com a gratificação mensal de um conto de reis, ouro e a consignação também mensal de quatro contos de reis ouro, para despesas de representação. Rio de Janeiro, 1 de maio de 1907, Afonso Augusto Moreira Pena". Disponível em: <http://docvirt.com/docreader.net/DocReader.aspx?bib=arquivoruibarbosa&pagfis=609&pesq=>, acesso em 10/01/16.

[366] Para mais informações ver: COUTINHO, Maria do Carmo Strozzi (Coord. Ed.). **II Conferência da Paz Haia, 1907: a correspondência telegráfica entre o Barão de Rio Branco e Rui Barbosa** / [Centro de História e Documentação Diplomática]. Brasília: FUNAG, 2014.

destaque nas discussões sobre a criação de uma nova corte internacional, diferente da Corte Permante de Arbitragem estabelecida na Primeira Conferência de 1899.

Ocorre que durante a conferência, os Estados Unidos – apoiados pela Alemanha e Reino Unido – surpreenderam os demais participantes com uma proposta da criação de uma Corte Internacional de Justiça composta por juízes permanentes nomeados por oito a nove potências divididas entre o próprio Estados Unidos e países europeus[367], criando uma hierarquia entre as nações.

Rui Barbosa defendeu a manutenção e a adaptação da Corte Permanente de Arbitragem – criada na Primeira Conferência – rechaçando a proposta americana, com alegações[368] como[369]: "*justiça e arbitragem são indispensáveis uma e outro. Ambas as instituições têm, cada qual a sua legitimidade, a sua função e o seu caráter*"[370].

Vale ainda transcrever breve trecho do discurso do representante brasileiro, proferido em 05 de setembro, ao defender a tese da igualdade jurídica dos Estados Soberanos na Corte Internacional[371], cuja criação então se discutia:

---

[367] CARDIN, Carlos Henrique. **A luta pelo Princípio da Igualdade entre as nações: Rio Branco e Rui Barbosa na Convenção de Paz da Haia de 1907**. In: COUTINHO, Maria do Carmo Strozzi (Coord. Ed.). II Conferência da Paz Haia, 1907: a correspondência telegráfica entre o Barão de Rio Branco e Rui Barbosa / [Centro de História e Documentação Diplomática]. Brasília: FUNAG, 2014, p. 12.

[368] Como, por exemplo, a feita durante a sessão de 02 de setembro de 1907.

[369] MAGALHÃES, Rejane M. Moreira de A. **Presença de Rui Barbosa em Haia**. Fundação Casa de Rui Barbosa, p.1-7. Disponível em: <http://www.casaruibarbosa.gov.br/dados/DOC/artigos/sobre_rui_barbosa/FCRB_RejaneMagalhaes_PresencaRuiBarbosa_em_Haia.pdf>, acesso em 10/01/16, de onde também se extrai o seguinte trecho: "*No discurso de 9 de julho, Rui apontou a recomendação do barão do Rio Branco sobre a questão da arbitragem obrigatória: a doutrina corrente registrada em vários tratados ou convenções internacionais, favorável à solução arbitral das "controvérsias de ordem jurídica ou relativas à interpretação de tratados", com exceção daquelas que pusessem em causa "os interesses vitais, a honra, a independência ou a integridade territorial" (Idem, p. 41) das partes contratantes, isto é, a impossibilidade de ser aceita a arbitragem incondicional*".

[370] Op. Cit., p. 11.

[371] Previamente delineada com a autorização do Barão do Rio Branco no Telegrama a seguir descrito: "*Telegrama 163, de Rio Branco, 8/10: '[...] fica autorizado pelo presidente a proceder amanhã como lhe parecer melhor, rejeitando ou aceitando a transação, mas afirmando neste caso que não aceitamos sistema que não seja o adotado em 1899, pelo reconhecimento da igualdade dos Estados soberanos, que não aceitaremos o sistema de juízes escolhidos por eleitores estrangeiros'*". In: COUTINHO, Maria do Carmo Strozzi (Coord. Ed.) **II Conferência da Paz Haia, 1907: a correspondência telegráfica entre**

O argumento em favor das potências pode tornar-se uma arma de dois gumes, impossibilitando o aperfeiçoamento da arbitragem internacional. Pois se os grandes não confiam na imparcialidade dos pequenos, os pequenos de sua parte podem apresentar razões para desconfiar da imparcialidade dos grandes.

Com a adesão de outros países, os argumentos brasileiros sagraram-se vitoriosos, e no que concerne ao presente estudo, culminou na a adaptação da Corte Permanente de Arbitragem às novas potências contratantes.

No texto final da convenção, além da previsão da mediação, constou a sistematização: da *"Justiça Arbitral"* entre os arts. 37 a 40; do funcionamento do *"Tribunal Permanente de Arbitragem"* nos arts. 41 a 50; do *"Processo Arbitral"* nos arts. 51 a 85; e do *"Processo sumário de arbitragem"* nos arts. 86 a 90.

A importância da participação da América do Sul na Segunda Conferência de Haia pode ser resumida pela impressão externada pelo chefe de delegação francesa, publicada na edição do *"Courrier de la Conférence de la Paix"*[372] do dia 20 de outubro de 1907, para quem:

> A América do Sul fez brilhantemente sua estreia na sociedade oficial dos Estados, e se revelou à nossa ignorância como uma poderosa associação moral e intelectual. Saudamos com reconhecimento as intervenções sempre discretas, mas eficazes, eloquentes e regularmente decisivas de cada uma de suas delegações.[373]

O advento do antigo Código Civil, proveniente da publicação da Lei n. 3.071, de 1º de janeiro de 1916, que durante os anos ditatoriais foi considerado como uma verdadeira constituição[374], servindo às necessidades da época, não teve a mesma receptividade quanto às suas previsões arbitrais.

---

o Barão de Rio Branco e Rui Barbosa / [Centro de História e Documentação Diplomática]. Brasília: FUNAG, 2014, p. 21.

[372] COURRIER DE LA CONFERENCE DE LA PAIX n. 109. La Haye: 20 Octobre 1907.

[373] CARDIN, Carlos Henrique. **A luta pelo Princípio da Igualdade entre as nações: Rio Branco e Rui Barbosa na Convenção de Paz da Haia de 1907**. In: COUTINHO, Maria do Carmo Strozzi (Coord. Ed.). II Conferência da Paz Haia, 1907: a correspondência telegráfica entre o Barão de Rio Branco e Rui Barbosa / [Centro de História e Documentação Diplomática]. Brasília: FUNAG, 2014, p. 15.

[374] BAPTISTA, Luiz Olavo. **Direito Civil e Arbitragem**. In: *Revista Brasileira de Arbitragem*, Ano XII, n. 48, out/dez 2015. Alphen aan den Rijn: Kluwer Law International; Curitiba: Comitê Brasileiro de Arbitragem, p. 242.

O diploma abordou o tema entes os seus arts. 1.037 a 1.048, mas não foi considerado pela doutrina especializada como um grande avanço para a arbitragem, vendo-o como um empecilho *"que maltratava o compromisso arbitral"*[375] justamente por não prever a cláusula compromissória[376], não admitindo, portanto, que as partes previamente escolhessem a arbitragem como forma de resolução de conflitos – vide item II.1 (a) (3).

A essa crítica, acrescemos, ainda que o art. 1.045 condicionava a exequibilidade da sentença arbitral somente mediante homologação[377].

Nesse período o Brasil ainda ratificou o *"Protocolo relativo a cláusula de arbitragem"*, firmado em Genebra em 24 de setembro de 1923, fazendo-o cerca de oito anos após a convenção, através do Decreto º 21.187, de 22 de março de 1932, por meio do qual, dentre outras providências, destacamos que os Estados contratantes reconheceram a validade das cláusulas compromissórias em contratos internacionais[378], bem como se comprometeram a garantir as execuções das sentenças arbitrais proferidas em seu território[379].

Após a derrota da Revolução Constitucionalista de 1932 em São Paulo, deu-se início à elaboração do novo texto no ano de 1933, culminando com o advento da Constituição Federal de 1934, de menor duração no cenário constitucional brasileiro por conta da declaração do estado de sítio em

---

[375] CARMONA, Carlos Alberto. **Arbitragem e Processo: um comentário à Lei n. 9.307/96.** São Paulo: Atlas, 2009, p. 1.

[376] Idem, p. 4.

[377] Art. 1.045. A sentença arbitral só se executará, depois de homologada, salvo se for proferida por juiz de primeira ou segunda instancia, como arbitro nomeado pelas partes.

[378] 1 – Cada um dos Estados contratantes reconhece a validade, entre partes submetidas respectivamente à jurisdição de Estados contratantes diferentes, de compromissos ou da cláusula compromissória pela qual as partes num contrato se obrigam, em matéria comercial ou em qualquer outra suscetivel de ser resolvida por meio de arbitragem por compromisso, a submeter, no todo ou em parte, as divergências, que possam resultar de tal contrato, a uma arbitragem, ainda que esta arbitragem deva verificar-se num país diferente daquele a cuja jurisdição está sujeita qualquer das partes no contrato.
Cada Estado contratante se reserva a liberdade de limitar a obrigação acima mencionada aos contratos considerados como comerciais pela sua legislação nacional. O Estado contratante, que usar desta faculdade, avisará o Secretário Geral da Sociedade das Nações, afim de que os outros Estados contratantes sejam disso informados.

[379] 3 – Cada Estado contratante se compromete a garantir a execução, pelas suas autoridades e de conformidade com as disposições da sua legislação nacional, das sentenças arbitrais proferidas no seu território, em virtude dos artigos precedentes.

1935, porém, considerado pela doutrina[380] como uma das mais importantes pelos avanços por ela introduzidos, onde a arbitragem, em especial a envolvendo a Administração Pública, foi expressamente prevista.

O art. 4º estabeleceu que o Brasil somente declararia guerra caso não fosse exitoso o arbitramento prévio[381], apontando, ainda, no art. 40, "*b*"[382], ser de competência exclusiva do Poder Legislativo autorizar o Presidente da República a declará-la.

Consta ainda no art. 5º que a União indenizaria os Estados do Amazonas e Mato Grosso pelos prejuízos decorrentes da incorporação do Acre ao território nacional, indicando que o valor seria fixado por *árbitros*, todavia, tal como já ressalvado no início deste item, entendemos que o vernáculo neste dispositivo constitucional possui a conotação de *arbitrador*, de perito, e não de "*juiz árbitro*" – que de fato decide uma demanda –, tal como ressalvado por Pontes de Miranda[383].

A mais relevante disposição para o presente estudo, contudo, reside no texto do art. 13 dos Atos das Disposições Constitucionais Transitórias (ADCT"), estipulando que caso as questões fronteiriças não fossem resolvidas pelos Estados no prazo de cinco anos contados de sua promulgação, o Presidente da República os convidaria a indicar árbitros para tentar dirimir a controvérsia.[384]

---

[380] CANOTILHO, J. J. Gomes; MENDES, Gilmar F.; SARLET, Ingo W.; STRECK, Lanio L. (Coords.). **Comentários à Constituição do Brasil**. São Paulo: Saraiva/Almedina, 2013, p. 1.489.

[381] Art. 4º – O Brasil só declarará guerra se não couber ou malograr-se o recurso do arbitramento; e não se empenhará jamais em guerra de conquista, direta ou indiretamente, por si ou em aliança com outra nação.

[382] Art. 40 – É da competência exclusiva do Poder Legislativo: [...]
b) autorizar o Presidente da República a declarar a guerra, nos termos do art. 4º, se não couber ou malograr-se o recurso do arbitramento, e a negociar a paz;

[383] Como já apontado acima, Pontes de Miranda de forma direta e sucinta apontou a diferença entre ambos, nas seguintes palavras: "*o arbitrador é o perito; o árbitro julga; é, a despeito de não ser completa a sua decisão, juiz*". In: PONTES DE MIRANDA, Francisco Cavalcanti. **Tratado de Direito Privado**. Tomo XXVI. Rio de Janeiro: Borsoi, 1959, p. 344.

[384] Art 13 – Dentro de cinco anos, contados da vigência desta Constituição, deverão os Estados resolver as suas questões de limites, mediante acordo direto ou arbitramento.
§ 1º – Findo o prazo e não resolvidas as questões, o Presidente da República convidará os Estados interessados a indicarem árbitros, e se estes não chegarem a acordo na escolha do desempatador, cada Estado indicará Ministros da Corte Suprema em número correspondente a maioria absoluta dessa Corte, fazendo-se sorteio dentre os indicados.

No âmbito do direito privado estabelecia o art. 5º, XIX, "*c*", que era competência privativa da União legislar sobre arbitragem comercial[385], mas logo abaixo o § 3º do mesmo artigo não excluía a legislação estadual supletiva ou complementar sobre a matéria, com o fim de suprir as lacunas ou deficiências da legislação federal[386].

Outorgada a Constituição de 1937, em 10 de novembro, doutrinariamente considerada autoritária pela pretensão de Getúlio Vargas de consolidar o seu poder nascido de forma provisória em 1930[387], novamente o tema teve lugar no texto máximo, em especial ao apontar em seu art. 18, "*d*"[388], que independentemente de autorização, os Estados poderiam legislar sobre arbitragem nas organizações públicas.

Consta, ainda, no art. 184 que os Estados continuariam na posse dos territórios que detinham à época, proibindo qualquer reivindicação nesse sentido, e extinguindo qualquer processo em trâmite perante o Supremo Tribunal Federal ou Juízo Arbitral[389].

§ 2º – Recusado o arbitramento, o Presidente da República nomeará unia Comissão especial para o estudo e a decisão de cada uma das questões, fixando normas de processo que assegurem aos interessados a produção de provas e alegações.

§ 3º – As Comissões decidirão afinal, sem mais recurso, sobre os limites controvertidos, fazendo-se a demarcação pelo Serviço Geográfico do Exército.

[385] Art 5º – Compete privativamente à União:

XIX – legislar sobre: [...]

c) normas fundamentais do direito rural, do regime penitenciário, da arbitragem comercial, da assistência social, da assistência judiciária e das estatísticas de interesse coletivo;

[386] § 3º – A competência federal para legislar sobre as matérias dos números XIV e XIX, letras *c* e *i*, *in fine*, e sobre registros públicos, desapropriações, arbitragem comercial, juntas comerciais e respectivos processos; requisições civis e militares, radiocomunicação, emigração, imigração e caixas econômicas; riquezas do subsolo, mineração, metalurgia, águas, energia hidrelétrica, florestas, caça e pesca, e a sua exploração não exclui a legislação estadual supletiva ou complementar sobre as mesmas matérias. As leis estaduais, nestes casos, poderão, atendendo às peculiaridades locais, suprir as lacunas ou deficiências da legislação federal, sem dispensar as exigências desta.

[387] CANOTILHO, J. J. Gomes; MENDES, Gilmar F.; SARLET, Ingo W.; STRECK, Lanio L. (Coords.). **Comentários à Constituição do Brasil**. São Paulo: Saraiva/Almedina, 2013, p. 1.490.

[388] Art. 18 – Independentemente de autorização, os Estados podem legislar, no caso de haver lei federal sobre a matéria, para suprir-lhes as deficiências ou atender às peculiaridades locais, desde que não dispensem ou diminuam es exigências da lei federal, ou, em não havendo lei federal e até que esta regule, sobre os seguintes assuntos: [...]

d) organizações públicas, com o fim de conciliação extrajudiciária dos litígios ou sua decisão arbitral; [...]

[389] Art. 184 – Os Estados continuarão na posse dos territórios em que atualmente exercem a sua jurisdição, vedadas entre eles quaisquer reivindicações territoriais.

Com o advento do Código de Processo Civil – Decreto-Lei n. 1.608, de 18 de setembro de 1939, que apesar de dedicar ao chamado *"Juízo Arbitral"* um Título inteiro em seu bojo não é considerado pela doutrina especializada como um grande avanço[390], estampou entre os arts. 1.031 a 1.035 as disposições gerais, e nos arts. 1.036 a 1.046 as formas de andamento da causa de do julgamento[391].

Como previsões diferenciais destacamos a contida no art. 1.034[392] que determinava que um dos árbitros pudesse figurar como escrivão do juízo arbitral, caso outra pessoa não fosse designada no compromisso, bem como a do art. 1.037[393] estipulando apenas dois árbitros, sendo convocado o terceiro apenas em havendo necessidade de desempate, o que certamente diminuía o custo do procedimento.

Com a redemocratização do país, em 18 de setembro de 1946 entra em vigor o quinto texto constitucional, o quarto da República[394], contudo, quanto à estrutura voltada à arbitragem, muito próxima à da Constituição de 1934, posto que com a mesma numeração – art. 4º[395], consta a necessidade de uma arbitragem prévia antes de se declarar guerra, e também no art. 6º ADCT prevê a necessidade de acordo – não mais textualmente arbitragem como na de 1932 –, entre os Estados nas questões territoriais.

---

§ 1º – Ficam extintas, ainda que em andamento ou pendentes de sentença no Supremo Tribunal Federal ou em Juízo Arbitral, as questões de limites entre Estados.

[390] CARMONA, Carlos Alberto. **Arbitragem e Processo: um comentário à Lei n. 9.307/96**. São Paulo: Atlas, 2009, p. 1.

[391] Livro IX, Título Único.

[392] Art. 1.034. Como escrivão do juízo arbitral funcionará um dos árbitros, si outra pessoa não fôr designada no compromisso.

[393] Art. 1.037. O laudo será deliberado em conferência, por maioria de votos, e, em seguida, reduzido a escrito por um dos árbitros.

§ 1º Havendo empate, o Árbitro desempatador será convocado para, no prazo de vinte (20) dias, adotar uma das decisões.

§ 2º A nomeação do desempatador pelos árbitros, si autorizada pelo compromisso, far-se-à antes do julgamento.

[394] CANOTILHO, J. J. Gomes; MENDES, Gilmar F.; SARLET, Ingo W.; STRECK, Lanio L. (Coords.). **Comentários à Constituição do Brasil**. São Paulo: Saraiva/Almedina, 2013, p. 1.490.

[395] Art. 4º – O Brasil só recorrerá à guerra, se não couber ou se malograr o recurso ao arbitramento ou aos meios pacíficos de solução do conflito, regulados por órgão internacional de segurança, de que participe; e em caso nenhum se empenhará em guerra de conquista, direta ou indiretamente, por si ou em aliança com outro Estado.

Já a Constituição de 1967, considerada um retrocesso político aos níveis da carta de 1937[396], foi outorgada em 24 de janeiro daquele ano, previa em seu art. 7º[397] que os conflitos internacionais deveriam ser resolvidos, dentre outros métodos, pela arbitragem.

Transcorridos praticamente seis anos, um novo Código de Processo Civil é instituído através da Lei n. 5.869, de 11 de janeiro de 1973– considerado pela doutrina silente quanto a *"um tratamento vanguardeiro ao juízo arbitral"*[398] por também ignorar a cláusula compromissória[399] [400], e, consequentemente, não aceitar a previsão de subsunção à arbitragem antes do surgimento do litígio[401] –, e a exemplo do antigo digesto, dedica ao instituto um capítulo inteiro, dividido entre os arts. 1.072 a 1.102, todos revogados com o advento da Lei Brasileira de Arbitragem[402], que será pormenorizada no item II.4 (i).

Quando vigentes, das disposições do código extraímos que os árbitros seriam indicados sempre em número ímpar, retirando, assim, a figura do terceiro apenas em caso de empate[403], a responsabilidade por perdas e danos do árbitro[404] que não proferir o laudo no prazo constante no compromisso[405], nos casos de causas pendentes, algo que seria posteriormente

---

[396] CANOTILHO, J. J. Gomes; MENDES, Gilmar F.; SARLET, Ingo W.; STRECK, Lanio L. (Coords.). **Comentários à Constituição do Brasil**. São Paulo: Saraiva/Almedina, 2013, p. 1.490.

[397] Art. 7º – Os conflitos internacionais deverão ser resolvidos por negociações diretas, arbitragem e outros meios pacíficos, com a cooperação dos organismos internacionais de que o Brasil participe.

[398] CARMONA, Carlos Alberto. **Arbitragem e Processo: um comentário à Lei n. 9.307/96**. São Paulo: Atlas, 2009, p. 1.

[399] Como assim o fez o Código Civil de 1916, acima mencionado.

[400] Vide análise de decisão judicial abordando essa questão no item II.5 (b).

[401] CARMONA, Carlos Alberto. **Arbitragem e Processo: um comentário à Lei n. 9.307/96**. São Paulo: Atlas, 2009, p. 4.

[402] Art. 44 da Lei n. 9.306/96: "Art. 44. Ficam revogados os arts. 1.037 a 1.048 da Lei n. 3.071, de 1º de janeiro de 1916, Código Civil Brasileiro; os arts. 101 e 1.072 a 1.102 da Lei n. 5.869, de 11 de janeiro de 1973, Código de Processo Civil; e demais disposições em contrário".

[403] Art. 1.076. As partes podem nomear um ou mais árbitros, mas sempre em número ímpar. Quando se louvarem apenas em dois (2), estes se presumem autorizados a nomear, desde logo, terceiro árbitro.

[404] Art. 1.082. Responde por perdas e danos o árbitro que:
I – no prazo, não proferir o laudo, acarretando a extinção do compromisso; [...]

[405] Art. 1.075. O compromisso poderá ainda conter:
I – o prazo em que deve ser proferido o laudo arbitral; [...]

formalizada e aperfeiçoada como carta arbitral[406], ou seja, o requerimento formal por parte dos árbitros destinado ao juízo já instaurado para que entregasse os autos[407], e a necessidade de homologação do laudo arbitral perante o juiz togado[408], um dos grandes obstáculos para o desenvolvimento do instituto no país[409].

Carlos Alberto Carmona aponta que enquanto as legislações da época iam em direção diametralmente contrária, posto que aboliam ou mitigavam a exigência da homologação judicial dos laudos arbitrais *"o legislador brasileiro mantinha-se fiel às suas tradições históricas, emperrando a utilização do mecanismo da solução de controvérsias"*[410].

Como será visto no próximo item, as legislações atualmente vigentes, conjuntamente com o atual texto constitucional, resgataram o prestígio da arbitragem – que como visto até 1900 foi densamente utilizado no âmbito da Administração Pública –, possibilitando a sua utilização por diversos outros ramos do direito.

---

[406] Prevista no Novo CPC – Lei n. 13.105, de 16 de março de 2015, em seu art. 260, § 3º:
Art. 260. São requisitos das cartas de ordem, precatória e rogatória:
I – a indicação dos juízes de origem e de cumprimento do ato;
II – o inteiro teor da petição, do despacho judicial e do instrumento do mandato conferido ao advogado;
III – a menção do ato processual que lhe constitui o objeto;
IV – o encerramento com a assinatura do juiz.
§ 1º O juiz mandará trasladar para a carta quaisquer outras peças, bem como instruí-la com mapa, desenho ou gráfico, sempre que esses documentos devam ser examinados, na diligência, pelas partes, pelos peritos ou pelas testemunhas.
§ 2º Quando o objeto da carta for exame pericial sobre documento, este será remetido em original, ficando nos autos reprodução fotográfica.
§ 3º A carta arbitral atenderá, no que couber, aos requisitos a que se refere o caput e será instruída com a convenção de arbitragem e com as provas da nomeação do árbitro e de sua aceitação da função.
[407] Art. 1.089. Se já estiver pendente a causa, o presidente ou o árbitro, juntando o compromisso ou depois de assinado o termo (artigo 1.073), requererá ao juiz do feito que mande entregar-lhe os autos mediante recibo e independentemente de traslado.
[408] Art. 1.097. O laudo arbitral, depois de homologado, produz entre as parte e seus sucessores os mesmos efeitos da sentença judiciária; e contendo condenação da parte, a homologação lhe confere eficácia de título executivo (artigo 584, número III).
Art. 1.098. É competente para a homologação do laudo arbitral o juiz a que originariamente tocar o julgamento da causa.
[409] CARMONA, Carlos Alberto. **Arbitragem e Processo: um comentário à Lei n. 9.307/96**. São Paulo: Atlas, 2009, p. 4.
[410] Op. Cit., p. 5.

2.4. Tratamento legislativo atual no sistema pátrio

Fincadas as premissas acima, cumpre-nos perquirir de forma paulatina e cronológica os diplomas legais vigentes que implícita ou explicitamente admitem a subsunção da Administração Pública à arbitragem, de forma a demonstrar que essa prática já se encontra consolidada em diversas áreas da Administração Pública direta e indireta.

Tais menções servem de pano de fundo para desmistificar a adesão da Administração Pública ao instituto da arbitragem, de forma a clarearmos e delinearmos os contornos pelos quais a administração tributária também o poderá – dentro dos limites que serão pormenorizadamente desenhados no Capítulo III – discutir tanto questões diretas ou indiretas envolvendo as exações pátrias.

2.4.1. Lei Federal n. 5.662/71 (BNDES – art. 5º, parágrafo único)

Em que pese a atual redação da previsão de autorização de utilização da arbitragem constante no parágrafo único do art. 5º da Lei n. 5.662, de 21 de junho de 1971, que dentre outras disposições, enquadra o Banco Nacional do Desenvolvimento Econômico ("BNDES") como na categoria de empresa pública, ter sido dada pela Lei n. 11.786, de 25 de setembro de 2008, a redação original também ostentava essa mesma possibilidade[411]:

> Art. 5º – A emprêsa pública Banco Nacional do Desenvolvimento Econômico (BNDE) poderá efetuar tôdas as operações bancárias necessárias à realização do desenvolvimento da economia nacional, nos setores e com as limitações consignadas no seu Orçamento de Investimentos, observado o disposto no artigo 180 do Decreto-lei n. 200, de 25 de fevereiro de 1967.
>
> Parágrafo único. As operações referidas neste artigo poderão formalizar-se no exterior, quando necessário, para o que fica a empresa pública Banco Nacional do Desenvolvimento Econômico e Social – BNDES autorizada a constituir subsidiárias no exterior e a aceitar as cláusulas usuais em contratos internacionais, entre elas a de arbitramento. (Redação dada pela Lei n. 11.786, de 2008).

---

[411] Redação original do parágrafo único do art. 5º da Lei n. 5.662/71: *"Parágrafo único. As operações referidas neste artigo poderão formalizar-se no exterior, quando necessário, para o que fica a emprêsa pública Banco Nacional do Desenvolvimento Econômico (BNDE) autorizada a aceitar as cláusulas usuais em contratos internacionais, entre elas, a de arbitramento".*

Insta registrar que disposição semelhante no sentido de dirimir dúvidas e controvérsias por arbitramento, encontra-se no inciso I do art. 9º do estatuto social do BNDES:

> Art. 9º O BNDES poderá também:
>
> I – contratar operações, no País ou no exterior, com entidades estrangeiras ou internacionais, sendo lícita a aceitação da forma e das cláusulas usualmente adotadas nos contratos externos, inclusive o compromisso de dirimir por arbitramento as dúvidas e controvérsias;

Plenamente possível, então, a subsunção de questões derivadas do BNDES à arbitragem.

2.4.2. Decreto-Lei n. 1.312/74 (Empréstimos Externos – art. 11)

O Decreto-Lei n. 1.312, de 15 de fevereiro de 1974, que autoriza o Poder Executivo a dar a garantia do Tesouro Nacional a operações de créditos obtidos no exterior, bem como, a contratar créditos em moeda estrangeira nos limites que específica, também ostenta a possibilidade de submeter controvérsias à arbitragem em seu art. 11:

> Art. 11. O Tesouro Nacional contratando diretamente ou por intermédio de agente financeiro poderá aceitar as cláusulas e condições usuais nas operações com organismos financiadores internacionais, sendo válido o compromisso geral e antecipado de dirimir por arbitramento todas as dúvidas e controvérsias derivadas dos respectivos contratos.

Da leitura desse dispositivo normativo tem-se que nos casos de financiamentos firmados através de organismos internacionais é permitido ao Tesouro Direto submeter à arbitragem *todas as dúvidas e controvérsias derivadas dos respectivos contratos*.

2.4.3. Constituição Federal de 1988

É inegável que com a promulgação da Constituição Federal de 1988 pavimentou-se o caminho para que a arbitragem, em especial a envolvendo a Administração Pública pudesse florescer.

Seja por conta de previsões que facilitaram o seu surgimento, mesmo sem a menção expressa ao instituto, seja por trazer claramente em seu texto tais possibilidades.

Quanto às menções indiretas ou que auxiliaram a consolidação da arbitragem ressaltamos, exemplificadamente, a ausência de indicação do monopólio da jurisdição estatal na redação do art. 5º – tema já aprofundado no item II.1 (a) (1).

No que concerne à previsão expressa, quanto à Administração Pública, merece especial destaque a redação do art. 12, § 2º do Ato das Disposições Constitucionais Transitórias ("ADCT"):

> Art. 12. Será criada, dentro de noventa dias da promulgação da Constituição, Comissão de Estudos Territoriais, com dez membros indicados pelo Congresso Nacional e cinco pelo Poder Executivo, com a finalidade de apresentar estudos sobre o território nacional e anteprojetos relativos a novas unidades territoriais, notadamente na Amazônia Legal e em áreas pendentes de solução. [...]
>
> § 2º Os Estados e os Municípios deverão, no prazo de três anos, a contar da promulgação da Constituição, promover, mediante acordo ou arbitramento, a demarcação de suas linhas divisórias atualmente litigiosas, podendo para isso fazer alterações e compensações de área que atendam aos acidentes naturais, critérios históricos, conveniências administrativas e comodidade das populações limítrofes.

Essa previsão não possui sabor de novidade, haja vista possuir antecedentes nas Constituições de 1934[412], 1937[413], e 1946[414] – conforme já abordado no item II.3 –, sendo certo que a interpretação da locução *arbitramento*, neste dispositivo, não deve ser entendida como *"perícia"*, mas sim subsunção da matéria a um Tribunal Arbitral, justamente por reproduzir textos constitucionais pretéritos que foram expressos nesse sentido.

Em que pese tal previsão do art. 12, § 2º do ADCT da CF/88 ostentar o prazo de três anos para que os Estados submetessem as questões à arbitragem, a disputa entre os Estados do Mato Grosso e Goiás – já abordada no item II.3 – antecedeu a promulgação da constituição, já estando judicializada quando de sua vigência[415].

---

[412] Art. 13 do ADCT.

[413] Art. 184.

[414] Art. 6º do ADCT.

[415] Ação Cível Originária n. 307-5/010 – Mato Grosso, de relatoria do Ministro Néri da Silveira, julgado em 21 de novembro de 2001.

Há ainda a previsão expressa contida no art. 114 §§ 1º e 2º[416], no que concerne às questões trabalhistas:

> Art. 114. Compete à Justiça do Trabalho processar e julgar: [...]
>
> § 1º Frustrada a negociação coletiva, as partes poderão eleger árbitros.
>
> § 2º Recusando-se qualquer das partes à negociação coletiva ou à arbitragem, é facultado às mesmas, de comum acordo, ajuizar dissídio coletivo de natureza econômica, podendo a Justiça do Trabalho decidir o conflito, respeitadas as disposições mínimas legais de proteção ao trabalho, bem como as convencionadas anteriormente.

Digno de registro o conteúdo do art. 114 acima transcrito, pois, apesar de dirigido especificamente às resolução de disputas coletivas no âmbito laboral, como os dissídios coletivos, desmistifica a suposta indisponibilidade dos direitos trabalhistas[417], já relativizada, ainda que por jurisprudência esparsa perante o Tribunal Superior do Trabalho[418/419].

---

[416] Com redação dada pela Emenda Constitucional n. 45/04.

[417] CANOTILHO, J. J. Gomes; MENDES, Gilmar F.; SARLET, Ingo W.; STRECK, Lanio L. (Coords.). **Comentários à Constituição do Brasil**. São Paulo: Saraiva/Almedina, 2013, p. 1.495.

[418] RECURSO DE REVISTA – AÇÃO CIVIL PÚBLICA – CÂMARA DE MEDIAÇÃO E ARBITRAGEM – CLÁUSULA ELEGENDO A VIA ARBITRAL PARA COMPOSIÇÃO DE DISSÍDIOS INDIVIDUAIS TRABALHISTAS – RESTRIÇÃO NO ATO DA CONTRATAÇÃO DO EMPREGADO OU NA VIGÊNCIA DA RELAÇÃO DE EMPREGO. I – O art. 1º da Lei n. 9.307/96, ao estabelecer ser a arbitragem meio adequado para dirimir litígios relativos a direitos patrimoniais disponíveis, não se constitui em óbice absoluto à sua aplicação nos dissídios individuais decorrentes da relação de emprego. Isso porque o princípio da irrenunciabilidade dos direitos trabalhistas deve ser examinado a partir de momentos temporais distintos, relacionados, respectivamente, com o ato da admissão do empregado, com a vigência da pactuação e a sua posterior dissolução. II – Nesse sentido, sobressai o relevo institucional do ato de contratação do empregado e da vigência do contrato de trabalho, em função do qual impõe-se realçar a indisponibilidade dos direitos trabalhistas, visto que, numa e noutra situação, é nítida a posição de inferioridade econômica do empregado, circunstância que dilucida a evidência de seu eventual consentimento achar-se intrinsecamente maculado por essa difusa e incontornável superioridade de quem está em vias de o contratar ou já o tenha contratado. III – Isso porque o contrato de emprego identifica-se com os contratos de adesão, atraindo a nulidade das chamadas cláusulas leoninas, a teor do 424 do Código Civil de 2002, com as quais guarda íntima correlação eventual cláusula compromissória de eleição da via arbitral, para solução de possíveis conflitos trabalhistas, no ato da admissão do trabalhador ou na constância do pacto, a qual por isso mesmo se afigura jurídica e legalmente inválida. IV – Diferentemente dessas situações contemporâneas à contratação do empregado e à vigência da pactuação, cabe destacar que, após a dissolução do contrato de trabalho, acha-se minimizada a sua vulnerabilidade oriunda da

2.4.4. Lei RJ n. 1.481/89 (Concessões de Serviços e Obras Públicas – art. 5º §§ 2º e 3º)

O Estado do Rio de Janeiro foi o pioneiro no país ao editar a Lei n. 1.481, de 21 de junho de 1989, que trata sobre as concessões de serviços públicos e de obras no plano estadual.

O diploma, considerado pela doutrina como desbravador[420], previu expressamente em seu art. 5º, §§ 2º e 3º, a previsão de critérios adequados de revisão de tarifas, podendo fazê-lo, através do juízo arbitral:

sua hipossuficiência econômico-financeira, na medida em que se esgarçam significativamente os laços de dependência e subordinação do trabalhador face àquele que o pretenda admitir ou que já o tenha admitido, cujos direitos trabalhistas, por conta da sua patrimonialidade, passam a ostentar relativa disponibilidade. V – Desse modo, não se depara, previamente, com nenhum óbice intransponível para que ex-empregado e ex-empregador possam eleger a via arbitral para solucionar conflitos trabalhistas, provenientes do extinto contrato de trabalho, desde que essa opção seja manifestada em clima de ampla liberdade, reservado o acesso ao Judiciário para dirimir possível controvérsia sobre a higidez da manifestação volitiva do ex-trabalhador, na esteira do artigo 5º, inciso XXXV da Constituição. Recurso conhecido e provido parcialmente [...] (TST, processo n. TST-RR-259/2008-075-03-00.2, 4ª Turma, Rel. Min. Barros Levenhagen, julgado em 02 de dezembro de 2009).

[419] AGRAVO DE INSTRUMENTO EM RECURSO DE REVISTA. JUÍZO ARBITRAL. COISA JULGADA. LEI N. 9.307/96. CONSTITUCIONALIDADE. O art. 5º, XXXV, da Constituição Federal dispõe sobre a garantia constitucional da universalidade da jurisdição, a qual, por definir que nenhuma lesão ou ameaça a direito pode ser excluída da apreciação do Poder Judiciário, não se incompatibiliza com o compromisso arbitral e os efeitos de coisa julgada de que trata a Lei n. 9.307/96. É que a arbitragem se caracteriza como forma alternativa de prevenção ou solução de conflitos à qual as partes aderem, por força de suas próprias vontades, e o inciso XXXV do art. 5º da Constituição Federal não impõe o direito à ação como um dever, no sentido de que todo e qualquer litígio deve ser submetido ao Poder Judiciário. Dessa forma, as partes, ao adotarem a arbitragem, tão-só por isso, não praticam ato de lesão ou ameaça à direito. Assim, reconhecido pela Corte Regional que a sentença arbitral foi proferida nos termos da lei e que não há vício na decisão proferida pelo juízo arbitral, não se há de falar em afronta ao mencionado dispositivo constitucional ou em inconstitucionalidade da Lei n. 9.307/96. Despicienda a discussão em torno dos arts. 940 do Código Civil e 477 da CLT ou de que o termo de arbitragem não é válido por falta de juntada de documentos, haja vista que reconhecido pelo Tribunal Regional que a sentença arbitral observou os termos da Lei n. 9.307/96 – a qual não exige a observação daqueles dispositivos legais – e não tratou da necessidade de apresentação de documentos (aplicação das Súmulas n.s 126 e 422 do TST). Os arestos apresentados para confronto de teses são inservíveis, a teor da alínea "a" do artigo 896 da CLT e da Súmula n. 296 desta Corte. Agravo de instrumento a que se nega provimento. (TST, processo n. TST-AIRR-1475/2000-193-05-00.7, 7ª Turma, Rel. Min. Pedro Paulo Manus, julgado em 15 de outubro de 2008).

[420] NETO, Diogo de Figueiredo Moreira. **Mutações do Direito Administrativo**. Rio de Janeiro: Renovar, 2007, p. 286.

Art. 5º – [...]

§ 2º – Os contratos de concessão conterão regras para estabelecer mecanismos e critérios adequados de revisão de tarifas, que poderá ser feita por juízo arbitral, nos termos contratualmente previstos.

§ 3º – O contrato de concessão deverá prever os mecanismos e critérios adequados para o ressarcimento referido no parágrafo anterior.

Em que pese à ressalva doutrinária[421] de que mesmo com a promulgação da lei federal superveniente – Lei n. 8.987/95 –, o diploma carioca permaneceria em vigor em tudo que com ela não colidisse *"pelo que se conclui que a arbitragem é legalmente reconhecida como instrumento de solução consensual de controvérsias naquele Estado"*[422], em pesquisa realizada junto à Assembleia Legislativa do Estado do Rio de Janeiro, inferimos que o diploma original foi expressamente revogado pelo art. 46 da Lei n. 2.831, de 13 de novembro de 1997[423].

2.4.5. Lei SP n. 7.835/92 (Concessões de Obras e Serviços Públicos – art. 8º, XXI)

A lei paulista que trata do regime de concessão de obras públicas, de concessão e permissão de serviços públicos, Lei n. 7.835, de 08 de maio de 1992, também merece atenção, mas com menor ênfase, por conta da previsão contida em seu art. 8º, inciso XXI:

Artigo 8º – São cláusulas essenciais no contrato as relativas a: [...]

XXI – foro competente e modo amigável para solução das divergências contratuais;

Percebe-se que se trata de uma previsão genérica, com relação indireta com a arbitragem nos contratos administrativos que regula, haja vista que prevê apenas como cláusula essencial a que preveja um *"modo amigável para solução das divergências contratuais"*.

---

[421] Feita no inverno de 1997, portanto antes da atualização a seguir mencionada.

[422] Idem.

[423] Art. 46 – Esta Lei entrará em vigor na data de sua publicação, revogadas as disposições em contrário, em especial, a Lei n. 1.481, de 21 de junho de 1989.

2.4.6. Lei Federal n. 8.693/93 (Transporte Ferroviário – art. 1º § 8º)

Há também previsão expressa de subsunção à arbitragem na Lei n. 8.693, de 03 de agosto de 1993, que versa sobre a descentralização dos serviços de transporte ferroviário coletivo de passageiros, urbano e suburbano, da União para os Estados e Municípios:

> Art. 1º – A Rede Ferroviária Federal S.A. (RFFSA) e a Rede Federal de Armazéns Gerais Ferroviários S.A. (Agef) transferirão à União, atendidas as condições previstas nesta lei, a totalidade das ações de sua propriedade no capital da Companhia Brasileira de Trens Urbanos (CBTU) e da Empresa de Trens Urbanos de Porto Alegre S.A. (Trensurb). [...]
>
> § 8º – Nos aditivos a contratos de crédito externo constará, obrigatoriamente, cláusula excluindo a jurisdição de tribunais estrangeiros, admitida apenas a submissão de eventuais dúvidas e controvérsias delas decorrentes à justiça brasileira ou a arbitragem, nos termos do art. 11 do Decreto-Lei n. 1.312, de 15 de fevereiro de 1974.

A leitura do § 8º acima transcrito evidencia que nos aditivos a contratos de crédito externo há previsão normativa de exclusão de jurisdição de tribunais estrangeiros, exceto para os casos de arbitragem, mas, essa, ainda deve observar os preceitos contidos no Decreto-Lei n. 1.312, de 15 de fevereiro de 1974, que autoriza o Poder Executivo a dar a garantia do Tesouro Nacional a operações de créditos obtidos no exterior, bem como, a contratar créditos em moeda estrangeira nos limites que específica, já analisado no item "*b*" acima.

2.4.7. Lei Federal n. 8.666/93 – (Licitações – previsão genérica)

Há regra geral na Lei de Licitações e Contratos Administrativos – Lei n. 8.666, de 21 de junho de 1993:

> Art. 54. Os contratos administrativos de que trata esta Lei regulam-se pelas suas cláusulas e pelos preceitos de direito público, aplicando-se-lhes, supletivamente, os princípios da teoria geral dos contratos e as disposições de direito privado.
>
> § 1º Os contratos devem estabelecer com clareza e precisão as condições para sua execução, expressas em cláusulas que definam os direitos, obrigações e responsabilidades das partes, em conformidade com os termos da licitação e da proposta a que se vinculam.

§ 2º Os contratos decorrentes de dispensa ou de inexigibilidade de licitação devem atender aos termos do ato que os autorizou e da respectiva proposta.

Art. 55. São cláusulas necessárias em todo contrato as que estabeleçam: [...]

§ 2º Nos contratos celebrados pela Administração Pública com pessoas físicas ou jurídicas, inclusive aquelas domiciliadas no estrangeiro, deverá constar necessariamente cláusula que declare competente o foro da sede da Administração para dirimir qualquer questão contratual, salvo o disposto no § 6º do art. 32 desta Lei.

A leitura do *"caput"* do art. 54 da lei de licitações indica que os contratos administrativos celebrados sob a sua égide serão regulados pelos preceitos de direito público, e de forma supletiva pelos princípios da teoria geral dos contratos e as disposições de direito privado, o que leva a conclusão que supletivamente as disposições de direito privado, como a arbitragem se aplicariam as formas de contratação reguladas por esse diploma normativo.

Esse entendimento foi refletido em 18 de maio de 1999, quando do julgamento do Mandado de Segurança n. 1998 00 2 003066-9 pelo Conselho Especial do Tribunal de Justiça do Distrito Federal e dos Territórios[424], sob a relatoria da então Desembargadora Nancy Andrighi, que expressamente o corroborou[425].

---

[424] Ementa: [...] III – Pelo art. 54, da Lei n. 8.666/93, os contratos administrativos regem-se pelas suas cláusulas e preceitos de direito público, aplicando-se-lhes supletivamente os princípios das teoria geral dos contratos e as disposições de direito privado, o que vem reforçar a possibilidade de adoção do juízo arbitral para dirimir questões contratuais [...].

[425] Das razões de decidir, extraímos das fl. 11-14 os seguintes trechos: *"[...] É notória a indisponibilidade do interesse público. E a possibilidade de questões ou discordâncias contratuais, que não possam ser solucionadas amigavelmente, serem discutidas por juízo arbitral não afeta dita indisponibilidade. Veja-se que os contratos visam a adaptação e a ampliação da Estação de Tratamento de Esgotos de Brasília. Este é o fim público almejado. Para sua consecução, há o fornecimento de diversos bens, prestação de obras civis, serviços de montagens eletromecânicas, pagamento e etc, conforme pactuado. No caso, havendo dúvidas atinentes a tais disposições, podem perfeitamente ser solucionadas ante o juízo arbitral, tudo visando a eficiente consecução do objeto do contrato. [...]Acrescente-se que, pelo art. 54, da Lei n. 8.666/93, os contratos administrativos regem-se pelas suas cláusulas e preceitos de direito público, aplicando-se-lhes supletivamente os princípios das teoria geral dos contratos e as disposições de direito privado, o que vem a reforçar a possibilidade de adoção do juízo arbitral para dirimir questões contratuais. Ressalte-se, ainda, caber, à Administração Pública, cumprir as normas e condições constantes do Edital de Concorrência, ao qual está vinculada. [...]Assim, se foi estipulado, no Edital, que qualquer discordância referente ao contrato, não solucionada amigavelmente, poderá ser discutida por juízo arbitral, esta disposição deve ser fielmente observada pelas partes contratantes. [...]".*

Já o art. 55, em especial o seu § 2º merece mais atenção, uma vez que segundo Carlos Alberto Carmona, sua leitura *"transmite a muitos a sensação de que no âmbito dos contratos administrativos estaria banida a arbitragem (exceção feitas as licitações internacionais de que trata o § 6º do art. 32 de referida Lei)"*[426], e prossegue dizendo:

> É preciso notar, antes de mais nada, que a Lei de Licitações não determina que toda e qualquer controvérsia jurídica oriunda dos contratos celebrados com a Administração seja dirimida pelo Poder Judiciário, pois se assim fosse não poderia haver resolução de pendências contratuais através da transação; o texto legal exige isso sim, que se as partes tiverem que acorrer ao Poder Judiciário, será competente o juízo do foro da sede da Administração, e não órgão judicial situado em outra região geográfica. [...] Quer a Lei de Licitações apenas isto: que as partes convencionem expressamente que eventuais demandas levadas ao Poder Judiciário sejam decididas na sede da Administração, excluídos os demais foros (domicílio do licitante, lugar do fato, local onde está situada a coisa), de sorte a facilitar a defesa dos interesses da pessoa jurídica de direito público interno (União, Estados, Municípios e autarquias ou empresas públicas) em eventuais demandas. Nada disso é incompatível com a arbitragem: elegendo as partes o foro no contrato (e nos contratos administrativos submetidos à Lei de Licitações é obrigatória a eleição do foro da sede da Administração), estarão apenas determinando que o eventual concurso do juiz togado para realização de atos para os quais o árbitro não tenha competência (atos que impliquem a utilização de coerção, execução da sentença arbitral, execução de medidas cautelares) sejam realizados, em princípio, na comarca escolhida. E digo em princípio porque, na hipótese de medida de urgência, será perfeitamente possível recorrer ao juiz do local em que o ato deve ser praticado, superando-se a escolha das partes em prol da efetividade do processo. [...][427]

Por fim conclui o autor que *"parece-me, pois, que o parágrafo citado do art. 55 da Lei de Licitações não pode, em hipótese alguma, ser invocado para sustentar a inviabilidade da cláusula compromissória em contratos administrativos"*[428].

---

[426] CARMONA, Carlos Alberto. **Arbitragem e Processo: um comentário à Lei n. 9.307/96.** São Paulo: Atlas, 2009, p. 48.

[427] Idem.

[428] CARMONA, Carlos Alberto. **Arbitragem e Processo: um comentário à Lei n. 9.307/96.** São Paulo: Atlas, 2009, p. 49.

2.4.8. Lei Federal n. 8.987/95 – (Concessões – art. 23)

A possibilidade de se submeter à arbitragem as questões de que trata a Lei n. 8.987, de 13 de fevereiro de 1995 – que versa sobre o regime de concessão e permissão da prestação de serviços públicos previsto no art. 175 da CF/88[429] – carece de uma curta, porém pontual contextualização.

Logo que foi promulgada a lei de concessão e permissão da prestação de serviços públicos instaurou-se um acirrado debate acerca da possibilidade da utilização da arbitragem, haja vista que a previsão contida no inciso XV do art. 23, ao elencar as cláusulas essenciais do contrato de concessão, não indicou textualmente esse método alternativo como forma de resolução das divergências, limitando-se a pontuar apenas o *"modo amigável de solução das divergências contratuais"*:

> Art. 23. São cláusulas essenciais do contrato de concessão as relativas: [...]
> XV – ao foro e ao modo amigável de solução das divergências contratuais. [...]

Em que pese o entendimento doutrinário de que não seria necessário prever expressamente a arbitragem, pelo fato de haver *"somente haver três modos de solucionar amigavelmente controvérsias contratuais: pela mediação, pela conciliação, e pela arbitragem"*[430] [431], foi necessário o transcurso de mais de

---

[429] Art. 175. Incumbe ao Poder Público, na forma da lei, diretamente ou sob regime de concessão ou permissão, sempre através de licitação, a prestação de serviços públicos.
Parágrafo único. A lei disporá sobre:
I – o regime das empresas concessionárias e permissionárias de serviços públicos, o caráter especial de seu contrato e de sua prorrogação, bem como as condições de caducidade, fiscalização e rescisão da concessão ou permissão;
II – os direitos dos usuários;
III – política tarifária;
IV – a obrigação de manter serviço adequado.
[430] NETO, Diogo de Figueiredo Moreira. **Mutações do Direito Administrativo**. Rio de Janeiro: Renovar, 2007, p. 285.
[431] Destacamos a seguir o trecho completo de lavra de Diogo de Figueiredo Moreira Neto: *"Com efeito, entre as cláusulas essenciais dessas modalidades contratuais, com a alta densidade de interesses público, ficou prevista a que deve dispor especificamente sobre o foro sobre o modo amigável de solução das divergências contratuais. Ora, como só há três modos de solucionar amigavelmente controvérsias contratuais: pela mediação, pela conciliação e pela arbitragem, não resta a menor dúvida de que o legislador brasileiro a previu expressamente, embora sem explicitar, como uma das modalidades que devem ser necessariamente adotadas. Com efeito, o dispositivo legal só elenca cláusulas essenciais, não facultativas, de sorte que a eleição de foro e a previsão de algum dos modos amigáveis de solução de divergências contratuais não podem ser omitidas nos contratos de concessão e de permissão de serviços*

10 (dez) anos da promulgação da Lei n. 8.987/95 para que a discussão se apaziguasse.

A questão só foi levada à termo com as alterações advindas com a publicação da Lei n. 11.196, de 21 de novembro de 2005 – dentre elas a inclusão do art. 23-A –, que a arbitragem foi expressamente elencada como uma forma de mecanismo privado para a resolução de disputas:

> Art. 23-A. O contrato de concessão poderá prever o emprego de mecanismos privados para resolução de disputas decorrentes ou relacionadas ao contrato, inclusive a arbitragem, a ser realizada no Brasil e em língua portuguesa, nos termos da Lei n. 9.307, de 23 de setembro de 1996.

A leitura desse dispositivo chama atenção para o fato de o legislador condicionar a utilização da arbitragem nos contrato de concessão e permissão da prestação de serviços públicos, apenas e tão somente se a sede do procedimento for o território nacional, e o vernáculo o português, e nos os termos da lei brasileira de arbitragem.

2.4.9. Lei Federal n. 9.307/96 – (Lei Brasileira de Arbitragem)

O advento da Lei Brasileira de Arbitragem foi recebido com grande entusiasmo pela doutrina, por abrir as portas para um direito mais moderno e flexível adequando o Brasil ao *"contexto pautado pela internacionalização crescente das atividades econômicas e da prestação transnacional de serviços"*[432].

Da mesma maneira como ocorreu com a exegese da lei de concessão e permissão da prestação de serviços públicos, o trabalho interpretativo da lei brasileira de arbitragem – Lei n. 9.307, de 23 de setembro de 1996 – também necessitou de um tempo de maturação para que passasse a se aceitar a aplicação do instituto às divergências aplicáveis às contratações com o Poder Público.

---

públicos. Frise-se, a respeito, que os três modos consensuais de solução de controvérsias não se excluem, senão que, ao contrário, se complementam e podem ser adotados sequencialmente. O importante é ter-se patenteado um reconhecimento inequívoco da Lei, este sim, bem definido, de que há sempre um campo de interesses patrimoniais disponíveis dentro do qual a arbitragem não é apenas aceitável, porém, mais do que isso, é recomendável como alternativa ao litígio judicial. E neste ponto reside a inovação oportuna e modernizadora introduzida pelo legislador brasileiro". Op. Cit. p. 285.

[432] CASELLA, Paulo Borba. **Procedimentos da Arbitragem: a Nova Lei Brasileira, a Praxe Internacional.** In: Revista do Tribunal Regional Federal 1ª Região, Brasília, v. 9, n. 1, p. 129-148, jan/mar 1997, p. 130.

O texto original da lei brasileira de arbitragem trouxe em seu artigo primeiro um corte claro acerca da arbitrabilidade subjetiva – quem pode se submeter à arbitragem –, indicando que *as pessoas capazes de contratar poderão valer-se da arbitragem para dirimir litígios relativos a direitos patrimoniais disponíveis*.

Não são necessárias maiores digressões para inferirmos que partindo da premissa que sendo a Administração Pública capaz de contratar, poderia também lançar mão da arbitragem para resolver eventuais controvérsias advindas de referidas contratações.

Tendo a Administração Pública disponibilizado parcela de seu patrimônio ao pagamento das contratações de produtos ou serviços – exemplificadamente aquelas feitas por intermédio dos procedimentos contidos na Lei n. 8.666/93 –, não haveria que se falar de sua indisponibilidade, uma vez que já estariam afetados, provisionados, segregados para adimplir tais obrigações contratualmente assumidas.

Todavia, a ausência da previsão expressa da arbitragem gerou dúvidas acerca de sua aplicação em relação às contratações com o Poder Público.

Os questionamentos deixaram de possuir fundamento de validade, com as alterações promovidas no texto original da lei, quando da publicação da Lei n. 13.129 de 26 de maio de 2015, em especial as havidas com inclusão do § 1º ao art. 1º, e do § 3º ao art. 2º:

> Art. 1º As pessoas capazes de contratar poderão valer-se da arbitragem para dirimir litígios relativos a direitos patrimoniais disponíveis.
>
> § 1º A administração pública direta e indireta poderá utilizar-se da arbitragem para dirimir conflitos relativos a direitos patrimoniais disponíveis. [...]
>
> Art. 2º A arbitragem poderá ser de direito ou de eqüidade, a critério das partes. [...]
>
> § 3º A arbitragem que envolva a administração pública será sempre de direito e respeitará o princípio da publicidade.

Em que pese tais alterações serem recentes, estas modificações já foram alvo de acalorados debates, sendo certo que o artigo acima transcrito passou pelo escrutínio dos participantes do VI Fórum Permanente de Processualistas Civis[433] ocorrido entre os das 23 a 25 de outubro de 2015 em

---

[433] Organizado por Eduardo Talamini, Rogéria Dotti e Fredie Didier Jr.

Curitiba, contando com cerca de 350 (trezentos e cinquenta) professores de processo civil.

Em referido Fórum foram debatidos diversos assuntos relacionados ao direto processual, sendo que chamamos atenção para os dois enunciados abaixo transcritos – uma vez que baseados no assunto ora em comento – registrando que foram aprovados por unanimidade em sessão plenária:

> 487 – (Art. 1º, §§1º e 2º, da Lei 9.307/1996) A previsão no edital de licitação não é pressuposto para que a Administração Pública e o contratado celebrem convenção arbitral.

> 488 – (Art. 1º, § 1º, da Lei 9.307/1996) A Administração Pública direta ou indireta pode submeter-se a uma arbitragem *ad hoc* ou institucional.

É cediço que os enunciados acima mencionados não possuem efeito vinculante, mas certamente nortearão decisões tanto por parte dos operadores do direito, quanto dos ordenadores de despesas.

2.4.10. Lei Federal n. 9.472/97 (Telecomunicações – art. 93, XV)

Com o advento da Emenda Constitucional n. 8, de 16 de agosto de 1995[434], substituiu-se a exclusividade do Estado como explorador dos serviços de telecomunicações, que passou a regular tais serviços.

Diante dessa previsão, logo houve a necessidade da criação de um órgão específico, e a Agência Nacional de Telecomunicações ("ANATEL") adveio para suprir essa lacuna, quando da edição da Lei n. 9.472, de 16 de julho de 1997.

Referido diploma normativo estabelece em seu art. 19 inciso XVII, que compete à ANATEL compor administrativamente conflitos de interesses

---

[434] Art.1º O inciso XI e a alínea "a" do inciso XII do art. 21 da Constituição Federal passam a vigorar com a seguinte redação:
"Art. 21. Compete à União: [...]
XI – explorar, diretamente ou mediante autorização, concessão ou permissão, os serviços de telecomunicações, nos termos da lei, que disporá sobre a organização dos serviços, a criação de um órgão regulador e outros aspectos institucionais;
XII – [...]
a) explorar, diretamente ou mediante autorização, concessão ou permissão: *a)* os serviços de radiodifusão sonora e de sons e imagens; "
Art. 2º É vedada a adoção de medida provisória para regulamentar o disposto no inciso XI do art. 21 com a redação dada por esta emenda constitucional.

entre prestadoras de serviço de telecomunicações[435], bem como em seu art. 93, inciso XV, que o contrato de concessão indicará expressamente o foro e o modo para a solução extrajudicial de divergências contratuais[436].

A estrutura organizacional da agência foi estabelecida pelo Decreto n. 2.338, de 07 de outubro de 1997, e o regimento interno inaugural foi aprovado pela atualmente revogada Resolução n. 1, de 17 de dezembro de 1997.

O regimento interno vigente encontra respaldo na Resolução n. 612, de 29 de abril de 2013, sendo que seus arts. 95 a 101 versam sobre o denominado *"Procedimento de Arbitragem Administrativa"*.

Extrai-se do regimento a possiblidade de submeter à arbitragem o conflito de interesses entre prestadoras de serviços de telecomunicações através de requerimento dirigido à Agência[437], a previsão de recurso administrativo ou pedido de reconsideração da decisão proferida pela Comissão de Arbitragem[438] que será presidida pela Superintendência de Competição[439].

Ocorre que o procedimento acima descrito, apesar de intitulado de arbitragem difere do previsto na Lei n. 9.307/96, devendo-se segregar a atuação da agência enquanto Administração Pública reguladora de um setor específico, da atuação como árbitro entre agentes do setor[440].

---

[435] Art. 19. À Agência compete adotar as medidas necessárias para o atendimento do interesse público e para o desenvolvimento das telecomunicações brasileiras, atuando com independência, imparcialidade, legalidade, impessoalidade e publicidade, e especialmente: [...] XVII – compor administrativamente conflitos de interesses entre prestadoras de serviço de telecomunicações; [...]

[436] Art. 93. O contrato de concessão indicará: [...] XV – o foro e o modo para solução extrajudicial das divergências contratuais. [...]

[437] Art. 95. O conflito de interesses entre prestadoras de serviços de telecomunicações, poderá ser submetido à arbitragem por meio de requerimento dirigido à Agência.

[438] Art. 99. Na hipótese do art. 98, a Comissão de Arbitragem deverá observar as seguintes regras: [...] IX – as partes serão intimadas da decisão da Comissão de Arbitragem Administrativa, da qual caberá recurso administrativo ou pedido de reconsideração nos termos dos Capítulos V e VI do Título V. [...]

[439] Art. 98. A autoridade competente, prevista no inciso VII do art. 96, caso entenda conveniente a apreciação e deliberação em regime de colegiado, poderá propor ao Presidente da Anatel a instituição de Comissão de Arbitragem, formada por no mínimo três árbitros e presidida pelo Árbitro Relator. Parágrafo único. A Comissão de Arbitragem será presidida pela Superintendência de Competição.

[440] CARDOSO, André Guskow. **As Agências Reguladoras e a Arbitragem**. In: PEREIRA, Cesar A. Guimarães; TALAMINI, Eduardo (coord.). Arbitragem e o Poder Público. São Paulo: Saraiva, 2010, p. 37.

Analisando a situação[441], faz severa crítica Maria Sylvia Zanella di Pietro:

Com efeito, a arbitragem prevista no art. 155 da Lei Geral de Telecomunicações e prevista na Resolução n. 1 não se confunde com a arbitragem prevista na Lei n. 9.307, de 23-9-96. Nessa lei, a arbitragem decorre de convenção entre as partes; são elas que escolhem os árbitros e definem os critérios para a solução do conflito. Trata-se de procedimento em que o elemento confiança é essencial, tendo em vista que a decisão proferida pelo árbitro não fica sujeita a recurso ou homologação pelo Poder Judiciário, conforme art. 18 da referida lei.

No caso da Lei Geral de Telecomunicações, a função do árbitro foi conferida à Agência, certamente inspirada pelo direito norte-americano, em que as agências desempenham funções quase-judiciais, hoje bastante reduzidas pela ampliação do controle judicial sobre as decisões proferidas pelas Agências. No caso [...] o próprio vocábulo *arbitragem* é mal empregado porque gera confusão com o instituto definido pela Lei de Arbitragem: o árbitro não é escolhido pelas partes em conflito; a arbitragem não se baseia na ideia de confiança no árbitro; e não é livremente convencionada pelas partes em conflito; ela é imposta por lei. Em consequência, não pode a decisão proferida pela Agência ter caráter definitivo. Ela sempre será passível de apreciação judicial por exigência do art. 5º, inciso XXXV, da Constituição. [...]

Pelos termos da Resolução, todas as decisões são tomadas pela *Comissão de Resolução de Conflitos*, constituída por dois representantes de cada uma das três Agências (art. 10). A Comissão funciona em caráter permanente.[442]

Adiante complementa a autora, a guisa de arremate: *"[as Agências] não têm competência para normatizar o processo administrativo de resolução de conflitos, nem de impor aos litigantes um determinado órgão julgador"*[443], e que *"as duas Resoluções Conjuntas não têm caráter vinculante, se não fosse por outras razões, seria por falta de base legal"*[444].

---

[441] Com base na Resolução Conjunta n. 01, de 24 de novembro de 1999, da Agência Nacional de Energia Elétrica, Agência Nacional de Telecomunicações, e Agência Nacional do Petróleo, mas que traz conclusões semelhantes às apontadas acima, e que posteriormente foi alterada pela Resolução Conjunta n. 02, de 27 de março de 2001.

[442] PIETRO, Maria Sylvia Zanella Di. **Parcerias na Administração Pública**. São Paulo: Atlas, 2005, p. 437-438.

[443] Op. Cit., p. 440.

[444] Op. Cit., p. 441.

2.4.11. Lei Federal n. 9.478/97 (Petróleo – art. 43, X)

Tratando sobre a política energética nacional, as atividades relativas ao monopólio do petróleo, e instituindo o Conselho Nacional de Política Energética e a Agência Nacional do Petróleo, foi publicada a Lei n. 9.478, de 06 de agosto de 1997.

Também de forma expressa estampa a previsão pela utilização da arbitragem em seus arts. 20 e 43, inciso X:

> Art. 20. O regimento interno da ANP disporá sobre os procedimentos a serem adotados para a solução de conflitos entre agentes econômicos, e entre estes e usuários e consumidores, com ênfase na conciliação e no arbitramento. [...]
>
> Art. 43. O contrato de concessão deverá refletir fielmente as condições do edital e da proposta vencedora e terá como cláusulas essenciais: [...]
>
> X – as regras sobre solução de controvérsias, relacionadas com o contrato e sua execução, inclusive a conciliação e a arbitragem internacional; [...]

A redação original da lei ainda continha em seu art. 27, parágrafo único[445] – revogado pela Lei n. 12.351, de 2010 – que nos casos de campos que se estendessem por blocos vizinhos, e atuassem concessionário distintos, esses deveriam celebrar acordo para celebrar a produção, mas em caso de impasse, a ANP fixaria com base em laudo arbitral a apropriação dos direitos e deveres sobre os blocos.

Por conta do fato da ANP figurar como árbitra, sem que houvesse possiblidade das partes indicarem quem mais lhes aprouvesse, a doutrina, como já retratado no item II.4 (j) também questionou o dispositivo[446].

---

[445] Art. 27. Quando se tratar de campos que se estendam por blocos vizinhos, onde atuem concessionários distintos, deverão eles celebrar acordo para a individualização da produção. Parágrafo único. Não chegando as partes a acordo, em prazo máximo fixado pela ANP, caberá a esta determinar, com base em laudo arbitral, como serão eqüitativamente apropriados os direitos e obrigações sobre os blocos, com base nos princípios gerais de Direito aplicáveis.

[446] *"A arbitragem é prevista, ainda, no parágrafo único do art. 27 da Lei, que trata da unitização. [...] Questiona-se se esses dois dispositivos referem-se de fato à arbitragem, como meio de solução de controvérsias fora do âmbito do Poder Judiciário, em que as partes escolhem dois árbitros, imparciais para a solução do litígio, já que a ANP atuaria como árbitro. Além disso para a instauração da arbitragem é necessária a manifestação de vontade das partes, consubstanciada em uma cláusula compromissória com renúncia a jurisdição estatal".* RIBEIRO, Marilda Rosado de Sá. **Solução de Controvérsias na Indústria do Petróleo**. In: LEMES, Selma Ferreira; CARMONA, Carlos Alberto; MARTINS, Pedro Batista, (coord.). Arbitragem: Estudos em Homenagem ao Prof. Guido Fernando da Silva Soares, *In Memoriam*. São Paulo: Atlas, 2007, p., 395.

A mesma crítica é replicada à disposição contida no art. 20[447].

Mais adiante, quando verificarmos as experiências paradigmáticas – item II.6 (c) (2) –, verificaremos que no ano de 2015 houve recente disputa judicial por conta de cláusulas arbitrais envolvendo questões relativas à exploração de campo de petróleo, envolvendo um Estado da federação, e empresas públicas, corroborando que a presente contextualização servirá de base para os casos concretos analisados, bem como para justificar a arbitrabilidade tributária.

2.4.12. Lei Federal n. 10.233/01 (Concessão de Transporte – art. 35, XVI)

Em 05 de junho de 2001 é publicada a Lei n. 10.233, dispondo sobre sobre a reestruturação dos transportes aquaviário e terrestre, criando o Conselho Nacional de Integração de Políticas de Transporte, a Agência Nacional de Transportes Terrestres, a Agência Nacional de Transportes Aquaviários e o Departamento Nacional de Infra-Estrutura de Transportes.

A previsão de subsunção de controvérsias ao instituto foi encampada no art. 35, inciso XVI:

> Art. 35. O contrato de concessão deverá refletir fielmente as condições do edital e da proposta vencedora e terá como cláusulas essenciais, ressalvado o disposto em legislação específica, as relativas a: [...][448]
>
> XVI – regras sobre solução de controvérsias relacionadas com o contrato e sua execução, inclusive a conciliação e a arbitragem;

Assim, quanto aos contratos administrativos de concessão de transportes, desde 2001 há previsão expressa para a resolução de disputas através da arbitragem.

2.4.13. Lei Federal n. 10.303/01 (Direito Societário)

Apesar da Lei Brasileira de Arbitragem datar de 1996[449], apenas com a edição da Lei n. 10.303 de 31 de outubro de 2001, que acresceu o § 3º ao art. 109 da Lei 6.404, de 15 de dezembro de 1976[450], que dispõe sobre as

---

[447] Idem.

[448] Com redação dada pela Lei n. 12.815, de 2013.

[449] Vide item II.4 (h).

[450] O estatuto da sociedade pode estabelecer que as divergências entre os acionistas e a companhia, ou entre os acionistas controladores e os acionistas minoritários, poderão ser solucionadas mediante arbitragem, nos termos em que especificar.

sociedades por ações, é que o legislador brasileiro expressamente anuiu com a possiblidade de se lançar mão da arbitragem para resolver conflitos oriundos entre a companhia e os acionistas, bem como entre os acionistas controladores e os minoritários.

E mesmo com referida previsão legal, havia a dúvida de que mesmo com sua inclusão nos estatutos sociais, não se poderia obrigar acionistas a participarem de uma arbitragem, sem que esses tivessem consentido expressamente com tal possibilidade.

Essa problemática advém da ocorrência de duas possibilidades.

A primeira, da instituição da sociedade desde o seu início com a previsão da cláusula compromissória, o que não demandaria maiores divergências, haja vista que todos os sócios fundadores estariam vinculados a clausula, partindo-se da premissa do consenso entre as estipulações.

A segunda, da instituição da sociedade sem a previsão de arbitragem em seu estatuto, e, posteriormente acrescer-se ao ajuste essa possibilidade em Assembleia Geral Ordinária. Podia-se questionar nesse caso, que somente com aprovação unânime é que essa possiblidade poderia ser acrescida ao estatuto da companhia, todavia, a redação do art. 129 da Lei das S/A parece-nos afastar tal entendimento por prever que: *"as deliberações da assembléia-geral, ressalvadas as exceções previstas em lei, serão tomadas por maioria absoluta de votos, não se computando os votos em branco"*.

Ademais, é de se ter em mente que a forma como o mercado encontra-se regulamentada não se obriga nenhum acionista a adquirir participação societária, sendo esse ato uma mera faculdade que automaticamente o submete à integralidade das regras já estabelecidas pela companhia.

E mesmo nos casos em que a cláusula compromissória é inserida após o ingresso do sócio, tem-se que contrapor essa tensão com a possibilidade de sua inclusão contida no § 3º ao art. 109 da Lei das S/A, onde, novamente a questão será deliberada nos termos do art. 129 da mesma lei.

Em que pese cenário, há que se ter em mente que os dispositivos legais que versam sobre essas matérias foram recentemente alterados, e uma dessas modificações visou justamente pacificar tais questionamentos.

Referimo-nos às alterações advindas com a publicação da Lei n. 13.129, de 26 de maio de 2015, que alterou a Lei Brasileira de Arbitragem, bem como, dentre outras disposições, acresceu o art. 136-A a Lei das S/A:

ARBITRAGEM NA ADMINISTRAÇÃO PÚBLICA

Art. 136-A – A aprovação da inserção de convenção de arbitragem no estatuto social, observado o quorum do art. 136, obriga a todos os acionistas, assegurado ao acionista dissidente o direito de retirar-se da companhia mediante o reembolso do valor de suas ações, nos termos do art. 45.

§ 1º A convenção somente terá eficácia após o decurso do prazo de 30 (trinta) dias, contado da publicação da ata da assembleia geral que a aprovou.

§ 2º O direito de retirada previsto no caput não será aplicável:

I – caso a inclusão da convenção de arbitragem no estatuto social represente condição para que os valores mobiliários de emissão da companhia sejam admitidos à negociação em segmento de listagem de bolsa de valores ou de mercado de balcão organizado que exija dispersão acionária mínima de 25% (vinte e cinco por cento) das ações de cada espécie ou classe;

II – caso a inclusão da convenção de arbitragem seja efetuada no estatuto social de companhia aberta cujas ações sejam dotadas de liquidez e dispersão no mercado, nos termos das alíneas "a" e "b" do inciso II do art. 137 desta Lei.

A alteração em questão entrou em vigor no dia 27 de julho de 2015[451], apaziguando as discussões acerca da cláusula compromissória em estatutos sociais das companhias brasileiras.

Cabe, ainda a ressalva prática feita por Francisco Mûsnich, de que o mencionado art. 136-A *"somente dispõe sobre arbitragem nas sociedades anônimas, não se aplicando às sociedades limitadas"*[452].

Por fim, registramos a importância das previsões de referida lei das sociedades por ações ao presente estudo, pelo fato dela se aplicar tanto às companhias de direito privado, quanto de direito público, pela inteligência do art. 173, § 1º, inciso II, da CF/88.

Na prática, recordamos que o estatuto da Petrobrás ostenta essa previsão na cláusula 58 de seu estatuto social[453], e que qualquer questionamento

---

[451] Lei n. 13.129/15, art: 5º *"Art. 5º Esta Lei entra em vigor após decorridos 60 (sessenta) dias de sua publicação oficial.".* Registra-se que a lei em questão foi publicada no dia 27/05/15.

[452] VERÇOSA, Fabiane. **Young Arbitrators Forum – Alterações na Lei Brasileira de Arbitragem ICCYAF, 30 de junho de 2015, São Paulo.** In: *Revista Brasileira de Arbitragem,* Ano XII, n. 48, out/dez 2015. Alphen aan den Rijn: Kluwer Law International; Curitiba: Comitê Brasileiro de Arbitragem, p. 227.

[453] Art. 58 – Deverão ser resolvidas por meio da arbitragem, obedecidas as regras pela Câmara de Arbitragem do Mercado, as disputas ou controvérsias que envolvam a Companhia, seus acionistas, os administradores e conselheiros fiscais, tendo por objeto a aplicação das disposições contidas na Lei n. 6.404, de 1976, neste Estatuto Social, nas normas editadas

envolvendo, hipoteticamente, a recente desvalorização de suas ações, poderia implicar em uma arbitragem entre os acionistas, dentre os quais, o controlador, a União Federal estaria presente.

2.4.14. Lei Federal n. 10.438/02 (ANEEL – art. 4º § 5º, V)

A Lei Federal n. 10.438, de 26 de abril de 2002, que dentre outras matérias versa sobre a recomposição tarifária extraordinária, sendo resultado da conversão da Medida Provisória n. 14, de 21 de dezembro de 2001.

E justamente sobre a recomposição tarifária extraordinária, estatui o diploma que está estará sujeita à homologação pela Agência Nacional de Energia Elétrica ("ANEEL"), condicionando-a, ainda, nos termos de resolução da agência, à solução de controvérsias por meio da arbitragem a ser administrada pela própria ANEEL:

> Art. 4º A Aneel procederá à recomposição tarifária extraordinária prevista no art. 28 da Medida Provisória nº 2.198-5, de 24 de agosto de 2001, sem prejuízo do reajuste tarifário anual previsto nos contratos de concessão de serviços públicos de distribuição de energia elétrica. [...]
>
> § 5º – A recomposição tarifária extraordinária estará sujeita a homologação pela Aneel e observará as seguintes regras: [...]
>
> V – para atender aos fins previstos no inciso IV, a homologação da recomposição tarifária extraordinária estará condicionada, nos termos de resolução da Aneel, à solução de controvérsias contratuais e normativas e à eliminação e prevenção de eventuais litígios judiciais ou extrajudiciais, inclusive por meio de arbitragem levada a efeito pela Aneel; [...]
>
> § 8º Os contratos iniciais e equivalentes, assim reconhecidos em resolução da Aneel, serão aditados para contemplar uma fórmula compulsória de

pelo Conselho Monetário Nacional, pelo Banco Central do Brasil e pela Comissão de Valores Mobiliários, bem como nas demais normas aplicáveis ao funcionamento do mercado de capitais em geral, além daquelas constantes dos contratos eventualmente celebrados pela Petrobras com bolsa de valores ou entidade mantenedora de mercado de balcão organizado, credenciada na Comissão de Valores Mobiliários, tendo por objetivo a adoção de padrões de governança societária fixados por estas entidades, e dos respectivos regulamentos de práticas diferenciadas de governança corporativa, se for o caso.

Parágrafo único – As deliberações da União, através de voto em Assembleia Geral, que visem à orientação de seus negócios, nos termos do art. 238 da Lei n. 6.404, de 1976, são considerados forma de exercício de direitos indisponíveis e não estão sujeitas ao procedimento arbitral previsto no caput deste artigo.

solução de controvérsias, para que a Aneel instaure ex officio, caso as partes não o façam em prazo determinado, os mecanismos de solução de controvérsias existentes, sem prejuízo da atuação subsidiária da Aneel na arbitragem de controvérsias. [...]

O que se destaca dessas previsões é o fato dela instituir arbitragem compulsória, obrigando as partes, inclusive, a aditar os contatos para refletirem essa modalidade de solução de controvérsias.

Assim, levando-se em consideração que a Resolução prevista nessa lei é a Resolução Conjunta n. 01, de 24 de novembro de 1999, da Agência Nacional de Energia Elétrica, Agência Nacional de Telecomunicações, e Agência Nacional do Petróleo, posteriormente alterada pela Resolução Conjunta n. 02, de 27 de março de 2001, remetemos às críticas a forma eleita de arbitragem já abordadas no item II.4 (j) acima.

2.4.15. Lei Federal n. 10.848/04 (CCEE – art. 4º § 6º)

É cediço que a Lei Federal n. 10.848, de 15 de março de 2004, e que dispõe sobre a comercialização de energia elétrica, é fruto de conversão da Medida Provisória n. 144, de 11 de dezembro de 2003.

A redação original da MP n. 144/03 ostentava em seu art. 4º, §§ 4º[454] e 5º[455], a autorização para a criação da Câmara de Comercialização de Energia Elétrica ("CCEE"), uma pessoa jurídica de direito privado, sem fins lucrativos, e obrigava os seus agentes integrantes a inserir tanto em seus estatutos, quanto na convenção de comercialização as resoluções de eventuais divergências através de convenção de arbitragem, a ser firmada nos termos da LBA.

---

[454] Art. 4º – Fica autorizada a criação da Câmara de Comercialização de Energia Elétrica – CCEE, pessoa jurídica de direito privado, sem fins lucrativos, sob autorização do Poder Concedente e regulação e fiscalização pela Agência Nacional de Energia Elétrica – ANEEL, com a finalidade de viabilizar a comercialização de energia elétrica de que trata esta Medida Provisória. [...]
§ 4º – As regras para a resolução das eventuais divergências entre os agentes integrantes da CCEE serão estabelecidas na convenção de comercialização e em seu estatuto social, que deverão tratar do mecanismo e da convenção de arbitragem, nos termos da Lei nº 9.307, de 23 de setembro de 1996.
[455] § 5º – As empresas públicas e as sociedades de economia mista, suas subsidiárias ou controladas, titulares de concessão, permissão e autorização, ficam autorizadas a integrar a CCEE e a aderir ao mecanismo e à convenção de arbitragem previstos no § 4º. [...]

Referidos dispositivos ainda autorizavam as empresas públicas e as sociedades de economia mista a integrar a CCEE e aderirem à arbitragem.

Tal fato possui relevância, haja vista que a MP n. 144/03 foi atacada perante o STF pela Medida Cautelar em Ação Direta de Inconstitucionalidade – ADI n. 3.090-MC/DF, onde, dentre outras pretensões, questionou-se a disposição acerca das regras para a solução de controvérsias através da arbitragem, contidas no § 4º de seu art. 4º, sendo certo que tal questionamento foi rechaçado pelo Pretório Excelso, em julgamento ocorrido no dia 11 de outubro de 2006[456], do qual extraímos os seguintes trechos do voto do relator:

> [...] não vejo plausibilidade na alegada inconstitucionalidade. Há três fundamentos para a impugnação.
>
> O primeiro é baseado no art. 5º XXXV (que veda que a lei exclua da apreciação do Judiciário quanto a lesão ou ameaça a direito). Alega-se que a MP estaria impondo o uso da arbitragem para a resolução de conflitos entre os membros da CCEE, "sem que eles manifestem previamente sua concordância".
>
> Não vejo plausibilidade em tal argumento, sobretudo a partir da remissão, existente no final do dispositivo, à Lei n. 9.307. Diz a disposição que "as regras para a resolução das eventuais divergências entre os agentes integrantes da CCEE serão estabelecidas na convenção de comercialização e em seu estatuto social, que deverão tratar do mecanismo e da convenção de arbitragem, nos termos da Lei n. 9.307, de 23 de setembro de 1996".
>
> Ora nesse primeiro exame, vê-se que a disciplina da arbitragem deverá ter como paradigma os termos da Lei n. 9.307. Ao menos nesse juízo cautelar, não vislumbro tal inconstitucionalidade.
>
> O segundo argumento tem por base o art. 5º, XVIII, da Constituição. Alega-se que o dispositivo promove intervenção indevida do Poder Público em associação de caráter privado. Não vejo plausibilidade em tal argumento pelas mesmas razões que apontei quanto às normas relativas ao MAE[457] e ao ONS[458]

---

[456] Acordão: *"Vistos, relatados e discutidos estes autos, acordam os Ministros do Supremo Tribunal Federal, em Sessão Plenária, sob a presidência da senhora Ministra Helen Gracie, na conformidade da ata de julgamento e das notas taquigráficas, rejeitar a questão de ordem proposta pelo Relator, e por maioria de votos, indeferir a medida cautelar".*

[457] Mercado Atacadista de Energia Elétrica ("MAE") – dissolvido por determinação legal, também foi objeto de ataque na mesma ADI 3.090-MC/DF, por entender o autor que por conta da previsão contida no art. 5º, inciso XIX da Constituição a dissolução de associação somente pode ser efetivada por decisão judicial transitada em julgado. No voto do Ministro

O terceiro argumento é no sentido de que a MP teria disciplinado matéria relativa a processo civil. Não vejo consistência no argumento. Ainda que se considere a arbitragem como tema afeto ao processo civil, não se vê na disposição impugnada uma disciplina para a arbitragem, mas apenas uma previsão no sentido de que tal mecanismo de solução de controvérsias será adotado nos termos da Lei 9.307.[459]

Quando convertida em lei, a MP n. 144/03, culminou na promulgação da Lei n. 10.848, de 14 de março de 2004, e os dispositivos acima mencionados passaram a ostentar a mesma redação, mas como os §§ 5º e 6º, do seu art. 4º:

> Art. 4º – Fica autorizada a criação da Câmara de Comercialização de Energia Elétrica – CCEE, pessoa jurídica de direito privado, sem fins lucrativos, sob autorização do Poder Concedente e regulação e fiscalização pela Agência Nacional de Energia Elétrica – ANEEL, com a finalidade de viabilizar a comercialização de energia elétrica de que trata esta Lei. [...]
>
> § 5º As regras para a resolução das eventuais divergências entre os agentes integrantes da CCEE serão estabelecidas na convenção de comercialização e em seu estatuto social, que deverão tratar do mecanismo e da convenção de arbitragem, nos termos da Lei n. 9.307, de 23 de setembro de 1996.
>
> § 6º As empresas públicas e as sociedades de economia mista, suas subsidiárias ou controladas, titulares de concessão, permissão e autorização, ficam autorizadas a integrar a CCEE e a aderir ao mecanismo e à convenção de arbitragem previstos no § 5º deste artigo. [...]

Relator Gilmar Mendes (p. 88-89) afasta também essa pretensão entendendo que "[...] *no momento em que se esta remodelando o setor elétrico, e o MAE e dele integrante, não há como se afastar a possibilidade de o poder publico estabelecer a sucessão do MAE pela Câmara de Comercialização de Energia Elétrica – CCEE".*

[458] Operador Nacional do Sistema Elétrico ("ONS") – No voto do Ministro Relator Gilmar Mendes (p. 89) afasta também essa pretensão entendendo que *"Alega-se, quanto às disposições relativas ao ONS, violação ao art. 5º, XVIII. Tal como o MAE, cuida-se o ONS de entidade associativa que não se enquadra no modelo tradicional de uma associação privada. Assim, ressalvando melhor exame quando do julgamento do mérito, não vejo plausibilidade da impugnação na parte da MP que promove alterações no Operador do Sistema Elétrico – ONS".*

[459] Trecho do voto do Ministro Relator Gilmar Mendes, proferido nos autos da ADI 3.090-MC/DF, p. 90-91 (33-34).

Levando-se em consideração que a intenção em listar as legislações que demonstram a clara e reiterada submissão da Administração Pública à arbitragem não é o objetivo principal do presente estudo, não nos pormenorizaremos nas questões relativas à operacionalização da CCEE, haja vista que essa tarefa justificaria um estudo apenas com essa finalidade, mas diante da envergadura e importância do tema, cumpre-nos, ao menos registrar que o diploma normativo em questão foi regulamentado pelo Decreto n. 5.177, de 12 de agosto de 2004, do qual merece destaque o inciso IV de seu art. 3º, assim redigido:

> Art. 3º A convenção de comercialização referida no § 1º do art. 1º do Decreto n. 5.163, de 30 de julho de 2004[460], deverá tratar das seguintes disposições, dentre outras: [...] IV – convenção arbitral; [...]

Fechando o ciclo previsto desde a MP 133/03, o decreto regulamentador da Lei n. 10.848/04 reiterou a necessidade de constar na convenção de comercialização a possibilidade de dirimir as divergências através da convenção de arbitragem.

2.4.16. Lei Federal n. 11.079/04 (PPP – art. 11)

A Lei n. 11.079, de 30 de dezembro de 2004, que instituiu as normas gerais para licitação e contratação de parceria público-privada no âmbito da Administração Pública, prevê a submissão à arbitragem em seu art. 11, inciso III:

> Art. 11. O instrumento convocatório conterá minuta do contrato, indicará expressamente a submissão da licitação às normas desta Lei e observará, no que couber, os §§ 3º e 4º do art. 15, os arts. 18, 19 e 21 da Lei n. 8.987, de 13 de fevereiro de 1995, podendo ainda prever: [...]

---

[460] Art. 1º A comercialização de energia elétrica entre concessionários, permissionários e autorizados de serviços e instalações de energia elétrica, bem como destes com seus consumidores no Sistema Interligado Nacional – SIN, dar-se-á nos Ambientes de Contratação Regulada ou Livre, nos termos da legislação, deste Decreto e de atos complementares.
§ 1º A Agência Nacional de Energia Elétrica – ANEEL expedirá, para os fins do disposto no caput, em especial, os seguintes atos:
I – a convenção de comercialização;
II – as regras de comercialização; e
III – os procedimentos de comercialização. [...]

III – o emprego dos mecanismos privados de resolução de disputas, inclusive a arbitragem, a ser realizada no Brasil e em língua portuguesa, nos termos da Lei n. 9.307, de 23 de setembro de 1996, para dirimir conflitos decorrentes ou relacionados ao contrato.

A redação em questão ostenta a faculdade de constar no instrumento convocatório a submissão de controvérsias à arbitragem, desde que realizada no Brasil, em língua portuguesa, e nos termos da Lei Brasileira de Arbitragem.

Essas previsões foram demasiadamente utilizadas quando das contratações para as obras dos estádios da Copa do Mundo de Futebol de 2014, conforme discorreremos no item II.6 (d).

2.4.17. Emenda Constitucional n. 45/04

A Emenda Constitucional n. 45 de 2004, dentre outras alterações, transferiu a competência do Supremo Tribunal Federal para o Superior Tribunal de Justiça, que passou a julgar, originariamente, o reconhecimento de sentenças arbitrais estrangeiras, firmando assim a consolidação do instituto pela farta jurisprudência proveniente das duas cortes[461].

Referida transferência além de desafogar o STF, ainda trouxe agilidade para o julgamento dos pedidos de homologação de sentenças arbitrais estrangeiras, havendo registro que apenas entre os anos de 2005 e 2010 30 (trinta) processos haviam sido julgados, e em 31 de dezembro de 2010 constavam mais 10 (dez) pedidos de homologação de sentença arbitral estrangeira em andamento[462].

Em 21 de novembro de 2015 havia registro de 63 (sessenta e três) acórdãos relativos à homologação de sentença estrangeira perante o STJ.

Outra peculiaridade advinda com referida emenda constitucional reside no acréscimo do inciso LXXVIII ao art. 5º da CF/88, assegurando a todos, no âmbito judicial e administrativo, a razoável duração do processo e os meios que garantam a celeridade de sua tramitação.

---

[461] BALBINO, Inez. **Arbitrabilidade do Direito Falimentar**. In: LEMES, Selma Ferreira; BALBINO, Inez (coord.). Arbitragem. Temas Contemporâneos. São Paulo: Quartier Latin, 2012, p. 201.

[462] ABDALLA, Letícia Barbosa e Silva; BARROS, Vera Cecília Monteiro de. **Algumas Questões Ainda Polêmicas na Homologação de Sentença Arbitral Estrangeira**. In: LEMES, Selma Ferreira; BALBINO, Inez (coord.). Arbitragem. Temas Contemporâneos. São Paulo: Quartier Latin, 2012, p. 383-384.

Tal como já exposto no item II.1.a acima, a celeridade da tramitação e a razoável duração do processo, alçados a garantia constitucional, há muito não são características do processo judicial, mas fomentam o crescimento da arbitragem, justamente por entregar uma resposta final e irrecorrível em um tempo demasiadamente menor.

Digno de menção, também a alteração de redação do § 2º do art. 114 da CF/88[463], que trata da possibilidade constitucional de subsunção de matérias trabalhistas nele elencados à arbitragem, já abordado, mesmo que perfunctoriamente no item II.4 (c).

2.4.18. Lei Mineira de Arbitragem na Administração Pública n. 19.477/11

O Estado de Minas Gerais inovou ao publicar em 12 de janeiro de 2011 sua lei local de arbitragem – Lei n. 19.477, justamente pelo fato de dispor em seu art. 1º apenas e tão somente acerca dos litígios envolvendo o Estado[464].

Logo de início poder-se-ia questionar a competência do Estado de Minas Gerais em legislar especificamente em questões processuais, por afronta cabal a disposição contida no art. 22, inciso I, da CF/88[465], que restringe privativamente à União legislar sobre processo.

Antes de prosseguirmos, impinge verificar se a máxima seria verdadeira, ou seja, se legislar sobre arbitragem pode ser considerado legislar sobre processo.

Carlos Alberto Carmona registra incialmente que *"talvez fosse recomendável que – à semelhança da Itália e da França – a disciplina da arbitragem viesse inserida no Código de Processo Civil"*[466] mas pondera mais afrente que *"considerando a especificidade do instituto e o fato de que a Lei contém normas que não*

---

[463] Recusando-se qualquer das partes à negociação coletiva ou à arbitragem, é facultado às mesmas, de comum acordo, ajuizar dissídio coletivo de natureza econômica, podendo a Justiça do Trabalho decidir o conflito, respeitadas as disposições mínimas legais de proteção ao trabalho, bem como as convencionadas anteriormente.

[464] Art. 1º O juízo arbitral, instituído pela Lei Federal nº 9.307, de 23 de setembro de 1996, para a solução de litígio em que o Estado seja parte, será efetivado conforme os procedimentos estabelecidos nesta Lei.

[465] Art. 22. Compete privativamente à União legislar sobre:
I – direito civil, comercial, penal, processual, eleitoral, agrário, marítimo, aeronáutico, espacial e do trabalho; [...]

[466] CARMONA, Carlos Alberto. **Arbitragem e Processo: um comentário à Lei n. 9.307/96.** São Paulo: Atlas, 2009, p. 14.

podem ser consideradas apenas processuais, optou o legislador por estabelecer as regras [...] em diploma apartado"[467].

Já Cândido Rangel Dinamarco é mais incisivo entendendo que a arbitragem seria uma *"expressão particularizada de uma ciência mais ampla, que é a teoria geral do processo"*[468] [469].

O sentir da doutrina possui guarida em julgado proferido pelo STF – vide item II.5 (a) (2) – que selou o entendimento de que *"arbitragem não é matéria de Direito Administrativo, mas de Direito Civil e de Direito Processual Civil"*[470].

Em que pese a discussão conceitual, é também da doutrina que extraímos uma interpretação sobre o tema, indicando que a exegese adequada do diploma de Minas Gerais *"consiste em considerar que tal diploma estadual versou*

---

[467] Idem.

[468] DINAMARCO, Cândido Rangel. **A arbitragem na Teoria Geral do Processo**. São Paulo: Malheiros, 2013, p. 13.

[469] Registra o autor que a: *"teoria geral do processo é a condensação metodológica dos princípios, conceitos e estruturas desenvolvidos nos diversos ramos do direito processual, considerados aqueles em seus respectivos núcleos essenciais e comuns a todos esses ramos, sem descer às peculiaridades de cada um deles. É também 'um sistema de conceitos e princípios elevados ao grau máximo de generalização útil e condensados indutivamente a partir do confronto dos diversos ramos do direito processual. Ela transcende a dogmática processual, não lhe sendo própria a indagação ou formulação de regras ou normas de direito positivo. Por isso mesmo, tende à universalização, superadas as limitações espaço-temporais do direito positivo'. O estudo da teoria geral do processo enfoca somente o plano puramente abstrato das construções doutrinárias, sem postular uma imaginária, utópica e por certo inconveniente uniformização legislativa. [...] Dadas essas premissas reconfirma-se que é imperiosa a inclusão da arbitragem na teoria geral do processo, considerando que ela contém em si um autêntico processo civil no qual se exerce um verdadeiro poder, a jurisdição, e que as atividades inerentes a esse exercício têm natureza inegavelmente processual. É pois natural que, destinando-se o processo arbitral a produzir efeitos sobre a esfera jurídica de dois ou mais sujeitos mediante a prolação de decisões proferidas por um outro (o árbitro), as atividades ali realizadas se submetam aos ditames contidos naquelas garantias superiores. A incidência daquelas garantias constitucionais sobre o processo arbitral é um ponto incontroverso em toda a doutrina, sendo a esse propósito explícita a própria Lei de Arbitragem (art. 21, § 2º) [...] Da inclusão da arbitragem na teoria geral do processo decorre a propriedade do seu exame, pelo aspecto técnico-processual, segundo os conceitos e estruturas desenvolvidos em relação a esta, sendo pois imperioso examiná-la sobre o pano de fundo de certos temas fundamentais como o das condições da ação, pressupostos processuais, situações ativas e passivas dos sujeitos processuais, normas de procedimento, demanda, sentença, correlação entre estas, etc"* In: DINAMARCO, Cândido Rangel. **A arbitragem na Teoria Geral do Processo**. São Paulo: Malheiros, 2013, p. 21-23.

[470] LEMES, Selma Ferreira. **Arbitragem na Administração Pública não precisa de regra posterior**. Consultor Jurídico, 05/01/15, disponível em: < http://www.conjur.com.br/2015-jan-05/arbitragem-administracao-publica-nao-regra-posterior >, acesso em 13/01/16.

sobre Direito Administrativo, vinculante apenas aos agentes públicos mineiros[471], e mais adiante conclui que diante desta premissa, eventual desrespeito as regras nela contidas não poderá ser considerada como causa de invalidade da sentença arbitral, restando apenas *"a apuração da responsabilidade do agente público que violou a determinação legal a que está vinculado"*[472].

Diante do impasse, socorremo-nos da jurisprudência emanada pelo STF, onde em um caso análogo, um Estado legislou sobre determinada forma de composição, considerada ofensiva a mesma norma constitucional, pela visão de que a matéria também seria de processo, privativa, portanto, da União.

Referimo-nos ao julgado proferido pelo STF em 03 de abril de 2014, nos autos da ADI 2.922- RJ, de relatoria do Ministro Gilmar Mendes, assim ementado:

> Ação Direta de Inconstitucionalidade. 2. Lei Estadual que disciplina a homologação judicial de acordo alimentar firmado com a intervenção da Defensoria Pública (Lei 1.504/1989, do Estado do Rio de Janeiro). 3. O Estado do Rio de Janeiro disciplinou a homologação judicial de acordo alimentar nos casos específicos em que há participação da Defensoria Pública, não estabelecendo novo processo, mas a forma como este será executado. Lei sobre procedimento em matéria processual. 4. A prerrogativa de legislar sobre procedimentos possui o condão de transformar os Estados em verdadeiros "laboratórios legislativos". Ao conceder-se aos entes federados o poder de regular o procedimento de uma matéria, baseando-se em peculiaridades próprias, está a possibilitar-se que novas e exitosas experiências sejam formuladas. Os Estados passam a ser partícipes importantes no desenvolvimento do direito nacional e a atuar ativamente na construção de possíveis experiências que poderão ser adotadas por outros entes ou em todo território federal. 5. Desjudicialização. A vertente extrajudicial da assistência jurídica prestada pela Defensoria Pública permite a orientação (informação em direito), a realização de mediações, conciliações e arbitragem (resolução alternativa de litígios), entre outros serviços, evitando, muitas vezes, a propositura de ações judiciais. 6. Ação direta julgada improcedente.

---

[471] AMARAL, Paulo Osternack. **Arbitragem e Administração Publica: aspectos processuais, medidas de urgência e instrumentos de controle**. Belo Horizonte: Fórum, 2012, p. 70.
[472] Op. Cit., p. 72.

ARBITRAGEM NA ADMINISTRAÇÃO PÚBLICA

No caso em questão, o réu – Estado do Rio de Janeiro – alegou que a lei carioca[473] que disciplinou a homologação judicial de acordo alimentar firmado com a intervenção da Defensoria Pública foi editada com base na competência legislativa suplementar prevista no art. 24, § 2º da CF/88[474].

E nessa linha decidiu o Pretório Excelso, entendendo que aos entes foi conferida a prerrogativa de definir a forma como a matéria processual será executada, de acordo com a maneira que julgar ser mais adequada para atender suas peculiaridades, consoante art. 24, §3, da Cf/88[475].

Assim, caso haja qualquer questionamento de que a lei mineira de arbitragem possa considerada uma norma processual, e, portanto, inconstitucional, o entendimento recente proferido pelo STF deve prevalecer validando a iniciativa de Minas Gerais.

Quanto ao seu conteúdo, anotamos a obrigação da adoção de uma arbitragem institucional[476], preferencialmente sediada em Minas Gerais[477],

---

[473] Lei n. 1.504/89.

[474] Art. 24. Compete à União, aos Estados e ao Distrito Federal legislar concorrentemente sobre: [...]
§ 2º A competência da União para legislar sobre normas gerais não exclui a competência suplementar dos Estados.

[475] Trecho do voto do Ministro Relator Gilmar Mendes, extraído da fl. 7 o acórdão proferido nos autos da ADI 2.922- RJ, cujo trecho completo segue a seguir: *"Da leitura da norma impugnada, verifica-se que o referido diploma, ao tratar da homologação de acordo, realmente estabelece um modelo procedimental complementar à sistemática processual dos Códigos Civil e de Processo Civil. Ainda que a legislação do Estado do Rio de Janeiro verse sobre homologação de acordo na prestação alimentícia, que inclui matérias que dizem respeito ao direito civil e processual civil, de competência privativa da União, não vislumbro vício formal e violação da estrutura de divisão de competências legislativas. A apreciação da diferença entre meramente definir critérios procedimentais, e, portanto, estar subsumido à competência concorrente prevista no art. 24, XI e XII da Constituição Federal, e regular matéria de direito civil e processo civil, cuja competência é privativa da União, é tarefa que deve ser cuidadosamente realizada. Processo é o instrumento pelo qual o Estado presta a jurisdição, ao passo que procedimento é a forma como o processo é desenvolvido e executado. O direito processual cuida da unidade, da série de atos pelos quais se dá a prestação jurisdicional. O procedimento, por sua vez, é a ordem como esses atos serão desenvolvidos, tem relação com sua dinâmica, incluindo-se aí o modo de postular, a estrutura da petição inicial, o modo como serão colhidas provas admitidas pela legislação processual. Na estrutura federativa brasileira, coube à União estabelecer privativamente normas processuais, válidas uniformemente em toda a Federação. À própria União, Estados e Distrito Federal foi concedida a competência concorrente de, utilizando-se de certo grau de autonomia, criar regras procedimentais para melhor execução da legislação processual federal".*

[476] Art. 4° O juízo arbitral, para os fins desta Lei, instituir-se-á exclusivamente por meio de órgão arbitral institucional.

[477] Art. 10. A câmara arbitral escolhida para compor litígio será preferencialmente a que tenha sede no Estado e deverá atender ao seguinte:

assim como do requisito da nacionalidade brasileira aos árbitros que desejaram exercer a função[478], bem como a obrigação do contratado antecipar as custas do procedimento[479].

Outras obrigações consistem na vedação de decisão por equidade, e na ausência de sigilo dos procedimentos envolvendo o Estado[480], o que também foi acrescido à Lei Brasileira de Arbitragem com as alterações promovidas pela Lei n. 13.129/15, ao adicionar ao art. 2º, o § 3º[481], já da abordado no item II.4 (i).

2.4.19. Lei Federal n. 12.815/13 (Portos – art. 37)

A Lei n. 12.815, de 05 de junho de 2013, que dispõe sobe a exploração direta e indireta pela União de portos e instalações portuárias e sobre as atividades desempenhadas pelos operadores portuários, possui previsão de solução de litígios pela arbitragem: (*i*) através de uma comissão paritária, tal como preconizado no *"caput"* de seu art. 37, bem como traz previsão expressa para a arbitragem em seus parágrafos, para os casos em que se der impasse; e (ii) para dirimir litígios relativos aos débitos pelas concessionárias, arrendatárias, autorizatárias e operadoras portuárias no recolhimento de tarifas portuárias e outras obrigações financeiras perante a

---

I – estar regularmente constituída por, pelo menos, três anos;

II – estar em regular funcionamento como instituição arbitral;

III – ter como fundadora, associada ou mantenedora entidade que exerça atividade de interesse coletivo;

IV – ter reconhecida idoneidade, competência e experiência na administração de procedimentos arbitrais.

§ 1º As intimações relativas à sentença arbitral e aos demais atos do processo serão feitas na forma estabelecida pelas partes ou no regulamento da instituição arbitral responsável pela administração do procedimento.

[478] Art. 5º São requisitos para o exercício da função de árbitro:

I – ser brasileiro, maior e capaz; [...]

[479] Art. 11. No edital de licitação de obra e no contrato público constará a previsão das despesas com arbitragem, taxa de administração da instituição arbitral, honorários de árbitros e peritos e outros custos administrativos.

Parágrafo único. As despesas a que se refere o *caput* deste artigo serão adiantadas pelo contratado quando da instauração do procedimento arbitral.

[480] Art. 6º Para os fins desta Lei, somente se admitirá a arbitragem de direito, instaurada mediante processo público.

[481] § 3º A arbitragem que envolva a administração pública será sempre de direito e respeitará o princípio da publicidade.

administração do porto e a Agência Nacional de Transportes Aquaviários ("ANTAQ"), nos termos do art. 62:

> Art. 37. Deve ser constituída, no âmbito do órgão de gestão de mão de obra, comissão paritária para solucionar litígios decorrentes da aplicação do disposto nos arts. 32[482], 33[483] e 35[484].

[482] Art. 32. Os operadores portuários devem constituir em cada porto organizado um órgão de gestão de mão de obra do trabalho portuário, destinado a: I – administrar o fornecimento da mão de obra do trabalhador portuário e do trabalhador portuário avulso; II – manter, com exclusividade, o cadastro do trabalhador portuário e o registro do trabalhador portuário avulso; III – treinar e habilitar profissionalmente o trabalhador portuário, inscrevendo-o no cadastro; IV – selecionar e registrar o trabalhador portuário avulso; V – estabelecer o número de vagas, a forma e a periodicidade para acesso ao registro do trabalhador portuário avulso; VI – expedir os documentos de identificação do trabalhador portuário; e VII – arrecadar e repassar aos beneficiários os valores devidos pelos operadores portuários relativos à remuneração do trabalhador portuário avulso e aos correspondentes encargos fiscais, sociais e previdenciários. Parágrafo único. Caso celebrado contrato, acordo ou convenção coletiva de trabalho entre trabalhadores e tomadores de serviços, o disposto no instrumento precederá o órgão gestor e dispensará sua intervenção nas relações entre capital e trabalho no porto.

[483] Art. 33. Compete ao órgão de gestão de mão de obra do trabalho portuário avulso: I – aplicar, quando couber, normas disciplinares previstas em lei, contrato, convenção ou acordo coletivo de trabalho, no caso de transgressão disciplinar, as seguintes penalidades: *a*) repreensão verbal ou por escrito; *b*) suspensão do registro pelo período de 10 (dez) a 30 (trinta) dias; ou *c*) cancelamento do registro; II – promover: *a*) a formação profissional do trabalhador portuário e do trabalhador portuário avulso, adequando-a aos modernos processos de movimentação de carga e de operação de aparelhos e equipamentos portuários; *b*) o treinamento multifuncional do trabalhador portuário e do trabalhador portuário avulso; e *c*) a criação de programas de realocação e de cancelamento do registro, sem ônus para o trabalhador; III – arrecadar e repassar aos beneficiários contribuições destinadas a incentivar o cancelamento do registro e a aposentadoria voluntária; IV – arrecadar as contribuições destinadas ao custeio do órgão; V – zelar pelas normas de saúde, higiene e segurança no trabalho portuário avulso; e
VI – submeter à administração do porto propostas para aprimoramento da operação portuária e valorização econômica do porto. § 1º O órgão não responde por prejuízos causados pelos trabalhadores portuários avulsos aos tomadores dos seus serviços ou a terceiros. § 2º O órgão responde, solidariamente com os operadores portuários, pela remuneração devida ao trabalhador portuário avulso e pelas indenizações decorrentes de acidente de trabalho. § 3º O órgão pode exigir dos operadores portuários garantia prévia dos respectivos pagamentos, para atender a requisição de trabalhadores portuários avulsos. § 4º As matérias constantes nas alíneas *a* e *b* do inciso II deste artigo serão discutidas em fórum permanente, composto, em caráter paritário, por representantes do governo e da sociedade civil. § 5º A representação da sociedade civil no fórum previsto no § 4º será paritária entre trabalhadores e empresários.
[484] Art. 35. O órgão de gestão de mão de obra pode ceder trabalhador portuário avulso, em caráter permanente, ao operador portuário.

§ 1º Em caso de impasse, as partes devem recorrer à arbitragem de ofertas finais.

§ 2º Firmado o compromisso arbitral, não será admitida a desistência de qualquer das partes.

§ 3º Os árbitros devem ser escolhidos de comum acordo entre as partes, e o laudo arbitral proferido para solução da pendência constitui título executivo extrajudicial.

§ 4º As ações relativas aos créditos decorrentes da relação de trabalho avulso prescrevem em 5 (cinco) anos até o limite de 2 (dois) anos após o cancelamento do registro ou do cadastro no órgão gestor de mão de obra.

Art. 62. O inadimplemento, pelas concessionárias, arrendatárias, autorizatárias e operadoras portuárias no recolhimento de tarifas portuárias e outras obrigações financeiras perante a administração do porto e a Antaq, assim declarado em decisão final, impossibilita a inadimplente de celebrar ou prorrogar contratos de concessão e arrendamento, bem como obter novas autorizações.

§ 1º Para dirimir litígios relativos aos débitos a que se refere o caput, poderá ser utilizada a arbitragem, nos termos da Lei n. 9.307, de 23 de setembro de 1996.

§ 2º O impedimento previsto no caput também se aplica às pessoas jurídicas, direta ou indiretamente, controladoras, controladas, coligadas, ou de controlador comum com a inadimplente.

Em que pese o fato da Lei n. 12.815/13 ter sido regulamentada pelo Decreto n. 8.033, de 27 de junho de 2013, a regulamentação específica sobre os critérios de arbitragem para dirimir litígios no setor portuário somente se deu com a publicação do Decreto n. 8.465, de 08 de junho de 2015, que regulamentou o § 1º do art. 62 da Lei n. 12.815/13.

Dentre as disposições do Decreto n. 8.465/15, destaca-se a preferência para a utilização da arbitragem institucional[485], a fixação de requisitos

---

[485] Art. 4º A arbitragem poderá ser institucional ou **ad hoc**. § 1º Será dada preferência à arbitragem institucional, devendo ser justificada a opção pela arbitragem **ad hoc**. § 2º A instituição arbitral escolhida para compor o litígio deverá atender aos seguintes requisitos: I – ter sede no Brasil; II – estar regularmente constituída há pelo menos três anos; III – estar em regular funcionamento como instituição arbitral; e IV – ter reconhecidas idoneidade, competência e experiência na administração de procedimentos arbitrais.

da função de árbitro[486] além dos previstos no art. 13 da Lei n. 9.307/96[487], a possibilidade dos contratos de concessão, arrendamento e autorização conterem cláusula compromissória[488], o pagamento através de precatórios em casos de condenação contra a União ou suas entidades autárquicas[489], bem como a relação dos litígios relativos a direitos patrimoniais disponíveis que podem ser objeto de arbitragem nos termos do seu art. 2º:

I – inadimplência de obrigações contratuais por qualquer das partes;

II – questões relacionadas à recomposição do equilíbrio econômico-financeiro dos contratos; e

III – outras questões relacionadas ao inadimplemento no recolhimento de tarifas portuárias ou outras obrigações financeiras perante a administração do porto e a Antaq.

Tão logo o Decreto n. 8.465/15 foi publicado, a doutrina passou a questioná-lo, tal como procedeu César Augusto Guimarães Pereira, que parte

---

[486] Art. 5º São requisitos para o exercício da função de árbitro: I – estar no gozo de plena capacidade civil; II – deter conhecimento técnico compatível com a natureza do litígio; e III – não ter, com as partes ou com o litígio que lhe for submetido, relações que caracterizem os casos de impedimento ou suspeição de juízes, conforme previsto no Código de Processo Civil. Parágrafo único. Na hipótese de árbitro estrangeiro, este deverá possuir visto que autorize o exercício da atividade no Brasil.

[487] Art. 13. Pode ser árbitro qualquer pessoa capaz e que tenha a confiança das partes. [...]

[488] Art. 6º Os contratos de concessão, arrendamento e autorização de que trata a Lei n. 12.815, de 2013, poderão conter cláusula compromissória de arbitragem, desde que observadas as normas deste Decreto. § 1º Em caso de opção pela inclusão de cláusula compromissória de arbitragem, o edital de licitação e o instrumento de contrato farão remissão à obrigatoriedade de cumprimento das normas deste Decreto. § 2º A cláusula compromissória de arbitragem, quando estipulada: I – constará de forma destacada no edital de licitação e no instrumento de contrato; e II – excluirá de sua abrangência as questões relacionadas à recomposição do equilíbrio econômico-financeiro dos contratos, sem prejuízo de posterior celebração de compromisso arbitral para a solução de litígios dessa natureza, observados os requisitos do art. 9º. § 3º A ausência de cláusula compromissória de arbitragem no contrato não obsta que seja firmado compromisso arbitral para dirimir eventuais litígios abrangidos no art. 2º, observadas as condições estabelecidas no art. 9º.

[489] Art. 12. Em caso de sentença arbitral condenatória que imponha obrigação pecuniária contra a União ou suas entidades autárquicas, o pagamento se dará mediante a expedição de precatório ou de requisição de pequeno valor, conforme o caso. Parágrafo único. Na hipótese de que trata o **caput**, o árbitro ou o presidente do colegiado de árbitros solicitará à autoridade judiciária competente a adoção das providências necessárias à expedição de precatório ou de requisição de pequeno valor, conforme o caso.

da premissa de que a norma do art. 62, § 1º, da lei 12.815 teria eficácia plena e não dependeria de regulamentação, e tece as seguintes considerações críticas:

O art. 2º do decreto prevê que podem ser objeto da arbitragem em questão litígios relativos à inadimplência de obrigações contratuais (inc. I), recomposição do equilíbrio econômico-financeiro (inc. II) e outras questões relacionadas ao inadimplemento no recolhimento de tarifas portuárias ou outras obrigações financeiras perante a administração do porto ou a Antaq (inc. III). Rigorosamente, como se viu acima, apenas a matéria do inc. III é objeto da norma supostamente regulamentada. Isso demonstra que o objeto do decreto vai além do que é disciplinado pelo dispositivo referido como regulamentado. Trata-se de ato normativo editado com base em competência genérica do chefe do Poder Executivo, não com autorização ou previsão legal específica.

O art. 3º estabelece parâmetros que os agentes públicos deverão observar. Há normas problemáticas e que não refletem a prática existente e a aplicação adequada da lei 9.307, como as que impõem a aplicação da lei brasileira de mérito (inc. II), a publicidade de todas as informações sobre o processo (inc. IV) e o obrigatório adiantamento de despesas pelo contratado (inc. VII).

Um dispositivo especialmente arbitrário é o que prevê que o valor econômico do litígio para o fim de determinação da exigência de tribunal colegiado (inc. V) será o valor determinado pela Administração Pública (art. 3º, § 1º). Também é problemática a previsão de que os árbitros serão escolhidos de comum acordo entre as partes. A regra deve ser compreendida como exigindo acordo sobre o método de escolha, não sobre a identidade dos árbitros em si – o que tornaria impraticável a escolha, que muitas vezes acaba por ter que ser feita pela instituição arbitral por ausência de consenso.

Os requisitos dos arts. 4º e 5º são igualmente oponíveis apenas aos agentes públicos, não vinculando os particulares nem afetando a validade da arbitragem. O requisito do parágrafo único do art. 5º – também ineficaz para os particulares, inclusive os árbitros – representa manifestação inexplicável de preconceito contra árbitros estrangeiros. Primeiro, a situação do visto do árbitro ou de qualquer outro envolvido na arbitragem é absolutamente irrelevante para o procedimento; não o afeta de modo algum, não tem qualquer relação com a sua validade ou viabilidade; restringe-se aos fins e efeitos próprios da legislação consular. Ademais, não cabe ao decreto disciplinar os requisitos de imigração ou a exigibilidade de visto. Depois, a eventual necessidade de visto será observada segundo a legislação própria e para os fins e com os efeitos desta. Por fim, há inúmeros outros requisitos de regularidade de atuação do árbitro (nacional ou estrangeiro) ou das partes e seus representantes que não foram nem deveriam ser referidos no decreto. A referência específica ao visto para árbitros estrangeiros é uma sinalização negativa, incompatível com a boa-fé e a abertura à solução adequada de litígios que o decreto deveria estimular. De qualquer modo, a regra do parágrafo único do art. 5º não tem qualquer efeito para além da legislação própria relativa a vistos e seus respectivos regimes, que é a única disciplina oponível aos árbitros estrangeiros.

O art. 6º do decreto vai muito além da explícita regulamentação do art. 62, § 1º, da lei 12.815. Pretende regular toda e qualquer arbitragem em "*contratos de concessão, arrendamento e autorização de que trata a Lei nº 12.815, de 2013*". Contraditoriamente com a previsão do art. 2º, prevê que a cláusula compromissória deve excluir do seu objeto o reequilíbrio econômico-financeiro, que dependeria de compromisso arbitral (art. 6º, § 3º).

A regra do art. 7º, § 3º, do decreto formula uma interpretação inadequada da natureza da vinculação entre as partes da arbitragem e o árbitro ou a instituição arbitral. Não se trata de hipótese de inexigibilidade de licitação, referida no art. 7º, § 3º, do decreto e sujeita aos procedimentos do art. 26 da lei 8.666, mas de um caso de *não-incidência de licitação*. A escolha de árbitros ou instituições não guarda relação com as contratações administrativas objeto da lei 8.666, daí a inadequação de se assimilar tal escolha a essas contratações, ainda que mediante a afirmação de que se trata de hipótese de inexigibilidade. Por decorrência, não são aplicáveis a essa escolha os requisitos substanciais ou procedimentais próprios da inexigibilidade de licitação. Menos ainda se poderia pretender que o descumprimento de tais requisitos produzisse qualquer efeito sobre a validade da arbitragem. Como já se apontou, todas as normas do Decreto, inclusive esta, produzem efeitos exclusivamente internos à Administração, no plano funcional entre a Administração e seus agentes. Não têm nenhum efeito processual nem vinculam os particulares, sejam eles partes, árbitros ou instituições arbitrais.[490]

Em que pese as críticas ao Decreto n. 8.465/15, sua utilização prática não tardou a ocorrer, haja vista que no dia 03 de setembro do mesmo ano,

---

[490] Pereira, César Augusto Guimarães. **O decreto 8.465 e a arbitragem no setor portuário: considerações sobre a sua natureza, eficácia e objeto**. Migalhas, 27/07/15, disponível em: < http://www.migalhas.com.br/dePeso/16,MI224129,31047-O+Decreto+no+8465+e+a+arbitragem+no+setor+portuario+consideracoes >, acesso em 03/09/15.

foi publicado no Diário Oficial da União – Seção 3, fl. 3, o *"Extrato de Termo de Compromisso"* assinado em 02 de setembro de 2105 junto a Secretaria de Portos da Presidência da República:

PROCESSO: 00045.003858/2014-13. INSTRUMENTO: Termo de Compromisso Arbitral. PARTES: de um lado a UNIÃO, por intermédio da Secretaria de Portos da Presidência da República, CNPJ/MF n. 08.855.874/0001-32, e Companhia Docas do Estado de São Paulo – CODESP, CNPJ/MF n° 44.837.524/0001-07, com a interveniência da Agência Nacional de Transportes Aquaviários – ANTAQ, CNPJ/MF nº 04.903.587/0001-08, e DE OUTRO LADO: Libra Terminais S.A., CNPJ/MF nº 33.813.452/0001-41, e Libra Terminal 35 S.A., CNPJ/MF nº 02.373.383/0001-79. OBJETO: 1.1 – resolver, conforme e para os efeitos da Lei n. 9.307/1996, com a redação dada pela Lei n. 13.129/2015, do §1º do art. 62 da Lei n. 12.815/2013 e do Decreto 8.465/2015, celebrar o presente Termo de Compromisso Arbitral (o "Compromisso Arbitral") e pôr fim aos seguintes processos (as "Ações Judiciais", cujos assuntos, indicados no Anexo I deste Compromisso Arbitral, constituirão a matéria que será objeto desta arbitragem: (i) 0005951-69.2003.4.03.6104, que se encontra em curso perante a 4ª Turma do Tribunal Regional Federal da 3ª Região; (ii) 0005952-54.2003.4.03.6104, que se encontra em curso perante a 4ª Turma do Tribunal Regional Federal da 3ª Região; (iii) 0008341- 12.2003.4.03.6104, que se encontra em curso perante a 4ª Turma do Tribunal Regional Federal da 3ª Região; (iv) 0014006-67.2007.4.03.6104, em curso perante a 3ª Vara Federal de Santos; (v) 0004199-86.2008.4.03.6104, em curso perante a 3ª Vara Federal de Santos; (vi) 0019750-15.2004.8.26.0562, em curso perante a 12ª Vara Cível de Santos; (vii) 0008979-79.2002.4.03.6104, em curso perante a 3ª Vara Federal de Santos; (viii) 0007901-11.2006.4.03.6104, em curso perante a 3ª Vara Federal de Santos; (ix) 9218125-35.2007.8.26.0000, em curso perante a 5ª Câmara de Direito Público do TJ/SP (origem n. 0030217-82.2006.8.26.0562, 4ª Vara Cível de Santos). 1.1.1 – Em decorrência da extinção das Ações Judiciais, convencionam as Partes que a CODESP desistirá da ação n. 0002355-14.2002.4.03.6104, por ela ajuizada perante a 3ª Vara Federal de Santos contra BOREAL DISTRIBUIDORA DE TÍTULOS E VALORES MOBILIÁRIOS S.A. e BANCO BOREAL S.A. (ambas doravante em conjunto referidas simplesmente como "BOREAL"), cabendo à LIBRA 35 apresentar procuração da BOREAL, em seu nome ou de seus advogados, (i) para representá-la nessa ação, para concordar com a desistência a ser requerida pela CODESP, como também, e concomitantemente, (ii) para representá-la na ação n. 0006201-

39.2002.4.03.6104 (Embargos à Execução) e requerer sua extinção e de quaisquer outras ações eventualmente existentes e que lhes sejam conexas. 1.1.2 – Convencionam as Partes, ainda, que a LIBRA 35 desistirá da Ação Judicial n. 0004578-90.2009.4.03.6104, por ela ajuizada perante a 3º Vara Federal de Santos, apenas e tão somente em face da CODESP, que se obriga a concordar com a sua extinção, ficando facultado à LIBRA 35 prosseguir com a referida demanda em face do corréu MAURO MARQUES, caso seja de seu interesse. 1.1.3 – No mesmo sentido, convencionam as Partes, que a LIBRA TERMINAIS desistirá do Processo n. 0005554-05.2006.4.03.6104, referente ao Mandado de Segurança por ela impetrado em face da CODESP, no qual figura como litisconsorte passiva a Santos Brasil S.A., em curso perante a 6ª Turma do TribunalRegional Federal da 3ª Região (Vara de origem 4ª. Vara Federal de Santos), obrigando-se a CODESP a concordar com essa desistência. DATA DA ASSINATURA: 02/09/2015.

O que se comprova, é que as alterações legislativas envolvendo arbitragem e a Administração Pública são uma realidade, sendo que os diplomas são utilizados mesmo antes de qualquer questionamento perante o Judiciário, que também evoluiu em relação ao entendimento do tema, como passaremos a abordar a seguir.

2.5. O Tratamento Jurisprudencial das Arbitragens Envolvendo a Administração Pública

Assim como a evolução legislativa sobre o tema – abordada no item II.4 –, o entendimento jurisprudencial também aderiu paulatinamente à possibilidade da Administração Pública se submeter à arbitragem, afastando-se da resistência à medida em que as decisões se consolidaram.

Como se demonstrará a seguir, as decisões dos Tribunais administrativos e judiciais foram cíclicas, partindo de uma elasticidade inicial, reduzida pelas supressões legislativas, para, somente então reconhecerem a constitucionalidade do instituto reinserido no sistema pátrio, bem como alargar a sua aplicabilidade.

Para os objetos do presente trabalho elencaremos apenas as decisões mais relevantes concernentes à arbitragem envolvendo o Poder Público.

2.5.1. STF e os Casos "Lage"

O julgamento ocorrido pelo pleno do STF nos autos do Agravo de Instrumento n. 52.181 – que será detidamente analisado no item II.5 (a) (2) – ficou conhecido como o *"Caso Lage"*, considerado por Carlos Alberto Carmona um *"importante (e vestuto) precedente"*[491], por André Guskow Cardoso como *"um precedente clássico a respeito do tema"*[492], e por Leonardo de Faria Beraldo como *"paradigmático no Direito brasileiro"*[493].

Sem dúvida o mencionado precedente possui extensa fundamentação quando à arbitragem envolvendo a Administração Púbica e será devidamente explorado, todavia, e rendendo as homenagens aos mencionados autores, entendemos que o acórdão que o antecedeu e o embasou possui maior importância jurídica e acadêmica, seja por se deparar com o assunto pela primeira vez, ou mesmo por ter sido textualmente citado, servindo de base para o posterior.

Referimo-nos ao RE n. 56.851 – Guanabara que foi julgado em 13 de junho de 1969, ao passo que o festejado AI n. 52.181 – Guanabara, somente foi levado a plenário após mais de quatro anos, ou seja, em 14 de novembro de 1973.

Levando em consideração que ambos os casos possuem a mesma matriz fática, a abordaremos abaixo, para nos subitens seguintes trazermos as peculiaridades jurídicas de cada precedente.

A celeuma teve início com a edição do Decreto-lei n. 4.648, de 02 de setembro de 1942, que *"considerando a existência do estado de guerra, declarado pelo decreto n. 10.358, de 31 de agosto de 1942"*[494], dentre outras providên-

---

[491] CARMONA, Carlos Alberto. **Arbitragem e Processo: um comentário à Lei n. 9.307/96.** São Paulo: Atlas, 2009, p. 45.

[492] CARDOSO, André Guskow. **Arbitragem e Função Administrativa.** *In: PEREIRA, Cesar A. Guimarães; TALAMINI, Eduardo (coord.). Arbitragem e o Poder Público.* São Paulo: Saraiva, 2010, p. 18.

[493] BERALDO, Leonardo de Faria. **Curso de arbitragem: nos termos da Lei n. 9.307/96.** São Paulo: Atlas, 2014, p. 106.

[494] Art. 1º É declarado o estado de guerra em todo o território nacional. Art. 2º Na vigência do estado de guerra deixam de vigorar desde já as seguintes partes da Constituição: Art. 122, ns. 2, 6, 8, 9, 10, 11, 14 e 16; Art. 122, n. 13, no que diz respeito à irretroatividade da lei penal; Art. 122, n. 15, no que concerne ao direito de manifestação de pensamento; Art. 136, final da alínea; Art. 137; Art. 138; Art. 155, letras c e h; Art. 175, primeira parte, no que concerne ao curso do prazo. Parágrafo único – Ressalvados os atos decorrentes de delegação para a execução do estado do emergência declarado no artigo 166 da Constituição, só o Presidente da República tem o poder de, diretamente ou por delegação expressa, praticar atos fundados

cias[495] incorporou *"ao patrimônio nacional os bens e direitos das empresas da chamada 'Organização Lage' e do espólio de Henrique Lage"*.

Após a avaliação dos bens por um Superintendente de confiança do Governo Federal[496], o Ministro da Fazenda alegando auxílio financeiro prestado ao de cujus, sugeriu a expedição de Decreto-lei fixando a indenização em valor inferior ao apurado[497].

Diante da rejeição da proposta o Governo constituiu uma comissão presidida pelo Procurador Geral da Fazenda Pública visando a nova avaliação dos bens, culminando na expedição do Decreto-lei n. 7.024, de 06 de novembro de 1944[498].

Em 26 de julho de 1946 publicou-se o Decreto-lei n. 9.521, que modificando os decretos-leis anteriores regulou o destino dos bens deixados por Henrique Lage, especificando em seu art. 4º que a União pagaria pela incorporação dos bens ao seu patrimônio *"uma indenização correspondente ao justo valor que ditos bens e direitos tinham"* e que o montante dessa indenização

---

nesta lei. Art. 3º O presente decreto entrará em vigor na data de sua publicação, revogadas as disposições em contrário. Rio de Janeiro, 31 de agosto de 1942, 121º da Independência e 54º da República.

[495] De acordo com o art. 1º do Decreto-lei n. 4.648/42, foram incorporados ao patrimônio nacional todos os bens e direitos das seguintes empresas: Companhia Nacional de Navegação Costeira, Lloyd Nacional S.A., Companhia Brasileira Carbonífera de Araranguá, Companhia Docas de Imbituba, Companhia Nacional de Construções Civis e Hidráulicas, Banco Sul do Brasil, Companhia Nacional de Mineração de Carvão do Barro Branco, Companhia Mineração e Metalurgia São Paulo-Paraná, Companhia do Gandarella, Companhia Industrial Friburguense, Lloyd Industrial Sul Americano, Lloyd Sul Americano, Companhia Nacional de Navegação Aérea, S.A. Gás de Niterói, Companhia Nacional de Indústrias Minerais, Empresa de Terras e Colonização, Companhia de Navegação São João da Barra e Campos, Companhia Nacional de Imoveis Urbanos, Companhia Nacional de Exploração de Óleos Minerais, Companhia Nacional de Energia Elétrica, S. A. Estaleiros Guanabara, A.M. Teixeira & Cia. Ltda.,

Sauwen & Cia. Ltda., Henrique Lage (Sucessor de Lage Irmãos), Henrique Lage (Fábrica Maruí), M. Freire & Cia. Ltda, Companhia "Serras" de Navegação e Comércio, Sociedade Brasileira de Cabotagem Ltda., e

Cia. Cerâmica de Imbituba, e do Espólio de Henrique Lage, assumindo o Governo Federal, na data da vigência do decreto-lei, o seu ativo e passivo.

[496] Apurando-se um saldo líquido de Cr$ 760.262.210,14.

[497] Cr$ 150.000.000,00.

[498] Trecho adaptado do relatório do Ministro Bilac Pinto, nos autos do AI n. 52.181-Guanabara, p. 45-46.

seria fixado por decisão irrecorrível[499] de um Juízo Arbitral[500], e cuja execução independeria de homologação[501].

O Juízo Arbitral foi instituído nos termos do art. 12 do Decreto-lei n. 9.521/46, com o fim de julgar em instância única e sem recursos as impugnações oferecidas pelo Espólio de Henrique Lage, sua herdeira e legatários, elencando as questões sobre as quais poderia decidir[502], e nos termos do art. 14 determinou-se que a arbitragem contaria com três árbitros, um indicado por cada parte, e o terceiro em comum acordo pelos dois primeiros, entre os Ministros do Supremo Tribunal Federal em exercício ou aposentados[503], constituindo-se o tribunal pelo Dr. Raul Gomes de Matos,

---

[499] Art. 16. Da sentença do Juízo Arbitral nenhum recurso será admissível, constituindo decisão final e definitiva que será executada independentemente de homologação.

[500] Art. 4º A União pagará pela incorporação dos bens e direitos especificados no art. 2º uma indenização correspondente ao justo valor que ditos bens e direitos tinham na data em que entrou em Vìgor o Decreto-lei n. 4.648, de 2 de 8 Setembro de 1942, e o respectivo "quantum'" será fixado pelo Juízo Arbitral a ser instituído de acôrdo com o disposto no art. 12 do presente Decreto-lei.

[501] Vide art. 16.

[502] Art. 12. Fica instituído o Juízo Arbitral para o fim especial de julgar, em única instância e sem recurso, as impugnações oferecidas pelo Espólio de Henrique Lage, sua herdeira e legatários, aos Decretos-leis ns. 4.648, de 2 de Setembro de 1942, e 7.024, de 6 de Novembro de 1944, com as seguintes atribuições: I – Decidir sobre: *a)* as avaliações dos bens e direitos a que aludem os arts. 2º e 4º dêste Decreto-lei; *b)* os débitos a que se referem os arts. 5º, letra a, e 6º, *c)* o levantamento do passivo das referidas Emprêsas e do Espólio, para os fins previstos no art. 5º letra b; *d)* a apuração da diferença a que alude o art. 8º; *e)* as alterações eventuais previstas no art. 10; *f)* a demarcação da parte dos terrenos de marinha e acrescidos, excluída da incorporação, nos têrmos dos arts. 2º e 3º; *g)* a administração, nos têrmos do art. 21, § 1º, das emprêsas excluídas; *h)* os casos omissos e qualquer outro assunto de que dependa a boa e rápida execução do presente decreto-lei. II – Arbitrar, se necessário, o valor dos acréscimos e deduções a serem computados na forma do art. 10.

[503] Art. 14. O Juízo Arbitral será constituído de três (3) membros, dos quais um de nomeação do Ministro da Fazenda e outro indicado pela inventariante do Espólio de Henrique Lage, mediante autorização do Juízo do inventário, após audiência dos demais interessados. O terceiro será escolhido de comum acôrdo pelos dois primeiros, dentre os Ministros de Supremo Tribunal Federal, em exercício ou aposentados. § 1º Dentro de quinze (15) dias, a contar da publicação do presente Decreto-lei, as partes assinarão o respectivo têrmo de compromisso perante o Ministro da Fazenda, sendo representados no processo a União, pelo Procurador Geral da Fazenda Nacional e as Emprêsas e o Espólio pela inventariante. § 2º Logo em seguida, far-se-á a instalação do Juízo Arbitral e, nesse ato, serão escolhidos o terceiro desempatador e substituto, duncionando como escrivão do processo o do 1º Ofício da 1ª Vara da Fazenda Pública.

por parte da União, do Prof. Antônio Sampaio Dória, pelo espólio, e pelo Ministro aposentado do STF Manoel Costa Manso[504].

A arbitragem foi concluída em 21 de janeiro de 1948, decidindo o Tribunal, em votação unânime, que a indenização montava a Cr$ 288.460.812,00.

Houve severa movimentação por parte do governo federal para iniciar o pagamento devido apontado pelo Tribunal Arbitral, todavia, o Procurador-Geral da Fazenda, Dr. Haroldo Renato Ascioli, emitiu um parecer sustentando a inconstitucionalidade do Juízo Arbitral, obstando o pagamento[505].

Diante da ausência de recebimento da indenização concedida pelo Juízo Arbitral, os Espólios de Henrique Lage e Renaud Lage ajuizaram diversas ações que culminaram nos dois precedentes abaixo abordados.

2.5.1.1. Decisão STF – RE n. 56.851 (1º Caso Lage)

Como ressaltado acima, a bifurcação fática deve-se ao fato do mencionado Decreto-lei n. 9.521/46 ter também excluído das indenizações[506] correspondentes os três navios pertencentes ao espólio – Piave, Araraquara e Itagiba –, torpedeados entre março e agosto de 1942.

Esse o objeto da ação de indenização proposta pelo espólio, o ressarcimento dos prejuízos com a perda das três embarcações[507].

Em primeira instância a ação foi julgada improcedente quando da prolação do despacho saneador[508].

---

[504] Trecho adaptado do relatório do Ministro Bilac Pinto, nos autos do AI n. 52.181-Guanabara, p. 47.

[505] Idem, p. 48.

[506] Art. 9º As importâncias que couberem às Emprêsas e ao Espólio na distribuição do Fundo de Indenização criado pelo Decreto-lei n. 4.166, de 11 de Março de 1942, a título de reparação pelos navios propriedade dos mesmos que foram perdidos ou danificados em conseqüência da guerra, servirão de garantia ao pagamento do saldo a que alude o § 1º do artigo 8º, caso se verifique a hipótese ali prevista, até que seja proferida a sentença do juízo Arbitral.
Parágrafo único. Se as importâncias acima aludidas não forem suficientes para garantir o saldo verificado a favor da Fazenda Nacional, promoverá esta o competente executivo fiscal para a cobrança da diferença, como previsto no § 2º do citado art. 8º.

[507] Trecho adaptado do relatório do Ministro Amaral Santos, nos autos do RE n. 56.852-Guanabara, p. 207.

[508] Extrai-se do despacho saneador: *"Tenho por imoral e ilícito o pedido, a que aqui ponho têrmo. Não pode ser objeto de dúvida que à incorporação dos bens do Espólio de Henrique Lage correspondeu indenização por parte da União Federal, indenização que abrangeu, individualmente, as parcelas relativas ao valor dos navios torpedeados afundados. Reconhecer ilegitimidade na presente ação seria o mesmo que admitir a dupla cobrança do crédito. Condeno o autor nas custa. P.R.I."*

A sentença foi reformada pelo Tribunal Federal de Recursos, determinando o seu prosseguimento até o julgamento de mérito.

Considerados os pedidos, agora em sede de sentença[509], novamente foram julgados improcedentes, resultado mantido pela 1ª Turma do Tribunal Federal de Recursos[510].

O recurso extraordinário foi conhecido e provido, sendo que das razões de decidir do relator, Ministro Amaral Santos, extraímos os seguintes trechos referentes à arbitragem mantida junto à Administração Pública:

> A sentença arbitral tinha caráter de irrecorrível, "constituindo decisão final e definitiva, que será executada independentemente de homologação" (Decreto-Lei n. 9.521, art. 16). [...]
>
> Atendendo a que, como se viu, a decisão do Juízo Arbitral, que é sentença, e transitou em julgado, reconheceu ser o Espólio credor e não devedor da União, sendo por isso, caso de aplicar-se o parágrafo 2º do art. 8º do mesmo Decreto-Lei n. 9.521, cabe à União pagar ao Espólio ou as Emprêsas o que a cada um for devido. [...][511]

Houve divergência apenas quanto ao valor dos honorários, proposta a redução para 15% (quinze por cento) por parte do Ministro Carlos Thompson Flores.

---

[509] A seguir transcrita: "*O torpedeamento dos navios 'Piave', 'Araraquara', e 'Itagiba' ocorreu antes da incorporação. O fato danoso gerou direito de indenização em favor do proprietário (ex facto jus critur). Esse fato e o da titularidade das Emprêsas Lage não sofreu contestação. Como explicar que o valor das indenizações correspondente fôsse entregue à Superintendência das Emprêsas incorporadas? A indenização na responsabilidade civil, representa composição, reajuste de patrimônio desfalcado. Como explicar que o preço da indenização fôsse integrar o patrimônio das Emprêsas Incorporadas, se a sua destinação era pagar prejuízos sofridos pela Emprêsa de Navegação antes de passar ao domínio do Estado? Explica-se perfeitamente. Ao serem incorporadas, as empresas entraram para o Patrimônio Nacional com o seu ativo e o seu passivo. No ativo figurando a frota, os serviços auxiliares, os valores das indenizações correspondentes aos navios afundados, etc. No passivo figurando todos os elementos negativos. No momento da incorporação o preço da indenização substituía, apenas, algumas unidades do patrimônio das empresas de navegação incorporadas. A entrega dos valores à Superintendência constitui, apenas, um 'dar a alguém o que é seu' (suum cuique tribuere). V – Pelos motivos expostos, julgo improcedente a ação*".

[510] Decisão colegiada, que após análise dos embargos restou assim ementada: "Indenização pelo torpedeamento levado a efeito durante a guerra, de navios do Lloyde Nacional e Cia. de Navegação Costeira. O Govêrno Federal, que ficou com as ações das duas emprêsas, subrogou-se nos direitos a essa indenização".

[511] Trechos do voto do Ministro Amaral Santos (relator), nos autos do RE n. 56.852-Guanabara, p. 216, e p. 219, respectivamente.

ARBITRAGEM NA ADMINISTRAÇÃO PÚBLICA

Assim, mesmo que indiretamente deve-se reconhecer a importância do acórdão, haja vista que o Supremo Tribunal Federal reconheceu a constitucionalidade da arbitragem contra a Administração Pública, bem como reconheceu que a irrecorribilidade de suas decisões não seria um empecilho para o instituto.

A decisão, como soi de ser, diante de sua reconhecida expressividade embasou a que se seguiu[512] e será abordada no próximo subitem.

2.5.1.2. Decisão STF – AI n. 52.181 (2º Caso Lage)

Como ressaltado, após sedimentar o entendimento no caso das embarcações, após transcorridos quatro anos, o Supremo voltou a se deparar com a questão, agora de forma mais direta.

Ocorre que no presente caso, a União – buscando uma alternativa à decisão encampada ao acórdão anterior – pretendeu em relação à arbitragem, o reconhecimento da nulidade do juízo arbitral, por sua origem, natureza e finalidade; e a insubsistência da cláusula de irrecorribilidade do laudo arbitral.

Em primeira instância foi reconhecida a decisão arbitral, ordenando o seu pagamento com o acréscimo de juros de mora, custas e honorários advocatícios, fixados em 10% (dez por cento) sobre o total da indenização[513].

Diante da apelação para o Tribunal Federal de Recursos, o recurso foi relatado pelo Ministro Godoy Ilha, que escudando-se na tradição brasileira em relação à arbitragem envolvendo a Administração Pública – tradição essa relativizada por Carlos Alberto Carmona[514], e que com o devido

---

[512] Vide razões do voto do Ministro Bilac Pinto (relator), nos autos do AI n. 52.181-Guanabara, p. 56, que não só reconhecem como citam a presente decisão expressamente no trecho a seguir replicado: *"[...] A propósito, vale mencionar que na ação proposta pelo 'Espólio de Henrique Lage', para obter reparação pelo torpedeamento de três navios da antiga organização, independentemente da indenização pela incorporação da emprêsa, o Supremo Tribunal Federal se manifestou pela aceitação do laudo arbitral, e do Decreto-Lei n. 9.521, de 26 de julho, no seu discutido art. 9º, julgando a ação procedente (Recurso Extraordinário n. 56.851, de 13 de junho de 1969, relator Ministro Amaral Santos, Diário da Justiça de 26 de setembro de 1969). Bem expressivo é o voto do Senhor Ministro Amaral Santos, que mereceu apoio de todos os juízes e foi confirmado em embargos, Tribunal Pleno, 10/abril/1970 [...]".*

[513] Vide razões do voto do Ministro Bilac Pinto (relator), nos autos do AI n. 52.181-Guanabara, p. 49.

[514] Tal como constante na nota de rodapé n. 34, assim redigida: *"Este argumento* [de que a arbitragem sempre teria sido admitida em nosso ordenamento, mesmo nas causas que envolvem a Fazenda] *foi empregado pelo Ministro Godoy Ilha, relator da apelação encetada pela União*

respeito divergimos, posto que a tradição aludida pelo julgador era a prática[515] e não a jurisprudencial –, reconhece não a penas a validade do instituto, como também a da cláusula de irrecorribilidade:

> [...] Juízo Arbitral – Na tradição do nosso direito, o instituto do Juízo Arbitral sempre foi admitido e consagrado, até mesmo nas causas contra a Fazenda. Pensar de modo contrário é restringir a autonomia contratual do Estado, que como toda pessoa sui juris, pode prevenir o litígio pela via do pacto de compromisso, salvo nas relações em que age como Poder Público, por insuscetíveis de transação. [...]
>
> Cláusula de irrecorribildiade – A cláusula de irrecorribilidade de sentença arbitral é perfeitamente legítima e não atenta contra nenhum preceito da Carta Magna, sendo também dispensável a homologação judicial dessa sentença, desde que na sua execução seja o Poder Judiciário convocado a se pronunciar, dando, assim, homologação tácita ao decidido. [...]

O acórdão declarou que a condenação montava a Cr$ 288.460.812,00 com incidência de juros anuais de cinco por cento, desde setembro de 1942, acrescendo, em sede de embargos de declaração a correção monetária.

No STF o Ministro Xavier de Albuquerque, que havia sido Procurador-Geral da República se deu por impedido por ter participado, mesmo que indiretamente, na defesa da União em âmbito administrativo[516].

Quando da análise de mérito das questões suscitadas, chamamos atenção para os seguintes trechos do acórdão:

> [...] Estou de acordo com o despacho recorrido em que todas as arguições formuladas pela União Federal, nos seus recursos extraordinários (fls. 523/533 e fls. 656/675), no que concerne à inconstitucionalidade e à ilegalidade do Juízo Arbitral instituído pelo Decreto-Lei n. 9.521, de 27.7.1946, foram cabalmente respondidas pelo douto e ilustre Magistrado Godoy Ilha [...]
>
> [...] o Supremo Tribunal Federal teve oportunidade de apreciar a legalidade do Juízo Arbitral, discutido nesta demanda, ao julgar ação movida pelo

---

contra a sentença de primeiro grau. Deve-se reconhecer que, considerando a exígua experiência arbitral no Brasil à época da decisão, a afirmação não é de grande peso". In: CARMONA, Carlos Alberto. **Arbitragem e Processo: um comentário à Lei n. 9.307/96**. São Paulo: Atlas, 2009, p. 45.

[515] Abordada no item II.3.

[516] Extraído da declaração de impedimento do acórdão proferido pelo STF nos autos do AI n. 52.181-Guanabara, p. 54.

Espólio de Henrique Lage contra a Companhia Nacional de Navegação Costeira – P.N. –, na qual ser reclamada indenização pelo torpedeamento dos navios Piave, Araraquara e Itagiba durante a Guerra[517].

No exame da questão de mérito, o ilustre Ministro Amaral Santos, fundou-se em argumentação coincidente com a do acórdão recorrido [...]

Tenho como incensurável a decisão recorrida, quer no que concerne à constitucionalidade e à legalidade do Juízo Arbitral, quer no que se refere à condenação ao pagamento de juros de mora, nos termos nela fixados. [...]

Com esses fundamentos, nego provimento ao agravo da União Federal.

Outro excerto digno de registro é o que sedimentou a discussão de que arbitragem seria matéria de Direito Civil e de Direito Processual Civil[518].

Pediu vistas o Ministro Rodrigues Alckimin, que apenas divergiu para restabelecer a condenação nos honorários advocatícios imposta na sentença.

2.5.2. Decisão STJ – REsp n. 616-RJ

Este julgamento ocorreu em 24 de abril de 1990 e analisa validade de uma cláusula arbitral por parte de uma companhia estatal, a Companhia de Navegação Lloyd Brasileiro[519], que firmou um contrato internacional, com cláusula de previsão de arbitragem comercial internacional, sujeita às regras procedimentais da Comissão Interamericana de Arbitragem Comercial ("CIAC").

---

[517] Vide item II.5 (a) (1).

[518] Vide razões do voto do Ministro Bilac Pinto (relator), nos autos do AI n. 52.181-Guanabara, p. 67 a seguir transcritas: *"[...] o Decreto-Lei n. 9.521 foi expedido no regime da Carta de 37. Cabendo à União legislar sobre o direito civil e o processo civil, foi ele baixado pelo Presidente da República, no uso da faculdade que lhe outorgava o art. 180 daquela Carta, de expedir decretos-leis sobre todas as matérias de competência legislativa da União, enquanto não se reunisse o Parlamento Nacional. Irrecusável, à toda evidência, a legitimidade do increpado diploma, ao estabelecer alterações não só no Código Civil como no Código de Processo Civil, na parte em que regula e disciplina o instituto do Juízo Arbitral, que participa com preeminência do Direito Substantivo das obrigações, como sustentam LACERDA DE ALMEIDA (Dos Efeitos das Obrigações), sendo do mesmo sentir M. I. Carvalho de Mendonça (Obrigações I). De resto, no entendimento dos nossos mais autorizados civilistas, a cláusula compromissória guarda estreita afinidade com a transação, tanto que o art. 1.048 do Código Civil lhe manda estender o disposto acerca da transação, que é, também, como está expresso no art. 1.025, um instrumento de que se podem utilizar os interessados em prevenirem ou solucionarem o litígio mediante concessões mútuas [...]".*

[519] Incluída em no Programa Nacional de Desestatização ("PND"), através do Decreto n. 1.639, publicado no Diário Oficial de 19 de setembro de 1995

Discutia-se, dentre outas matérias, a imprescindibilidade do compromisso arbitral, nos termos do art. 1.073 do CPC, que tal como visto no item II.3, não aceitava a previsão de subsunção à arbitragem antes do surgimento do litígio[520].

Em que pese a relatoria do caso ter ficado a cargo do Ministro Cláudio Santos, o voto vencedor partiu da divergência apontada pelo Ministro Gueiros Leite, que reconhecendo a aplicação das regras do Protocolo de Genebra de 1923 – vide item II.3 –, e, consequentemente a ausência de diferença entre os institutos da cláusula compromissória e do compromisso arbitral, aplicando a ambos os mesmos efeitos legais, restabeleceu a sentença homologatória[521].

Apontou, ainda, que a recorrida – A. S. Ivarans Rederi – uma empresa norueguesa submeteu-se voluntariamente à arbitragem, acompanhando todos os seus passos, e somente questionou a validade do compromisso pelo fato da decisão ter-lhe sido desfavorável.

O presente precedente é digno de registro por relativizar a previsão constante no art. 1.073 do CPC através de uma interpretação sistemática, considerando os tratados internacionais relacionados à arbitragem firmados pelo Brasil até a data dos fatos, bem como por não criar óbices à uma companhia estatal se socorrer do instituto.

2.5.3. Decisão TCU – TC n. 286/1993

Trata-se de uma consulta endereçada ao Tribunal de Contas da União, formulada pelo Ministério de Minas e Energia acerca da admissibilidade do Juízo arbitral para solucionar pendências relacionadas com preços estabelecidos nos instrumentos contratuais celebrados entre a Companhia Hidroelétrica do São Francisco ("CHESF") e seus fornecedores de materiais e mão-de-obra.

---

[520] CARMONA, Carlos Alberto. **Arbitragem e Processo: um comentário à Lei n. 9.307/96.** São Paulo: Atlas, 2009, p. 4.

[521] Acórdão assim ementado: *"CLAUSULA DE ARBITRAGEM EM CONTRATO INTERNACIONAL. REGRAS DO PROTOCOLO DE GENEBRA DE 1923.1. Nos contratos internacionais submetidos ao Protocolo, a clausula arbitral prescinde do ato subsequente do compromisso e, por si só, e apta a instituir o juízo arbitral. 2. Esses contratos tem por fim eliminar as incertezas jurídicas, de modo que os figurantes se submetem, a respeito do direito, pretensão, ação ou exceção, a decisão dos árbitros, aplicando-se aos mesmos a regra do art. 244, do CPC, se a finalidade for atingida. 3. Recurso conhecido e provido. Decisão por maioria. (REsp 616/RJ, Rel. Ministro Claudio Santos, Rel. p/ Acórdão Ministro Gueiros Leite, Terceira Turma, julgado em 24/04/1990, DJ 13/08/1990, p. 7647)".*

O Tribunal conheceu como consulta o expediente do Aviso n. 167/ GM/1993, respondendo-a pela inadmissibilidade do Juízo Arbitral em contratos administrativos, por ausência de autorização legal e afronta aos princípios da Administração Pública, como o da supremacia do interesse público sobre o privado, da vinculação ao instrumento convocatório da licitação[522].

Essa decisão data de 15 de julho de 1993, época em que apenas havia previsão para arbitragens envolvendo a Administração Pública nos casos descritos nos itens II.4 (a), (b), (c), (d), e (e), não havendo, de fato, qualquer lei que tratasse da possibilidade de submeter as questões relativas ao setor de energia elétrica ao instituto.

Esse precedente é trazido para demonstrar o entendimento dos órgãos da própria Administração Pública, para, que com a análise dos seguintes, consigamos visualizar a alteração de posicionamento.

2.5.4. Decisão STF – SE n. 5.206-7

Após cinco anos após da publicação da Lei Brasileira de Arbitragem, em decisão datada de 12 de dezembro de 2001, o Supremo Tribunal Federal reconheceu a constitucionalidade do instituto quando do julgamento do Agravo Regimental na Sentença Estrangeira n. 5.206-7, proveniente do Reino da Espanha[523].

---

[522] O Tribunal de Contas da União, diante das razões expostas pelo Relator, DECIDE: 1. conhecer, como consulta, o expediente do Aviso n. 167/GM/1993, do Exmo. Senhor Ministro de Minas e Energia, para respondê-lo que o juízo arbitral é inadmissível em contratos administrativos, por falta de expressa autorização legal e por contrariedade a princípios básicos de direito público (princípio da supremacia do interesse público sobre o privado, princípio da vinculação ao instrumento convocatório da licitação e à respectiva proposta vencedora, entre outros); 2. determinar o envio de cópia, à autoridade consulente, dos pareceres emitidos nos autos, bem como do Relatório, Voto e desta Decisão; e 3. determinar a remessa destes autos à IRCE/PE para juntada e exame em conjunto com as contas da Entidade relativas aos exercícios de 1990 e 1991.

[523] EMENTA: [...] 2. Laudo arbitral: homologação: Lei da Arbitragem: controle incidental de constitucionalidade e o papel do STF. A constitucionalidade da primeira das inovações da Lei da Arbitragem – a possibilidade de execução específica de compromisso arbitral – não constitui, na espécie, questão prejudicial da homologação do laudo estrangeiro; a essa interessa apenas, como premissa, a extinção, no direito interno, da homologação judicial do laudo (arts. 18 e 31), e sua conseqüente dispensa, na origem, como requisito de reconhecimento, no Brasil, de sentença arbitral estrangeira (art. 35). A completa assimilação, no direito interno, da decisão arbitral à decisão judicial, pela nova Lei de Arbitragem, já bastaria, a rigor, para

Das razões de decidir, retiramos breve trecho do voto do Ministro Nelson Jobim, que extraindo em suas palavras *"o núcleo normativo da norma"*[524] contida no art. 5º, inciso XXXV da CF/88, extraiu a faculdade de, a permissão para que o cidadão recorra ao Judiciário, não uma obrigação, configurando uma proibição constitucional ao legislador vedar esse direito.

O fez o Ministro através da técnica de Fran Von Liszt quanto *"aos mecanismos de lógica de ôntica e dos âmbitos de validez ou aquilo que se chamaria o conteúdo normativo"*[525] conclui que o caráter da norma em relação à composição de conflitos é proibitivo mas o destinatário da norma é o Poder Legislativo e não cidadão:

> [...] em primeiro, a referência constitucional. Diz o texto da Constituição que a lei não excluirá da apreciação do Poder Judiciário lesão ou ameaçada a direito. Em primeiro lugar, examinando o dispositivo constitucional através da perspectiva de seu núcleo normativo, e verificando o caráter desse dispo-

autorizar a homologação, no Brasil, do laudo arbitral estrangeiro, independentemente de sua prévia homologação pela Justiça do país de origem. Ainda que não seja essencial à solução do caso concreto, não pode o Tribunal – dado o seu papel de "guarda da Constituição" – se furtar a enfrentar o problema de constitucionalidade suscitado incidentemente (v.g. MS 20.505, Néri). 3. Lei de Arbitragem (L. 9.307/96): constitucionalidade, em tese, do juízo arbitral; discussão incidental da constitucionalidade de vários dos tópicos da nova lei, especialmente acerca da compatibilidade, ou não, entre a execução judicial específica para a solução de futuros conflitos da cláusula compromissória e a garantia constitucional da universalidade da jurisdição do Poder Judiciário (CF, art. 5º, XXXV). Constitucionalidade declarada pelo plenário, considerando o Tribunal, por maioria de votos, que a manifestação de vontade da parte na cláusula compromissória, quando da celebração do contrato, e a permissão legal dada ao juiz para que substitua a vontade da parte recalcitrante em firmar o compromisso não ofendem o artigo 5º, XXXV, da CF. Votos vencidos, em parte – incluído o do relator – que entendiam inconstitucionais a cláusula compromissória – dada a indeterminação de seu objeto – e a possibilidade de a outra parte, havendo resistência quanto à instituição da arbitragem, recorrer ao Poder Judiciário para compelir a parte recalcitrante a firmar o compromisso, e, conseqüentemente, declaravam a inconstitucionalidade de dispositivos da Lei 9.307/96 (art. 6º, parág. único; 7º e seus parágrafos e, no art. 41, das novas redações atribuídas ao art. 267, VII e art. 301, inciso IX do C. Pr. Civil; e art. 42), por violação da garantia da universalidade da jurisdição do Poder Judiciário. Constitucionalidade – aí por decisão unânime, dos dispositivos da Lei de Arbitragem que prescrevem a irrecorribilidade (art. 18) e os efeitos de decisão judiciária da sentença arbitral (art. 31). (SE 5206 AgR, Relator(a): Min. Sepúlveda Pertence, Tribunal Pleno, julgado em 12/12/2001, DJ 30-04-2004 PP-00029 EMENT VOL-02149-06 PP-00958).

[524] Trecho do voto do Ministro Nelson Jobim, nos autos da SE n. 5.206-AgR, p. 1.021.

[525] Idem.

sitivo, vemos, desde logo, que o dispositivo é proibitivo da existência ou da criação de mecanismos que excluam da apreciação do Poder Judiciário lesão a direito ou ameaça a direito. Leio "A lei não excluirá à apreciação do Poder Judiciário lesão ou ameaça a direito". Portanto, se o destinatário da norma é o legislador, preservou-se ao cidadão o direito de opção e não a obrigatoriedade do cidadão de compor os seus conflitos fora da área do Poder Judiciário. Vetou-se ao legislador que impedisse o exercício pelo cidadão da faculdade de recorrer ao Poder Judiciário. Logo, não é uma obrigação do cidadão compor os seus conflitos no Poder Judiciário, é uma faculdade. É permitido recorrer ao Judiciário como é permitido não recorrer ao Poder Judiciário. O que é proibido é impedir essa faculdade. É por isso que foi assegurado o direito de opção ao cidadão através da possiblidade de optar pelo Poder Judiciário ou não. Como se assegurou essa faculdade, esse direito ao cidadão? Assegurou-se essa faculdade proibindo constitucionalmente a lei que vede o exercício da alternativa. [...][526]

O Ministro Nelson Jobim também detidamente contrapôs as conclusões contrárias à arbitragem propostas pelo relator, o Ministro Sepúlveda Pertence, tratando longamente da possibilidade dos conflitos serem submetidos à arbitragem tanto antes, quanto posteriormente ao surgimento da divergência, consagrando a inserção da diferenciação entre cláusula compromissória e compromisso arbitral advinda com a Lei Brasileira de Arbitragem[527/528].

Decorre também do voto de Nelson Jobim, o entendimento de que "*a cláusula compromissória deve ser vista no plano de validade do negócio jurídico*"[529], posto que extraímos de suas razões de decidir que: "*se as partes são capazes. O objeto é lícito. A forma é prescrita em lei*"[530] será válida tal cláusula[531].

O outro ponto tido por relevante pela doutrina é a possibilidade de se arbitrar apenas direitos disponíveis[532], também advém do voto do mesmo

---

[526] Trecho do voto do Ministro Nelson Jobim, nos autos da SE n. 5.206-AgR, p. 1.019-1.021.

[527] Vide o voto do Ministro Nelson Jobim, nos autos da SE n. 5.206-AgR, p. 1.041-1.067.

[528] Vide comentários quanto ao tema em II.1 (a) (3).

[529] BERALDO, Leonardo de Faria. **Curso de arbitragem: nos termos da Lei n. 9.307/96.** São Paulo: Atlas, 2014, p. 7.

[530] Trecho do voto do Ministro Nelson Jobim, nos autos da SE n. 5.206-AgR, p. 1.059.

[531] BERALDO, Leonardo de Faria. **Curso de arbitragem: nos termos da Lei n. 9.307/96.** São Paulo: Atlas, 2014, p. 7.

[532] Idem.

Ministro, que pontuou: *"para as situações em que, embora o contrato trate de interesses disponíveis, o litígio dele decorrente seja indisponível, o que se terá é a ineficácia da cláusula compromissória quanto a esse litígio indisponível"*[533].

Aponta-se ainda, a possibilidade de intervenção judicial nos casos de violação à lei, lesão ou ameaça de direito[534][535].

Desta forma, o Tribunal reconheceu, por maioria de votos, que a manifestação de vontade da parte na cláusula compromissória, quando da celebração do contrato e a permissão legal dada ao juiz para que substitua a vontade da parte recalcitrante em firmar o compromisso não ofendem o art. 5º, inciso XXXV, da CF/88.

Com essa decisão a estrada para a ampliação da arbitragem no Brasil restou pavimentada, alterando o posicionamento dos julgadores, inclusive, em relação à sua aplicação em relação à Administração Pública, pois, decisões judiciais posteriores, proferidas em caso envolvendo arbitragem em empresas estatais, basearam-se nesse precedente por conta do disposto no art. 173, § 1º, inciso II, da CF/88[536] – vide item II.6 (c) (1).

2.5.5. Acórdão TCU – TC n. 587/03

Mesmo tendo sido proferida após mais de um ano do reconhecimento da constitucionalidade pelo STF, a presente decisão merece menção, para o fim de demonstrar como os órgãos administrativos ainda permaneceram reticentes em reconhecer à validade do instituto quando envolvida a Administração Pública.

No presente caso, a parte que interessa ao presente estudo reside no reconhecimento de irregularidades relevantes no processo licitatório, decorrentes da inclusão no edital de cláusulas prevendo a arbitragem.

---

[533] Trecho do voto do Ministro Nelson Jobim, nos autos da SE n. 5.206-AgR, p. 1.062.

[534] BERALDO, Leonardo de Faria. **Curso de arbitragem: nos termos da Lei n. 9.307/96**. São Paulo: Atlas, 2014, p. 7.

[535] Vide trecho do voto do Ministro Nelson Jobim, nos autos da SE n. 5.206-AgR, p. 1.066-1.067.

[536] Art. 173. Ressalvados os casos previstos nesta Constituição, a exploração direta de atividade econômica pelo Estado só será permitida quando necessária aos imperativos da segurança nacional ou a relevante interesse coletivo, conforme definidos em lei.

§ 1º A lei estabelecerá o estatuto jurídico da empresa pública, da sociedade de economia mista e de suas subsidiárias que explorem atividade econômica de produção ou comercialização de bens ou de prestação de serviços, dispondo sobre: [...]

II – a sujeição ao regime jurídico próprio das empresas privadas, inclusive quanto aos direitos e obrigações civis, comerciais, trabalhistas e tributários; [...]

O trecho abaixo sintetiza as razões da resistência:

3) processo licitatório com irregularidades relevantes.

Inclusão de cláusulas no edital que estipulam a arbitragem para a solução de conflitos o que é incompatível com o ordenamento jurídico brasileiro.

A Lei n. 9.307/96, em seu art. 1º, dispõe que "as pessoas capazes de contratar poderão valer-se da arbitragem para dirimir litígios relativos a direitos patrimoniais disponíveis." Segundo entendimento da Secex/RS, o interesse tutelado na relação jurídica que será estabelecida pelo contrato é inquestionavelmente de natureza pública, sendo, portanto, indisponível. Disso decorre serem nulas as cláusulas do edital que determinam a utilizam de arbitragem para a solução de conflitos entre o DNIT e o contratado.

Verifica-se que a singeleza da argumentação se apoia no fato de que pelo contrato deter natureza pública, o direito correspondente, seria indisponível, desconsiderando a farta argumentação administrativa já debatida no item II.2.

O acórdão refletiu esse entendimento, determinando a supressão das cláusulas do Edital de Licitação que fizessem menção à arbitragem, por, no entendimento da Corte de Contas, serem nulas por contrariar o art. 1º da Lei n. 9.307/96 e o interesse público[537].

Encerrando esses breves comentários, a doutrina assinalou que até a publicação da Lei n. 13.129/15, que modificando a Lei n. 9.307/96 acresceu a possibilidade legal da Administração Pública sujeitar-se à arbitragem[538] – o TCU *"sempre manteve posicionamento bastante contrário à arbitragem [...] [devendo] este cenário mudar, pois imprimiu-se maior clareza em relação ao assunto"*[539].

E é justamente o que se espera, que a corte federal de contas passe a refletir o maciço entendimento teórico e prático envolvendo a Administração Pública há anos.

---

[537] 9.2 determinar ao Departamento Nacional de Infra-Estrutura de Transportes – DNIT que: 9.2.1 suprima as cláusulas 31.7 a 31.7.4 do Edital de Licitação n. 04/02-0 e as menções à arbitragem na Cláusula Décima Quarta da minuta do contrato, por serem contrárias ao art. 1º da Lei n. 9.307/96 e ao interesse público, e, portanto, nulas; [...]

[538] Vide comentários no item II.4 (i).

[539] Comentário atribuído à palestra de Renato Grion no *Young Arbitrators Forum*, ocorrido em São Paulo em 30 de junho de 2015. VERÇOSA, Fabiane. **Young Arbitrators Forum – Alterações na Lei Brasileira de Arbitragem ICCYAF, 30 de junho de 2015, São Paulo**. In: *Revista Brasileira de Arbitragem*, Ano XII, n. 48, out/dez 2015. Alphen aan den Rijn: Kluwer Law International; Curitiba: Comitê Brasileiro de Arbitragem, p. 228.

2.5.6. Decisão STJ – REsp n. 612.439

Uma alteração de posicionamento importante envolvendo arbitragem e a Administração Pública adveio em 25 de outubro de 2005, quando do julgamento pelo Superior Tribunal de Justiça do Recurso Especial n. 612.439, de relatoria do Ministro João Otávio de Noronha.

O caso se inicia quando a sociedade de economia mista com sede no Rio Grande do Sul, Companhia Estadual de Energia Elétrica ("CEEE") ajuizou ação ordinária condenatória contra a AES Uruguaiana Empreendimentos Ltda. ("AES Uruguaiana"), pelo descumprimento injustificado do contrato firmado por elas de aquisição de potência e energia elétrica decorrente de licitação internacional – na modalidade concorrência internacional.

Ocorre que a AES Uruguaiana alegou em contestação a existência de cláusula compromissória em referido contrato e requereu a extinção do processo sem julgamento do mérito nos termos do art. 267, VII, do CPC, pleito este afastado pelo juízo singular sob o fundamento de que a CEEE seria empresa prestadora de serviço público essencial, não podendo abrir mão do devido processo legal sem autorização do legislativo estadual, destacando que a utilização da via arbitral seria mera faculdade colocada em favor dos litigantes, que somente a utilizariam em comum acordo, não podendo obstar a busca pela tutela jurisdicional do Poder Judiciário.[540]

A decisão foi mantida pelo Tribunal de Justiça do Rio Grande do Sul, ensejando a interposição do Recurso Especial n. 612.439 – RS (2003/0212460-3), que foi julgado em 25 de outubro de 2005, sob a Presidência e relatoria do Ministro João Otávio de Noronha, oportunidade em que o STJ proferiu, por unanimidade, o seguinte acórdão:

> PROCESSO CIVIL. JUÍZO ARBITRAL. CLÁUSULA COMPROMIS-SÓRIA. EXTINÇÃO DO PROCESSO. ART. 267, VII, DO CPC. SOCIE-DADE DE ECONOMIA MISTA. DIREITOS DISPONÍVEIS. EXTINÇÃO DA AÇÃO CAUTELAR PREPARATÓRIA POR INOBSERVÂNCIA DO PRAZO LEGAL PARA A PROPOSIÇÃO DA AÇÃO PRINCIPAL. 1. Cláusula compromissória é o ato por meio do qual as partes contratantes formalizam seu desejo de submeter à arbitragem eventuais divergências ou litígios passíveis de ocorrer ao longo da execução da avença. Efetuado o ajuste, que só pode ocorrer em hipóteses envolvendo direitos disponíveis, ficam os con-

---

[540] Trecho adaptado do relatório constante no acórdão do Recurso Especial n. 612.439 – RS (2003/0212460-3), p. 3.

tratantes vinculados à solução extrajudicial da pendência. 2. A eleição da cláusula compromissória é causa de extinção do processo sem julgamento do mérito, nos termos do art. 267, inciso VII, do Código de Processo Civil. 3. São válidos e eficazes os contratos firmados pelas sociedades de economia mista exploradoras de atividade econômica de produção ou comercialização de bens ou de prestação de serviços (CF, art. 173, § 1º) que estipulem cláusula compromissória submetendo à arbitragem eventuais litígios decorrentes do ajuste. 4. Recurso especial parcialmente provido.

Das razões de decidir extraímos que o STJ se posicionou quanto: (i) ao caráter híbrido da arbitragem – contratual e jurisdicional[541] –; (ii) reconhecimento da força cogente da cláusula arbitral[542]; e (iii) possibilidade de uma sociedade de economia mista celebrar contrato de compra e venda com cláusula compromissória, por não envolver interesse público primário, portanto disponíveis[543].

[541] *"Da definição do instituto, exsurge o caráter híbrido da convenção de arbitragem, na medida em que se reveste, a um só tempo, das características de obrigação contratual, representada por um compromisso livremente assumido pelas partes contratantes, e do elemento jurisdicional, consistente na eleição de um árbitro, juiz de fato e de direito, cuja decisão irá produzir os mesmos efeitos da sentença proferida pelos órgãos do Poder Judiciário"*, Trecho do voto do Ministro relator, João Otávio de Noronha, nos autos do REsp n. 612.439 – RS (2003/0212460-3), p. 6.

[542] *"Uma das inovações consignadas na Lei da Arbitragem (Lei n. 9.307/96) foi a de imprimir força cogente à cláusula arbitral, afastando, obrigatoriamente, a solução judicial do litígio e, conseqüentemente, dando ensejo à extinção do processo sem exame de mérito, nos termos do art. 267, VII, do CPC [...]O juízo arbitral, repita-se, não poderá ser afastado unilateralmente, de forma que é vedado a qualquer uma das partes contratantes impor seu veto ao procedimento pactuado. Em síntese, na vigência da cláusula compromissória, permite-se que o contratante interessado na resolução do litígio tome a iniciativa para a instauração da arbitragem, ficando o outro, uma vez formalizado o pedido, obrigado a aceitá-la sem nenhuma possibilidade de optar, unilateralmente, pela jurisdição estatal. [...]apresenta-se claramente equivocado o posicionamento consignado no voto condutor do acórdão recorrido (fls. 311/312) no sentido de que os arts. 3º e 7º da Lei n. 9.307/96 conferem às partes mera faculdade de se socorrerem da cláusula compromissória, assim como a conclusão de que a celebração dessa cláusula não importa na extinção do processo com base no art. 267, VII, do CPC."*. Trecho do voto do Ministro relator, João Otávio de Noronha, nos autos do REsp n. 612.439 – RS (2003/0212460-3), p. 6.

[543] *"A sociedade de economia mista é uma pessoa jurídica de direito privado, com participação do Poder Público e de particulares em seu capital e em sua administração, para a realização de atividade econômica ou serviço público outorgado pelo Estado. Possuem a forma de empresa privada, admitem lucro e regem-se pelas normas das sociedades mercantis, especificamente pela Lei das Sociedades Anônimas – Lei n. 6.404/76. [...] submetida a sociedade de economia mista ao regime jurídico de direito privado e celebrando contratos situados nesta seara jurídica, não parece haver dúvida quanto à validade de cláusula compromissória por ela convencionada, sendo despicienda a necessidade de autorização do Poder*

Com base nessas razões o recurso foi conhecido e parcialmente provido para, com fundamento no art. 267B, inciso VII, do CPC, extinguir o processo sem exame do mérito por conta da cláusula prevendo a arbitragem firmada pelas partes.

A grande contribuição para o estudo da arbitragem envolvendo o Poder Público decorrente deste julgamento ora em comento deriva de um trecho que sumariza com propriedade a questão:

> [...] Em outras palavras, pode-se afirmar que, quando os contratos celebrados pela empresa estatal versem sobre atividade econômica em sentido estrito – isto é, serviços públicos de natureza industrial ou atividade econômica de produção ou comercialização de bens, suscetíveis de produzir renda e lucro –, os direitos e as obrigações deles decorrentes serão transacionáveis, disponíveis e, portanto, sujeitos à arbitragem. Ressalte-se que a própria lei que dispõe acerca da arbitragem – art. 1º da Lei n. 9.307/96 – estatui que "as pessoas capazes de contratar poderão valer-se da arbitragem para dirimir litígios relativos a direitos patrimoniais disponíveis". [...][544]

Por fim, há ainda que se registrar que as mesmas partes figuraram em outro julgamento também ocorrido no STJ, desta vez no Recurso Especial n. 606.345 – RS (2003/0205290-5)[545], sendo que do voto do Ministro

---

Legislativo a referendar tal procedimento [...]Na espécie dos autos, há de se destacar o caráter comercial do objeto do litígio submetido à arbitragem. Com efeito, discute-se na petição inicial (fls. 50/115) – ação condenatória com pedido de antecipação de tutela proposta pela ora recorrida – acerca do cumprimento de contrato de compra e venda de energia elétrica. Desse modo, estando o objeto do contrato de serviço público prestado pela entidade estatal estritamente vinculado à atividade econômica desenvolvida pela empresa estatal – no caso, venda de energia elétrica –, inexiste óbice a que seja pactuada a respectiva cláusula compromissória na hipótese de descumprimento da avença.". Trecho do voto do Ministro relator, João Otávio de Noronha, nos autos do REsp n. 612.439 – RS (2003/0212460-3), p. 7-9.

[544] Trecho do voto do Ministro relator, João Otávio de Noronha, nos autos do REsp n. 612.439 – RS (2003/0212460-3), p. 8.

[545] PROCESSO CIVIL. JUÍZO ARBITRAL. CLÁUSULA COMPROMISSÓRIA. EXTINÇÃO DO PROCESSO. ART. 267, VII, DO CPC. SOCIEDADE DE ECONOMIA MISTA. DIREITOS DISPONÍVEIS. 1. Cláusula compromissória é o ato por meio do qual as partes contratantes formalizam seu desejo de submeter à arbitragem eventuais divergências ou litígios passíveis de ocorrer ao longo da execução da avença. Efetuado o ajuste, que só pode ocorrer em hipóteses envolvendo direitos disponíveis, ficam os contratantes vinculados à solução extrajudicial da pendência. 2. A eleição da cláusula compromissória é causa de extinção do processo sem julgamento do mérito, nos termos do art. 267, inciso VII, do Código de Processo Civil. 3. São válidos e eficazes os contratos firmados pelas sociedades de economia mista exploradoras de

Relator João Otávio de Noronha consta o motivo pelo qual houve dois julgamentos sobre a mesma demanda:

> [...] Sobre as mesmas questões que envolvem a presente demanda versa o Recurso Especial n. 612.439-RS, cujos autos estão apensos a este, por tratar da mesma demanda original, das mesmas partes, e do mesmo objeto. Os recursos especiais vieram a este Tribunal por autuações, dado que originados de agravos diversos na origem.
> No REsp n. 612.439-RS, cujo acórdão foi publicado no DJ de 14.9.2006, restou decidido que a ação deveria ser extinta nos termos do art. 267, VII, do Código de Processo Civil, em razão da existência de compromisso arbitral no contrato firmados entre as partes litigantes.
> Como as razões do recurso especial neste processo são ipsis litteris iguais ao do apenso, não há nada que possa ser acrescentado ao voto que proferi, cujos termos vão citados abaixo, como razão de decidir: [...][546]

Como sói de ser, diante das mesmas questões fáticas, divididas apenas pelo fato de terem sido originados de dois agravos diferentes, a conclusão alcançada no julgamento desse segundo recurso foi rigorosamente idêntica à anterior.

Extrai-se que foram necessários quase quatro anos após o STF pacificar a constitucionalidade da arbitragem, para que uma decisão envolvendo a Administração Pública, ainda que indireta[547] – sociedade de economia mista – fosse proferida.

Digno de registro, também outra decisão proveniente do STJ relacionada à arbitragem envolvendo uma sociedade de economia mista, quando

---

atividade econômica de produção ou comercialização de bens ou de prestação de serviços (CF, art. 173, § 1º) que estipulem cláusula compromissória submetendo à arbitragem eventuais litígios decorrentes do ajuste. 4. Recurso especial provido. (REsp 606.345/RS, Rel. Ministro JOÃO OTÁVIO DE NORONHA, SEGUNDA TURMA, julgado em 17/05/2007, DJ 08/06/2007, p. 240)

[546] Trecho do voto do Ministro relator, João Otávio de Noronha, nos autos do REsp n. 606.345 – RS (2003/0205290-5), p. 4.

[547] Art. 4º, II, "c" do Decreto-Lei n. 200, de 25 de fevereiro de 1967:

Art. 4° A Administração Federal compreende:

I – A Administração Direta, que se constitui dos serviços integrados na estrutura administrativa da Presidência da República e dos Ministérios.

II – A Administração Indireta, que compreende as seguintes categorias de entidades, dotadas de personalidade jurídica própria:

c) Sociedades de Economia Mista; [...]

da análise do Mandado de Segurança n. 11.308-DF, em nove de abril de 2008, sob a relatoria do Ministro Luiz Fux[548].

[548] ADMINISTRATIVO. MANDADO DE SEGURANÇA. PERMISSÃO DE ÁREA PORTUÁRIA. CELEBRAÇÃO DE CLÁUSULA COMPROMISSÓRIA. JUÍZO ARBITRAL. SOCIEDADE DE ECONOMIA MISTA. POSSIBILIDADE. ATENTADO. 1. A sociedade de economia mista, quando engendra vínculo de natureza disponível, encartado no mesmo cláusula compromissória de submissão do litígio ao Juízo Arbitral, não pode pretender exercer poderes de supremacia contratual previsto na Lei 8.666/93. [...] 5. Questão gravitante sobre ser possível o juízo arbitral em contrato administrativo, posto relacionar-se a direitos indisponíveis. 6. A doutrina do tema sustenta a legalidade da submissão do Poder Público ao juízo arbitral, calcado em precedente do E. STF, in litteris: "Esse fenômeno, até certo ponto paradoxal, pode encontrar inúmeras explicações, e uma delas pode ser o erro, muito comum de relacionar a indisponibilidade de direitos a tudo quanto se puder associar, ainda que ligeiramente, à Administração." Um pesquisador atento e diligente poderá facilmente verificar que não existe qualquer razão que inviabilize o uso dos tribunais arbitrais por agentes do Estado. Aliás, os anais do STF dão conta de precedente muito expressivo, conhecido como 'caso Lage', no qual a própria União submeteu-se a um juízo arbitral para resolver questão pendente com a Organização Lage, constituída de empresas privadas que se dedicassem a navegação, estaleiros e portos. A decisão nesse caso unanimemente proferida pelo Plenário do STF é de extrema importância porque reconheceu especificamente 'a legalidade do juízo arbitral, que o nosso direito sempre admitiu e consagrou, até mesmo nas causas contra a Fazenda.' Esse acórdão encampou a tese defendida em parecer da lavra do eminente Castro Nunes e fez honra a acórdão anterior, relatado pela autorizada pena do Min, Amaral Santos. Não só o uso da arbitragem não é defeso aos agentes da administração, como, antes é recomendável, posto que privilegia o interesse público." (in "Da Arbitrabilidade de Litígios Envolvendo Sociedades de Economia Mista e da Interpretação de Cláusula Compromissória", publicado na Revista de Direito Bancário do Mercado de Capitais e da Arbitragem, , Editora Revista dos Tribunais, Ano 5, outubro – dezembro de 2002, coordenada por Arnold Wald, esclarece às páginas 398/399). 7. Deveras, não é qualquer direito público sindicável na via arbitral, mas somente aqueles cognominados como "disponíveis", porquanto de natureza contratual ou privada. 8. A escorreita exegese da dicção legal impõe a distinção jus-filosófica entre o interesse público primário e o interesse da administração, cognominado "interesse público secundário". Lições de Carnelutti, Renato Alessi, Celso Antônio Bandeira de Mello e Min. Eros Roberto Grau. 9. O Estado, quando atestada a sua responsabilidade, revela-se tendente ao adimplemento da correspectiva indenização, coloca-se na posição de atendimento ao "interesse público". Ao revés, quando visa a evadir-se de sua responsabilidade no afã de minimizar os seus prejuízos patrimoniais, persegue nítido interesse secundário, subjetivamente pertinente ao aparelho estatal em subtrair-se de despesas, engendrando locupletamento à custa do dano alheio. 10. Destarte, é assente na doutrina e na jurisprudência que indisponível é o interesse público, e não o interesse da administração. 11. Sob esse enfoque, saliente-se que dentre os diversos atos praticados pela Administração, para a realização do interesse público primário, destacam-se aqueles em que se dispõe de determinados direitos patrimoniais, pragmáticos, cuja disponibilidade, em nome do bem coletivo, justifica a convenção da cláusula de arbitragem

2.6. Experiências paradigmáticas

Apesar da doutrina já ter sedimentado a utilização da arbitragem perante à Administração Pública, tal como visto acima, mesmo diante das inúmeras previsões expressas nos diplomas normativos, as decisões administrativas e judiciais tardam a refletir esse posicionamento.

em sede de contrato administrativo. 12. As sociedades de economia mista, encontram-se em situação paritária em relação às empresas privadas nas suas atividades comerciais, consoante leitura do artigo 173, § 1º, inciso II, da Constituição Federal, evidenciando-se a inocorrência de quaisquer restrições quanto à possibilidade de celebrarem convenções de arbitragem para solução de conflitos de interesses, uma vez legitimadas para tal as suas congêneres. 13. Outrossim, a ausência de óbice na estipulação da arbitragem pelo Poder Público encontra supedâneo na doutrina clássica do tema, verbis: [...] Ao optar pela arbitragem o contratante público não está transigindo com o interesse público, nem abrindo mão de instrumentos de defesa de interesses públicos, Está, sim, escolhendo uma forma mais expedita, ou um meio mais hábil, para a defesa do interesse público. Assim como o juiz, no procedimento judicial deve ser imparcial, também o árbitro deve decidir com imparcialidade, O interesse público não se confunde com o mero interesse da Administração ou da Fazenda Pública; o interesse público está na correta aplicação da lei e se confunde com a realização correta da Justiça." (No sentido da conclusão Dalmo Dallari, citado por Arnold Wald, Atlhos Gusmão Carneiro, Miguel Tostes de Alencar e Ruy Janoni Doutrado, em artigo intitulado "Da Validade de Convenção de Arbitragem Pactuada por Sociedade de Economia Mista", publicado na Revista de Direito Bancário do Mercado de Capitais e da Arbitragem, n. 18, ano 5, outubro-dezembro de 2002, à página 418). 14.A aplicabilidade do juízo arbitral em litígios administrativos, quando presentes direitos patrimoniais disponíveis do Estado é fomentada pela lei específica, porquanto mais célere, consoante se colhe do artigo 23 da Lei 8987/95, que dispõe acerca de concessões e permissões de serviços e obras públicas, e prevê em seu inciso XV, dentre as cláusulas essenciais do contrato de concessão de serviço público, as relativas ao "foro e ao modo amigável de solução de divergências contratuais". (Precedentes do Supremo Tribunal Federal: SE 5206 AgR / EP, de relatoria do Min. SEPÚLVEDA PERTENCE, publicado no DJ de 30-04-2004 e AI. 52.191, Pleno, Rel. Min. Bilac Pinto. in RTJ 68/382 – "Caso Lage". Cite-se ainda MS 199800200366-9, Conselho Especial, TJDF, J. 18.05.1999, Relatora Desembargadora Nancy Andrighi, DJ 18.08.1999.) 15. A aplicação da Lei 9.307/96 e do artigo 267, inc. VII do CPC à matéria sub judice, afasta a jurisdição estatal, in casu em obediência ao princípio do juiz natural (artigo 5º, LII da Constituição Federal de 1988). 16.É cediço que o juízo arbitral não subtrai a garantia constitucional do juiz natural, ao contrário, implica realizá-la, porquanto somente cabível por mútua concessão entre as partes, inaplicável, por isso, de forma coercitiva, tendo em vista que ambas as partes assumem o "risco" de serem derrotadas na arbitragem. (Precedente: Resp n. 450881 de relatoria do Ministro Castro Filho, publicado no DJ 26.05.2003) 17. Destarte, uma vez convencionado pelas partes cláusula arbitral, o árbitro vira juiz de fato e de direito da causa, e a decisão que então proferir não ficará sujeita a recurso ou à homologação judicial, segundo dispõe o artigo 18 da Lei 9.307/96, o que significa categorizá-lo como equivalente jurisdicional, porquanto terá os mesmos poderes do juiz togado, não sofrendo restrições na sua competência. 18. Outrossim, vige na

Desta forma, cumpre-nos agora demonstrar que a própria Administração Pública tem se utilizado dessa metodologia, oportunidade em que reiteramos que ao publicar editais e elaborar minutas de contratos administrativos prevendo a adoção da arbitragem, questioná-la futuramente implicará afronta não apenas aos princípios e regras acima delineadas, mas também *venire contra factum proprium*[549].

2.6.1. Arbitragem internacional envolvendo empresa estatal brasileira (PETROBRAS x Astra Oil)

Um exemplo de arbitragem internacional envolvendo empresa estatal brasileira é o resultante das divergências decorrentes da aquisição da participação acionária da empresa belga Astra Oil Trading NV ("Astra Oil") na americana Pasadena Refining System Inc.[550] ("Refinaria de Pasadena"), pela PETROBRAS Amercia Inc., uma controlada indireta da PETROBRAS[551].

jurisdição privada, tal como sucede naquela pública, o princípio do Kompetenz-Kompetenz, que estabelece ser o próprio juiz quem decide a respeito de sua competência. 19. Consequentemente, o fumus boni iuris assenta-se não apenas na cláusula compromissória, como também em decisão judicial que não pode ser infirmada por Portaria ulterior, porquanto a isso corresponderia verdadeiro "atentado" (art. 879 e ss. do CPC) em face da sentença proferida pelo Juízo da 42ª Vara Cível da Comarca do Rio de Janeiro. 20. A título de argumento obiter dictum pretendesse a parte afastar a cláusula compromissória, cumprir-lhe-ia anular o contrato ao invés de sobrejulgá-lo por portaria ilegal. 21. Por fim, conclui com acerto Ministério Público, verbis: "In casu, por se tratar tão somente de contrato administrativo versando cláusulas pelas quais a Administração está submetida a uma contraprestação financeira, indubitável o cabimento da arbitragem. Não faria sentido ampliar o conceito de indisponibilidade à obrigação de pagar vinculada à obra ou serviço executado a benefício auferido pela Administração em virtude da prestação regular do outro contratante. A arbitragem se revela, portanto, como o mecanismo adequado para a solução da presente controvérsia, haja vista, tratar-se de relação contratual de natureza disponível, conforme dispõe o artigo 1º, da Lei 9.307/96: "as pessoas capazes de contratar poderão valer-se da arbitragem para dirimir litígios relativos a direitos patrimoniais disponíveis." (fls. 472/473) 22. Ex positis, concedo a segurança, para confirmar o teor da liminar dantes deferida, em que se determinava a conservação do statu quo ante, face a sentença proferida pelo Juízo da 42ª Vara Cível da Comarca do Rio de Janeiro, porquanto o presente litígio deverá ser conhecido e solucionado por juízo arbitral competente, eleito pelas partes. (MS 11.308/DF, Rel. Ministro LUIZ FUX, PRIMEIRA SEÇÃO, julgado em 09/04/2008, DJe 19/05/2008)

[549] Op. Cit., p. 11.

[550] Que é titular da refinaria de Pasadena no Texas e da sociedade de trading correlata (Trading Company).

[551] O contexto fático do presente item foi extraído e adaptado das informações contidas: (i) na decisão judicial proferida pelo Texas quando da análise do pedido de PETROBRAS para anular

A Astra Oil adquiriu em janeiro de 2005 100% (cem por cento) das ações da Refinaria de Pasadena, em uma transação de US$ 56,5 milhões, e em fevereiro do mesmo ano enviou correspondência à PETROBRAS visando uma parceria para a operacionalização da refinaria.

Para iniciarem as negociações, as empresa firmaram em 27 de março de 2005 um acordo de confidencialidade, seguido de um Memorando de Entendimentos, datado de 04 de maio de 2005, fixando os termos e condições gerais de uma potencial aquisição da refinaria pela PETROBRAS.

As partes finalmente pactuaram um *Stock Purchase and Sale Agreement and Limited Partnership Formation Agreement* – contrato de compra e venda[552] – ajustando a compra de 50% (cinquenta por cento) da Refinaria de Pasadena pela PETROBRAS.

O contrato continha uma previsão para a PETROBRAS exercer o direito de impor a sua decisão – *right to override* –, bem como outra que permitiria à Astra Oil exercer o seu direito de venda a um preço predeterminado – *put option*.

Em contrapartida ao exercício da cláusula *right to override* pela PETRO-BRAS, em 1º de julho de 2008 a Astra Oil exerceu a sua opção de venda, obrigando a estatal brasileira a adquirir sua participação acionária remanescente nas empresas.

Também em 2008, após divergências sobre a operacionalização e administração da refinaria, a PETROBRAS iniciou uma arbitragem junto à *American Arbitration Association* ("AAA"), alegando violação contratual e dos deveres fiduciários por parte da Astra Oil.

No que concerne à arbitragem, as partes anuíram na aplicação das regras do *International Centre for Dispute Resolution* ("ICDR"), bem como

---

a arbitragem, disponível em: <http://law.justia.com/cases/texas/first-court-of-appeals/2012/01-11-00073-cv.html>, acesso em 12/01/16; (ii) pela auditoria especial n. 201407539 denominado *"Relatório Final de Aquisição da Refinaria de Pasadena, no Texas, EUA"*, de dezembro de 2014, elaborado pela Secretaria Federal de Controle Interno da Controladoria Geral da União, disponível em: <http://sistemas2.cgu.gov.br/relats/uploads/6677_%20Relatorio%20-%20 Petrobras%20-%20Refinaria%20de%20Pasadena.pdf> , acesso em 12/01/16.; e (iii) pelo setor de relacionamento com os investidores da PETROBRAS. Disponível em: <http://www.investidorpetrobras.com.br/pt/comunicados-e-fatos-relevantes/corte-americana-confirma-decisao-sobre-refinaria-de-pasadena >, acesso em 12/01/16.

[552] Em 20 de março de 2006, sendo que o negócio foi fechado, de fato, em 1º de setembro do mesmo ano.

na realização de um procedimento sumário – *expedited arbitration* – com a prolação do laudo arbitral em até sessenta dias úteis.

No dia 20 de novembro de 2008 o Tribunal Arbitral emitiu uma decisão preliminar reconhecendo a validade do exercício do *put option* pela Astra Oil, proferindo a decisão final em 10 de abril de 2009, ratificando os termos da preliminar e estabelecendo os preços de compra da Refinaria de Pasadena como sendo de US$ 639 milhões.

A PETROBRAS mesmo tendo anuído com o procedimento arbitral sumário, questionou a validade do laudo arbitral perante o Judiciário do Texas, alegando, principalmente, que diante da celeridade do procedimento não pôde produzir as provas que julgava necessárias.

Em 10 de março de 2010 a Corte Federal de Houston[553], no Texas, confirmou a sentença arbitral, e em 02 de abril de 2012 a decisão foi corroborada em segunda instância, obrigando a PETROBRAS a pagar os US$ 639 milhões.

2.6.2. Arbitragem nacional envolvendo empresa estatal brasileira (Consórcio Via Amarela Cia. Metropolitana de São Paulo)

Para a execução do Lote 2 da Linha 4, conhecida por Linha Amarela, do Metrô da Cidade de São Paulo, a Companhia do Metropolitano de São Paulo ("Metrô") firmou em 1º de outubro de 2003, o contrato de Empreitada de Construção Completa n. 413121202, com o Consórcio Via Amarela ("CVA")[554].

Referida contratação montou a R$ 938.858.024,41 (novecentos e trinta e oito milhões, oitocentos e cinquenta e oito mil, vinte e quatro reais e quarenta e um centavos), e elegeu a Câmara Internacional de Comércio ("ICC") para administrar quaisquer procedimentos arbitrais que surgissem entre as partes.

A cláusula previa que a arbitragem ocorreria em São Paulo, a lei aplicável seria a brasileira, as normas do procedimento seriam as do Regulamento da ICC.

Durante as obras a modificação da metodologia construtiva teria encarecido a contratação em 22, 21% (vinte e dois inteiros e vinte e um décimos por cento) adicionais, montante esse não reconhecido pelo Metrô.

---

[553] United States District Court for the South District of Texas.

[554] Toda a exposição fática do presente item foi extraída do relatório constante na sentença proferida nos autos do Mandado de Segurança n. 0017261-67.2010.8.26.0053, que tramitou perante 13ª Vara da Fazenda Pública do Estado de São Paulo.

Para reaver essa divergência relativa aos custos adicionais, o CVA deu início a uma arbitragem, buscando restabelecer o reequilíbrio econômico--financeiro do contrato.

Em 18 de junho de 2009 foi proferido um Laudo Arbitral Parcial, condenando o Metrô a ressarcir esses custos adicionais ao CVA.

Diante dessa condenação, e ainda no curso da arbitragem, o Metrô requereu uma perícia de engenharia para definir, a valores de mercado, o custo da obra já realizada, e o que atingiria caso utilizado o novo método, para somente então se concluir se haveria algum valor efetivamente devido.

O tribunal arbitral entendeu que essa comparação seria desnecessária, indicando a apuração dos custos adicionais pela verificação contábil.

Diante da ausência de deferimento da perícia requerida, e vislumbrando cerceamento do direito de defesa no procedimento arbitral, o Metrô impetrou em 31 de maio de 2010, um Mandado de Segurança, distribuído sob o n. 0017261-67.2010.8.26.0053 para a 13ª Vara da Fazenda Pública do Estado de São Paulo, requerendo liminar para *"garantir a realização da prova pericial de engenharia no curso do processo que tramita perante o Tribunal Arbitral"*.

Chamamos atenção para a via do mandado de segurança, eleita pelo Metrô para questionar uma decisão arbitral interlocutória.

Em 07 de junho de 2010 é deferida a liminar pleiteada pelo Metrô, garantindo a realização da prova pericial de engenharia na arbitragem mantida com o CVA, por entender que quando o Tribunal Arbitral a indeferiu, não levou em consideração os princípios da razoabilidade, nem da supremacia do interesse público sobre o interesse particular.

Contra essa decisão o CVA interpôs agravo de instrumento[555], recurso[556] ao qual a 5ª Câmara de Direito Público do Tribunal de Justiça do Estado de São Paulo, entendendo que o tribunal arbitral teria agido com razoabilidade ao indeferir a prova pleiteada pelo Metrô, deu provimento em 14 de março de 2011[557].

---

[555] Agravo de Instrumento n. 0284191-48.2010.8.26.0000.

[556] Que contou com a participação do Comitê Brasileiro de Arbitragem ("CBar") na qualidade de *amicus curiae*.

[557] AGRAVO DE INSTRUMENTO MANDADO DE SEGURANÇA LIMINAR DEFERIDA PARA SUSPENDER DETERMINAÇÃO DO TRIBUNAL ARBITRAL PARA GARANTIR A REALIZAÇÃO DE PROVA PERICIAL DE ENGENHARIA INADMISSIBILIDADE AUSÊNCIA DO PERICULUM IN MORA E FUMUS BONI IURIS INEXISTÊNCIA DE QUALQUER IRREGULARIDADE COMETIDA PELO TRIBUNAL ARBITRAL RECURSO PROVIDO.

Quando da análise do mérito, em sentença datada em 10 de julho de 2012, o Juízo da 13ª Vara da Fazenda Pública do Estado de São Paulo, através de sua Magistrada Maria Gabriella Pavlópoulos Spaolonzi, entendeu por bem extinguir o processo sem julgamento do mérito, sem antes tecer algumas considerações contrárias à a subsunção da Administração Pública à arbitragem:

> Por decisão de folhas 1587/1597, este Juízo vislumbrou indícios de irregularidade na eleição do Juízo Arbitral como meio de solucionar o
>
> conflito estabelecido entre o Metrô e o Consórcio Via Amarela em relação ao desequilíbrio econômico-financeiro mencionado nestes autos e, por consequência, determinou a remessa de cópia dos autos ao Procurador Geral de Justiça. [...]
>
> A decisão proferida pelo Tribunal Arbitral no tocante ao indeferimento da prova pericial não encontra harmonia com o Princípio da Razoabilidade e da própria Supremacia do Interesse Público sobre o interesse do Consórcio Via Amarela. Propiciar a realização da prova traduz-se em conferir certeza ao valor efetivamente justo para o restabelecimento do reequilíbrio econômico-financeiro. [...]
>
> Para a realização das obras do Metrô, há utilização do erário público. Deve preponderar a supremacia do interesse público o que torna o direito indisponível. [...]
>
> Uma vez que o Metrô foi notificado do ato que indeferiu a realização da prova pericial de engenharia em 06.07.2009 não poderia ter aguardado até 31.05.2006 para impetrar este mandado de segurança sob pena de esbarrar-se no prazo de decadência. [...]
>
> Feitas essas considerações e por tudo o mais que dos autos consta, JULGO EXTINTO O PROCESSO, sem a análise do mérito, nos termos do artigo 23 da Lei n.. 12.016/09. Custas pelo impetrante. Livre de condenação em honorários advocatícios bem domo do reexame necessário.

Não tendo sido objeto de recurso de apelação[558], a sentença em questão transitou em julgado no dia 15 de março de 2013.

Do presente caso extraímos que não fosse a inobservância do Metrô ao prazo decadencial para a impetração do mandado de segurança, o posicionamento registrado pela magistrada de primeiro grau denota a sua inclinação no sentido de repelir a arbitragem com a Administração Pública.

---

[558] Apenas embargos de declaração, rejeitados pelo Juízo.

A ausência do julgamento do mérito também relegou a análise do judiciário quanto à via eleita pelo Metrô para recorrer de uma decisão interlocutória de um tribunal arbitral.

2.6.3. Arbitragem nacional envolvendo entes públicos

Quanto a exemplos paradigmáticos de arbitragem nacional envolvendo entes públicos, traremos as discussões havidas no projeto do Trem Bala entre Campinas e Rio de Janeiro, e, num momento subsequente, as questões discutidas na unificação dos blocos de petróleo de Cernambi e Lula.

2.6.3.1. MPF x União Federal e ANTT (Trem Bala: RJ – Campinas)

O objeto principal do presente precedente versa sobre o trem de alta velocidade entre o Rio de Janeiro e Campinas ("Trem Bala"), que em seu edital de concessão, previu a arbitragem como solução de controvérsias[559].

Diante dessa previsão e entendendo que a adoção da arbitragem nos contratos de concessão subverteriam a norma constitucional que vedaria a exclusão de conflitos de direito público do controle judicial, o Ministério Público Federal ("MPF"), ajuizou uma Ação Civil Pública com pedido de liminar, objetivando a exclusão dessas previsões do edital de concessão.

A ação foi ajuizada contra a União Federal, e a Agência Nacional de Transportes Terrestres ("ANTT"), distribuída sob o n. 0014512-22.2011.4.01.3400, e tramitando perante a 17ª Vara Federal Cível da Seção Judiciária do Distrito Federal.

O pedido de liminar foi indeferido, decisão da qual o MPF recorreu através da interposição de agravo de instrumento.

Quando da análise do mérito o Juiz Federal Flávio Marcelo Servio Borges foi categórico ao prestigiar o instituto da arbitragem, julgando improcedentes as pretensões do MPF.

Primeiramente ressaltou não haver *"vedação ao uso da arbitragem pelos agentes da administração"*[560], bem como exaltou ser, inclusive *"recomendável, posto que privilegia o interesse público"*.

---

[559] O presente item foi extraído e adaptado da sentença proferida nos autos da Ação Civil Pública n. 14512-22.2011.4.01.3400, que tramitou perante a 17ª Vara Federal Cível da Seção Judiciária do Distrito Federal (fls. 324-326).

[560] Sentença proferida nos autos da Ação Civil Pública n. 14512-22.2011.4.01.3400, que tramitou perante a 17ª Vara Federal Cível da Seção Judiciária do Distrito Federal, p. 325.

Cita a manifestação do ex-Ministro do STF, Themístocles Brandão, que dado a peculiaridade que trata do tema, transcrevemos a seguir:

> Parece-me que a administração realiza muito melhor os seus fins e a sua tarefa convocando as partes que com que ela contarem a resolver as controvérsias de direito e de fato perante o juízo arbitral, do que denegando o direito das partes, remetendo-as ao juízo ordinário ou prolongando o processo administrativo, com diligências intermináveis, sem um órgão diretamente responsável pela instrução do processo. De todo modo, ainda que não exista impedimento absoluto ao uso da arbitragem pela Administração, é natural que nem toda matéria possa ser resolvida pelos juízos privados. A questão se transporta então, para a definição do que possa e do que não possa ser objeto de arbitragem.[561]

Prossegue afirmando que somente o direito público de natureza contratual ou privada, portanto considerados disponíveis, poderão ser transacionados através da arbitragem.

Evidencia, ainda, ser *"infundado o temos do parquet de que a submissão de conflitos surgidos no âmbito de concessões às cláusulas arbitrais viola o princípio da inafastabilidade da jurisdição"*[562], e fazendo menção à previsão legal contida na lei federal de permissões e concessões de obras públicas – abordada no item II.4 (h) – atribui maior celeridade ao instituo, sedimentando a aplicabilidade da arbitragem nos litígios administrativos quando presentes os direitos patrimoniais disponíveis do Estado.

Por fim, ainda menciona o precedente do Supremo Tribunal Federal – analisado no item II.5 (d) –, aplicando-o às empresas estatais nos termos do art. 173, § 1º, inciso II, da CF/88[563].

---

[561] Idem.

[562] Sentença proferida nos autos da Ação Civil Pública n. 14512-22.2011.4.01.3400, que tramitou perante a 17ª Vara Federal Cível da Seção Judiciária do Distrito Federal, p. 326.

[563] Art. 173. Ressalvados os casos previstos nesta Constituição, a exploração direta de atividade econômica pelo Estado só será permitida quando necessária aos imperativos da segurança nacional ou a relevante interesse coletivo, conforme definidos em lei.

§ 1º A lei estabelecerá o estatuto jurídico da empresa pública, da sociedade de economia mista e de suas subsidiárias que explorem atividade econômica de produção ou comercialização de bens ou de prestação de serviços, dispondo sobre: [...]

II – a sujeição ao regime jurídico próprio das empresas privadas, inclusive quanto aos direitos e obrigações civis, comerciais, trabalhistas e tributários; [...]

Em consulta junto ao Tribunal Regional Federal da 1ª Região[564], constatamos que o processo se encontra pendente da análise por parte da Sexta Turma[565], da apelação interposta pelo MPF diante da sentença desfavorável às suas pretensões.

2.6.3.2. ANP x PETROBRAS (Unificação dos Blocos de Cernambi e Lula)

No segundo exemplo que nos propusemos a analisar no presente tópico encontra-se a discussão entre a Agência Nacional do Petróleo, Gás e Combustíveis ("ANP") – assistida pelo Estado do Rio de Janeiro ("RJ")[566], a Petróleo Brasileiro S/A (PETROBRÁS), a BG E&P Brasil Ltda. ("BG"), e a PETROGAL Brasil S/A ("PETROGAL").

A discussão decorre da assinatura do contrato de concessão n. 48610.003886/2000, decorrente a licitação do bloco (BM-S-11), com o fim de exploração e produção petróleo e gás entre as partes acima listadas[567]

Ocorre que após a execução do Programa Exploratório Mínimo e da realização das atividades do Plano de Avaliação e Descoberta, a PETROBRAS juntamente com a BG e a PETROGAL submeteram a ANP a aprovação de dois planos de desenvolvimento para a constituição de dois campos de petróleo (Campo de Lula e Campo de Cernambi) em área contígua ao bloco licitado (Campo de Lula).

A proposta foi rejeitada pela ANP nos termos da Resolução de Diretoria n. 568/2011, decisão esta atacada em recurso administrativo, sem a reversão do posicionamento por parte da agência reguladora.

Levando-se em consideração que no instrumento de concessão pactuado entre as partes havia cláusula compromissória, PETROBRAS, BG e PETROGAL iniciaram uma arbitragem postulando que o tribunal arbitral substituísse a decisão da agência reguladora que não permitiu a separação do Campo de Lula em dois (Campo de Lula e Campo de Cernambi).

---

[564] Realizada em 12/01/16.

[565] Processo sob a relatoria do Desembargador Federal Jirair Aram Meguerian.

[566] Conforme decisão de fls. 1.054/1.058 dos autos do processo n. 0005966-81.2014.4.02.5101.

[567] Toda a contextualização fática foi extraída e adaptada do relatório constante da sentença proferida pelo Juiz Mauro Souza Marques da Costa Braga, em 13 de maio de 2015, nos autos do processo n. 0005966-81.2014.4.02.5101 que tramitou perante a 1ª Vara Federal Cível do Rio de Janeiro.

Diante da instauração da arbitragem a ANP ajuizou perante a 1ª Vara Federal da Seção Judiciária do Rio de Janeiro a ação ordinária que tramitou sob o n. 0005966-81.2014.4.02.5101, em face da PETROBRAS, BG e PETROGAL, alegando em síntese que o pedido feito ao tribunal arbitral extrapolaria os limites da cláusula arbitral, uma vez que a decisão questionada decorreria de poder de polícia de agência reguladora – um direito indisponível em sua ótica –, e não uma discussão na execução do contrato de concessão. Alegou ainda que a intenção dos réus seria restringir o recolhimento da participação especial[568] através da divisão dos blocos.

O Juízo Federal da 1ª Vara Federal Cível do Rio de Janeiro[569] proferiu sentença em 13 de maio de 2015 julgando procedente o pedido da ANP, confirmando a liminar anteriormente deferida – o que pelo art. 520, VII, do CPC vigente faz com que a apelação seja recebida somente no efeito devolutivo[570] – *"para declarar a indisponibilidade do direito objeto da arbitragem, bem como a inaplicabilidade da cláusula de arbitragem ao caso em questão. Declaro, ainda, a nulidade do procedimento arbitral para tratar do objeto apresentado na presente demanda"*[571].

Para construir o raciocínio que culminou na sentença em questão o magistrado singular partiu da premissa de que somente os direitos patrimoniais disponíveis poderiam ser objeto de arbitragem, e que apesar de não haver qualquer ilegalidade na cláusula compromissória firmada por pessoa jurídica de direito público *"o controle de legalidade dos limites da cláusula compromissória não pode ficar restrito ao convencimento do árbitro"*[572].

Mesmo registrando posicionamento diverso emanado pelo STJ (Sentença Estrangeira Contestada – SEC 854[573]) registrou o magistrado carioca

---

[568] Art. 45, inciso III, da Lei n. 9.478/97: *"Art. 45. O contrato de concessão disporá sobre as seguintes participações governamentais, previstas no edital de licitação: [...] III – participação especial; [...]"*.

[569] Juiz Federal Mauro Souza Marques da Costa Braga.

[570] Art. 520. A apelação será recebida em seu efeito devolutivo e suspensivo. Será, no entanto, recebida só no efeito devolutivo, quando interposta de sentença que: [...]VII – confirmar a antecipação dos efeitos da tutela; [...]

[571] P. 12 da sentença proferida nos autos do processo n. 0005966-81.2014.4.02.5101.

[572] P. 4 da sentença proferida nos autos do processo n. 0005966-81.2014.4.02.5101.

[573] HOMOLOGAÇÃO DE SENTENÇA ESTRANGEIRA – CLÁUSULA ARBITRAL CONSTANTE DE CONTRATO CELEBRADO NO EXTERIOR, SOB EXPRESSA REGÊNCIA DA LEI ESTRANGEIRA – PEDIDO DE ARBITRAGEM FORMULADO NO EXTERIOR – AÇÕES DE NULIDADE DA CLÁUSULA ARBITRAL, MOVIDAS PELA REQUERIDA NO EXTERIOR E NO BRASIL – PRECEDENTE TRÂNSITO EM JULGADO DA SENTENÇA ESTRANGEIRA HOMOLOGADA QUE AFASTOU NULIDADE DA

que em sua *"humilde opinião, existindo dúvida fundada sobre a disponibilidade dos direitos submetidos à arbitragem, aguardar a definição do juízo arbitral para apenas depois suscitar a ilegalidade junto ao juiz togado através de ação anulatória é, com o perdão da expressão, perda de tempo"*[574].

2.6.4. Previsão nos contratos de para os estádios da Copa do Mundo de 2014

Os preparativos que antecederam a Copa do Mundo de Futebol no Brasil no ano de 2104 sedimentaram a utilização prática da arbitragem nos contratos com a Administração Pública, de onde retiramos as principais previsões nos seis exemplos abaixo.

O Estado do Rio de Janeiro[575] optou por entabular um contrato de Parceria Público Privada na modalidade de concessão administrativa, para a

CLÁUSULA ARBITRAL, DETERMINOU A SUBMISSÃO À ARBITRAGEM E ORDENOU, SOB SANÇÃO PENAL, A DESISTÊNCIA DO PROCESSO BRASILEIRO – POSTERIOR TRÂNSITO EM JULGADO DA SENTENÇA NACIONAL, DECLARANDO A NULIDADE DA CLÁUSULA ARBITRAL – JURISDIÇÕES CONCORRENTES – PREVALÊNCIA DA SENTENÇA QUE PRIMEIRO TRANSITOU EM JULGADO, NO CASO A SENTENÇA ESTRANGEIRA – CONCLUSÃO QUE PRESERVA A CLÁUSULA ARBITRAL, CELEBRADA SOB A EXPRESSA REGÊNCIA DA LEGISLAÇÃO ESTRANGEIRA – PRESERVAÇÃO DO PRINCÍPIO DA "KOMPETENZ KOMPETENZ" – DEFERIMENTO, EM PARTE, DA HOMOLOGAÇÃO, EXCLUÍDA APENAS A ORDEM DE DESISTÊNCIA DO PROCESSO NACIONAL E A SANÇÃO PENAL, ANTE A OFENSA À ORDEM PÚBLICA PELA PARTE EXCLUÍDA. 1.- Tratando-se de jurisdições concorrentes, a estrangeira e a nacional, em que discutida a mesma matéria, isto é, a validade de cláusula arbitral constante de contrato celebrado no exterior sob expressa regência da legislação estrangeira, prevalece a sentença que primeiro transitou em julgado, no caso a sentença estrangeira. 2.- Conclusão, ademais, que preserva a opção pela solução arbitral, expressamente avençada pelas partes. 3.- Ante a cláusula arbitral, de rigor a submissão da alegação de nulidade primeiramente ante o próprio tribunal arbitral, como resulta de sentença estrangeira homologanda, que atende ao princípio "Kompetenz Kompetentz", sob pena de abrir-se larga porta à judicialização nacional estatal prematura, à só manifestação unilateral de vontade de uma das partes, que, em consequência, teria o poder de, tão somente "ad proprium nutum", frustrar a arbitragem avençada. 4.- Impossibilidade de homologação de parte da sentença estrangeira que determina a desistência, sob sanção, de ação anulatória movida no Brasil, dada a preservação da concorrência de jurisdição. 5.- Sentença estrangeira parcialmente homologada, para a submissão das partes ao procedimento arbitral, afastada, contudo, a determinação de desistência, sob pena de multa, da ação movida no Brasil. (SEC 854/EX, Rel. Ministro MASSAMI UYEDA, Rel. p/ Acórdão Ministro SIDNEI BENETI, CORTE ESPECIAL, julgado em 16/10/2013, DJe 07/11/2013)

[574] P. 5 da sentença proferida nos autos do processo n. 0005966-81.2014.4.02.5101.

[575] Através de sua Secretaria de Turismo, Esporte e Lazer.

revitalização e gestão da operação e manutenção do Complexo Maracanã, prevendo – caso não dirimida a controvérsia amigavelmente[576] – em sua cláusula 44 pela arbitragem[577], a ser administrada pela Corte de Arbitragem da Câmara do Comércio Internacional[578], com o Tribunal Arbitral constituído por 3 (três) árbitros[579], sede na cidade do Rio de Janeiro[580], idioma português, e legislação brasileira[581], dentre outras disposições[582].

[576] Nos termos das cláusulas 42 e 43.

[577] 44.1 – Qualquer disputa ou controvérsia que envolva direitos patrimoniais disponíveis e seja decorrente da interpretação ou execução do Contrato, ou de qualquer forma oriunda ou associada a ele, e que não seja dirimida amigavelmente na forma da Cláusula Quadragésima Segunda acima ou cuja resolução por Peritagem não seja acatada voluntariamente por uma das Partes, deverá ser resolvida de forma definitiva por meio de processo arbitral ("Arbitragem"), que terá início mediante comunicação remetida por uma Parte à outra, requerendo a instalação de tribunal arbitral composto por três árbitros ("Tribunal Arbitral") e indicando detalhadamente a matéria em torno da qual gira a controvérsia, utilizando como parâmetro as regras arbitrais estabelecidas no Regulamento da Corte de Arbitragem da Câmara de Comércio Internacional ("Regulamento") e em consonância com os seguintes preceitos:

[578] I – administração e o correto desenvolvimento do procedimento arbitral caberá à Corte de Arbitragem da Câmara de Comércio Internacional ("Câmara");

[579] II – a escolha dos árbitros seguirá o rito estabelecido no Regulamento;

III – o Tribunal Arbitral será constituído por 3 (três) árbitros, cabendo a cada uma das Partes a escolha de um árbitro titular e respectivo suplente, de acordo com os prazos previstos no Regulamento. Os árbitros indicados pelas partes deverão escolher em conjunto o nome do terceiro árbitro, a quem caberá a presidência do Tribunal Arbitral. Se qualquer das partes deixar de indicar árbitro e/ou suplente, ao Presidente da Câmara de Comércio Internacional caberá fazer essa nomeação. Da mesma forma,

caso os árbitros indicados não cheguem a um consenso quanto à indicação do terceiro árbitro, caberá ao Presidente da Câmara fazê-lo.

[580] IV – a cidade do Rio de Janeiro, Estado do Rio de Janeiro, Brasil, será a sede da Arbitragem e o local da prolação do laudo arbitral.

[581] V – o idioma a ser utilizado no processo de Arbitragem será a língua portuguesa. Quanto ao mérito, decidirão os árbitros com base nas leis substantivas brasileiras, obedecendo, quanto ao procedimento, as disposições da presente Cláusula, o Regulamento e o disposto na Lei Federal 9.307, de 23 de setembro de 1996.

[582] VI – a sentença arbitral será definitiva para o impasse e seu conteúdo obrigará as Partes e seus sucessores.

VII – a Parte vencida no procedimento arbitral arcará com todos os custos do procedimento, incluindo os honorários dos árbitros, a não ser que os árbitros decidam de outra forma ante as peculiaridades do litígio.

44.2 – Não obstante as disposições acima, cada Parte permanece com o direito de requerer medidas judiciais:

Em Minas Gerais[583], também se adotou a Parceria Público Privada[584] quando da elaboração do contrato de concessão administrativa para as obras de reforma, renovação e adequação do complexo do Mineirão, em Belo Horizonte.

No caso mineiro redigiu-se uma cláusula escalonada de solução de controvérsias, se iniciando pela composição amigável[585], evoluindo para a mediação[586], e somente então culminando na arbitragem.

I – para obter medidas cautelares de proteção de direitos previamente à instauração do procedimento de Arbitragem, e, tal medida, não será interpretada como uma renúncia do procedimento arbitral pelas Partes; e

II – para executar qualquer decisão arbitral, inclusive o laudo final. As Partes reconhecem que eventual medida liminar obtida perante o Poder Judiciário deverá ser, necessariamente, revista pelo Tribunal Arbitral (ou árbitro), que então decidirá pela sua manutenção, revisão ou cassação;

III – para defender ou resguardar direitos indisponíveis.

44.3 – Sendo necessária a obtenção de medida liminar antes da instituição do procedimento arbitral, as Partes elegem o Foro da Comarca do Rio de Janeiro – RJ. As Partes reconhecem que eventual medida liminar obtida perante o Poder Judiciário deverá ser, necessariamente, revista pelo Tribunal Arbitral (ou

árbitro), que então decidirá pela sua manutenção, revisão ou cassação.

44.4 – As Partes reconhecem que qualquer ordem, decisão ou determinação arbitral será definitiva e vinculativa, constituindo o laudo final título executivo judicial.

[583] Através de sua Secretaria de Estado de Planejamento e Gestão.

[584] Contrato firmado tanto com base na Lei Federal n. 11.079/04, quando na Lei Mineira n. 14.868/03.

[585] 37.1. Os conflitos e as controvérsias decorrentes do presente CONTRATO, ou com ele relacionados, poderão ser amigavelmente dirimidos pelas PARTES.

37.2. Em caso de conflito ou controvérsia resultante dos direitos e obrigações contemplados neste CONTRATO ou de sua execução, inclusive aqueles relacionados à recomposição do equilíbrio econômico-financeiro, o objeto do conflito ou controvérsia será comunicado, por escrito, ao PODER CONCEDENTE ou à CONCESSIONÁRIA, conforme o caso, para que as PARTES possam, utilizando-se do princípio da boa-fé e envidando os melhores esforços para tal, solucionar o conflito ou controvérsia existente.

37.2.1. A notificação de que trata este item deverá ser enviada pela PARTE interessada juntamente com todas as suas alegações acerca do conflito ou controvérsia, devendo também ser acompanhada de uma sugestão para a solução do conflito ou controvérsia.

37.3. Após o recebimento da notificação, a PARTE notificada terá um prazo de 10 (dez) dias úteis, contados do recebimento da notificação, para responder se concorda com a solução proposta. Caso não concorde com a solução proposta, a PARTE notificada, no mesmo prazo acima estipulado, deverá apresentar à PARTE interessada os motivos pelos quais discorda da solução apresentada, devendo, nessa hipótese, apresentar uma solução alternativa para o caso.

37.3.1. Caso a PARTE notificada concorde com a solução apresentada, as PARTES darão por encerrado o conflito ou controvérsia e tomarão as medidas necessárias para implementar a medida acordada.

ARBITRAGEM TRIBUTÁRIA NO BRASIL

O procedimento arbitral previsto na reforma do Mineirão, além de também ser escalonado, elencou as matérias que poderiam dar origem ao procedimento em sua cláusula 39.1[587], possibilitando também a discussão de outros temas, desde que em comum acordo entre as partes[588].

37.3.2. No caso de discordância da PARTE notificada, deverá ser marcada uma reunião entre as PARTES, a fim de debater e solucionar o conflito ou a controvérsia em causa.

37.4. Em qualquer das hipóteses, o conflito ou a controvérsia existente entre as PARTES deverá ser solucionado no prazo de 30 (trinta) dias, prorrogáveis de comum acordo entre as PARTES.

37.4.1. Ultrapassado o prazo fixado sem que seja dirimida a questão conflituosa ou controversa, poderá ser instaurado procedimento de mediação ou dar-se-á início ao processo de arbitragem, na forma deste CONTRATO.

[586] 38.1. Para a solução de eventuais divergências de natureza técnica, acerca da interpretação ou execução do CONTRATO, inclusive aquelas relacionadas à recomposição do equilíbrio econômico-financeiro, poderá ser instaurado procedimento de mediação para solução amigável, a ser conduzido por um Comitê de Mediação especialmente constituído.

38.2. O procedimento de mediação será instaurado, a pedido de quaisquer das PARTES, mediante comunicação escrita endereçada à outra PARTE, delimitando o objeto da controvérsia e indicando, desde logo, o seu representante no Comitê de Mediação.

38.2.1. No prazo máximo de 15 (quinze) dias a contar do recebimento do pedido de instauração do procedimento de mediação, a outra parte deverá indicar o seu representante no Comitê de Mediação. Por sua vez, os representantes das partes no Comitê de Mediação, escolherão, de comum acordo, um terceiro membro.

38.2.2. Os membros do Comitê de Mediação não poderão estar enquadrados em situações de impedimento e suspeição de juiz previstas no Código de Processo Civil, e deverão proceder com imparcialidade, independência, competência e discrição, aplicando-se-lhes, o que couber, o disposto no Capítulo III, da Lei Federal n. 9.307, de 23.9.96, que trata da arbitragem.

38.3. O Comitê de Mediação, com base na fundamentação, documentos e estudos apresentados pelas partes, apresentará a proposta de solução amigável, que deverá observar os princípios próprios da Administração Pública.

38.4. A proposta do Comitê de Mediação não será vinculante para as partes, que poderão optar por submeter a controvérsia ao juízo arbitral ou ao Poder Judiciário, conforme o caso.

38.5. Caso aceita pelas PARTES a solução amigável proposta pelo Comitê de Mediação, será incorporada ao CONTRATO mediante assinatura de termo aditivo.

38.6. Se a parte se recusar, por qualquer forma, a participar do procedimento ou não indicar seu representante no prazo máximo de 15 (quinze) dias, considerar-se-á prejudicada a medição.

38.6.1. A mediação também será considerada prejudicada se a solução amigável não for apresentada pelo Comitê de Mediação, no prazo máximo de 60 (sessenta) dias a contar do pedido de instauração do procedimento.

38.7. Prejudicado o procedimento de mediação, qualquer das partes poderá submeter a controvérsia ao juízo arbitral ou ao Judiciário, conforme o caso.

[587] 39.1. Eventuais divergências entre as partes, relativamente às matérias abaixo relacionadas, que não tenham sido solucionadas amigavelmente pelo procedimento de mediação, serão obrigatoriamente dirimidas por meio de arbitragem, na forma da Lei Federal n. 9.307/96:

200

A arbitragem foi entregue aos cuidados da Câmara de Arbitragem Empresarial – Brasil ("CAMARB")[589] – mas ressalvou-se a possiblidade das partes indicarem outra instituição[590] –, devendo o procedimento ocorrer na cidade de Belo Horizonte, em língua portuguesa, aplicando-se o direito brasileiro.

Traz ainda interessante previsão, que na prática consideramos de grande valia para os ordenadores de despesas, haja vista que desoneraram, sobremaneira, os custos de uma disputa.

Referimo-nos à oneração integral dos custos do procedimento à concessionária, independentemente da parte que solicitar o seu início, fazendo assim, com que a Administração Pública não tivesse incialmente, qualquer desembolso[591]. Exceção feita: (i) caso a Administração não se sagrar

---

a) reconhecimento do direito e determinação do montante respectivo da recomposição do equilíbrio econômico-financeiro, em favor de qualquer das partes, em todas as situações previstas no CONTRATO;

b) reconhecimento de hipóteses de inadimplemento contratual por quaisquer das PARTES;

c) acionamento dos mecanismos de garantia previstos no CONTRATO;

d) valor da indenização no caso de extinção do CONTRATO; e

e) inconformismo de quaisquer das PARTES com a decisão do Comitê de Mediação ou dos COMITÊS DE GOVERNANÇA.

[588] 39.2. A submissão de qualquer questão à arbitragem não exonera as PARTES do pontual e tempestivo cumprimento das disposições do CONTRATO, e das determinações do PODER CONCEDENTE que no seu âmbito sejam comunicadas e recebidas pela CONCESSIONÁRIA previamente à data de submissão da questão à arbitragem, até que uma decisão final seja obtida relativamente à matéria em causa.

39.2.1. De igual modo, não se permite qualquer interrupção do desenvolvimento da CONCESSÃO ADMINISTRATIVA, que deverá continuar nos mesmos termos em vigor à data de submissão da questão, até que uma decisão final seja obtida relativamente à matéria em causa.

39.3. As PARTES poderão, de comum acordo, submeter ainda à arbitragem outras controvérsias relacionadas com a interpretação ou execução do CONTRATO, delimitando claramente o seu objeto no compromisso arbitral.

[589] 39.4. A arbitragem será instaurada e administrada pela CAMARB (Câmara de Arbitragem Empresarial – Brasil, conforme as regras de seu regulamento, devendo ser realizada na Cidade de Belo Horizonte, em língua portuguesa e aplicar o direito brasileiro.

[590] 39.4.1. As PARTES poderão escolher órgão ou entidade arbitral distinto da CAMARB, desde que haja concordância mútua.

[591] 39.5. As PARTES concordam que a CONCESSIONÁRIA arcará com os custos do procedimento de contratação da câmara de arbitragem e de todo o procedimento até que seja proferida a sentença arbitral, independentemente da PARTE que solicitar o início da arbitragem.

vitoriosa[592]; (ii) à sucumbência recíproca[593]; (iii) aos honorários advocatícios, devidos por cada parte nos moldes que e se os contratar [594] [595]; e (iv) a realocação razoável dos custos pela sentença arbitral[596].

Vale o registro de que este contrato foi assinado em 21 de dezembro de 2010, antes, portanto, da publicação da Lei Mineira de Arbitragem[597] – analisada no item II.4 (q)–, que data apenas 22 (vinte e dois dias) após, em 12 de janeiro de 2011, prevendo textualmente essa hipótese em seu art. 11, parágrafo único[598], demonstrando, também, o alinhamento entre o Executivo e o Legislativo no que concerne às disposições que o Estado consideraria válidas num futuro próximo.

Merece ainda menção a multa de R$ 50.000,00 (cinquenta mil reais) por dia, prevista no caso de qualquer das partes se recusar o compromisso arbitral, depois de intimada para tanto[599].

Outro exemplo reside na celebração do contrato de concessão administrativa para a exploração da Arena Multiuso da Copa 2014, Parceria Público

---

[592] 39.5.1. Após a sentença arbitral, se ela foi inteiramente desfavorável ao PODER CONCEDENTE, ele deverá reembolsar a CONCESSIONÁRIA pelas despesas incorridas, podendo fazê-lo por meio de acréscimo do valor devido a título de REMUNERAÇÃO.

[593] 39.5.2. Na hipótese de sucumbência parcial de ambas as PARTES, as despesas decorrentes do procedimento arbitral serão rateadas conforme indicado na sentença arbitral.

[594] 39.5.3. Cada um das PARTES arcará com seus próprios custos referentes a honorários advocatícios.

[595] No caso da Administração Pública, que permanece com a possibilidade de utilizar sua procuradoria local, que já onera seus orçamentos, novamente, estar-se-ia retirando custos para o Estado.

[596] 39.5.4. A sentença arbitral poderá incluir dispositivo sobre a alocação e razoabilidade dos custos incorridos.

[597] Lei n. 19.477/11.

[598] Art. 11. No edital de licitação de obra e no contrato público constará a previsão das despesas com arbitragem, taxa de administração da instituição arbitral, honorários de árbitros e peritos e outros custos administrativos.

Parágrafo único. As despesas a que se refere o *caput* deste artigo serão adiantadas pelo contratado quando da instauração do procedimento arbitral.

[599] 39.6. Sem prejuízo da ação de execução específica prevista no art. 7º da Lei Federal n. 9.307/96, a PARTE que recusar a assinatura do compromisso arbitral, após devidamente intimada, incorrerá na multa no valor de R$ 50.000,00 (cinquenta mil reais) por dia de atraso, até que cumpra efetivamente a obrigação. A multa ficará sujeita a reajuste periódico, na mesma data e pelo mesmo índice aplicável à parcela variável que compõe a REMUNERAÇÃO da CONCESSIONÁRIA.

Privada[600] firmada quando o Estado de Pernambuco[601] contratou a concessionária denominada Arena Pernambuco Negócios e Investimentos S/A.

Menciona-se em proêmio que o Banco Nacional de Desenvolvimento Econômico e Social ("BNDES"), por intermédio da Resolução n. 3.801 do Conselho Monetário Nacional disponibilizou financiamento de R$ 400.000.000,00 (quatrocentos milhões de reais) para a obra, correspondentes ao teto de 75% (setenta e cinco por cento) do investimento na Arena.

A arbitragem encontra-se na cláusula 63 através da qual se previu que caso não houvesse uma composição amigável, as partes poderiam a ela se socorrer[602].

Fazendo-o não estariam eximidas do pontual e tempestivo cumprimento das disposições do contrato, nem mesmo poderiam interrompê--lo[603].

O procedimento seria conduzido por 3 (três) árbitros, e regido pela Câmara de Comércio Brasil-Canadá, tendo lugar na cidade de Recife/PE, com o idioma português e aplicação da lei de Parceria Público Privada e da Lei Brasileira de Arbitragem[604].

---

[600] Lei n. 11.079/04, e leis do Estado de Pernambuco n. 12.765/05, n. 12.976/05, n. 13.282/07.

[601] Diretamente representado por seu Governador Eduardo Accioly Campos.

[602] 63.1 – As controvérsias decorrentes do presente CONTRATO, ou com ele relacionadas, que não forem dirimidas amigavelmente entre as PARTES, ainda que com respaldo nos pareceres do COMITÊ TÉCNICO nos casos previstos na Cláusula 61, poderão ser resolvidas por arbitragem, conforme previsto na Cláusula 64 deste CONTRATO.

[603] 63,1,1 – A submissão de qualquer questão à arbitragem não exonera as PARTES do pontual e tempestivo cumprimento das disposições deste CONTRATO e das determinações da CONCEDENTE que no seu âmbito sejam comunicadas à CONCESSIONÁRIA, nem permite qualquer interrupção do desenvolvimento das atividades objeto da CONCESSÃO ADMINISTRATIVA, que deverão continuar a processar-se nos termos em vigor à data de submissão da questão até que uma decisão final seja obtida relativamente à matéria em questão.

[604] 64.1 – Na hipótese da solução por arbitragem, de conformidade com o art. 14 da Lei Estadual n. 12.765, de 27/01/2005, e com o art. 11, III, da Lei Federal n. 11.079, de 30/12/2004, bem como a Lei n. 9.307, de 23/9/1996, as controvérsias decorrentes do presente CONTRATO ou com ele relacionadas, que não puderem ser resolvidas amigavelmente pelas PARTES, serão definitivamente dirimidas por arbitragem, por 3 (três) árbitros que serão escolhidos dentre pessoas naturais de reconhecida idoneidade e conhecimento da matéria objeto da controvérsia. 64.2 – O procedimento arbitral se regerá pelas regras de arbitragem da Câmara de Comércio Brasil-Canadá, terá lugar na Cidade de Recife, Estado de Pernambuco, e será conduzida na língua portuguesa.

O Governo do Estado da Bahia[605] também utilizou o formato de Parceria Público Privada na modalidade concessão[606] administrativa[607] para a reconstrução do Estádio Octávio Mangabeira[608] – Fonte Nova –, localizado na cidade de Salvador.

A cláusula arbitral está prevista na cláusula 43 e se aplica caso as partes não lograrem êxito em resolver as controvérsias através da peritagem técnica[609], e estampa rigorosamente a mesma redação da cláusula constante no contrato carioca acima abordado, haja vista que nos dois casos elegeu-se o Tribunal Arbitral da Câmara de Comércio Internacional para dirimir as controvérsias, entidade que disponibiliza um modelo da cláusula que entende padrão para consulta pública.

A cláusula atual, vigente desde 2012, estipula apenas que *"todos os litígios oriundos do presente contrato ou com ele relacionados serão definitivamente resolvidos de acordo com o Regulamento de Arbitragem da Câmara de Comércio Internacional, por um ou mais árbitros nomeados nos termos desse Regulamento"*[610], demonstrando que sua adaptação para as necessidades da Administração Pública, bem como a discussão e compartilhamento por entes que se depararam com o assunto numa mesma época, já são uma realidade.

Dentre os contratos analisados no presente tópico, diferencia-se dos demais o celebrado entre o Governo do Estado do Rio Grande do Norte[611] e a concessionária Arena das Dunas Concessão e Eventos S/A[612], objetivando *"a demolição e remoção do Machadão e Machadinho, construção e manu-*

---

[605] Por intermédio de sua Secretaria do Trabalho, Emprego, Renda e Esporte ("SETRE").

[606] Firmaram o ajuste na qualidade de intervenientes-anuentes: ODEBRECHT Investimentos em Infra-Estrutura Ltda.; Construtora OAS Ltda.; Agência de Fomento do Estado da Bahia S/A ("Desenbahia"); e Superintendência dos Desportos do Estado da Bahia ("Sudesb").

[607] Contrato n. 02/2010.

[608] Processo Administrativo n. 1600.090.035.372.

[609] Prevista na cláusula 42.

[610] Regulamento de Arbitragem da Corte Internacional de Arbitragem – Centro Internacional de ADR, da Câmara de Comércio Internacional, p. 68. Disponível em: < http://www.iccwbo.org/Data/Documents/Buisness-Services/Dispute-Resolution-Services/Mediation/Rules/2012-Arbitration-Rules-and-2014-Mediation-Rules-PORTUGUESE-version/ >, acesso em 08/01/16.

[611] Por meio do Departamento de Estradas e Rodagem do Rio Grande do Norte ("DER").

[612] Após realização de certame licitatório, na modalidade de concorrência, regulada pela Lei Complementar Estadual nº 307, de 11 de outubro de 2005 e pelas Leis Federais nº 11.079, de 30 de dezembro de 2004, nº 8.987, de 13 de fevereiro de 1995, nº 8.666, de 21 de junho de 1993 e pelo Edital de Licitação nº 01/2010.

tenção e gestão da operação do Estádio das Dunas – Novo Machadão e de seu estacionamento"[613].

Chama atenção justamente pelo fato de não indicar nenhuma instituição para administrar o procedimento arbitral[614], previsto em suas cláusulas 50 e 51, apesar de conter essa possibilidade, desde que em consenso das partes[615].

Merece destaque a constituição tripartite do Tribunal[616], bem como os procedimentos previstos para o início da arbitragem, que na ausência de uma instituição que o gerencie, se iniciará através do envio de carta registrada com aviso de recebimento juntamente com as razões da requerente e a indicação do seu árbitro, determinado o prazo de 20 (vinte) dias para a indicação do árbitro e defesa do requerido[617].

Considerando-se que uma das partes será a Administração Pública – representada pelo Estado do Rio Grande do Norte –, causa estranheza a possibilidade dos contratantes, todos nacionais, afastarem o direito brasileiro como aplicável[618].

Apesar dessa possibilidade, estatui que a sede da arbitragem será na cidade de Natal/RN, utilizando-se do idioma português[619].

---

[613] 5.1. A CONCESSÃO ADMINISTRATIVA tem por objeto a DEMOLIÇÃO E REMOÇÃO DO MACHADÃO E MACHADINHO, CONSTRUÇÃO, MANUTENÇÃO E GESTÃO DA OPERAÇÃO do Estádio das Dunas – Novo Machadão e de seu estacionamento, localizados no município do Natal, no Estado do Rio Grande do Norte.

[614] 51.6. A arbitragem ocorrerá de acordo com as regras fixadas no CONTRATO, com as regras estabelecidas pelo próprio Tribunal Arbitral e, ainda, consoante o determinado na Lei Federal nº 9.307, de 23 de setembro de 1997 – Lei da Arbitragem – e no Código de Processo Civil.

[615] 51.6.1. Por conveniência das Partes, a arbitragem poderá ser realizada em Câmara específica, escolhida em comum acordo entre as partes.

[616] 51.1. O Tribunal Arbitral será composto por três membros, um nomeado por cada PARTE e o terceiro escolhido de comum acordo pelos árbitros que as PARTES tiverem designado.

[617] 51.2. A PARTE que decidir submeter determinada divergência ao Tribunal Arbitral deverá apresentar os seus fundamentos para a referida submissão e deverá designar, de imediato, o árbitro da sua nomeação no requerimento de constituição do Tribunal Arbitral dirigido à outra PARTE, por meio de carta registrada com aviso de recepção, devendo esta, no prazo de 20 (vinte) dias úteis, a contar da recepção daquele requerimento, designar o árbitro de sua nomeação e deduzir a sua defesa.

[618] 51.4. O Tribunal Arbitral, salvo acordo em contrário das PARTES, julgará segundo o direito brasileiro e das suas decisões não cabe recurso.

[619] 51.5. O Tribunal Arbitral terá sede no Brasil, na Capital do Estado do Rio Grande do Norte, e utilizará a língua portuguesa como idioma oficial.

Por fim teceremos breves comentários ao contrato celebrado[620] entre o Estado do Amazonas[621] e o Consórcio Arena Manaus[622], entabulado nos termos da Lei n. 8.666/93, para as obras da Arena Manaus, que não ostentou expressamente a possibilidade de dirimir suas divergências através as arbitragem, uma vez que na cláusula 21 constou apenas que *"o foro do presente contrato é o desta cidade de Manaus, com expressa renúncia da contratada a qualquer outro que tenha ou venha a ter, por mais privilegiado que seja"*.

Não o fez de forma expressa, e ressaltamos que também não a repeliu, pois, assim como já demonstrado n o item II.4 (g), a exegese da lei de licitações nos leva à conclusão de que as partes apenas excluíram os demais foros com o intuito de facilitar a defesa do Estado do Amazonas, e caso optem futuramente pela arbitragem teriam apenas determinado *"o eventual concurso do juiz togado para realização de atos para os quais o árbitro não tenha competência (atos que impliquem a utilização de coerção, execução da sentença arbitral, execução de medidas cautelares) sejam realizados, em princípio, na comarca escolhida"*. [623]

---

[620] Resultado da Concorrência n. 037/2010-CGL, cuja homologação foi publicada no Diário Oficial do Estado, edição de 28 de outubro de 2010, fl. 07.

[621] Por intermédio da Secretaria do Estado de Infraestrutura ("SEINF") – Processo Administrativo SEINF n. 1707/2010-SEINF.

[622] Constituído pelas empresas VETEC Engenharia Ltda., e Aeroservice Consultoria e Engenharia de Projeto Ltda.

[623] CARMONA, Carlos Alberto. **Arbitragem e Processo: um comentário à Lei n. 9.307/96.** São Paulo: Atlas, 2009, p. 48.

3
Arbitrabilidade Tributária

Em que pese a resistência teórica, a arbitragem tributária já é vivenciada em diversos países[624], inclusive no Brasil[625], como será adiante pormenorizado.

Em 2009 o então vice-presidente da London Court of International Arbitration, William W. Park, não vacilou ao afirmar que a arbitragem de disputas fiscais revela-se uma realidade, inobstante as objeções práticas de natureza doutrinária e teórica[626].

Para o autor, a discussão acadêmica em torno da arbitrabilidade das questões tributárias remete a um comentário feito entre professores de direito: "Talvez suas ideias funcionem na prática. Mas será que funcionarão na teoria?"[627].

É justamente o que nos propusemos no presente trabalho, demonstrar a prática da arbitragem junto à Administração Pública, para, com base nesse pressuposto, comprovarmos a utilização atual também no âmbito tributário, bem como a ampliação desses horizontes no âmbito nacional.

---

[624] Vide item III.1.

[625] Vide item III.3.

[626] *"Likewise, arbitration of tax-related disputes proves to be a practical reality notwithstanding objections of a doctrinal or theoretical nature"*. PARK, William W. **Tax Arbitration and Investor Protection**. In: ROGERS, Catherine A.; ALFORD, Roger P. The Future of Investment Arbitration. New York: Oxford University Press, 2009, p.230.

[627] *"Academic debate on the arbitrability of tax measures brings to mind the comment from one professor to another in a law school faculty workshop: "Perhaps your ideas do work in practice. But will they work in theory?"*. Op. Cit., nota de rodapé n. 10, p. 230.

Assim, no capítulo anterior partimos da conceituação dos institutos de arbitragem e de Administração Pública, para depois demonstrarmos, pormenorizadamente, como ambos são utilizados na prática recente, evidenciando, assim, sua atualidade e importância.

Recordamos que a ausência de condições do Estado em gerir satisfatoriamente o monopólio da jurisdição fez com que antigas formas de resolução de conflitos ressurgissem com força esmagadora; dentre essas formas, a arbitragem tem tomado lugar de destaque, também no âmbito tributário.

Essas considerações não são especulações, mas sim dados técnicos corroborados por pesquisas, como a feita no âmbito do CNJ intitulada "A execução fiscal no Brasil e o impacto no Judiciário", da qual destacamos uma das principais conclusões, a de que "o Poder Judiciário Nacional não está aparelhado para lidar com as demandas tributárias"[628].

A pesquisa ainda indica que os estudos apontam "para um amplo rol de soluções legais e procedimentais, o qual prescinde de ampla discussão a fim de eleger as medidas a serem tomadas para a simplificação e racionalização dos procedimentos da execução fiscal"[629]. Essa discussão não só tem assento, mas deve ser capitaneada pela academia.

Especificamente no que se refere à aplicabilidade da arbitragem no Direito Tributário, é natural uma resistência inicial à ideia, mesmo tendo em conta que a própria Administração Pública é a maior litigante nas cortes estatais[630], literalmente entupindo os tribunais pátrios com demandas nas quais o tempo dedicado para a sua solução é extremamente restrito.

Assim, somente com mudanças de paradigmas, estudos à luz das novas tecnologias jurídicas, é que poderemos fornecer substrato científico para as alterações imaginadas.

Os antigos juristas já vislumbravam esses óbices, tal como registrado pelo autor italiano Pietro Coglio[631]:

---

[628] In: **A execução fiscal no Brasil e o impacto no Judiciário**. Brasília: Conselho Nacional de Justiça/Departamento de Pesquisas Judiciárias, 2011, p. 7.

[629] In: **A execução fiscal no Brasil e o impacto no Judiciário**. Brasília: Conselho Nacional de Justiça/Departamento de Pesquisas Judiciárias, 2011, p. 20-21.

[630] Apenas na Justiça Federal, o Setor Público Federal figura em 83,19% dos processos, segundo a Tabela 1 constante no Relatório CNJ intitulado: *"100 maiores litigantes"*, 2012, p. 8.

[631] Tradução da segunda edição italiana, feita com o consentimento do autor por Eduardo Espinola, em 1898.

ARBITRABILIDADE TRIBUTÁRIA

Desgraçada da sociedade que não crê poder sahir depressa de um mal presente e entrar logo em um em futuro; sí a evolução seguisse um curso fatal e invariavel, sobre o qual o engenho humano não podesse agir, conviria adormecer no ocio e esperar tranquilamente a realisação dos factos. A historia nos ensina que as grandes reformas jurídicas, como os códigos ou algumas leis fundamentais, foram justamente preparadas por uma legião de juristas, que discutiram com largueza de vistas, isto é praticando a verdadeira philosophia; e quando durante certo tempo estes faltam e reina o reboliço dos pedantes commentadores ao uso da pratica immediata, é certo que essa sociedade ainda está muito longe de benefícos rejuvenescimentos ou de reformas rigorosas.[632]

Nessa linha, demonstraremos a seguir que as mudanças de paradigmas, propostas com o presente trabalho, em especial a aceitação da arbitrabilidade tributária, devem ser discutidas com largueza de vistas de forma a contemplar os exemplos internos e externos, bem como as demais possibilidades de atuação deles decorrentes, minando, assim, os preconceitos existentes.

3.1. Hipóteses alienígenas de arbitragem tributária

Como aventado acima, a arbitragem tributária já é uma realidade em diversos países, seja para utilizar a solução arbitral para dirimir controvérsias relativas a eventual bitributação, bem como possibilidade direta de arbitragem entre contribuintes e Fazenda Pública.

Vejamos as referências em questão.

3.1.1. Referência paradigmática portuguesa e o CAAD

Não se pretende esgotar no presente estudo a análise da arbitragem como um todo no sistema jurídico português, em especial a administrativa ou mesmo a tributária, mas apenas trazer à tona algumas questões atinentes ao seu desenvolvimento.

O que se observa em Portugal é que o amadurecimento e a consolidação da arbitragem envolvendo a Administração Pública rompeu barreiras, culminando em uma regulamentação inovadora e de relevo em relação à arbitragem tributária.

---

[632] COGLIOLO, Pedro. **Philosophia do Direito Privado**. Vertida da Segunda edição italiana com o consentimento do auctor por Eduardo Espinola. Empreza Editora: Bahia, 1898, p, 8.

Além de digno de análise pela singularidade, a similitude em relação ao que se observa no Brasil é cristalina, apesar de ocorrer internamente com um ligeiro atraso.

Assim, sem maiores delongas, posto que desnecessárias, vejamos, inicialmente, esse amadurecimento da legislação lusitana em relação à Administração Pública, para, num momento imediatamente seguinte, nos embrenharmos pelas, ainda inéditas, previsões de arbitragem tributária direta[633].

Dentre as diversas disposições nesse sentido, listamos a seguir alguns exemplos da arbitragem na contratação pública portuguesa[634]:

(i) Decreto-Lei n. 13.355, de 09 de novembro de 1960 (art. 38), que prevê a arbitragem para fixar a indenização e os prejuízos decorrentes da implantação em prédios de linhas elétricas;

(ii) Lei n. 11, de 13 de janeiro de 1994 (art. 17), previsão de arbitragem para a indenização pelos prejuízos decorrentes da constituição de servidão de gás ou para implantação de infraestruturas de concessão de serviços públicos relativos ao gás natural;

(iii) Decreto Regulamentar n. 14, de 30 de junho de 2003, que submete à arbitragem obrigatória as controvérsias oriundas da concepção, construção, financiamento, conservação e exploração hospitalares;

(iv) Decreto-Lei n. 32, de 22 de agosto de 2003, que estatui a arbitragem para dirimir conflitos entre o titular de direitos televisivos e demais operadores interessados no evento;

(v) Decreto-Lei n. 380, de 13 de novembro de 2007, que aprovou a subsunção a arbitragens de conflitos decorrentes da concessão, projeto, construção, conservação, exploração, requalificação e alargamento da rede rodoviária nacional;

(vi) Decreto-Lei n. 86, de 28 de maio de 2008 (bases 85 e 86), que submete à arbitragem obrigatória e exclusiva na concessão do Túnel do Marão;

(vii) Despacho n. 5.097/2009 do Secretário de Estado da Justiça criando o Centro de Arbitragem Administrativa ("CAAD");

---

[633] Quanto à classificação da arbitragem tributária, vide item III.5.

[634] PALHARES, Ana. **A arbitragem e a renúncia dos entes públicos ao direito de acesso aos tribunais do Estado.** In: FONSECA, Isabel Celeste M. (coord.) A Arbitragem Administrativa e Tributária – problemas e desafios. Coimbra: Almedina, 2013, p. 48.

ARBITRABILIDADE TRIBUTÁRIA

(viii) Portaria n. 1.149, de 04 de novembro de 2010, que vincula o Ministério da Cultura à jurisdição do CAAD;

(ix) Decreto-Lei n. 10, de 20 de janeiro de 2011, prevendo a arbitragem tributária no âmbito do CAAD;

(x) Lei n. 10, de 06 de março de 2014 (art. 5º, 4, "g"; e art. 13), com a previsão de arbitragem em relação aos conflitos que envolvam entidades reguladoras da Entidade Reguladora dos Serviços de Águas e Resíduos ("ERSAR"), ou entre essas e seus usuários;

(xi) Decreto-Lei n. 126, de 22 de agosto de 2014 (art. 29), prevendo a possibilidade das Entidades Reguladoras da Saúde ("ERS") celebrarem protocolos com centros de arbitragem institucionalizada existentes;

(xii) Decreto-Lei n. 136, de 09 de setembro de 2014 (art. 118), que prevê a intervenção de uma comissão arbitral para a resolução de conflitos na aplicação dos regulamentos municipais previstos em seu art. 3º;

(xiii) Portaria n. 219, de 21 de outubro de 2014, que vincula serviços do Ministério da Educação e Ciência à jurisdição do CAAD; e

(xiv) Decreto-Lei n. 40, de 16 de março de 2015 (art. 46, 3), que prevê a arbitragem voluntária para a resolução de conflitos de natureza contratual entre os operadores sujeitos à regulação da Agência Nacional de Aviação Civil ("ANAC").

Através do despacho n. 5.097/2009 do Secretário de Estado da Justiça, datado de 12 de fevereiro de 2009[635], criou-se em Portugal o Centro de

---

[635] Despacho n. 5.097/2009: "O Código de Processo nos Tribunais Administrativos, aprovado pela Lei n. 15/2002, de 22 de Fevereiro, veio consagrar a arbitragem institucionalizada no domínio do contencioso administrativo, prevendo a criação de centros de arbitragem permanente destinados à apreciação de questões relativas a contratos, responsabilidade civil da Administração, relações jurídicas de emprego público, sistemas públicos de protecção social e urbanismo. O novo regime jurídico resulta da vontade de o Estado, nas suas relações com os cidadãos e outras pessoas colectivas, propor e aceitar a superação dos litígios através do recurso aos meios alternativos de resolução de litígios. Opção justificada pelas vantagens inerentes à mediação, conciliação e arbitragem, designadamente, eficácia, celeridade, economia e flexibilidade. Assim, em 19 de Setembro de 2007, várias entidades, entre as quais a Associação dos Oficiais de Justiça, a Associação Sindical dos Conservadores dos Registos; a Associação Sindical dos Funcionários de Investigação Criminal da Polícia Judiciária, a Associação Sindical dos Funcionários Técnicos Administrativos Auxiliares e Operários da

Arbitragem Administrativa ("CAAD"), de onde se extrai que funcionará sob a égide de uma associação privada sem fins lucrativos tendo por obje-

Polícia Judiciária, a Associação Sindical dos Oficiais dos Registos e do Notariado; a Associação Sindical dos Seguranças da Polícia Judiciária; a Associação Sindical dos Trabalhadores dos Serviços Prisionais, a Confederação de Comércio e Serviços de Portugal; o Sindicato dos Funcionários Judiciais; o Sindicato Nacional do Corpo da Guarda Prisional e o Sindicato dos Trabalhadores dos Registos e do Notariado requereram, ao abrigo do nº 1 do artigo 1º do Decreto-Lei n. 425/86, de 27 de Dezembro, autorização para a criação de um centro de arbitragem voluntária competente para dirimir conflitos emergentes de relações jurídicas de emprego público e de contratos. Compulsados os elementos do processo, constata-se que o Centro a autorizar funcionará sob a égide de uma associação privada sem fins lucrativos denominada CAAD – Centro de Arbitragem Administrativa e cujo objectivo consiste na resolução de litígios emergentes de contratos e de relações jurídicas de emprego público, através de informação, mediação, conciliação ou arbitragem, nos termos definidos pelo seu Regulamento e que por lei especial não estejam submetidos exclusivamente a tribunal judicial ou a arbitragem necessária. A proposta das entidades competentes cumpre os pressupostos legais da representatividade e da idoneidade para a prossecução da actividade que se propõem realizar, considerando-se reunidas as condições que asseguram a sua execução adequada. Com relevância para a apreciação do pedido ressaltam, designadamente, os seguintes elementos: *a)* O nº 4 do artigo 1º da Lei n. 31/86, de 29 de Agosto, admite que o Estado e outras pessoas colectivas de direito público podem celebrar convenções de arbitragem, desde que autorizados por lei especial ou no caso de respeitarem a relações de direito privado; *b)* As alíneas *a)* e *c)* do nº 1 do artigo 187º do Código de Processo nos Tribunais Administrativos prevêem, no âmbito do centro de arbitragem permanente a criar, a composição de litígios relativos a contratos e a relações jurídicas de emprego público; *c)* O Decreto-Lei n. 425/86, de 27 de Dezembro, define, em termos gerais, o regime de outorga de competência a determinadas entidades para realizarem arbitragens voluntárias institucionalizadas; *d)* O projecto de regulamento do centro de arbitragem revela-se conforme aos princípios fundamentais e regras aplicáveis à arbitragem voluntária institucionalizada; *e)* O Centro a autorizar dispõe de uma lista de árbitros de elevada qualificação técnica e de instalações adequadas ao funcionamento de um centro de arbitragem. Assim, nos termos e com os fundamentos da Informação nº 57/DAJ/2008, do Gabinete para a Resolução Alternativa de Litígios e ao abrigo e nos termos do disposto nos artigos 2º e 3º do Decreto-Lei nº 425/86, de 27 de Dezembro e das alíneas *a)* e *c)* do nº 1 do artigo 187º do Código de Processo nos Tribunais Administrativos, aprovado pela Lei nº 15/2002, de 22 de Fevereiro, determino o seguinte: 1 – Autorizo a criação de um centro de arbitragem a funcionar sob a égide da Associação denominada CAAD – Centro de Arbitragem Administrativa. 2 – O Centro de Arbitragem é de âmbito nacional, tem carácter especializado e sede na Avenida do Duque de Loulé, 72, 2º 3 – O Centro de Arbitragem tem por objectivo promover a resolução de litígios emergentes de contratos e de relações jurídicas de emprego público, desenvolvendo para o eleito as acções adequadas a tal fim, tais como manter o regular funcionamento do Tribunal Arbitral, prestar informações de carácter técnico e administrativo, promover o contacto entre as partes e

tivo "a resolução de litígios emergentes de contratos e de relações jurídicas de emprego público, através de informação, mediação, conciliação ou arbitragem", nos termos definidos pelo seu Regulamento, e que por lei especial não estejam submetidos exclusivamente a tribunal judicial ou a arbitragem necessária.

Ato contínuo, promulgou-se o Decreto-Lei n. 10, de 20 de janeiro de 2011[636], através do qual se criou a arbitragem tributária a ser submetida aos auspícios do CAAD.

A introdução da arbitragem tributária em Portugal visou três objetivos principais: (i) reforçar a tutela eficaz dos direitos e interesses legalmente protegidos dos sujeitos passivos; (ii) imprimir maior celeridade na resolução de litígios que opõem a administração tributária ao sujeito passivo; e (iii) reduzir a pendência de processos nos tribunais administrativos e fiscais[637].

Quanto à celeridade, buscou-se um procedimento não rebuscado, com duração de seis meses, prorrogáveis por mais seis[638], baseado na autonomia dos árbitros para a condução do processo, funcionando apenas dentro do âmbito do CAAD, que se encontra sob a égide do Conselho Superior dos Tribunais Administrativos e Fiscais[639].

No que concerne à composição dos tribunais arbitrais[640], pode-se optar tanto por um árbitro único, desde que o valor em disputa não ultrapasse o dobro do valor de alçada do Tribunal Central Administrativo – € 60.000,00 (sessenta mil euros) –, ou, para os demais casos, que excederem esse montante, ou por opção do contribuinte, haverá uma decisão tripartite.

A forma de escolha dos árbitros possui dois procedimentos completamente diversos para os casos de árbitro único ou de três componentes[641].

---

eventuais contra-interessados e realizar as diligências necessárias à instrução dos processos. 27 de Janeiro de 2009. – O Secretário de Estado da Justiça, João Tiago Valente Almeida da Silveira."

[636] No presente trabalho remeteremos ao diploma original, todavia já com as incorporações das alterações advindas pelas Leis n. 64-B, de 30 de dezembro de 2011; 20, de 14 de maio de 2012; e 66-B, de 31 de dezembro de 2012.

[637] Tal como constante no preâmbulo da norma, cuja integra devidamente atualizada, pode ser acessada através do sítio da Procuradoria-Geral Distrital de Lisboa ("PGDL") na internet. Disponível em: < http://www.pgdlisboa.pt/leis/lei_main.php >, acesso em 15/01/16.

[638] Art. 21 do Decreto-Lei n. 20/2011.

[639] Idem.

[640] Vide art. 5º do Decreto-Lei n. 20/2011.

[641] Art. 6º do Decreto-Lei n. 20/2011.

Se o árbitro foi único, quem o escolherá será o Conselho Deontológico do CAAD, restringindo suas opções à lista de árbitros da instituição.

Para a composição tríplice, permite-se que as partes o façam livremente, sem a restrição da lista de árbitros nem o intermédio do Conselho Deontológico, que somente exercerá essa função caso os indicados pelas partes não consentirem quanto à escolha do presidente.

Poderá exercer a função de árbitro quem cumulativamente cumprir os requisitos de: (i) idoneidade moral; (ii) sentido de interesse público; e (iii) capacidade técnica, observadas as restrições abaixo[642].

A capacidade técnica somente é extensível a juristas, economistas ou administradores, todos com requisitos e restrições específicas.

Consideram-se juristas os que detiverem, ao menos, dez anos de experiência profissional comprovada em Direito Tributário, podendo demonstrá-la pelo exercício: de funções públicas, da magistratura, da advocacia, da consultoria, da jurisconsultoria, da docência em ensino superior, da atuação como pesquisador ou pela publicação de trabalhos científicos relevantes.

Aos cconomistas e administradores foi reservada a atuação na qualidade de coárbitro, e mesmo assim apenas nos casos que exigirem conhecimento especializado de outras áreas.

São impedidos de figurarem como árbitros aqueles que, no biênio anterior à sua indicação, mantiveram qualquer vinculação com a administração tributária, ou, em relação aos contribuintes – suas controladoras, subsidiárias e demais interessadas –, os que foram membros de órgãos internos, funcionários, procuradores, auditores ou consultores.

Quanto à competência, optou-se por um rol exaustivo das matérias tributárias de competência do CAAD[643], dentre as quais são abrangidas a declaração de ilegalidade: (i) de liquidação de tributos; (ii) da autoliquidação; (iii) de retenção na fonte; (iv) dos pagamentos por conta; (v) de atos de determinação da matéria tributável; (vi) de atos de determinação da "matéria colectável"; (vii) atos de fixação de valores patrimoniais.

Consta a possibilidade de se submeter à arbitragem tributária os atos tributários pendentes há mais de dois anos, oportunidade em que haverá o incentivo da dispensa das custas judiciais.

---

[642] Quanto aos requisitos para a designação dos árbitros, ver art. 7º do Decreto-Lei n. 20/2011.

[643] Nos termos do art. 2º do Decreto-Lei n. 20/2011.

ARBITRABILIDADE TRIBUTÁRIA

Permitiu-se também a apreciação de qualquer questão de fato ou de direito, relativa ao projeto de liquidação, sempre que a lei não assegurar a opção de deduzi-la.

Prestigiou-se a regra da irrecorribilidade das decisões arbitrais tributárias, sendo permitidos os seguintes recursos excepcionais[644]:

(i) para o Tribunal Constitucional, quando a sentença arbitral:
   a. se recusar a aplicar uma norma baseando-se em sua inconstitucionalidade; ou
   b. recuse a aplicação de norma cuja constitucionalidade tenha sido suscitada;
(ii) para o Supremo Tribunal Administrativo, quando a decisão arbitral:
   a. estiver contrária à mesma questão fundamental de direito contida em acórdão emanado do Tribunal Central Administrativo; ou
   b. divergir da mesma questão fundamental de direito, com acórdão proferido pelo Supremo Tribunal Administrativo.

Há previsão de anulação da decisão arbitral pelo Tribunal Central Administrativo[645]: (i) se a decisão não especificar os fundamentos de fato e de direito que a embasaram, na oposição dos fundamentos com a decisão, na pronúncia indevida ou na omissão de análise de algum ponto suscitado; e (ii) se a decisão violar os princípios do contraditório e da isonomia das partes.

Inseriu-se, ainda, uma regra em observância ao artigo 267 do Tratado sobre o Funcionamento da União Europeia – aplicável nos casos em que o tribunal arbitral seja a última instância de decisão de litígios tributários –, segundo a qual a decisão é susceptível de reenvio prejudicial[646].

Como visto, a arbitragem tributária foi instituída em Portugal no ano de 2010, gozando de aceitação interna, tal como se verifica em estudo publicado em março de 2013, contendo dados estatísticos.

Dentre os dados da prática extraímos que, até a sua publicação, 200 (duzentas) arbitragens tributárias tinham sido submetidas ao CAAD, das quais 97 (noventa e sete) foram processos decididos por árbitros únicos

---

[644] Contidos no art. 25 do Decreto-Lei n. 20/2011.
[645] Arts. 27 e 28 do Decreto-Lei n. 20/2011.
[646] Constante no preâmbulo do Decreto-Lei n. 20/2011.

e 103 (cento e três) por três julgadores, tendo sido concluídos 127 procedimentos[647].

O percentual de apontamento de árbitros pelo Conselho Deontológico também chama atenção, uma vez que atingiu 97,1% dos procedimentos, demonstrando a aceitação maciça dessa forma de indicação[648].

Mais da metade dos procedimentos (58,8%) foi decidida favoravelmente aos contribuintes, e o prazo médio de tramitação dos procedimentos foi de quatro meses e quatro dias[649].

Quanto aos valores dos pedidos, identificou-se que: 48,5% dos procedimentos discutiram até 60.000 euros; 31% entre 60.000 e 275.000 euros; 10,5% entre 275.000 e 500.000 euros; 6% entre 500.000 e 1.000.000 euros; e apenas em 4% das arbitragens o valor envolvido superou a um milhão de euros[650].

3.1.2. Referência americana (belga, canadense, alemã e francesa) – IRS Mandatory Tax Treaty Arbitration

Os Estados Unidos da América firmaram tratados com a Bélgica, o Canadá, a Alemanha[651] e a França, permitindo a arbitragem obrigatória em determinados casos de procedimentos amigáveis de consulta direta entre os Estados, denominados Mutual Agreement Procedure ("MAP"), aperfeiçoando, assim, o processo de negociação de seus Acordos para Evitar a Dupla Tributação e Prevenção de Evasão Fiscal[652].

O Internal Revenue Service ("IRS") – órgão americano equivalente à Receita Federal do Brasil –, seguindo as previsões contidas nos acordos para evitar a dupla tributação entre os países acima mencionados, firmou convênio com o International Centre for Dispute Resolution ("ICDR"), órgão responsável pelas operações internacionais da American Arbitration Association ("AAA"), para administrar esses procedimentos arbitrais tributários.

---

[647] VILLA-LOBOS, Nuno; VIEIRA, Mónica Brito (coord.). **Guia da Arbitragem Tributária.** Coimbra: Almedina/Centro de Arbitragem Administrativa – CAAD, 2013, p. 89-90.

[648] Opc. Cit., p. 89.

[649] Op. Cit., p. 90.

[650] Idem.

[651] 2006 Protocol.

[652] Informações extraídas do sítio americano, disponível em: < https://www.irs.gov/Businesses/International-Businesses/ >, acesso em 14/01/16.

ARBITRABILIDADE TRIBUTÁRIA

Além da gestão dos casos, o ICDR ainda é responsável pela seleção e treinamento dos árbitros, que são escolhidos entre os profissionais que tenham sólida experiência em Direito Tributário Internacional, em especial nas matérias de preços de transferências.

Como as redações dos tratados são muito similares, posto derivarem do Modelo de Convenção Tributária do Rendimento e do Capital do Centre for Tax Policy and Administration da Organisation for Economic Co-operation and Development ("OECD")[653] , analisemos o firmando com a Alemanha como paradigma.

A Convenção para evitar a dupla tributação entre os dois países foi assinada em 1º de janeiro de 1990[654], tendo sido aditada pelo Protocolo de 1 de junho de 2006[655].

O Protocolo firmado entre os dois países estabelece, em seu artigo XIII, que quando as autoridades não conseguirem resolver uma questão amigavelmente, ela será submetida à arbitragem, desde que verificados 3 (três) requisitos[656].

O primeiro possui um aspecto prático, pois decorre da comprovação de entrega da declaração de imposto de renda referentes aos anos em disputa para ao menos um dos países.

O segundo requisito é que a causa envolva uma ou mais previsões elencadas na Convenção tanto quanto ao fato tributável quanto à possibilidade de submetê-lo à arbitragem, ou que as autoridades competentes assim determinem.

O terceiro é praticamente uma decretação de sigilo, através do qual todos os interessados e os seus representantes concordam em não divulgar

---

[653] LIMA, Jucélia. **Arbitragem Tributária Internacional e o Discurso Sul-americano da "Renúncia à Soberania Fiscal"**. In: Revista Direito Tributário Atual, n. 33, São Paulo: IBDT/ Dialética, 2015, p. 157. O modelo de Convenção Tributária do Rendimento e do Capital do *Centre for Tax Policy and Administration* da OECD, disponível em: < http://www.oecd.org/tax/ treaties/oecd-model-tax-convention-available-products.htm >, acesso em: 16/01/16

[654] Disponível em: < https://www.irs.gov/pub/irs-trty/germany.pdf >, acesso em: 14/01/16.

[655] Disponível em: < https://www.irs.gov/pub/irs-trty/germanprot06.pdf >, acesso em: 14/01/16.

[656] Trecho traduzido, adaptado e extraído do documento intitulado: *"Technical explanation of the Protocol signed at Berlin on June 1, 2006, amending the Convention between the United States of America and the Federal Republic of Germany for the avoidance of double taxation and the prevention of fiscal evasion with respect to taxes on income and capital and to certain other taxes, and the related protocol, signed at Bonn on August 29, 1989."*, disponível em: < https://www.irs.gov/pub/irs-trty/ germanyte07.pdf >, acesso em: 14/01/16.

as informações franqueadas durante o procedimento arbitral. O interessante dessa disposição é que pode ser concretizada por qualquer pessoa que tenha autoridade para vincular outra, como uma empresa controladora em relação a sua subsidiária.

O parágrafo 22 do artigo XVI do Protocolo elenca os casos que estão sujeitos à arbitragem obrigatória, dos quais destacamos os lucros das empresas[657], de suas associadas[658], e royalties[659]. Considera-se pessoa interessada não apenas a que submeteu o caso, mas também suas subsidiárias localizadas no outro país contratante.

Estipulou-se também que a arbitragem terá início em até dois anos após o início do caso – exceto se as autoridades competentes determinarem outra data –, ou, antes desse período, se comprovado que todas as pessoas interessadas assinaram os acordos de confidencialidade correspondentes e os remeteram para as autoridades competentes de ambos os países, respeitados os procedimentos internos de cada uma[660].

Diversas regras procedimentais estão previstas no parágrafo 22 do artigo XVI do Protocolo, mas, uma vez iniciado um procedimento, as autoridades competentes podem alterá-las ou complementá-las, se necessário.

O prazo para a indicação dos árbitros por parte de cada país contratante será de 60 (sessenta) dias, contados do início do procedimento arbitral, tal como previsto na alínea (e) do parágrafo 22 do artigo XVI do Protocolo.

No mesmo prazo, os dois árbitros indicarão o presidente do painel, mas, caso haja qualquer falha nas indicações, os membros faltantes serão designados pela maior autoridade da OECD.

A alínea (g) do mesmo dispositivo estipula o prazo de 90 (noventa) dias, contados da data de apontamento do presidente, para a submissão dos materiais de cada Estado contratante para o tribunal arbitral. Os materiais serão enviados para cada parte, que, em 180 (cento e oitenta) dias, contados do apontamento do presidente, ofertarão réplicas. Nenhuma outra informação será entregue ao tribunal, exceto se os árbitros expressamente requererem.

---

[657] Artigo 7.

[658] Artigo 9.

[659] Art. 12.

[660] Exemplificadamente, para os Estados Unidos da América, pode-se enviar a requisição para a autoridade competente *"under Section 4.05 of Rev. Proc. 2002-52, 2002-2 C.B. 242"*, ou, dependendo da matéria, para o IRS *"under Section 4 Rev. Proc. 2006-9, 2006-2 I.R.B. 278"*. Idem, p. 39.

Na falha na submissão do material por parte de um país, a do outro será considerada como decisão do tribunal arbitral.

O Tribunal deverá proferir um laudo arbitral no prazo de 9 (nove) meses, também contados do apontamento do presidente, e a decisão deverá ser uma das duas propostas apresentadas pelos contratantes, e não servirá como precedente em casos futuros.

Ao proferi-lo, o tribunal arbitral levará em consideração: (i) as previsões contidas na Convenção; (ii) comentários feitos conjuntamente ou explicações da Convenção feitas pelos países contratantes; (iii) as leis dos Estados contratantes, desde que não sejam incompatíveis; e (iv) qualquer comentário, orientações, ou relatórios que versem sobre disposições relevantes e análogas à Model Tax Convention da OECD.

Exceto se qualquer das pessoas interessadas não aceitar a decisão do tribunal arbitral, essa consistirá uma resolução por acordo mútuo, nos termos do artigo 25 e, consequentemente será vinculativa para ambos os países.

Previu-se, ainda, que, no prazo de 30 (trinta) dias do recebimento da decisão pela mesma autoridade competente à qual o caso foi submetido, cada pessoa interessada deverá comunicar essa autoridade acerca do seu aceite da decisão, sendo que a ausência dessa comunicação será interpretada como rejeição à decisão, não sendo possível instaurar um novo procedimento para rediscuti-la.

A aplicação de juros ou multas observará a legislação interna de cada país contratante.

Os custos do procedimento serão divididos igualmente entre os estados contratantes, considerando também o custo das traduções. Os árbitros receberão honorários fixos de US$ 2.000,00 (dois mil dólares americanos), ou o equivalente em euros, por dia de trabalho.

A título de ressalva, nem todas as controvérsias tributárias são passíveis de resolução através da arbitragem, como, por exemplo, no caso de concessão de crédito de imposto, contida no artigo XII, parágrafo 4º, do Protocolo.

3.1.3. Menção genérica a outras referências de arbitragem tributária (Holanda, Egito, Kwait, Macedônia, Moldávia e Uzbequistão)

A presente seção não abordará os detalhes específicos de cada tratado, uma vez que, como já salientado, grande parte deles possui a mesma base, qual seja, o Modelo de Convenção Tributária do Rendimento e do Capital da OECD.

Assim, apenas com o intuito de demonstrar a prática corrente em diversos países com culturas e bases jurídicas diferentes, é de rigor trazermos os exemplos dos tratados firmados pela Holanda.

A Holanda demonstrou essa pluralidade prática ao firmar tratados de cunho tributário com países como: Egito, Kwait, Macedônia, Moldávia e Uzbequistão[661].

Desses tratados chamamos atenção apenas para uma peculiaridade, a de que, diferentemente dos demais tratados internacionais em matéria tributária, esses permitem o encaminhamento do procedimento arbitral apenas para um dos lados contratantes.

Diante da singularidade desse procedimento de arbitragem unilateral, independentemente do consentimento da autoridade do outro Estado contratante, não se tem notícias do início prático de alguma arbitragem nesses moldes.

3.2. Conceitos e (pre)conceitos da arbitrabilidade tributária e a *matryoshka*

A *matryoshka* é uma boneca russa, comumente feita de madeira, contendo uma série de outras estatuetas menores dentro umas das outras. Na medida em que se abre a primeira, há a surpresa de ela ser oca e conter a segunda, ligeiramente menor, até se alcançar a última, única sólida e que encerra a procura.

Utilizamos essa nomenclatura[662] por entendermos que ela demonstra o percurso transcorrido para alcançarmos a base prática e teórica para justificarmos a arbitragem tributária.

---

[661] Para maiores detalhes dessas e outras experiências, vide: ZÜGER, Mario. **Arbitration under Tax Treaties: Improving Legal Protection in International Tax Law**. Amsterdã: IBFD-Doctoral Series 5, 2001.

[662] William W. Park fez essa relação em artigo datado de 2009, mas com outra conotação: "*Contemplating the treatment of tax measures under most investment treaties bring to mind the Russian nested doll, or matryoshka. One carved figure opens to reveal another, which in turn unlocks to yield yet more diminutive figurines. Likewise, investor protection schemes in trade agreements and investment treaties often contain tax-related provisions that unfold to present exceptions to the exceptions. However, interpreting investment treaties differs from opening a matryoshka in one significant way. While the doll releases smaller figures treaty exceptions often reveal other exceptions that prove as capacious as the provision from which they derogate*". PARK, William W. **Tax Arbitration and Investor Protection**. In: ROGERS, Catherine A.; ALFORD, Roger P. The Future of Investment Arbitration. New York: Oxford University Press, 2009, p. 229.

Assim, ao percorrermos todos esses caminhos, superando um a um os obstáculos surgidos ao longo dessa jornada, tal como acontece com o brinquedo moscovita, nos depararemos ao final, com um conceito sólido de arbitragem tributária.

Para tanto, devemos, ainda, clarear os conceitos e superar os prejulgamentos existentes, como abordado nas seções abaixo.

3.2.1. (Pre)conceitos

As seções que se seguem tratam de questões que são, à primeira vista, um óbice à arbitragem tributária, como a suposta ausência de previsão legal específica, que, juntamente com os exemplos práticos, deve ser sopesada com a ausência de vedação para a sua adição. Outro ponto controvertido reside na análise da disponibilidade do crédito tributário.

Essas as primeiras barreiras que devemos ultrapassar, para somente então perquirirmos os caminhos conceituais que moldarão o instituto da arbitragem tributária no Brasil.

3.2.1.1. Ausência de previsão legal e o Projeto de LC n. 468/09

O positivismo exacerbado do direito local pode passar a sensação de que para cada especificidade há a necessidade de uma lei especial autorizando determinada hipótese abstrata.

Entretanto, nem sempre essa máxima é verdadeira, sendo que os atos autorizativos de determinadas condutas podem se localizar em diplomas diversos que não a lei.

Da mesma forma, os atos administrativos emanados por autoridade competente, porém diversa da tributária, podem autorizar e validar a subsunção de matérias tributárias à arbitragem, sem afrontar a Constituição.

Esse assunto será pormenorizado na seção III.3 (a), onde, com base nas indicações do CTN (art. 97, VI, e art. 100) do que se deve considerar como legislação tributária, identificaremos as leis e os atos normativos, bem como as autoridades administrativas competentes, que versaram sobre o tema no âmbito interno, em especial a criação da Câmara de Conciliação e Arbitragem da Administração Federal ("CCAF"), através de atos administrativos emanados pelo Advogado Geral da União, em aquiescência ao disposto na LC n. 73/1993, na Lei n. 9.028/1995, e na MP n. 2.180-35/2001.

Desde já, de rigor comparar que a criação da CCAF brasileira seguiu o modelo da instituição da CAAD portuguesa – analisada na seção III.1 (d)

ARBITRAGEM TRIBUTÁRIA NO BRASIL

–, que também adveio de um ato administrativo, no caso lusitano, praticado por seu Secretário de Estado da Justiça.

Esse o sentir de Ricardo Lobo Torres quanto aos novos contornos do princípio da legalidade tributária, que, na atualidade, ou nas palavras do autor, no "Estado da Sociedade de Riscos e na economia globalizada", exibe um novo contorno: "*a)* sujeita-se à pluralidade de fontes, inclusive internacionais (FMI, Banco Mundial, etc.); *b)* admite a deslegalização; *c)* convive com a judicialização da política; *d)* almeja a simplificação legislativa"[663].

E com esteio em Marco Aurélio Greco[664], Ricardo Aziz Cretton[665] e Ricardo Lodi Ribeiro[666], o autor ainda aponta críticas á ideia da reserva absoluta e tipicidade fechada no Brasil, mostrando já serem expressos "novos conceitos sobre a reserva de lei"[667].

Heleno Torres, examinando o conteúdo do art. 150, § 6º, da CF/88 e o art. 171 do CTN, conclui pela legitimidade da adoção do instituto: "há muito estamos convencidos da plena legitimidade da adoção de medidas alternativas de solução de controvérsias em matéria tributária, sem qualquer impedimento constitucional ou do Código Tributário"[668].

A ausência de lei especial também não pode ser vista como mero impeditivo, mesmo em se tratando da Administração Pública, uma vez que, tal como pontuado por Pontes de Miranda, nesses casos a regência será pela legislação geral:

> O compromisso em que figura o Estado nem sempre é de direito público. O Estado pode nêle figurar como particular. [...] Se se submeteu a juízo arbitral, o compromisso, na falta de *lex specialis*, se rege pelo Código Civil e pelo

---

[663] TORRES, Ricardo Lobo. **Transação, conciliação e processo tributário administrativo equitativo**. In: SARAIVA FILHO, Oswaldo Othon de Pontes; GUIMARÃES, Vasco (Org.). Transação e arbitragem n âmbito tributário: homenagem ao jurista Carlos Mário da Silva Velloso. Belo Horizonte: Fórum, 2008, p. 101.

[664] GRECO, Marco Aurélio. **Planejamento fiscal e interpretação de lei tributária**. São Paulo: Dialética, 1998, p. 59.

[665] CRETTON, Ricardo Aziz. **Os princípios da proporcionalidade e da razoabilidade e sua aplicação no direito tributário**. Rio de Janeiro: Lumen Juris, 2001, p. 6.

[666] RIBEIRO, Ricardo Lodi. **A segurança jurídica do contribuinte: legalidade, não-surpresa e proteção à confiança legítima**. Rio de Janeiro: Lumen Juris, 2007.

[667] Idem.

[668] TORRES, Heleno. **Apresentação do livro "arbitragem e transação tributárias"**. In: MENDONÇA, Priscila Faricelli. Arbitragem e transação tributárias. Brasília: Gazeta Jurídica, 2014, p. XII.

ARBITRABILIDADE TRIBUTÁRIA

Código de Processo Civil, exceto no que concerne a podêres do órgão estatal. Por outro lado, se a questão é de direito público e a lei especial, se há, é omissa quanto ao procedimento, tem de entender-se que se remeteu à lei processual comum.[669]

Devemos pontuar que, mesmo diante da possibilidade já existente de arbitragem envolvendo o direito tributário (seção III.3), essa ainda é restrita a poucas possibilidades, sendo que, no que concerne à sua expansão para utilização direta dos contribuintes, encontra-se em andamento o Projeto de Lei Complementar n. 468/2009, oriundo do Poder Executivo, que, dentre outros aspectos, acresce ao art. 171-A do CTN a transação como modalidade de extinção do crédito tributário.

Quando do seu trâmite perante a Comissão de Desenvolvimento Econômico, Indústria e Comércio, consta do parecer de relatoria do Deputado João Maia o reconhecimento expresso de que o projeto possui avanços quanto à ampliação do mecanismo de solução de conflitos, que, na ótica do relator, "poderiam vir ao encontro de uma maior agilidade e transparência favorável às empresas e ao contribuinte de forma geral"[670].

O resultado desse trâmite foi um substitutivo ao texto inicial, focando o projeto na arbitragem e na transação tributária[671], tendo sido aprovado o parecer por unanimidade, em reunião datada de 15 de junho de 2011.

No dia imediatamente seguinte, o projeto seguiu para a Comissão de Finanças e Tributação, que, sob a relatoria do Deputado José Guimarães, apresentou em 11 de dezembro de 2012 o primeiro parecer.

Vale destacar, ainda, o reconhecimento de que as modificações pretendidas pelo projeto "restringem-se a questões administrativas da arrecadação fiscal, visando melhoria da máquina estatal, não havendo implicação financeira ou orçamentária"[672], e que decorria da celebração do II Pacto Republicano celebrado entre os representantes dos três Poderes buscando tornar o sistema de justiça mais acessível, ágil e efetivo, e, especificamente

---

[669] PONTES DE MIRANDA, Francisco Cavalcanti. **Tratado de Direito Privado**. Tomo XXVI. Rio de Janeiro: Borsoi, 1959, p. 319.

[670] Relatório elaborado em 2011, pela Comissão de Desenvolvimento Econômico, Indústria e Comércio, de relatoria do Deputado João Maia, p. 9.

[671] Idem, p. 9-10.

[672] Relatório elaborado em 2012, pela Comissão de Finanças e Tributação, de relatoria do Deputado José Guimarães, p. 5.

quanto à Administração Fiscal, a modernizá-la, tornando-a mais transparente, célere, desburocratizada e eficiente[673].

O trecho a seguir transcrito demonstra que os aspectos abordados no presente estudo, como a morosidade demasiada das execuções fiscais dos créditos tributários[674], são de pleno conhecimento do legislador:

> A morosidade da tramitação dos processos tributários e a ineficiência da execução fiscal dos créditos tributários fazem com que apenas uma parcela muito pequena do estoque da dívida ativa da União ingresse nos cofres públicos a cada ano. Essa realidade afeta negativamente a economia do país, não apenas pelo seu efeito na arrecadação de receitas, mas também na livre concorrência, pois empresas não envolvidas em litígios tributários disputam o mesmo mercado com outras que adiam ao máximo o pagamento de tributos por meio de discussões administrativas e judiciais meramente protelatórias.[675]

E, com base justamente nesses dois aspectos destacados, propõe a sua aprovação.

Em despacho datado de 13 de maio de 2015, a Comissão de Finanças e Tributação designou como relator o Deputado Alfredo Kaefer, restando, portanto, a conclusão da sua tramitação perante a Comissão de Finanças e Tributação, para o posterior encaminhamento para a de Constituição e Justiça e Cidadania.

Dessa maneira, caso aprovado o projeto como proposto, o CTN passaria a prever expressamente a arbitragem na seção que dispõe sobre as demais modalidades de extinção do crédito tributário, possibilitando a adoção da arbitragem para solução de conflito ou litígio, com efeito vinculante para o laudo arbitral[676].

Estar-se-ia, assim, ampliando demasiadamente o espectro atual de utilização da arbitragem tributária, pois permitir-se-ia, ao exemplo de Portugal (vide seção III.2 (a)), a análise direta da questão.

---

[673] Idem.
[674] Vide II.1 (a) (4).
[675] Relatório elaborado em 2012, pela Comissão de Finanças e Tributação, de relatoria do Deputado José Guimarães, p. 6.
[676] Trecho extraído do item 7 do Relatório elaborado em 2012, pela Comissão de Finanças e Tributação, de relatoria do Deputado José Guimarães, p. 2.

3.2.1.2. Ausência de vedação legal expressa

No que se refere à vedação legal expressa em relação à arbitragem envolvendo a Administração Pública, em especial questões relacionadas à tributação, vale trazer à tona a redação do Decreto-Lei n. 960, de 17 de dezembro de 1938 – que dispõe sobre a cobrança judicial da dívida ativa da Fazenda Pública – em especial a redação de seu art. 59: "A cobrança judicial da dívida ativa da Fazenda não poderá ser submetida ao juizo arbitral."

Em que pese não haver a revogação expressa desse dispositivo, importa destacar que, tomando por base o art. 2º, parágrafo 1º, do Decreto-Lei n. 4.657, de 04 de setembro de 1942 ("Lei de Introdução às normas do Direito Brasileiro"), a jurisprudência considera as normas de direito processual do mencionado Decreto-Lei n. 960/1938 revogadas pelo Código de Processo Civil de 1973[677], bem como a sua integralidade pela superveniência da atual lei de execução fiscal, a Lei n. 6.830, de 22 de setembro de 1980[678].

---

[677] STF: PROCESSUAL CIVIL. EXECUÇÃO FISCAL: DECRETO-LEI 960/38 E CÓD. PROC. CIVIL DE 1973. REVOGAÇÃO DAS NORMAS PROCESSUAIS DAQUELE POR ESTE. FÉRIAS FORENSES: PRAZOS PROCESSUAIS. TENDO-SE COMO CERTO QUE AS NORMAS DE DIREITO PROCESSUAL DO DECRETO-LEI N. 960, DE 1939, FORAM INTEIRAMENTE REVOGADAS PELO VIGENTE CÓDIGO DE PROCESSO CIVIL (CPC DE 1973), ANTE A REGRA ÍNSITA NA PARTE FINAL DO § 1º DO ART. 2º DA LEI DE INTRODUÇÃO AO CÓDIGO CIVIL, NÃO CORREM OS PRAZOS PROCESSUAIS, NAS EXECUÇÕES FISCAIS PARA COBRANÇA DA DÍVIDA ATIVA DA FAZENDA PÚBLICA, DURANTE AS FÉRIAS FORENSES, POIS NÃO INCLUÍDA A HIPÓTESE NO ELENCO DAS EXCEÇÕES PREVISTAS NO ART-174 DO CÓD. PROC. CIVIL, E CONFORME RESULTA DO SEU INC-III. RECURSO EXTRAORDINÁRIO CONHECIDO PELA LETRA "D" DO PERMISSIVO CONSTITUCIONAL, MAS A QUE SE NEGA PROVIMENTO. (RE 94071, Relator(a): Min. ALDIR PASSARINHO, Segunda Turma, julgado em 27/04/1984, DJ 24-08-1984 PP-13479 EMENT VOL-01346-02 PP-00359 RTJ VOL-00112-01 PP-00275); e EXECUÇÃO FISCAL. FERIAS FORENSES. PRAZO PROCESSUAL. CÓDIGO DE PROCESSO CIVIL, DE 1973, ART-179 (APLICAÇÃO). A EXECUÇÃO DAS DIVIDAS FISCAIS, REGULAMENTADA PELO VIGENTE CÓDIGO DE PROCESSO CIVIL, EM SEU ART-585, VI, NÃO CORRE DURANTE AS FERIAS FORENSES, POSTO QUE NÃO INCLUIDA NAS EXCEÇÕES PREVISTAS NO SEU ART-174. REVOGAÇÃO DAS NORMAS DE DIREITO PROCESSUAL DO DECRETO-LEI 960/38 PELO CÓDIGO DE PROCESSO CIVIL EM VIGOR. RECURSO EXTRAORDINÁRIO NÃO CONHECIDO. (RE 93811, Relator(a): Min. RAFAEL MAYER, Primeira Turma, julgado em 31/03/1981, DJ 22-04-1981 PP-03486 EMENT VOL-01208-02 PP-00450 RTJ VOL-00098-01 PP-00481).

[678] Tribunal Regional Federal da 3ª Região: PROCESSUAL CIVIL. TRIBUTÁRIO. EMBARGOS À EXECUÇÃO FISCAL. IPI. PRESCRIÇÃO. NÃO CONHECIMENTO. DECRETO-LEI N. 960/38. REVOGAÇÃO. [...] II – O Decreto-Lei n. 960/38 foi revogado pela Lei n. 6.830/80, em que em seu art. 2º, par. 2º, prevê a atualização monetária da dívida

Todavia, enquanto ainda vigente, a doutrina analisou especificamente o mencionado art. 59, pontuando:

A cobrança de dívida fiscal não é suscetível de compromisso (Decreto-lei n. 960, de 17 de dezembro de 1938, arts. 59 e 76). A convenção das partes, a êsse propósito, é nula *ipso iure* (nulidade de direito material, Código Civil, art. 145, II; Supremo Tribunal Federal, 16 de junho de 1942, *D. da J.* de 24 de novembro de 17 de outubro de 1942, 3011 e 2984, dois acórdãos).

Todavia, a lei especial pode submeter controvérsias de direito fiscal a arbitragem. O Poder Executivo, só por si, não pode assinar compromisso. [...] O art. 1.039 do Código de Processo Civil fala de ineficácia do compromisso, não de nulidade. A nulidade do compromisso é assunto de direito material, e não de direito processual, e.g., sôbre os pressupostos formais (2ª Câmara Cível do Tribunal e Apelação do Paraná, 25 de janeiro de 1944, *Paraná, J.* 39, 407), ou sôbre o que se refere a ser divergência, por sua natureza, subordinável o compromisso. Porque a divergência se passa, necessàriamente, no plano do direito que dá a *res in iudicium deducta*.[679]

Quanto ao sistema vigente, Heleno Torres ressalva também não se encontrar "em nenhum artigo da Constituição qualquer impedimento para a adoção de solução pactícias em matéria tributária, cabendo à Lei decidir fazê-lo, nos termos e limites que julgar satisfatórios"[680].

Verifica-se, portanto, que apesar de pendente a aprovação do Projeto de Lei Complementar n. 469/2009 que acresce textualmente a arbitragem ao CTN no rol das modalidade de extinção do crédito tributário (tratado na seção III.2 (a) (1)), de rigor ressaltar, que atualmente não há qualquer

---

ativa com juros, multa de mora e demais encargos previstos em lei ou contrato .[...] VOTO [...] Ora a Lei n. 6.380/80, com base na qual a execução foi proposta, veio a disciplinar o referido processo, revogando-se em seu art. 42, as disposições em contrário, principalmente o Decreto-Lei n. 960/38 que regulava o processo executivo fiscal até a entrada em vigor do CPC de 1973, o qual passou a ter aplicação subsidiária na espécie [...] (Apelação Cível n. 95.03.100265-6, Rel. Des. Cecília Hamati, julgado em: 10/11/1999).

[679] PONTES DE MIRANDA, Francisco Cavalcanti. **Tratado de Direito Privado**. Tomo XXVI. Rio de Janeiro: Borsoi, 1959, p. 327-328.

[680] TORRES, Heleno. **Princípios da segurança jurídica e transação em matérias tributária. Os limites da revisão administrativas dos acordos tributários**. In: SARAIVA FILHO, Oswaldo Othon de Pontes; GUIMARÃES, Vasco (Org.). Transação e arbitragem n âmbito tributário: homenagem ao jurista Carlos Mário da Silva Velloso. Belo Horizonte: Fórum, 2008, p. 305.

ARBITRABILIDADE TRIBUTÁRIA

diploma vedando expressamente a utilização da arbitragem em matéria tributária.

3.2.1.3 (In)disponibilidade do crédito tributário

Quanto à análise da disponibilidade ou não do crédito tributário, retomaremos brevemente a questão já discutida na seção II.2, onde indicamos a resistência por parte da doutrina em submeter qualquer questão que envolva a Administração Pública à arbitragem.

Da mesma maneira, percorremos um longo caminho para demonstrar que os estudos mais modernos e ligados às realidades estrangeiras e às novas tecnologias jurídicas em desenvolvimento entendem, basicamente, que, se a Administração Pública pode contratar, em relação a esses direitos residiria a arbitrabilidade, pois atuaria como o particular.

Ricardo Lobo Torres coaduna dessa máxima e é categórico ao afirmar que "a nova processualidade fiscal pressupõe a crítica vigorosa ao princípio da supremacia do interesse público. Hoje parte importante da doutrina brasileira repeliu a tese [...] separando o interesse da Fazenda Pública do interesse público"[681].

Prossegue dizendo que, em época de processo administrativo tributário equitativo, o interesse fiscal "só pode ser o interesse de arrecadar o imposto justo, fundado na capacidade contributiva"[682], e que os instrumentos jurídicos mais importantes para "excepcionar o princípio da indisponibilidade do crédito fiscal são a discricionariedade administrativa, a tipificação administrativa casuística e a quantificação"[683].

Heleno Torres, ao analisar a arbitragem tributária, ressaltou a importância do estudo da indisponibilidade do crédito tributário "mormente para superar dúvidas com resquícios de preconceitos e legalismo que já não podem prosperar numa tributação fundada no constitucionalismo do Estado Democrático de Direito"[684].

---

[681] TORRES, Ricardo Lobo. **Transação, conciliação e processo tributário administrativo equitativo.** In: SARAIVA FILHO, Oswaldo Othon de Pontes; GUIMARÃES, Vasco (Org.). Transação e arbitragem n âmbito tributário: homenagem ao jurista Carlos Mário da Silva Velloso. Belo Horizonte: Fórum, 2008, p. 107.

[682] Idem.

[683] Ibidem.

[684] TORRES, Heleno. **Apresentação do livro "arbitragem e transação tributárias".** In: MENDONÇA, Priscila Faricelli. Arbitragem e transação tributárias. Brasília: Gazeta Jurídica, 2014, p. XII, p. XII.

Em outra oportunidade, partindo da premissa da "inexistência, no direito de todos os povos, de um tal princípio universal de 'indisponibilidade do tributo'", discorre que, assim como o conceito de tributo, o de indisponibilidade do crédito tributário ainda não possui uma definição satisfatória, por não serem conceitos lógicos, mas de direito positivo, assumindo os contornos de cada sistema nos quais estão inseridos[685].

Ainda detendo-se sobre a questão, o autor vislumbra que a indisponibilidade não residiria no crédito tributário, mas sim na atividade de cobrança do crédito tributário, que é prevista em lei e, atendendo os limites estabelecidos pela própria lei, pode ser disponível para a Administração, inclusive para atender a critérios de interesse coletivo, como a forma de resolução de conflitos, desde que observados os princípios fundamentais da igualdade, generalidade e da definição de capacidade contributiva[686].

---

[685] Nas palavras do autor: "O princípio jurídico e técnico da praticabilidade da tributação impõe um verdadeiro dever ao Legislador de busca dos caminhos de maior economia, eficiência e celeridade para viabilizar a imposição tributária, o que pode ser alcançado com intensificação da participação dos administrados na gestão tributária e possibilidade de solução extrajudicial de conflitos entre a Administração e os contribuintes. Contudo, muitos são os obstáculos teóricos e culturais a superar, tendo em vista conceitos e valores que merecem novos sopesamentos, diante do atual quadro de evolução técnica dos ordenamentos e renovação científica da doutrina. Dentre todos, é o princípio da indisponibilidade do patrimônio público (tributo) o que maiores problemas de análise e de afetação comporta. O que vem a ser, precisamente, 'indisponibilidade do crédito tributário'? O princípio da indisponibilidade do patrimônio público e, no caso em apreço, do crédito tributário, desde a ocorrência do fato jurídico tributário, firmou-se como dogma quase absoluto do direito de estados ocidentais, indiscutível e absoluto na sua formulação, a tal ponto que sequer a própria legalidade, seu fundamento, poderia dispor em contrário. E como o conceito de tributo, até hoje não definido satisfatoriamente, acompanha também essa indeterminação conceitual da sua indisponibilidade, avolumam-se as dificuldades para que a doutrina encontre rumo seguro na discussão do problema. Porquanto 'tributo' e 'indisponibilidade' não sejam conceitos lógicos, mas sim conceitos de direito positivo, variáveis segundo a cultura de cada nação, próprios de cada ordenamento. Será o direito positivo a dar os contornos do que queira denominar de 'direito indisponível', inclusive suas exceções (direito inalienável *inter vivos*, direito intrasmitível *mortis causa*, direito irrenunciável, direito não penhorável etc.). Tome-se como premissa a inexistência, no direito de todos os povos, de um tal princípio universal de 'indisponibilidade do tributo'". TORRES, Heleno. **Transação, Arbitragem e Conciliação Judicial como Medidas Alternativas para Resolução de Conflitos entre Administração e Contribuintes – Simplificação e Eficiência Administrativa.** In: Revista Fórum de Direito Tributário, ano 1, n. 2, mar/abr 2003 (versão digital). São Paulo: Dialética, 2003, p. 12.13.

[686] TORRES, Heleno. **Princípios da segurança jurídica e transação em matérias tributária. Os limites da revisão administrativas dos acordos tributários.** In: SARAIVA FILHO, Oswaldo

ARBITRABILIDADE TRIBUTÁRIA

Adiante, não deixa dúvidas quanto ao seu posicionamento, afirmando textualmente, tal como em outra oportunidade acima já mencionada, a inexistência do princípio universal de indisponibilidade do tributo[687].

Priscila Faricelli de Mendonça, em obra específica sobre o tema, corrobora esse entendimento, defendendo que o caráter patrimonial do crédito tributário da mesma forma é inequívoco, decorrendo "da sua função precípua, na medida em que se trata de fonte de custeio para a atividade Estatal, e como tal, propicia recursos financeiros para que o poder público possa exercer suas atividades institucionais"[688].

A autora ainda traça um interessante paralelo a partir de um precedente do STJ[689] que decidiu que a indisponibilidade do interesse público não se confunde com o seu caráter patrimonial, equiparando-a à análise do crédito tributário, afirmando que sua patrimonialidade permite a sua disposição, nos termos da lei[690].

Vê-se, portanto, que tal como a demonstrada evolução do Direito Administrativo, pode-se falar na maturação do Direito Tributário, para um Direito Tributário Democrático, Moderno, que se afasta da doutrina clássica e estática, que não mais se coaduna com a propagada interpretação sistemática e atual do Direito Tributário, tal como descortinado.

Othon de Pontes; GUIMARÃES, Vasco (Org.). Transação e arbitragem n âmbito tributário: homenagem ao jurista Carlos Mário da Silva Velloso. Belo Horizonte: Fórum, 2008, p. 300.

[687] Nas palavras do autor: "No Brasil, onde a Constituição Federal discrimina competências prévias, prescrevendo os tributos que cada pessoa pode criar, isso permitiria vislumbrar uma indisponibilidade absoluta da competência tributária; mas não do 'crédito tributário' – previsto em lei – que pode ser disponível para a Administração, segundo os limites estabelecidos pela própria lei, atendendo a critérios para constituirão, modificação ou extinção do crédito tributário, bem como de resolução de conflitos, guardados os princípios fundamentais, mui especialmente aqueles da igualdade, da generalidade e da definição de capacidade contributiva. Eis o que merece grande acuidade, para alcançar respostas adequadas aos temas de conciliação, transação, arbitragem e outros pactos na relação tributária, tomando como premissa a inexistência no direito, de um tal princípio universal de 'indisponibilidade do tributo'". TORRES, Heleno. **Princípios da segurança jurídica e transação em matérias tributária. Os limites da revisão administrativas dos acordos tributários.** In: SARAIVA FILHO, Oswaldo Othon de Pontes; GUIMARÃES, Vasco (Org.). Transação e arbitragem n âmbito tributário: homenagem ao jurista Carlos Mário da Silva Velloso. Belo Horizonte: Fórum, 2008, p. 300-301.

[688] MENDONÇA, Priscila Faricelli. **Arbitragem e transação tributárias.** Brasília: Gazeta Jurídica, 2014, p. 82.

[689] Que decidiu sobre arbitragem no setor portuário envolvendo uma sociedade de economia mista. Para maiores informações: AgRg no MS 11.308/DF, Rel. Ministro LUIZ FUX, PRIMEIRA SEÇÃO, julgado em 28/06/2006, DJ 14/08/2006, p. 251.

[690] Op. Cit., p. 83.

3.2.2. Conceitos

Ultrapassados os preconceitos referentes à utilização da arbitragem no âmbito tributário, cumpre-nos percorrer, ainda, alguns conceitos que, quando da sua utilização, tanto na forma já possível, porém limitada, no Brasil (vide seção III.3 (a)), quanto nas futuras e eventuais aplicações baseadas do direito comparado (vide seção III.3 (b)), deverão, necessariamente, ser observados.

3.2.2.1. A publicidade, a jurisdição privada não estatal e a LAI

A questão da confidencialidade envolvendo a arbitragem e a Administração Pública, em especial a arbitragem tributária, possui relevo, uma vez que diametralmente oposta aos princípios que regem a Administração.

Vamos ao encontro da doutrina portuguesa por entender que "sem prejuízo da salvaguarda dos elementos de natureza pessoal das partes, entendemos que a mesma não deve existir nos processos e decisões arbitrais tributários"[691].

E essa salvaguarda, no caso brasileiro, pode abranger outras vertentes. Vejamos.

O art. 37 da CF/88 coloca o princípio da publicidade como um desses princípios[692], mas o trata de forma genérica, devendo a regra ser sopesada juntamente com previsão contida no art. 5º, inciso XXXIII, da CF/88[693], que trata do direito ao franqueamento de informações públicas.

Lembramos ainda, que a recente alteração promovida na lei brasileira de arbitragem[694], dentre outras providências, acresceu o parágrafo 3º ao art. 2º da lei, reiterando a previsão constitucional ao determinar que "a

---

[691] ROMÃO, Filipe. **Arbitragem Tributária – Uma análise breve da autorização legislativa para introdução da arbitragem tributária constante na proposta de Lei 9/XI, 1ª A (OE 2010)**. In: CAMPOS, Diogo Leite de; Ferreira, Eduardo Paz (coord.). A Arbitragem em Direito Tributário: I Conferência AIBAT – IDEFF. Coimbra: Almedina/Instituto de Direito Econômico, Financeiro e Fiscal, 2010, p. 52.

[692] BAPTISTA, Luiz Olavo. **Confidencialidade na Arbitragem**. In: V Congresso do Centro de Arbitragem Comercial: Intervenções. Coimbra: Centro de Arbitragem Comercial/Almedina, 2012, p. 201.

[693] XXXIII – todos têm direito a receber dos órgãos públicos informações de seu interesse particular, ou de interesse coletivo ou geral, que serão prestadas no prazo da lei, sob pena de responsabilidade, ressalvadas aquelas cujo sigilo seja imprescindível à segurança da sociedade e do Estado; [...].

[694] Lei n. 13.129 de 26 de maio de 2015.

arbitragem que envolva a administração pública [...] respeitará o princípio da publicidade", sem, contudo, buscar esclarecer a generalidade do preceito constitucional.

Evidente que a lei ordinária não poderia afrontar um dispositivo constitucional, sendo que a simples menção ao respeito ao princípio da publicidade não resolve a questão em definitivo, restando ao intérprete verificar as formas práticas de respeitá-lo.

Pensemos nas convenções arbitrais administrativas celebradas antes da modificação da Lei Brasileira de Arbitragem, e que não contiveram a previsão de publicidade.

Em que pese entendermos que, mesmo antes das modificações acima mencionadas, as arbitragens envolvendo a Administração Pública já deveriam respeitar a publicidade por conta de uma interpretação teleológica dos preceitos constitucionais, é certo que, na prática, isso nem sempre foi observado.

Por exemplo, quando da assinatura do contrato que celebrou a parceria público privada para a reforma do Mineirão (analisada na seção II.6 (d)), nada se previu quanto a publicidade.

Além de ser silente quanto à publicidade, o contrato indicou em sua cláusula 39.4 a CAMARB como administradora do procedimento, "conforme as regras do seu regulamento", e, tal como ressalvado na seção II.1 (a) (4), o seu regulamento de arbitragem determina expressamente no art. 12.1 que "o procedimento arbitral será rigorosamente sigiloso, sendo vedado à CAMARB, aos árbitros e às próprias partes divulgar quaisquer informações".

Ou seja, a própria Administração Pública celebrou um contrato administrativo manifestando expressamente a sua vontade de que eventual arbitragem dele decorrente fosse rigorosamente sigilosa, vedando, ainda, àqueles que tiverem acesso ao caso, a divulgação de qualquer dado.

A cláusula seria nula por afrontar um preceito constitucional?

Pode a própria Administração Pública relativizar esse preceito da publicidade através de sua manifestação de vontade num contrato administrativo?

Como sopesar a intenção de um estudante de graduação de Direito que procurar a Câmara Arbitral para obter dados estatísticos para o seu Trabalho de Conclusão de Curso, com o dever dos funcionários da instituição em respeitar o seu regulamento e a opção das partes pelo sigilo?

Deixar esses problemas a cargo do Judiciário seria postergar o debate, que, entendemos, deve nascer e amadurecer no âmbito acadêmico.

Para responder a essas colocações, deve-se controlar o ímpeto de defender cegamente o pronto acesso à informação contida na arbitragem.

Como já pisado e repisado na seção I.3, para extrair o verdadeiro substrato da norma temos que lançar mão da interpretação sistemática. E, através dessa interpretação, devemos acrescer à nossa análise os incisos X[695] e XXXIII, ambos do art. 5º da CF/88, bem como a Lei n. 12.527, de 18 de novembro de 2011, conhecida como Lei de Acesso à Informação ("LAI").

Do início da redação do inciso XXXIII do art. 5º da CF/88, encontramos o destinatário específico da norma, pois, ao estabelecer que "todos têm direito a receber dos órgãos públicos informações de seu interesse", não restam dúvidas que quem deve conceder o acesso são os próprios órgãos públicos.

Vale ainda enfatizar que, da parte final do mesmo inciso, consta, ainda, a exceção da regra do dever de prestar informações sobre "aquelas [informações] cujo sigilo seja imprescindível à segurança da sociedade e do Estado".

Já do inciso X do art. 5º da CF/88 retiramos a inviolabilidade da vida privada, bem como o direito a indenização em caso de sua violação, de modo que forçar uma entidade privada a entregar uma informação pactuada pelas partes – uma delas a própria Administração Pública – como sigilosa ensejaria também o direito a reparação patrimonial e extrapatrimonial.

Uma primeira interpretação seria a de que, ao estipular a cláusula de sigilo no contrato do Mineirão, o Estado de Minas Gerais teria apenas privilegiado o sigilo perante das informações junto à Câmara de Arbitragem; todavia, o governo mineiro não poderia se escusar de fornecer a informação caso instado diretamente por qualquer interessado.

Ora, se o destinatário da norma é a própria Administração, deveria o estudante bater à sua porta e não à do particular que administra o procedimento; afinal, como já expusemos acima, ao afirmar que o Estado não possui o monopólio da jurisdição[696], forçoso pacificar, como já defendido Eduardo Talamini[697], que o Tribunal Arbitral exerce uma função jurisdicional, porém não estatal.

---

[695] X – são invioláveis a intimidade, a vida privada, a honra e a imagem das pessoas, assegurado o direito a indenização pelo dano material ou moral decorrente de sua violação;

[696] Vide II.1 (a) (1).

[697] Vide entrevista concedida a TV Migalhas em 08/01/16 (entre: 02:25 a 02:42), disponível em: < https://www.youtube.com/watch?v=LfTeKPtFPgQ>, acesso em 11/01/16.

ARBITRABILIDADE TRIBUTÁRIA

Essa informação possui guarida, posto que o poder dos árbitros decorre da liberdade contratual e da autonomia privada, não da lei[698]: "a arbitragem não se apresenta como um caso de exercício privado da função pública jurisdicional, [mas] uma atividade jurisdicional que se processa no âmbito do direito privado"[699].

Quanto a esse fato, cumpre-nos abrir um parêntese.

A regra é essa acima descrita, de que as instituições arbitrais exercem uma função jurisdicional não estatal, porém há exceções.

Nesse sentido, a extensa obra[700] do português Pedro Gonçalves[701], de onde extraímos sua conclusão quanto à regra de que tribunais arbitrais, quando voluntários[702], não são iguais aos do Estado[703].

Para atingi-la, segregou os seguintes aspectos que diferenciam os Tribunais Arbitrais: (i) por não integrarem a organização estadual; (ii) pela Administração Pública não ser responsável por seu funcionamento; (iii) os seus julgadores não são de carreira, não se sujeitam ao estatuto da magis-

---

[698] GONÇALVES, Pedro. **Entidades privada com poderes públicos: o exercício de poderes públicos de autoridade por entidades privadas com funções administrativas.** Coimbra: Almedina, 2008, p. 569.

[699] Idem.

[700] Composta por 1.197 (mil, cento e noventa e sete) páginas.

[701] GONÇALVES, Pedro. **Entidades privada com poderes públicos: o exercício de poderes públicos de autoridade por entidades privadas com funções administrativas.** Coimbra: Almedina, 2008, p. 570.

[702] Op. Cit., p. 564-572.

[703] Nas palavras do autor: "Os conceitos de jurisdição não estatal, de jurisdição privada ou de função jurisdicional exercida por particulares no quadro da autonomia privada remetem-nos, todas eles, para uma realidade bem conhecida: os tribunais arbitrais. [...] tribunal é um órgão singular ou colegial que a requerimento de alguém, e procedendo com imparcialidade e independência segundo as fórmulas pré-estabelecidas, possui autoridade para fixar a versão autêntica dos factos incertos ou controversos de um caso concreto para os interessados. [...] Os tribunais arbitrais não são contudo tribunais iguais aos do Estado [...] Ao submeterem o litígio a um tribunal arbitral, as partes não transferem, nem delegam, um poder jurisdicional próprio; limitam-se a autorizar – a legitimar – os árbitros a exercerem em relação a elas um poder jurisdicional ou uma capacidade de resolver litígios com força de caso julgado que a lei confere a todos os cidadãos. [...] Embora com fundamento na vontade das partes, por elas legitimados, os árbitros exercem a função jurisdicional [...] O poder dos árbitros, repete-se, não deriva de um acto de delegação do Estado; o fundamento imediato da *potestas* de que são investidos radica da liberdade contratual e na autonomia privada, não na lei. Os árbitros exercem, pois, uma função jurisdicional de génese e natureza privada. A arbitragem não se apresenta como um caso de exercício privado da função pública jurisdicional. [...]". Op. Cit., p.564-570.

tratura e não são nomeados pelo Estado[704]; (iv) possuírem a faculdade de serem institucionalizados ou *"ad hoc"*; (v) são constituídos por juízes leigos, os árbitros; (vi) são expressão da vontade das partes; e (vii) exercem função meramente jurisdicional de natureza privada[705].

A exceção à regra consta num capítulo específico denominado "Arbitragem imposta por lei: os tribunais arbitrais necessários", onde conclui que, quando as partes não designam os árbitros, os tribunais devem ser considerados "tribunais estaduais especiais"[706], por não haver delegação de poderes da função jurisdicional estadual em particulares[707].

Vale destacar o entendimento do autor segundo o qual, mesmo nos casos dos tribunais arbitrais necessários, impostos por lei, se as partes puderem exercer a faculdade de indicarem os seus árbitros, será uma expressão de jurisdição privada decorrente de uma estratégia de privatização "não para sugerir uma transferência para particulares da função jurisdicional estatal, mas para indicar a retracção do Estado no exercício dessa função"[708];

---

[704] O próprio autor ressalva que: "o facto de ser uma entidade pública a designar um árbitro não altera o dado, essencial, de que o poder arbitral não é público nem provém das partes". Op. Cit., p. 576.

[705] Op. Cit., p. 564-570.

[706] Op. Cit., p. 571.

[707] Nas palavras do autor: "Os tribunais ad hoc impostos às partes e compostos por pessoas por elas não designadas são tribunais estatais especiais. Podem admitir-se para certas categorias de conflitos, posto que, para tal, haja razões especiais, expressamente previstas em lei geral e abstracta: como exemplo de solução de conflitos, através de tribunal especial constituído em nome do Estado, apresenta-se a 'arbitragem' prevista no Código das Expropriações (art. 42º e ss). Assim, se um tribunal instituído ad hoc não é arbitral, assumir-se-á então, como tribunal especial e estadual: não há aí qualquer delegação de poderes da função jurisdicional estadual em particulares; estes são publicamente designados para assumir a titularidade de um órgão público. Mas se o tribunal, embora imposto, é composto por juízes designados pelas partes, estaremos então perante um tribunal arbitral necessário, e a fonte do poder concreto dos árbitros reside no acto (privado) de designação. Apesar de construir um 'instituto distinto, pela sua origem, do tribunal arbitral voluntário', que 'surge de acto legislativo, e não como resultado de negócio jurídico privado', afigura-se precipitado concluir, como no AcTC n. 52/92, pelo 'caráter tipicamente publicístico' do tribunal arbitral necessário. O tribunal arbitral necessário assume-se ainda como expressão de jurisdição privada, que se caracteriza, nesse caso, por ser imposta pelo Estado. [...] Na verdade, a obrigatoriedade do tribunal arbitral resulta de o Estado abdicar de julgar, através da sua organização, certas categorias de conflitos. Pelo lado do Estado, não está envolvida uma transferência ou delegação, mas simplesmente uma expressa renúncia ao exercício da função (pública) jurisdicional. [...]". Op. Cit., p. 571-572.

[708] Op. Cit., p. 572.

ressalva, ainda, que, se a locução não soasse estranha, denominaria essa hipótese de "privatização implícita forçada"[709].

Fechando o parêntese e retomando o raciocínio, devemos, ainda, verificar o disposto na LAI, que desde o seu preâmbulo alardeia regulamentar "o acesso a informações previsto no inciso XXXIII do art. 5º, no inciso II do § 3º do art. 37 e no § 2º do art. 216 da Constituição Federal".

Ressalvamos que não nos aprofundaremos na análise da LAI, posto que apenas isso demandaria um trabalho de envergadura, mas dela extraímos, mesmo que brevemente, os procedimentos para a classificação do sigilo das informações e o seu tratamento.

Logo em proêmio, a LAI elenca, em seus arts. 1º e 2º, os seus destinatários – tal como a previsão constitucional, basicamente elenca os órgãos públicos, acrescendo a eles as entidades sem fins lucrativos que recebam recursos públicos por quaisquer meios, inclusive subvenções sociais, contrato de gestão, termo de parceria, convênios, acordo, ajustes[710].

Assim, numa interpretação extensiva, poder-se-ia culminar no entendimento de que uma instituição arbitral que foi eleita no edital de um contrato de parceria e recebe da Administração Pública para administrar um procedimento estaria elencada nesse rol, devendo, portanto, observar-se o regramento da LAI.

Outro excerto versa sobre como a informação tida por sigilosa deve ser tratada, tal como contido no do art. 7º, § 2º, da LAI:

---

[709] Idem.

[710] Art. 1º – Esta Lei dispõe sobre os procedimentos a serem observados pela União, Estados, Distrito Federal e Municípios, com o fim de garantir o acesso a informações previsto no inciso XXXIII do art. 5o, no inciso II do § 3º do art. 37 e no § 2º do art. 216 da Constituição Federal. Parágrafo único. Subordinam-se ao regime desta Lei:
I – os órgãos públicos integrantes da administração direta dos Poderes Executivo, Legislativo, incluindo as Cortes de Contas, e Judiciário e do Ministério Público;
II – as autarquias, as fundações públicas, as empresas públicas, as sociedades de economia mista e demais entidades controladas direta ou indiretamente pela União, Estados, Distrito Federal e Municípios.
Art. 2º – Aplicam-se as disposições desta Lei, no que couber, às entidades privadas sem fins lucrativos que recebam, para realização de ações de interesse público, recursos públicos diretamente do orçamento ou mediante subvenções sociais, contrato de gestão, termo de parceria, convênios, acordo, ajustes ou outros instrumentos congêneres.
Parágrafo único. A publicidade a que estão submetidas as entidades citadas no caput refere-se à parcela dos recursos públicos recebidos e à sua destinação, sem prejuízo das prestações de contas a que estejam legalmente obrigadas.

Art. 7º – [...]

§ 2º Quando não for autorizado acesso integral à informação por ser ela parcialmente sigilosa, é assegurado o acesso à parte não sigilosa por meio de certidão, extrato ou cópia com ocultação da parte sob sigilo.

Dessa previsão extraímos a primeira orientação dirigida às Câmaras Arbitrais para que, em se tratando de caso como do exemplo narrado, onde o Estado de Minas Gerais optou expressamente pelo sigilo, ao menos um extrato do procedimento deveria estar disponível no sítio eletrônico das instituições arbitrais[711] – contendo as informações básicas, como nome das partes, objeto contrato, valor em disputa, sede, legislação aplicável, rol de árbitros e valor discutido.

Ademais, da leitura do art. 10 da LAI, reforça-se a ideia de que os interessados devem se dirigir ao órgão público e não à instituição arbitral[712].

Há também orientação dirigida aos funcionários das instituições arbitrais, assim entendidas as disposições contidas no art. 26 da LAI[713], que, por sua vez, devem observar as suas diretrizes.

---

[711] Art. 8º, §§ 2º, e 3º da LAI: "§ 2º Para cumprimento do disposto no caput, os órgãos e entidades públicas deverão utilizar todos os meios e instrumentos legítimos de que dispuserem, sendo obrigatória a divulgação em sítios oficiais da rede mundial de computadores (internet). § 3º Os sítios de que trata o § 2º deverão, na forma de regulamento, atender, entre outros, aos seguintes requisitos: I – conter ferramenta de pesquisa de conteúdo que permita o acesso à informação de forma objetiva, transparente, clara e em linguagem de fácil compreensão; II – possibilitar a gravação de relatórios em diversos formatos eletrônicos, inclusive abertos e não proprietários, tais como planilhas e texto, de modo a facilitar a análise das informações; III – possibilitar o acesso automatizado por sistemas externos em formatos abertos, estruturados e legíveis por máquina; IV – divulgar em detalhes os formatos utilizados para estruturação da informação; V – garantir a autenticidade e a integridade das informações disponíveis para acesso; VI – manter atualizadas as informações disponíveis para acesso; VII – indicar local e instruções que permitam ao interessado comunicar-se, por via eletrônica ou telefônica, com o órgão ou entidade detentora do sítio; e VIII – adotar as medidas necessárias para garantir a acessibilidade de conteúdo para pessoas com deficiência, nos termos do art. 17 da Lei n. 10.098, de 19 de dezembro de 2000, e do art. 9º da Convenção sobre os Direitos das Pessoas com Deficiência, aprovada pelo Decreto Legislativo no 186, de 9 de julho de 2008".

[712] Art. 10. Qualquer interessado poderá apresentar pedido de acesso a informações aos órgãos e entidades referidos no art. 1º desta Lei, por qualquer meio legítimo, devendo o pedido conter a identificação do requerente e a especificação da informação requerida.

[713] Art. 26. As autoridades públicas adotarão as providências necessárias para que o pessoal a elas subordinado hierarquicamente conheça as normas e observe as medidas e procedimentos de segurança para tratamento de informações sigilosas.

Os últimos fragmentos, contidos entre os arts. 27 a 30 da LAI, estipulam os procedimentos de classificação do sigilo, bem como apontam as autoridades competentes no âmbito da administração federal. Como o exemplo que escolhemos se dá no Estado de Minas Gerais, impinge apontar que o Estado também regulamentou a matéria através do seu Decreto n. 45.969, de 25 de maio de 2012, abarcando em seu art. 32 as competências no âmbito mineiro.

Dessa classificação, bem como das autoridades responsáveis por sua alocação – Presidente e Vice-Presidente da República, Ministros de Estado, Governador e Vice-Governador do Estado, Secretários de Estado, dentre outros –, importa que essa decisão seja fundamenta nos termos do art. 28 da LAI.

Feitas essas considerações, passemos a responder as três perguntas acima formuladas.

A cláusula que estabeleceu o sigilo da arbitragem envolvendo a Administração Pública não será nula, se observados os requisitos acima elencados, em espacial a decisão fundamentada, proferida por autoridade competente.

Não seria o caso de relativização do sigilo por parte da Administração Pública, posto que a opção possui respaldo constitucional e legal.

Por fim, caso o estudante de direito – exemplificado na pergunta – se socorra de uma ação judicial, a obtenção de uma antecipação parcial dos efeitos da tutela poderia ser deferida, para que o acesso lhe fosse prontamente franqueado.

Todavia, vislumbramos uma rota mais célere para o presente exemplo, que consiste em procurar o destinatário direto tanto da norma constitucional quanto da LAI, que é o poder público, cessando a obrigação da instituição arbitral com a publicação das informações básicas na Internet, posto que o art. 25, § 2º, da LAI determina que "o acesso à informação classificada como sigilosa cria a obrigação para aquele que a obteve de resguardar o sigilo".

Ademais, os funcionários das câmaras arbitrais devem observar as normas da LAI, e, sendo o procedimento sigiloso, como já aventado, a institui-

---

Parágrafo único. A pessoa física ou entidade privada que, em razão de qualquer vínculo com o poder público, executar atividades de tratamento de informações sigilosas adotará as providências necessárias para que seus empregados, prepostos ou representantes observem as medidas e procedimentos de segurança das informações resultantes da aplicação desta Lei.

ção deve cingir-se a publicar o seu extrato, contendo informações básicas na Internet.

Diante de todo o exposto, concluímos quanto à publicidade que essa é a regra e deve ser seguida pela Administração Pública ao se deparar com a arbitragem tributária; todavia, se houver algum caso de sigilo, esse deverá ser devidamente fundamentado e publicado pela autoridade pública, responsável pelos efeitos dessa decisão, nos termos preconizados à LAI, restando às instituições arbitrais apenas a divulgação de dados básicos do procedimento.

3.2.2.2. A dupla rejeição da equidade em arbitragem tributária

A legislação brasileira possibilita a opção das partes quanto à escolha de a arbitragem ser de direito ou de equidade (art. 2º, *caput*[714]); todavia, como será abordado a seguir, essa regra foi duplamente relativizada para os casos de arbitragem tributária.

Como salientado, na regra geral aplicável aos particulares, a cláusula de decidir *ex aequo et bono*[715] autoriza os árbitros a prescindir de regras do direito, todavia, mas mesmo assim, somente com aplicação para o mérito, não podendo os árbitros se afastarem das regras jurídicas processuais[716].

Tal assertiva decorre da premissa de que, com a convenção de arbitragem, os comprometentes pactuam duas relações diversas, uma referente às regras procedimentais – ao, por exemplo, indicarem a Câmara arbitral que regerá o procedimento – e outra concernente ao mérito, onde lhes é facultado atribuir aos árbitros o poder de decidir por equidade[717].

Coadunamos dessa divisão, até para que o afastamento das regras procedimentais não sirva de base para arguição de cerceamento do direito de defesa de uma parte, uma vez que "não podem os árbitros ou não pode o árbitro pré-eliminar o que se reputa essencial à angularidade da relação jurídica processual e à defesa das partes"[718].

Ocorre, entretanto, que em se tratando de arbitragem envolvendo a Administração Pública, referida opção deixou de existir por conta das alte-

---

[714] Art. 2º A arbitragem poderá ser de direito ou de eqüidade, a critério das partes.

[715] Expressão do latim que, em tradução literal, significa: "conforme o correto e o válido", sinônimo de se decidir por equidade.

[716] PONTES DE MIRANDA, Francisco Cavalcanti. **Tratado de Direito Privado**. Tomo XXVI. Rio de Janeiro: Borsoi, 1959, p. 379-380.

[717] Op. Cit., p. 380.

[718] Op. Cit., p. 381.

rações advindas pela Lei n. 13.129/2015, em especial o acréscimo do parágrafo 3º ao art. 1º da LBA, que determina que "a arbitragem que envolva a
administração pública será sempre de direito [...]".

Em especial, no que concerne à arbitragem tributária, há que se considerar também a segunda rejeição expressa – a de que da utilização da
equidade não pode resultar na dispensa do pagamento de tributo devido
(art. 108, IV, § 2º, do CTN).

Assim, em se tratando de arbitragem sobre questões tributárias, a equidade está afastada tanto pela opção do instituto quanto pelo seu resultado.

3.2.2.3. O paradoxo da escolha dos árbitros para a configuração de um processo tributário equitativo

Como visto na seção II.1 (a) (4), a possibilidade da escolha dos árbitros é
uma das potencialidades reconhecidas da arbitragem, inclusive em âmbito
internacional.

Ocorre, entretanto, que, ao nos depararmos com a arbitragem tributária, a composição do tribunal arbitral, bem como a forma de escolha dos
árbitros e do presidente tomam contornos especialíssimos, diante dos já
especiais quando envolvida apenas a Administração Pública.

Primeiramente, traçamos um paralelo sobre a composição dos tribunais
administrativos tributários, como o Conselho Administrativo de Recursos
Fiscais ("CARF"), que, a exemplo dos demais, possui câmaras paritárias,
formadas tanto por representantes das fazendas quanto dos contribuintes. Chama atenção, contudo, o fato de essa corte administrativa tributária
ostentar número par de julgadores, restando ao presidente, que, necessariamente é um representante fazendário, o voto de minerva[719].

---

[719] No CARF, segundo os arts. 9º, 23, e 54 do seu Regimento Interno, advindo da Portaria
MF n. 343, de 09 de junho de 2015:
Art. 9º A presidência de Câmara das Seções será exercida por conselheiro representante da
Fazenda Nacional.
Parágrafo único. O substituto de presidente de Câmara será escolhido dentre os demais
Conselheiros representantes da Fazenda Nacional com atuação na Câmara.
Art. 23. As Turmas de Julgamento são integradas por 8 (oito) conselheiros, sendo 4 (quatro)
representantes da Fazenda Nacional e 4 (quatro) representantes dos Contribuintes.
Art. 54. As turmas só deliberarão quando presente a maioria de seus membros, e suas
deliberações serão tomadas por maioria simples, cabendo ao presidente, além do voto
ordinário, o de qualidade.

Uma primeira vantagem da arbitragem tributária reside, portanto, justamente na supressão do voto de desempate, que comumente é proferido pelo presidente das sessões dos tribunais administrativos tributários.

Mas, para tanto, haverá necessidade de o sistema de escolha de árbitros também ser imparcial, como mais adiante retomaremos.

Esse, todavia, é apenas um dos aspectos a ser analisado, uma vez que os requisitos para a escolha do árbitro devem refletir um sistema igualmente imparcial.

Aqui justificamos a intitulação da presente seção como "paradoxo", pois é da aparente contradição existente entre a escolha do profissional mais técnico e capacitado, e a forma e os locais onde essa experiência foi adquirida, que devemos encontrar uma solução justa, imparcial e que aplaque os ânimos dos contribuintes e das fazendas.

O assunto é de relevo e será abordado no final da subseção seguinte.

Vejamos o entendimento doutrinário e prático sobre as questões envolvendo a escolha dos árbitros em procedimentos tributários.

A maneira que culminará na escolha dos árbitros deve refletir um verdadeiro "processo tributário equitativo", que, para Ricardo Lobo Torres, é aquele que, "mediante o diálogo entre o fisco e contribuinte, busca a solução justa do caso concreto"[720].

A doutrina portuguesa também adota a expressão "processo equitativo", tal como para o constitucionalista lusitano Miguel Galvão Teles, que acrescenta como seus requisitos a imparcialidade de quem julga e a independência[721].

Quanto à imparcialidade e independência, Eurico Marcos Diniz de Santi, analisando a possibilidade da arbitragem tributária, identificou uma prática comum nos tribunais administrativos tributários, reputando ser temerário se replicá-la na arbitragem: "a indicação e a manutenção de Conselheiros no cargo, muitas vezes, estão ligadas ao grau de liberdade em

---

[720] TORRES, Ricardo Lobo. **Transação, conciliação e processo tributário administrativo equitativo**. In: SARAIVA FILHO, Oswaldo Othon de Pontes; GUIMARÃES, Vasco (Org.). Transação e arbitragem n âmbito tributário: homenagem ao jurista Carlos Mário da Silva Velloso. Belo Horizonte: Fórum, 2008, p. 93

[721] TELES, Miguel Galvão. **A independência e a imparcialidade dos árbitros como imposição constitucional**. In: Estudos em Homenagem ao Doutor Carlos Ferreira de Almeida, Vol. III. Coimbra: Almedina, 2011, p. 258.

relação ao posicionamento favorável ou contrário ao Fisco: ressalte-se [que] isso não é a regra, mas acontece, e por isso deve ser levado em conta"[722].

A escolha, consubstanciada na indicação acima criticada, deve ser aberta a outros ramos de atuação que não o Direito, para que reflita outra potencialidade da arbitragem, a liberdade de escolha dos árbitros.

Diogo Leite Campos advoga a tese de que não se deveria restringir a escolha apenas a advogados, uma vez que determinados casos podem mais bem ser dirimidos por contadores e profissionais de outras áreas[723].

Baseando-se no exemplo português, em que o Conselho Deontológico é responsável pela designação e atuação dos árbitros, optou-se por confeccionar um Código Deontológico, que, na ótica da doutrina daquele país, configura um regime de impedimentos exigente e restritivo que "presta uma ancoragem robusta aos requisitos de independência e imparcialidade a observar na designação dos árbitros"[724].

---

[722] SANTI, Eurico Marcos Diniz de. **Transação e arbitragem no direito tributário: paranoia ou mistificação?** In: SARAIVA FILHO, Oswaldo Othon de Pontes; GUIMARÃES, Vasco (Org.). Transação e arbitragem n âmbito tributário: homenagem ao jurista Carlos Mário da Silva Velloso. Belo Horizonte: Fórum, 2008, p. 184.

[723] Nas palavras do autor: "É corrente, na vida prática e mesmo na vida jurídica, a designação de certos especialistas como 'fiscalistas'. Pessoas que conhecem a fiscalidade. Trata-se aqui de um fenómeno particular, na medida que não se usa designação idêntica nos outros ramos do conhecimento jurídico. Isto decorre de a matéria fiscal ser uma mateira complexa. Para decidir um caso de IRC é necessário, normalmente, recorrer não só a conceitos jurídicos de Direito da contabilidade, como a noções de economia, finanças, de gestão de empresas, etc. Portanto, a competência do 'fiscalista' tem de ser multifacetada ou, então, o jurista tem de socorrer dos conhecimentos de outros técnicos. Sendo algumas vezes estes técnicos mais qualificados para resolver alguns problemas com relevância fiscal do que os próprios juristas. Assim, os tribunais arbitrais poderão ser integrados por não juristas, desde de que as partes assim o entendam como mais conveniente para a resolução do seu compromisso [...]". In: CAMPOS, Diogo Leite de. **A Arbitragem Tributária – "A Centralidade da Pessoa"**. Coimbra: Almedina, 2010, p. 77-78.

[724] Nas palavras do autor: "*No campo de uma eventual arbitragem tributária, caso surja lei autorizativa neste sentido, este temos quanto à parcialidade tem, como todas as vênias, ainda mais fundamento, sobretudo na seara estritamente jurídica, de interpretação normativa, pois, como sabido, muitos dos acadêmicos, que se espera, pudessem ser os futuros árbitros do setor privado, pelo notável saber jurídico que possuem, não são, tão somente, professores universitários e autores de obras científicas como seria o ideal, mas desempenha assídua função de advogados dos contribuintes*". VILLA-LOBOS, Nuno; VIEIRA, Mónica Brito (coord.). **Guia da Arbitragem Tributária**. Coimbra: Almedina/Centro de Arbitragem Administrativa – CAAD, 2013, p. 59.

Coadunamos dessa ideia, posto que um código de conduta para salvaguardar a independência e a imparcialidade dos árbitros seria mais uma ferramenta que visará diminuir eventuais distorções.

Ainda no que se refere à escolha dos árbitros, Oswaldo Othon Pontes Saraiva Filho faz um paralelo entre a atuação prática dos acadêmicos, mas identifica óbices para sua atuação como árbitros em questões tributárias pelo fato de eles desempenharem a defesa dos contribuintes perante os tribunais estaduais[725].

Essa dicotomia, aparentemente instransponível, será objeto de detida análise na subseção abaixo.

3.2.2.3.1. Proposta de um sistema elástico-pragmático-acadêmico escalonado aberto de escolha dos árbitros

Todas as diretrizes doutrinárias perfiladas na seção anterior demonstram, em linhas gerais, o que se espera do processo de escolha dos árbitros; todavia, a forma com que essa escolha é moldada pode não refletir essa vontade.

Vejamos o exemplo português.

Como salientado quando da análise da legislação lusitana, as regras para a escolha dos árbitros que atuam na arbitragem tributária possuem requisitos balizadores – idoneidade moral, interesse público e capacidade técnica –, seguidos de um primeiro filtro, que define o que é capacidade técnica.

Dentre esses requisitos, elencaram-se diversas atividades que poderiam comprovar essa experiência, mas não de forma cumulativa, pois se faculta que seja evidenciada com qualquer das opções listadas: função pública, magistratura, advocacia, docência, publicação de trabalhos científicos, dentre outras.

Entendemos que a tecnicidade seja não apenas o diferencial teórico da arbitragem, mas que as decisões que não a estamparem minarão a aplicação do instituto.

A tecnicidade, em nosso sentir, deve ser elástica e imparcial.

A parcialidade dos que ostentam apenas a excelência no caso concreto e os interesses dos contribuintes é evidente, posto que a sua especialidade deriva na prática da análise das formas lícitas de não aplicação da lei tri-

---

[725] SARAIVA FILHO, Oswaldo Othon de Pontes. **A transação e a arbitragem no direito constitucional-tributário brasileiro**. In: SARAIVA FILHO, Oswaldo Othon de Pontes; GUIMARÃES, Vasco (Org.). Transação e arbitragem n âmbito tributário: homenagem ao jurista Carlos Mário da Silva Velloso. Belo Horizonte: Fórum, 2008, p. 81.

butária no dia a dia – planejamento tributário –, visando a minimização do custo fiscal.

Da mesma maneira, os que lidam com a hipótese abstrata da lei, seja em sua elaboração ou fiscalização, pendem aos interesses fazendários, responsável por essa legislação tributária.

Assim, uma primeira sugestão é a de parametrizar uma experiência de excelência, o que entendemos palatável somente aliando-se prática com vivência acadêmica.

No modelo que propomos, a prática pode advir da magistratura, da experiência em órgãos públicos, e da advocacia, ao passo que a vivência acadêmica se comprova através de titulação.

Essa sistemática deverá ser elástica, expandindo os ramos do conhecimento acadêmico, mas contraindo-o ao condicionar a experiência prática específica em direito tributário.

A elasticidade permitiria, por exemplo, que um doutor em direito constitucional, que comprovasse experiência prática em tributário, pudesse atuar como árbitro.

Como a tecnicidade proposta depende da quantidade de experiência prática e acadêmica, pensamos na adoção de um sistema escalonado de atuação por alçadas.

Quanto maior o valor em disputa, maior a comprovação técnica necessária.

O viés de se proporcionalizar a alçada em relação à técnica do julgador, intui: (i) ampliar o rol de árbitros, restringindo um eventual questionamento sobre reserva de mercado; (ii) incentivar tanto o acesso, quanto a ascensão dos árbitros a demandas que careçam de maior experiência e responsabilidade, uma vez que o acesso ao ofício ocorre apenas com o requisito acadêmico da especialização, e, aos poucos, os interessados podem galgar atribuições mais técnicas; e (iii) resguardar o impacto social das decisões de maior envergadura, posto que, naturalmente impactarão com mais força na geração de empregos, na arrecadação de tributos, geração de renda para implementação de políticas públicas, etc., carecendo, assim, de maior experiência para o seu deslinde.

Feitas as ressalvas, vislumbramos três hipóteses de atuação escalonada já refletindo as características propostas: (i) de menores valores, onde os requisitos seriam seis anos de comprovação prática tributária e pós-graduação *lato sensu*, nível especialização ou MBA; (ii) de valores intermediários, comprovando oito anos de atuação tributária e pós-graduação *stricto sensu*, nível mestrado; e (iii) de grandes montas, com comprovação de dez anos de experiência tributária e pós-graduação *stricto sensu*, nível doutorado.

Os que se enquadrarem nesses requisitos deveriam constar em uma lista aberta, assim entendido o sistema que contenha as condições, mas faculte a qualquer interessado a sua adesão através de preenchimento e comprovação dos requisitos cadastrais.

Aqui novamente tomaremos por base o exemplo prático português, que considera como impedidos de atuar aqueles que tiveram relação nos últimos dois anos, seja com empresas ou com órgãos públicos.

Outra sensação contraditória surge dessa disposição, pois, ao mesmo tempo em que a experiência diferencia um profissional, ela também restringe a sua imparcialidade quanto ao local onde ela foi adquirida, por conta das gratidões e ranços, intrínsecos e naturais ao convívio diário reiterado.

Assim, entendemos que o impedimento deva ser perene quanto ao local de trabalho, mas não quanto à atuação.

É desejável e preferível que tenhamos no rol de árbitros advogados ativos, bem como procuradores públicos e fiscais fazendários com atuação latente.

Não entendemos que o fato de um advogado possuir demandas contra um determinado Estado o torne suspeito, para julgar casos envolvendo esse mesmo ente público, da mesma forma com que um procurador federal não estaria impedido de atuar como árbitro em questões tributárias de competência federal.

O que em nosso sentir deve limitar a atuação é o local de trabalho onde a experiência foi adquirida.

Do lado dos advogados, estariam impedidos perenemente de atuar nos procedimentos onde figurasse qualquer ex-empregador ou cliente dos quais tenha recebido procuração, independentemente de ter atuado diretamente no caso.

Quanto aos funcionários públicos, desde que permitida a atuação por cada lei orgânica correspondente, o óbice consistiria na participação na arbitragem do departamento onde estão ou estiveram alocados.

O que defendemos é que um fiscal que trabalhou em diversas delegacias de julgamento não poderá julgar autuações delas provenientes, justamente pelo contato com os seus pares, responsáveis por dar início à fiscalização.

Consequentemente, esses mesmos fiscais não estariam impedidos de atuar em casos envolvendo delegacias de outras localidades onde não tenha prestado serviços.

Da mesma maneira, um procurador federal que defende a União em causas judiciais tributárias não deixaria de figurar como árbitro em procedimentos contendo a fazenda nacional como parte, mas não poderia atuar nos casos em que as secretarias, ministérios e demais pastas em que deu expediente figurassem na arbitragem.

Em que pesem as colocações até o momento, outros dois aspectos devem, ainda, ser analisados: a forma de escolha dos árbitros e a possibilidade de outros profissionais figurarem como julgadores.

O processo de escolha dos árbitros também possui importância crucial, posto que, como dito anteriormente, o fato de os tribunais administrativos tributários contarem com o voto de minerva do representante da fazenda retira a imparcialidade integral desses julgamentos.

Na arbitragem tributária, tal como nas demais, cada parte deverá indicar um coárbitro, levando em conta a lista aberta e os impedimentos já elencados; todavia, a questão que merece maior reflexão é que advém da eventual ausência de consenso desses coárbitros ao indicarem o terceiro julgador, que figurará como presidente do tribunal arbitral.

Se o impasse foi observado, é certo que os interesses de nomeação do presidente não serão conciliados, e, caso a decisão recaia em qualquer das partes, o problema do voto de minerva comentado no caso dos tributais administrativos tributários voltaria à tona, mesmo que indiretamente, pois o presidente refletiria a vontade de um dos litigantes.

Entregar essa decisão a uma instituição arbitral ligada diretamente à Administração Pública não nos parece o critério mais isonômico, tal como optado pela legislação portuguesa.

Novamente lançando mão da interpretação sistemática, entendemos que o problema não possua maiores contornos, pois a forma de sua resolução foi prevista no § 2º do art. 13 da Lei Brasileira de Arbitragem[726], que aponta ser o Judiciário o responsável por dirimir essa controvérsia.

---

[726] § 2º Quando as partes nomearem árbitros em número par, estes estão autorizados, desde logo, a nomear mais um árbitro. Não havendo acordo, requererão as partes ao órgão do Poder Judiciário a que tocaria, originariamente, o julgamento da causa a nomeação do árbitro, aplicável, no que couber, o procedimento previsto no art. 7º desta Lei.

Entendemos, contudo, que, como o recurso ao judiciário pode macular outra potencialidade da arbitragem, a celeridade, fazendo com que a decisão seja objeto de diversos recursos até que transite em julgado, vislumbramos duas etapas procedimentais internas antes desse socorro às cortes estaduais.

A primeira é que, havendo impasse na escolha do presidente pelos coárbitros, esses deverão observar a solução proposta na redação original do § 4º do mesmo artigo[727] – desde que refletida no regulamento da instituição –, escolhendo para presidir o procedimento o mais idoso da lista.

Se mesmo assim alguma das partes se opuser, a segunda etapa procedimental interna teria lugar, qual seja, aquela decorrente dos exemplos de arbitragens havidas antes do sistema atual vigente, extensamente analisadas na seção II.3, onde, visando uma economia financeira, os procedimentos tinham início apenas com dois árbitros, e somente no caso de uma decisão divergente esses apontariam o presidente.

Esse proceder também encontra amparo legal no § 3º do art. 13 da Lei Brasileira de Arbitragem[728].

Assim, o socorro ao Judiciário, para a escolha do presidente, deveria ocorrer somente se as partes não aceitarem o mais velho da lista e, posteriormente, ainda for proferida uma decisão divergente na iniciada com dois árbitros.

Por fim, quanto aos demais profissionais que poderiam também arbitrar questões tributárias, entendemos que o rol deveria ser mais extensivo que o de Portugal – que apenas o estende a economistas e administradores.

Pactuamos da ideia de que, além dos abarcados pela legislação portuguesa, os profissionais da engenharia e da contabilidade também deveriam acrescer a essa lista.

Uma pesquisa publicada em 2014 aponta que ¼ do PIB corresponde ao faturamento das 120 (cento e vinte) maiores companhias brasileiras, das quais 48,3% são geridas por engenheiros, 28,3% por administradores, 12,5% por economistas, 3,33% por contadores, e 3,33% por advogados[729].

---

[727] § 4º Sendo nomeados vários árbitros, estes, por maioria, elegerão o presidente do tribunal arbitral. Não havendo consenso, será designado presidente o mais idoso.

[728] § 3º As partes poderão, de comum acordo, estabelecer o processo de escolha dos árbitros, ou adotar as regras de um órgão arbitral institucional ou entidade especializada.

[729] A lista ainda contém outras profissões com menor expressão percentual como: medicina e química, com 1,67% cada; agronomia, ciências militares, geografia, geologia, farmácia, e

ARBITRABILIDADE TRIBUTÁRIA

Assim, justificamos a escolha de um sistema de apontamento e escolha de árbitros elástico-pragmático-acadêmico escalonado aberto.

Através da sua adoção, estar-se-ia preservando as potencialidades da arbitragem, evitando a parcialidade dos julgamentos, como os emanados dos tribunais administrativos tributários, compostos por número par de julgadores, residindo o voto de minerva nas mãos do presidente, um representante fazendário.

Por fim, ressalvamos se tratar de uma sugestão que leva em consideração a experiência prática e teórica, sendo que somente com sua efetiva aplicação e discussão é que poderá ser aperfeiçoada ou restringida, justificando-se o debate bem com a sua inserção no presente estudo.

3.2.2.4. Brevíssimas considerações sobre a condenação da Fazenda ao pagamento em espécie

Temos que aventar, ainda, que, caso do procedimento arbitral decorra a condenação da Fazenda, essa não cingirá apenas ao afastamento da incidência de uma exação qualquer, podendo, também, consistir na devolução de um dado montante, ou mesmo ao pagamento de uma eventual indenização.

Nesses casos, o preceito contido no art. 100 da CF/88 deverá, necessariamente, ser observado, ou seja, o pagamento correspondente deverá ocorrer através de precatórios.

Ressalva apenas quanto ao decidido pelo STF quando do julgamento da Ação Declaratória de Inconstitucionalidade n. 4.225/DF, julgada em 23 de março de 2015, que, dentre outras providências[730], manteve a sistemática

---

marketing, com 0,83% cada. Disponível em: < http://epocanegocios.globo.com/Informacao/Resultados/noticia/2014/05/quer-ser-presidente.html >, acesso em 17/01/16.

[730] Ementa: QUESTÃO DE ORDEM. MODULAÇÃO TEMPORAL DOS EFEITOS DE DECISÃO DECLARATÓRIA DE INCONSTITUCIONALIDADE (LEI 9.868/99, ART. 27). POSSIBILIDADE. NECESSIDADE DE ACOMODAÇÃO OTIMIZADA DE VALORES CONSTITUCIONAIS CONFLITANTES. PRECEDENTES DO STF. REGIME DE EXECUÇÃO DA FAZENDA PÚBLICA MEDIANTE PRECATÓRIO. EMENDA CONSTITUCIONAL N. 62/2009. EXISTÊNCIA DE RAZÕES DE SEGURANÇA JURÍDICA QUE JUSTIFICAM A MANUTENÇÃO TEMPORÁRIA DO REGIME ESPECIAL NOS TERMOS EM QUE DECIDIDO PELO PLENÁRIO DO SUPREMO TRIBUNAL FEDERAL. 1. A modulação temporal das decisões em controle judicial de constitucionalidade decorre diretamente da Carta de 1988 ao consubstanciar instrumento voltado à acomodação otimizada entre o princípio da nulidade das leis inconstitucionais e outros valores constitucionais relevantes, notadamente

de pagamento dos precatórios advinda com a Emenda Constitucional n. 62/2009 por cinco exercícios financeiros, a partir de 1º de janeiro de 2016, regulando, também, os acréscimos aplicáveis.

3.3. Exemplo interno e vigente de arbitragem tributária – CCAF

Como ventilado anteriormente, o Brasil já possui previsão vigente de arbitragem tributária, tal como verificaremos no presente tópico.

a segurança jurídica e a proteção da confiança legítima, além de encontrar lastro também no plano infraconstitucional (Lei n. 9.868/99, art. 27). Precedentes do STF: ADI n. 2.240; ADI n. 2.501; ADI n. 2.904; ADI n. 2.907; ADI n. 3.022; ADI n. 3.315; ADI n. 3.316; ADI n. 3.430; ADI n. 3.458; ADI n. 3.489; ADI n. 3.660; ADI n. 3.682; ADI n. 3.689; ADI n. 3.819; ADI n. 4.001; ADI n. 4.009; ADI n. 4.029. 2. In casu, modulam-se os efeitos das decisões declaratórias de inconstitucionalidade proferidas nas ADIs n. 4.357 e 4.425 para manter a vigência do regime especial de pagamento de precatórios instituído pela Emenda Constitucional n. 62/2009 por 5 (cinco) exercícios financeiros a contar de primeiro de janeiro de 2016. 3. Confere-se eficácia prospectiva à declaração de inconstitucionalidade dos seguintes aspectos da ADI, fixando como marco inicial a data de conclusão do julgamento da presente questão de ordem (25.03.2015) e mantendo-se válidos os precatórios expedidos ou pagos até esta data, a saber: (i) fica mantida a aplicação do índice oficial de remuneração básica da caderneta de poupança (TR), nos termos da Emenda Constitucional n. 62/2009, até 25.03.2015, data após a qual (a) os créditos em precatórios deverão ser corrigidos pelo Índice de Preços ao Consumidor Amplo Especial (IPCA-E) e (b) os precatórios tributários deverão observar os mesmos critérios pelos quais a Fazenda Pública corrige seus créditos tributários; e (ii) ficam resguardados os precatórios expedidos, no âmbito da administração pública federal, com base nos arts. 27 das Leis n. 12.919/13 e n. 13.080/15, que fixam o IPCA-E como índice de correção monetária. 4. Quanto às formas alternativas de pagamento previstas no regime especial: (i) consideram-se válidas as compensações, os leilões e os pagamentos à vista por ordem crescente de crédito previstos na Emenda Constitucional n. 62/2009, desde que realizados até 25.03.2015, data a partir da qual não será possível a quitação de precatórios por tais modalidades; (ii) fica mantida a possibilidade de realização de acordos diretos, observada a ordem de preferência dos credores e de acordo com lei própria da entidade devedora, com redução máxima de 40% do valor do crédito atualizado. 5. Durante o período fixado no item 2 acima, ficam mantidas (i) a vinculação de percentuais mínimos da receita corrente líquida ao pagamento dos precatórios (art. 97, § 10, do ADCT) e (ii) as sanções para o caso de não liberação tempestiva dos recursos destinados ao pagamento de precatórios (art. 97, §10, do ADCT). 6. Delega-se competência ao Conselho Nacional de Justiça para que considere a apresentação de proposta normativa que discipline (i) a utilização compulsória de 50% dos recursos da conta de depósitos judiciais tributários para o pagamento de precatórios e (ii) a possibilidade de compensação de precatórios vencidos, próprios ou de terceiros, com o estoque de créditos inscritos em dívida ativa até 25.03.2015, por opção do credor do precatório. 7. Atribui-se competência ao Conselho Nacional de Justiça para que monitore e supervisione o pagamento dos precatórios pelos entes públicos na forma da presente decisão. (ADI 4425 QO, Relator(a): Min. LUIZ FUX, Tribunal Pleno, julgado em 25/03/2015, PROCESSO ELETRÔNICO DJe-152 DIVULG 03-08-2015 PUBLIC 04-08-2015).

ARBITRABILIDADE TRIBUTÁRIA

Para demonstrá-la, faremos uma contextualização sobre a forma como as arbitragens tributárias surgiram, posto que dela extrairemos os fundamentos de validade do procedimento, bem como a verificação da suposta ausência de lei sobre o tema.

O paradigma em questão trata do histórico de criação, competência e atuação da Câmara de Conciliação e Arbitragem da Administração Federal ("CCAF"), onde divergências entre a própria Administração Pública têm lugar há anos, inclusive em matéria tributária.

Senão, vejamos.

Pode-se dizer que o marco legal que abriu caminho para o posterior surgimento da CCAF consubstancia-se na da Lei Complementar n. 73, de 10 de fevereiro de 1993 – art. 4°[731], incisos X[732], XI[733], XII[734], XIII[735] e § 2°[736] –, e, posteriormente, da Medida Provisória n. 2.180-35, de 24 de agosto de 2001, em especial pelo teor de seus art. 3° – que acrescentou o art. 8-C à Lei n. 9.028/1995[737] –, e art. 11[738].

Referido art. 11 da MP n. 2.180-35/2001 estabelece ser dever do Advogado Geral da União lançar mão de todas as providências necessárias para resolver em sede administrativa as controvérsias de natureza jurídica exis-

---

[731] Art. 4° – São atribuições do Advogado-Geral da União: [...]

[732] X – fixar a interpretação da Constituição, das leis, dos tratados e demais atos normativos, a ser uniformemente seguida pelos órgãos e entidades da Administração Federal;

[733] XI – unificar a jurisprudência administrativa, garantir a correta aplicação das leis, prevenir e dirimir as controvérsias entre os órgãos jurídicos da Administração Federal; [...]

[734] XII – editar enunciados de súmula administrativa, resultantes de jurisprudência iterativa dos Tribunais; [...]

[735] XIII – exercer orientação normativa e supervisão técnica quanto aos órgãos jurídicos das entidades a que alude o Capítulo IX do Título II desta Lei Complementar; [...]

[736] § 2° – O Advogado-Geral da União pode avocar quaisquer matérias jurídicas de interesse desta, inclusive no que concerne a sua representação extrajudicial.

[737] Art. 8°-C. O Advogado-Geral da União, na defesa dos interesses desta e em hipóteses as quais possam trazer reflexos de natureza econômica, ainda que indiretos, ao erário federal, poderá avocar, ou integrar e coordenar, os trabalhos a cargo de órgão jurídico de empresa pública ou sociedade de economia mista, a se desenvolverem em sede judicial ou extrajudicial. Parágrafo único. Poderão ser cometidas, à Câmara competente da Advocacia-Geral da União, as funções de executar a integração e a coordenação previstas neste artigo.

[738] Art. 11 da MP n. 2.180-35/01: *"Estabelecida controvérsia de natureza jurídica entre entidades da Administração Federal indireta, ou entre tais entes e a União, os Ministros de Estado competentes solicitarão, de imediato, ao Presidente da República, a audiência da Advocacia-Geral da União"*; e Parágrafo único: *"Incumbirá ao Advogado-Geral da União adotar todas as providências necessárias a que se deslinde a controvérsia em sede administrativa"*.

tentes entre entidades da Administração Federal indireta, ou entre esses entes e a União.

Quase seis anos após a promulgação da MP n. 2.180-35/2001, o Advogado Geral da União editou a Portaria n. 118 de 1º de fevereiro de 2007, que, dentre outras disposições, trouxe a possibilidade de instalação de câmaras de conciliação *ad hoc* até que se instalasse a câmara permanente[739], bem como, com nítido objetivo de capacitação de seus integrantes, determinou que a Escola da Advocacia-Geral da União "promoverá cursos visando capacitar integrantes da Instituição e de seus órgãos vinculados para participarem de câmaras de conciliação"[740].

Passados sete meses da supramencionada norma complementar superveniente, foi editado[741] o Ato Regimental n. 05 de 27 de setembro de 2007, estabelecendo no art. 17 as competências da CCAF[742], e no art. 18 atribuindo o desempenho de tais competências para a 1ª e 2ª Coordenações-Gerais de Conciliação e Arbitragem[743].

O deslinde, em sede administrativa, de controvérsias de natureza jurídica entre órgãos e entidades da Administração federal foi previsto no mesmo dia, através da Portaria n. 1.281, de 27 de setembro de 2007[744].

---

[739] Art. 1º da Portaria n. 118/07.

[740] Art. 6º da Portaria n. 118/07.

[741] Fazemos ainda registro ao Memorando Circular n. 8, de 15 de junho de 2007, proveniente do Consultor-Geral da União, explicitando os requisitos essenciais para a instalação das Câmeras de Conciliação.

[742] Art. 17. Compete à Câmara de Conciliação e Arbitragem da Administração Federal – CCAF:
I – identificar os litígios entre órgãos e entidades da Administração Federal;
II – manifestar-se quanto ao cabimento e à possibilidade de conciliação;
III – buscar a conciliação entre órgãos e entidades da Administração Federal; e
IV – supervisionar as atividades conciliatórias no âmbito de outros órgãos da Advocacia-Geral da União.
Art. 18. Integram a CCAF a 1ª e a 2ª Coordenações-Gerais de Conciliação e Arbitragem, às quais incumbe desempenhar as competências estabelecidas no caput.

[743] Art. 18. Integram a CCAF a 1ª e a 2ª Coordenações-Gerais de Conciliação e Arbitragem, às quais incumbe desempenhar as competências estabelecidas no caput.

[744] PORTARIA N. 1.281, DE 27 DE SETEMBRO DE 2007 [...]
Art. 1º O deslinde, em sede administrativa, de controvérsias de natureza jurídica entre órgãos e entidades da Administração Federal, por meio de conciliação ou arbitramento, no âmbito da Advocacia-Geral da União, far-se-á nos termos desta Portaria.
Art. 2º Estabelecida controvérsia de natureza jurídica entre órgãos e entidades da Administração Federal, poderá ser solicitado seu deslinde por meio de conciliação a ser realizada:

ARBITRABILIDADE TRIBUTÁRIA

I – pela Câmara de Conciliação e Arbitragem da Administração Federal – CCAF;

II – pelos Núcleos de Assessoramento Jurídico quando determinado pelo Consultor-Geral da União;

III – por outros órgãos da Advocacia-Geral da União quando determinado pelo Advogado-Geral da União.

Parágrafo único. Na hipótese dos incisos II e III do caput, as atividades conciliatórias serão supervisionadas pela CCAF.

Art. 3° A solicitação poderá ser apresentada pelas seguintes autoridades:

I – Ministros de Estado,

II – dirigentes de entidades da Administração Federal indireta,

III – Procurador-Geral da União, Procurador-Geral da Fazenda Nacional, Procurador-Geral Federal e Secretários-Gerais de Contencioso e de Consultoria.

Art. 4º A solicitação deverá ser instruída com os seguintes elementos:

I – indicação de representante(s) para participar de reuniões e trabalhos;

II – entendimento jurídico do órgão ou entidade, com a análise dos pontos controvertidos; e

III – cópia dos documentos necessários ao deslinde da controvérsia.

Art. 5º Recebida a solicitação pela CCAF, será designado conciliador para atuar no feito.

Art. 6° O conciliador procederá ao exame preliminar da solicitação.

Parágrafo único. Na hipótese de cabimento, será dada ciência da controvérsia ao órgão ou entidade apontado pelo solicitante, para que apresente os elementos constantes do art. 4º.

Art. 7º Instruído o procedimento, o conciliador manifestar-se-á sobre a possibilidade de conciliação.

Parágrafo único. Aprovada a manifestação, o conciliador, se for o caso, designará data para o início das atividades conciliatórias, cientificando os representantes indicados.

Art. 8º O conciliador poderá, em qualquer fase do procedimento:

I – solicitar informações ou documentos complementares necessários ao esclarecimento da controvérsia;

II – solicitar a participação de representantes de outros órgãos ou entidades interessadas;

III – sugerir que as atividades conciliatórias sejam realizadas por Núcleo de Assessoramento Jurídico ou por outros órgãos da Advocacia-Geral da União.

Art. 9º O conciliador e os representantes dos órgãos e entidades em conflito deverão, utilizando-se dos meios legais e observados os princípios da Administração Pública, envidar esforços para que a conciliação se realize.

Art. 10. Havendo a conciliação, será lavrado o respectivo termo, que será submetido à homologação do Advogado-Geral da União.

Parágrafo Único. O termo de conciliação lavrado pelos órgãos referidos nos incisos II e III do art. 1º e homologado pelo Advogado-Geral da União será encaminhado à CCAF.

Art. 11. A Consultoria-Geral da União, quando cabível, elaborará parecer para dirimir a controvérsia, submetendo-o ao Advogado-Geral da União nos termos dos arts. 40 e 41 da Lei Complementar n. 73, de 10 de fevereiro de 1993.

Art. 12. A Escola da Advocacia-Geral da União promoverá cursos objetivando capacitar integrantes da Instituição e de seus órgãos vinculados a participarem de atividades conciliatórias.

Novamente ressaltamos[745] que a forma de criação da CCAF se assemelha no modelo da instituição da CAAD portuguesa,[746] também proveniente de um ato administrativo emanado pelo Secretário de Estado da Justiça lusitano.

Cumpre-nos abrir um breve parêntese.

A mencionada Portaria n. 1.281/2007, destaca em seu art. 1º que "o deslinde, em sede administrativa, de controvérsias de natureza jurídica entre órgãos e entidades da Administração Federal, [será feito] por meio de conciliação ou arbitramento".

Todavia, o art. 2º, que elenca a forma como o procedimento será realizado, trata apenas da conciliação.

Vejamos, primeiramente, a disposição textual contida na norma.

Ao determinar que o deslinde das controvérsias ocorrerá por meio de conciliação *ou* arbitramento, o texto faz menção evidente à adoção de duas formas distintas de dirimir as controvérsias.

Essa conclusão decorre da escolha pela utilização do conjuntivo *"ou"*, e não do conectivo *"e"*.

Assim, não há como se interpretar que o vernáculo *"arbitramento"* se refira a outra possibilidade que não à arbitragem.

Outro fator que corrobora essa conclusão é que, se a norma intentasse restringir-se a utilização apenas da conciliação, fazendo com que a expressão *"arbitramento"* tivesse a conotação de "perícia", se tornaria contraditória.

A contradição seria evidente, uma vez que, na conciliação, as partes seriam conduzidas pelo conciliador a uma solução equânime aceita por elas, na qual a perícia não teria lugar para solver a pretensão resistida.

Ademais, da mesma forma como já ressaltamos na seção II.3 – que o primeiro caso prevendo a arbitragem tributária no Brasil Império (Decreto n. 2.467, de 19 de setembro de 1860) tratou do instituto através da expres-

---

Art. 13. Poderão ser designados conciliadores:
I – os integrantes da Consultoria-Geral da União, por ato do Consultor-Geral da União;
II – os integrantes da Advocacia-Geral da União, por ato do Advogado-Geral da União.
Art. 14. O Consultor-Geral da União poderá expedir normas complementares para o desempenho das atividades conciliatórias.
Art. 15. Esta Portaria entra em vigor na data de sua publicação.
Art. 16. Fica revogada a Portaria n. 118, de 1º de fevereiro de 2007.
JOSÉ ANTONIO DIAS TOFFOLI
[745] Tema já abordado no item III.2 (a) (1).
[746] Vide item item III.1 (d).

são "arbitramento" –, também no sistema vigente essa opção foi, novamente, exercida.

Prevista assim a arbitragem, o que houve foi omissão apenas quanto ao seu trâmite interno perante a CCAF.

Esse também o entendimento da própria AGU, contido no PGFN/CAT n. 195/2009, que, citando a doutrina de Diogo de Figueiredo Moreira Neto, especifica que a criação da CCAF adveio das três formas de composição de conflitos conhecidas na tradição ocidental: "acordo, mediação, e arbitramento, bem como de autoridade (arbitrária e jurídica)"[747].

Percebe-se que se trata apenas de linguagem repetida no âmbito da AGU, tanto que o Decreto n. 7.392, de 13 de dezembro de 2010, novamente utilizou a mesma expressão para se referir à arbitragem, ao dispor em seu art. 8º, inciso V, que compete à CCAF "propor, quando couber, ao Consultor-Geral da União o arbitramento das controvérsias não solucionadas por conciliação".

Fechando o parêntese, vejamos se a CCAF possui competência para solver disputas de cunho tributário.

A resposta reside, novamente, dentro da própria AGU, posto que o Parecer AGU/SGR n. 01/2007 é cristalino ao asseverar que "diante [da] edição da Portaria n. 1.281/2007-AGU, não remanescem interrogantes quanto à viabilidade e propriedade da conciliação em matéria tributária"[748].

---

[747] Conforme informações extraídas do item da fl. 02 do Parecer PGFN/CAT n. 195/2009, que originalmente consignou: "Transita-se em âmbito de composição de conflitos. A tradição ocidental conhece três nichos de composição, nomeadamente, de sentidos ético, transacional (dividido em acordo, mediação e arbitramento), bem como de autoridade (arbitrária e jurídica). A migração de modelo de composição jurídica para um sentido transacional, por meio do acordo, da mediação e do arbitramento, na medida em que acompanhada de cautelas, especialmente se informada pela mais absoluta transparência, oxigena um melhor desempenho da administração. Refiro-me à realização da eficiência. Reconheça-se, no entanto, que a aludida imigração possa ser supostamente plasmada por medidas de discricionariedade".

[748] "9. Destarte, está afirmado e consolidado que as controvérsias administrativas de natureza jurídica devem ser dirimidas pela atuação da Advocacia-Geral da União, através de suas Unidades, entre as quais se insere a Procuradoria-Geral da Fazenda Nacional, como preconiza o art. 2º, inciso I, alínea "b", inciso II, alínea "a" e §§ 1º e 2º, a quem poderá ser incumbida a atividade conciliatória, diante da transcrição anterior, especificamente art. 2º, inciso III, da Portaria n. 1.281/2007, *onde se inclui a competência para a solução de conflitos de natureza tributária*. [...] 35. Diante do exposto, especialmente com a edição da Portaria n. 1.281/2007-AGU,não remanescem interrogantes quanto à viabilidade e propriedade da conciliação em matéria tributária, mediante a atuação da Câmara de Conciliação e Arbitragem da Administração

Prevê também a possibilidade de ampliação dessa competência nos seguintes termos: "competência que pode vir a ser ampliada ou especializada para a Procuradoria-Geral da Fazenda Nacional, dependente de deliberação administrativa concernente"[749].

Extraímos duas máximas do parecer em questão: (i) de que a CCAF é competente para dirimir questões tributárias; e (ii) que a competência da CCAF pode ser ampliada e especializada para a Procuradoria-Geral da Fazenda Nacional ("PGFN").

Se acrescermos a essas duas a anteriormente alcançada, de que a arbitragem foi prevista no âmbito da CCAF, todavia, apenas não foi regulamentada, temos que há a possibilidade de arbitramento de questões tributárias no âmbito da CCAF, restando apenas a regulamentação do seu procedimento por parte da AGU ou da PGFN.

As conclusões destacadas possuem efeito vinculante para a Administração federal, posto que o Parecer AGU/SGR n. 01/2007, seguindo as previsões dos arts. 40 a 42 da LC n. 73/93[750], foi devidamente aprovado e publicado.

Retomando a descrição dos atos que regulamentaram a CCAF, merece destaque outro ato editado nos mesmos moldes do anterior – também prevendo apenas a conciliação –, qual seja, a Portaria n. 1.099, de 28 de julho de 2008[751].

Federal, integrante da Consultoria-Geral da União, para a solução de conflitos instalados ou que venha a se instalar entre Órgãos e/ou Entidades da Administração Federal, competência que pode vir a ser ampliada ou especializada para a Procuradoria-Geral da Fazenda Nacional, dependente de deliberação administrativa concernente." (destaques e grifos nossos).

[749] Idem.

[750] Art. 40. Os pareceres do Advogado-Geral da União são por este submetidos à aprovação do Presidente da República.

§ 1º O parecer aprovado e publicado juntamente com o despacho presidencial vincula a Administração Federal, cujos órgãos e entidades ficam obrigados a lhe dar fiel cumprimento.

§ 2º O parecer aprovado, mas não publicado, obriga apenas as repartições interessadas, a partir do momento em que dele tenham ciência.

Art. 41. Consideram-se, igualmente, pareceres do Advogado-Geral da União, para os efeitos do artigo anterior, aqueles que, emitidos pela Consultoria-Geral da União, sejam por ele aprovados e submetidos ao Presidente da República.

Art. 42. Os pareceres das Consultorias Jurídicas, aprovados pelo Ministro de Estado, pelo Secretário-Geral e pelos titulares das demais Secretarias da Presidência da República ou pelo Chefe do Estado-Maior das Forças Armadas, obrigam, também, os respectivos órgãos autônomos e entidades vinculadas.

[751] PORTARIA N. 1.099, DE 28 DE JULHO DE 2008. Dispõe sobre a conciliação, em sede administrativa e no âmbito da Advocacia-Geral da União, das controvérsias de natureza

Ocorre, entretanto, que a última Portaria – n. 1.099/2008 – ampliou consideravelmente o campo de atuação da CCAF, dispondo acerca das controvérsias de natureza jurídica, não mais apenas entre a Administração indireta e a União, mas abrindo consideravelmente o leque de opções

jurídica entre a Administração Pública Federal e a Administração Pública dos Estados ou do Distrito Federal. [...]

Art. 1° O deslinde, em sede administrativa, de controvérsias de natureza jurídica entre a Administração Pública Federal e a Administração Pública dos Estados ou do Distrito Federal, por meio de conciliação, no âmbito da Advocacia-Geral da União, far-se-á nos termos desta Portaria.

Art. 2° O pedido de atuação da Advocacia-Geral da União, para início das atividades conciliatórias, poderá ser apresentado ao Advogado-Geral da União pelas seguintes autoridades:

I – Ministros de Estado;

II – dirigentes de entidades da Administração Federal Indireta;

III – Consultor-Geral da União, Procurador-Geral da União, Procurador-Geral da Fazenda Nacional, Procurador-Geral Federal e Secretários-Gerais de Contencioso e de Consultoria;

IV – Governadores ou Procuradores-Gerais dos Estados e do Distrito Federal.

Art. 3° A solicitação deverá ser instruída com os seguintes elementos:

I – indicação de representante(s) para participar de reuniões e trabalhos;

II – entendimento jurídico do órgão ou entidade, com a análise dos pontos controvertidos, e

III – cópia dos documentos necessários ao deslinde da controvérsia.

Art. 4° O Advogado-Geral da União poderá determinar, excepcionalmente, que a atividade conciliatória seja promovida por órgão da Advocacia-Geral da União ou vinculado, cuja chefia designará o conciliador.

Art. 5° Quando couber o procedimento conciliatório, o conciliador dará ciência da controvérsia ao órgão ou entidade apontado pelo solicitante para que apresente os elementos constantes do art. 3°.

Art. 6° Instruído o procedimento e confirmada a possibilidade de conciliação, o conciliador designará reunião, cientificando os representantes indicados.

Art. 7° O conciliador poderá, em qualquer fase do procedimento:

I – solicitar informações ou documentos complementares necessários ao esclarecimento da controvérsia;

II – solicitar a participação de representantes de outros órgãos ou entidades interessadas;

III – sugerir que as atividades conciliatórias sejam realizadas por outros órgãos da Advocacia-Geral da União.

Art. 8° O conciliador e os representantes dos órgãos e entidades em conflito deverão, utilizando-se dos meios legais e observados os princípios da Administração Pública, envidar esforços para que a conciliação se realize.

Art. 9° Ultimada a conciliação, será elaborado termo subscrito pelo Advogado-Geral da União e pelos representantes jurídicos máximos dos entes federados envolvidos.

Art. 10. Esta Portaria entra em vigor na data de sua publicação.

JOSÉ ANTONIO DIAS TOFFOLI

para: "a Administração Pública Federal e a Administração Pública dos Estados ou do Distrito Federal".

Através da Portaria n. 1, de 08 de janeiro de 2010[752], versou-se sobre o procedimento de atuação da Procuradoria-Geral da União no âmbito

[752] PORTARIA N. 1, DE 8 DE JANEIRO DE 2010, dispõe sobre o procedimento para a atuação da Procuradoria-Geral da União no âmbito da Câmara de Conciliação e Arbitragem da Administração Federal. [...]

Art. 1º Esta Portaria disciplina a atuação da Procuradoria-Geral da União no procedimento conciliatório que objetive o deslinde, em sede administrativa, de controvérsias de natureza jurídica envolvendo órgãos e entidades da Administração Pública Federal, e entre essa e a Administração Pública dos Estados, do Distrito Federal e dos Municípios, que sejam Capital de Estado ou que possuem mais de duzentos mil habitantes, no âmbito da Câmara de Conciliação e Arbitragem da Administração Federal.

Art. 2º Estabelecida controvérsia de natureza jurídica, envolvendo as pessoas jurídicas de direito público referidas no artigo anterior, o órgão da Procuradoria-Geral da União, no âmbito de sua atuação, deve encaminhar à Procuradoria-Geral da União consulta sobre o cabimento de procedimentos conciliatório, para posterior envio ao Consultor-Geral da União.

§ 1º A consulta deve ser instruída, no mínimo, com os seguintes elementos:

I – análise da possibilidade de instauração do procedimento conciliatório;

II – entendimento jurídico preliminar sobre os pontos controvertidos;

III – sugestão de representante para participar de reuniões e trabalhos;

IV – cópia dos autos do processo judicial, se for o caso; e

V – cópia de outros documentos relacionados à controvérsia, se for o caso.

Art. 3º A Procuradoria-Geral da União deve indicar Advogado da União em exercício em qualquer órgão da Procuradoria-Geral da União, para participar das reuniões e trabalhos conciliatórios.

§ 1º O Advogado da União indicado deve declinar a atribuição nos casos de impedimento ou suspeição.

§ 2º Fica delegado ao Advogado da União indicado o poder de requisitar diretamente aos órgãos da Procuradoria-Geral da União os documentos necessários à sua atuação.

§ 3º Ficam delegados ao Advogado da União indicado os poderes próprios de representação para a tentativa de conciliação.

§ 4º O órgão da Procuradoria-Geral da União poderá sugerir a indicação de mais de um representante, se entender necessário ou conveniente.

Art. 4º São deveres do Advogado da União para comparecer aos atos do procedimento conciliatório, sem prejuízo de outros legalmente previstos:

I – envidar esforços para que a conciliação se realize;

II – observar os princípios da Administração Pública;

III – solicitar ao Conciliador a inclusão da participação no procedimento conciliatório de representantes do órgão públicos diretamente interessados, quando for imprescindível para o deslinde da controvérsia jurídica;

IV – fornecer diretamente ao Conciliador as informações e os documentos por ele solicitados;

V – formular consulta prévia às autoridades superiores competentes sobre proposta de acordo;

da CCAF, e, pela Portaria n. 05 de 16 de março de 2010, foram delegadas competências específicas aos Diretores de Departamento da CCAF[753].

Merece destaque, ainda, a previsão contida no § 7º do art. 1º da Portaria n. 463, de 12 de dezembro de 2013, através da qual, nos casos de con-

---

VI – solicitar prévia autorização superior nas hipóteses de acordos com repercussão financeira, nos termos da Lei n. 9.469, de 10 de julho de 1997; e

VI – prestar informações sobre o procedimento de conciliação à Procuradoria-Geral da União. Parágrafo único. As informações sobre cada reunião ou ato do procedimento conciliatório, quando solicitadas, devem ser prestadas pelo Advogado da União sob a forma de relatório.

Art. 5º Esta Portaria entra em vigor na data de sua publicação.

HÉLIA MARIA DE OLIVEIRA BETTERO

[753] PORTARIA N. 5, DE 16 DE MARÇO DE 2010 [...]

Art. 1º Fica delegada aos Diretores dos Departamentos e da Câmara de Conciliação e Arbitragem da Administração Federal integrantes da Consultoria-Geral da União as competências estabelecidas neste artigo, nos seguintes termos:

I – ao Diretor do Departamento de Orientação e Coordenação de Órgãos Jurídicos – DECOR:

a) dirimir conflitos de menor relevância entre os órgãos jurídicos consultivos integrantes da Advocacia-Geral da União;

b) orientar as Consultorias Jurídicas dos Ministérios ou órgãos equivalentes e os Núcleos de Assessoramento Jurídico sobre questões jurídicas já apreciadas pela Consultoria – Geral da União, salvo nos casos de solicitação de reexame;

c) analisar as manifestações relacionadas às matérias de competência do DECOR encaminhadas pelos órgãos jurídicos consultivos para ciência da Consultoria-Geral da União, salvo quando houver necessidade de pratica de ato pelo Consultor-Geral da União; e

d) manifestar-se nas questões jurídicas que tenham menor repercussão no âmbito da Administração Pública Federal;

II – ao Diretor do Departamento de Análise de Atos Normativos – DENOR:

a) aprovar as manifestações relativas a projetos de lei de iniciativa do Poder Executivo, bem como a projetos de lei de conversão encaminhados à sanção presidencial, que não tenham sofrido em sua tramitação no Congresso Nacional alterações de mérito ou que tenham guardado pertinência temática com a proposta original e submetê-las diretamente ao Advogado-Geral da União;

b) aprovar as manifestações relativas a projetos de lei encaminhados à sanção que disponham sobre instituição de datas comemorativas, denominação de rodovias e monumentos públicos, inscrição no livro dos heróis da pátria, alteração de divisão judiciária e criação de cargos públicos e funções comissionadas e submetê-las diretamente ao Advogado-Geral da União;e

c) encaminhar ao arquivo projetos de lei que estejam sendo acompanhados em seu trâmite no Congresso Nacional e que tenham sido remetidos para arquivamento nas Casas Legislativas;

III – ao Diretor do Departamento de Assuntos Extrajudiciais – DEAEX:

a) encaminhar processos relativos aos acórdãos do Tribunal de Contas da União cujo mérito esteja afeto à Procuradoria-Geral da União, à Procuradoria-Geral Federal , à Procuradoria-Geral da Fazenda Nacional, ao Banco Central do Brasil, à Secretaria-Geral de Contencioso e à Secretaria-Geral da Advocacia-Geral da União; e

flito de interesses entre dois ou mais órgãos da União, a designação de Advogado da União ou de Procurador da Fazenda Nacional para o exercício de representação judicial *ad hoc* "não impede ou suspende as tratativas no âmbito da Câmara de Conciliação e Arbitragem da Administração Pública Federal – CCAF".

Por fim, ainda no âmbito regulamentar, destacamos o teor da Portaria n. 18, de 11 de julho de 2014, que recomenda às Consultorias Jurídicas da União nos Estados "a instalação das Câmaras Locais de Conciliação possibilitando a instauração e a condução de procedimentos conciliatórios, com o objetivo de solucionar controvérsias entre órgãos e entidades da Administração Pública Federal, bem como entre esses e a Administração Pública dos Estados, do Distrito Federal, e dos Municípios"[754], para atuarem conforme as orientações da CCAF[755].

Fincadas as bases nas quais a CCAF foi instituída, bem como as regras de seu funcionamento, é digno de registro que a Câmara já se deparou com inúmeras questões, havendo registros de que, até 07 de novembro de 2007, 21 (vinte e um) procedimentos já teriam sido realizados, 23 (vinte e três) estavam em andamento, e 46 (quarenta e seis) estavam em vias de instalação[756].

b) solicitar diretamente às Consultorias Jurídicas dos Ministérios ou órgãos equivalentes e aos Núcleos de Assessoramento Jurídico as informações necessárias para instruir processos em trâmite no DEAEX, principalmente os relativos aos acórdãos do Tribunal de Contas da União e a Termos de Compromisso de Ajustamento de Conduta;

IV – ao Diretor da Câmara de Conciliação e Arbitragem da Administração Federal – CCAF:

a) decidir sobre o cabimento das atividades conciliatórias; e

b) decidir a respeito da submissão de procedimento conciliatório aos Núcleos de Assessoramento Jurídico, quando a questão controvertida for eminentemente local e não tiver repercussão nacional.

Art. 2º Fica delegada aos Diretores dos Departamentos e da Câmara de Conciliação e Arbitragem da Administração Federal a competência para encaminhar aos órgãos a que se destinam as matérias que não sejam afetas à Consultoria-Geral da União.

Art. 3º Os recursos interpostos na forma da Lei n. 9.784, de 29 de janeiro de 1999, em face de decisão proferida com base na delegação de que trata esta Portaria, serão apreciados, preliminarmente, pelo respectivo Diretor.

Parágrafo único. O recurso será apreciado pelo Consultor-Geral da União na hipótese de a decisão recorrida ser mantida pelo respectivo Diretor.

Art. 4º Esta Portaria entra em vigor na data de sua publicação.

RONALDO JORGE ARAÚJO VIEIRA JÚNIOR

[754] Art. 1º da Portaria n. 18, de 11 de julho de 2014.
[755] Art. 2º da Portaria n. 18, de 11 de julho de 2014.
[756] Conforme informações extraídas do item 15 do Parecer PGFN/CAT n. 195/2009.

Um dos conflitos noticiados pelo Advogado Geral da União à época, que já teria sido solucionado pela CCAF através da formalização de um Termo de Ajustamento de Conduta, foi instaurado entre o Instituto Brasileiro do Meio Ambiente e dos Recursos Naturais Renováveis ("IBAMA") e o Departamento Nacional de Infraestrutura e Transportes ("DNIT"), por conta de divergências na licença ambiental necessária por conta da reforma na BR-119, no Amazonas[757].

Apontamos também, controvérsia dirimida no âmbito da CCAF entre a União e o Instituto Nacional do Seguro Social ("INSS"), responsabilizando este pelo pagamento de complementação de aposentadorias e pensões de antigos servidores da Rede Ferroviária Federal ("RFFSA")[758].

A CCAF também apreciou conflito em matéria de fundo tributário envolvendo o Banco do Brasil e a Receita Federal do Brasil ("RFB"), relativo a discussão do pagamento de R$ 26.112.381,00 (vinte e seis milhões, cento e doze mil, trezentos e oitenta e um reais) a título de quota patronal previdenciária[759].

Nesta oportunidade, "talvez desconstruindo opinião de que matéria tributária não poderia ser objeto de conciliação, propôs-se o fim da controvérsia, de modo prospectivo"[760].

A solução institucional alcançada não remiu ou extinguiu o crédito tributário em questão, mas encontrou uma alternativa ao mandado de segurança impetrado pelo banco buscando a expedição de certidão negativa de débitos previdenciários.

Em que pese os relatos acima versarem sobre conciliação, como salientado acima, há pronunciamento de relevo quanto à possibilidade de a CCAF dirimir questões referentes ao Direito Tributário por intermédio da arbitragem.

O já mencionado Parecer PGFN/CAT n. 195/2009 ainda aponta, como critério temporal, que a arbitragem de questões tributárias seja utilizada somente após a decisão final administrativa tributária, a ser instalada apenas no caso de permanecer a controvérsia[761].

---

[757] Idem.

[758] Conforme informações extraídas do item 12 do Parecer PGFN/CAT n. 195/2009.

[759] Conforme informações extraídas dos itens 10 e 11 do Parecer PGFN/CAT n. 195/2009.

[760] Idem.

[761] "99. Ao que consta, a própria CCAF obtempera que seria mais adequado a decisão final no processo administrativo fiscal, plasmando-se a arbitragem, por parte do Senhor Advogado-Geral da União, na hipótese de que permaneça a controvérsia".

3.3.1. Conclusões parciais sobre a arbitragem tributária vigente no Brasil

Diante do exposto acima, podemos sintetizar os fatos e as normas através da seguinte sistematização:

(i) o art. 96 do CTN estatui que a legislação tributária compreende as leis, as convenções internacionais, os decretos, e as normas complementares que versem, no todo ou em parte, sobre tributos e relações jurídicas a eles pertinentes;

o art. 100 do CTN elenca como normas complementares, dentre outros, os atos normativos expedidos pelas autoridades administrativas e as decisões de órgãos de jurisdição administrativa;

(ii) o art. 4º da LC n. 73/1993 estabelece, dentre as atribuições do Advogado Geral da União, a unificação da jurisprudência administrativa e a resolução de controvérsias entre os órgãos e entidades da Administração Federal, podendo avocar qualquer matéria, inclusive sua representação extrajudicial;

(iii) a LC n. 73/1993 também prevê que o parecer do Advogado Geral da União, quando aprovado pelo Presidente da República e posteriormente publicado, vincula os órgãos e as entidades da Administração Pública Federal, que ficam obrigadas a lhe dar fiel cumprimento;

(iv) o art. 8º-C da Lei n. 9.028/1995 permite que, em defesa do erário federal, o Advogado Geral da União avoque, integre e coordene trabalhos em sede extrajudicial, podendo executá-los junto à Câmara Competente da AGU;

(v) o art. 11 da MP n. 2.180-35/2001 elenca ser dever do Advogado Geral da União lançar mão de todas as providências necessárias para resolver em sede administrativa as controvérsias de natureza jurídica existentes entre entidades da Administração federal indireta, ou entre esses entes e a União;

(vi) o Ato Regimental AGU n. 5/07 atribuiu as competências da CCAF, atribuindo o desempenho de tais competências para a 1ª e 2ª Coordenações-Gerais de Conciliação e Arbitragem;

(vii) a Portaria AGU n. 1.281/2007 previu o deslinde de controvérsias de natureza jurídica entre órgãos e entidades da Administração federal por meio tanto da conciliação quanto da arbitragem, mas apenas regulou o procedimento conciliatório;

(viii) o Parecer AGU/SGR n. 01/2007 conclui que, com a edição da Portaria n. 1.281/2007-AGU, não remanescem dúvidas quanto à competência do CCAF para conciliação em matéria tributária, bem como indica que essa competência pode vir a ser ampliada ou especializada para a PGFN;

(ix) as conclusões do Parecer AGU/SGR n. 01/2007 possuem efeito vinculante para a Administração federal, posto que aprovado e publicado nos termos da LC n. 73/1993;

(x) a Portaria n. 1.099/2008 ampliou o campo de atuação da CCAF, que passou a ter competência para controvérsias entre a Administração Pública federal e a dos Estados ou do Distrito Federal;

(xi) o Parecer PGFN/CAT n. 195/2009 aponta, como critério temporal da arbitragem de questões tributárias, que se deve iniciá-la somente após a decisão final administrativa tributária, a ser instalada apenas no caso de permanecer a controvérsia; e

(xii) o Decreto n. 7.392/2010 previu competir à CCAF propor, quando couber, ao Consultor-Geral da União o arbitramento das controvérsias não solucionadas por conciliação.

Assim, a conclusão parcial extraída do presente tópico consiste na construção do seguinte raciocínio, formulado com base nas premissas acima destacadas.

Se o CTN prevê que a legislação tributária compreende também os atos normativos expedidos pelas autoridades administrativas, e o faz sem se restringir às autoridades administrativas tributárias, engloba também os atos administrativos e as práticas reiteradas da AGU, como seus pareceres, devidamente publicados e aprovados, que passam a vincular a Administração federal.

Esses atos, portanto, respeitariam o princípio da legalidade, e suas conclusões também não afrontariam a lei nem a Constituição, por estarem em harmonia como sistema no qual estão inseridos.

Dessas conclusões, temos que a arbitragem foi prevista no âmbito da CCAF, mas a sua operacionalização ainda carece de regulamentação.

As normas em questão também indicam que, não sendo frutífera a conciliação, a matéria poderá rumar para a arbitragem; todavia, o critério temporal indica que o procedimento arbitral tributário teria início somente se permanecer a controvérsia após o encerramento do procedimento administrativo tributário.

3.3.2. Considerações sobre a viabilidade da arbitragem tributária no Brasil

Como visto na subseção anterior, ao menos entre entes da Administração Pública a arbitragem tributária já é uma realidade no Brasil, por conta da atuação da CCAF.

Também como já registrado na seção III.2 (a) (1), encontra-se em andamento projeto de lei complementar que visa acrescer às hipóteses de exclusão do crédito tributário contidas no CTN a arbitragem, sendo que, caso aprovado, viabilizará a discussão entre os contribuintes e as fazendas públicas.

Das referências internacionais, todavia, vislumbramos ainda outra maneira de utilizarmos a arbitragem tributária, qual seja, através de aditivos aos tratados internacionais já vigentes.

Novamente ressalvamos não nos alongarmos sobre o tema, posto que apenas para as considerações sobre as teorias monista[762] e dualista[763] seria necessário um trabalho apenas com tal finalidade.

O que trazemos à baila é o fato de o Brasil manter diversos tratados para evitar a dupla tributação, assim como os Estados Unidos também possuíam, antes de acrescer a eles as cláusulas comentadas na seção III.1 (b) prevendo a arbitragem de questões tributárias.

No exemplo americano, demonstramos que o acréscimo da arbitragem tributária se deu nos acordos firmados entre aquele país e a Bélgica, o Canadá, a França e a Alemanha.

A potencialidade de um aditivo semelhante no caso brasileiro decorre do fato de o Brasil possuir com os mesmos países acordos semelhantes, exceto no que refere ao tratado mantido com a Alemanha, já denunciado, mas que teve vigência até 1º de janeiro de 2006[764], sendo que os demais permanecem válidos[765].

---

[762] Que, em apertadíssima síntese, é a teoria através da qual se entende que os tratados e as normas internas compõem o mesmo sistema jurídico, incorporando-se a esse sistema e coexistindo com as normas internas.

[763] Também de forma extremamente sucinta, é a teoria segundo a qual os tratados e as normas internas comporiam sistemas diversos, sendo necessária a conversão dos tratados em norma interna para sua plena vigência.

[764] Vide Ato Declaratório Executivo SRF n. 72, de 22 de dezembro de 2005.

[765] (i) em relação à Belgica, vide: Decreto Legislativo n. 76, de dezembro de 1972, Decreto n. 72.542, de 30 de Julho de 1973, Decreto n. 6.332, de 28 de dezembro de 2007, Portaria MF n. 271, de 3 de junho de 1974, Portaria MF n. 71, de 18 de fevereiro de 1976, e Portaria MF n. 140, de 10 de julho de 2008; (ii) quanto ao Canadá ver: Decreto Legislativo n. 28, de Novembro de

ARBITRABILIDADE TRIBUTÁRIA

Dizemos semelhantes, posto que, da mesma maneira com que a lei modelo de arbitragem e o regulamento de arbitragem modelo, ambos da UNCITRAL, influenciaram grande parte das legislações sobre o tema no mundo[766], os "Acordos para Evitar a Dupla Tributação em Matéria de Impostos sobre a Renda e o Capital" firmados por diversos países, dentre os quais o Brasil, também são baseados em modelos internacionais[767], dentre os quais o adotado com maior frequência foi o modelo da OECD[768].

Contudo, na mesma época em que os americanos ampliaram o tratado com a Alemanha, prevendo nele a arbitragem tributária, o Brasil, novamente na contramão da história, denunciou o que mantinha com os germânicos.

Independentemente dessa direção, os acordos brasileiros para evitar a dupla tributação mantidos com a Bélgica, o Canadá e a França permanecem vigentes, e, pelo fato de esses países já terem aceitado a inserção da arbitragem tributária, entendemos que, caso haja interesse político, essas seriam as portas de entrada com maior potencialidade para viabilizar o instituto internamente.

1985, Decreto n. 92.318, de 23 de Janeiro de 1986, Portaria MF n. 199, de 13 de maio de 1986, e Portaria MF n. 55, de 22 de janeiro de 1988; (iii) no concernente à França: Decreto Legislativo n. 87 , de 27 de novembro de 1971, Decreto n. 70.506 , de 12 de maio de 1972, Portaria MF n. 287, de 23 de novembro de 1972, e Portaria MF n. 20, de 14 de janeiro de 1976.

[766] Vide item II.1 (a) (4).

[767] Vide: (i) Modelo da Câmara Internacional de Comércio de 1920; (ii) Modelo da Sociedade das Nações, de Londres em 1928; (iii) Modelo da Sociedade das Nações, do México em 1943; (iv) Modelo da OECD, de 1963 com revisões posteriores; (v) Modelo da ONU, de 1980 e de 2001; e (vi) Modelo americano de 1977, 1981, e 1996; ainda a similitude entre os próprios modelos de tratados internacionais também é registrada pela doutrina: *"[...] Michael Gratez of Yale University argued that earlier work done by the Duble Taxation Committee of the International Chamber of Commerce in the early 1920 has considerable influence on League's model treaty of 1928, the bilateral treaties concluded between the world wars, and ultimately the model treaties developed by OECD (...)"*. FRIEDLANDER, Lara; WILKIE, Scott. **Policy Forum: The History of Tax Treaty Provisions – And Why It is Important to Know About It**. Canadian Tax Journal / Revue Fiscale Canadienne, Vol. 54, N. 4, 2006, p. 916.

[768] *"(...) the OECD developed a Model Tax Convention ("model") that includes most regulations dealing with double taxation and tax evasion. This model has been used as guideline by several countries to negotiate and execute their tax treaties. Furthermore, as economies, technology, commercial practices and markets change over the years, the OECD continues to carry out specific studies and releases new Comments to the OECD model to help the interpretation of tax treaties"*. GRADWOHL, Carlos; SOSA, Araceli. **Anti-Abuse Rules on International Taxation**. PriceWaterhouseCoopers, p. 2, disponível em: < https://www.pwc.com/mx/es/publicaciones/archivo/201108-081104_gm_antiabuse.pdf >, acesso em: 15/01/16.

Vale, ainda, especificar que, apesar de não haver previsão legal permitindo expressamente a arbitragem tributária, não haverá necessidade de qualquer adaptação na legislação brasileira para se recepcionar essa modalidade de arbitragem nos acordos para evitar a dupla tributação.

Três aspectos embasam essa afirmação.

O primeiro decorre disposição contida no art. 98 do CTN[769], lei materialmente complementar[770], que atribui expressa superioridade aos tratados internacionais.

E justamente o entendimento doutrinário[771] e jurisprudencial,[772] aliado à interpretação sistemática[773] do art. 98 do CTN, configuram o segundo

---

[769] Art. 98. Os tratados e as convenções internacionais revogam ou modificam a legislação tributária interna, e serão observados pela que lhes sobrevenha.

[770] Lei 5.172, de 25 de outubro de 1966, foi recepcionada pelo atual sistema constitucional como Lei Complementar por tratar de normas gerais em matéria tributária, tal como previsto no art. 146, III, da Constituição de 1988.

[771] Nos dizeres de Heleno Torres: "Por força desta regra, os tratados e convenções em matéria tributária, após o procedimento de incorporação, passam, de imediato, a ter aplicabilidade intra-sistêmica; não com força normativa do decreto legislativo que autoriza as respectivas ratificações, mas, pela conexão com a norma geral que o recepciona, o art. 98 do CTN, que se apresenta como uma espécie de declaração do quanto já consta do sistema constitucional, de recepção de convenções ou tratados internacionais, com prevalência de aplicabilidade sobre toda a legislação tributária, na acepção empregada pelo art. 96 do CTN". TORRES, Heleno. **Tratados e Convenções Internacionais em Matéria Tributária e o Federalismo Fiscal Brasileiro**. In: Revista Dialética de Direito Tributário, n. 86, nov. 2002. São Paulo: Dialética, 2002, p. 44.

[772] Perante o STF, precedente que equipara o tratado a lei interna: "CONVENÇÃO DE GENEBRA, LEI UNIFORME SOBRE LETRAS DE CÂMBIO E NOTAS PROMISSÓRIAS – AVAL APOSTO A NOTA PROMISSÓRIA NÃO REGISTRADA NO PRAZO LEGAL – IMPOSSIBILIDADE DE SER O AVALISTA ACIONADO, MESMO PELAS VIAS ORDINÁRIAS. VALIDADE DO DECRETO-LEI N. 427, DE 22.01.1969. Embora a Convenção de Genebra que previu uma lei uniforme sobre letras de câmbio e notas promissórias tenha aplicabilidade no direito interno brasileiro, não se sobrepõe ela às leis do país, disso decorrendo a constitucionalidade e consequente validade do Dec-Lei n. 427/69, que institui o registro obrigatório da nota promissória em repartição fazendária, sob pena de nulidade do título. Sendo o aval um instituto do direito cambiário, inexistente será ele se reconhecida a nulidade do título cambial a que foi aposto. Recurso Extraordinário conhecido e provido". (RE 80004, Relator(a): Min. XAVIER DE ALBUQUERQUE, Tribunal Pleno, julgado em 01/06/1977, DJ 29-12-1977 PP-09433 EMENT VOL-01083-04 PP-00915 RTJ VOL-00083-03 PP-00809); e no âmbito do STJ: "TRIBUTARIO. ISENÇÃO DO AFRMM EM RELAÇÃO A MERCADORIAS IMPORTADAS SOB A EGIDE DO GATT. IMPOSSIBILIDADE. O mandamento contido no art. 98 do CTN não atribui ascendência às normas de direito internacional em detrimento do direito positivo interno, mas, ao revés, posiciona-se em nível idêntico, conferindo-lhes efeitos

ARBITRABILIDADE TRIBUTÁRIA

aspecto, posto que essa superioridade não é entendida quanto à hierarquia entre as normas, mas no sentido de que o tratado internacional revogará disposição interna em sentido contrário.

O terceiro, e último aspecto que valida a proposição colocada, decorre da dicção do art. 27 da Convenção de Viena sobre o Direito dos Tratados, em que o Brasil reconheceu a execução e o cumprimento através do Decreto n. 7.030, de 14 de dezembro de 2009, através do qual se extrai que "uma parte não pode invocar as disposições de seu direito interno para justificar o inadimplemento de um tratado".

Assim, nos tratados para evitar a dupla tributação já firmados pelo Brasil com países que já anuíram em aditá-los para inserir a possibilidade da arbitragem de questões tributárias, entendemos que essa seria uma providência latente e possível para ampliar a aplicação do instituto no Brasil, sem que haja necessidade de qualquer aprovação legislativa no âmbito interno, que não a tramitação legislativa dos próprios aditivos aos tratados.

---

semelhantes. O art. 98 do CTN, ao preceituar que tratado ou convenção não são revogados por lei tributária interna, refere-se aos acordos firmados pelo Brasil a propósito de assuntos específicos e só é aplicável aos tratados de natureza contratual se o ato internacional não estabelecer, de forma expressa, a desobrigação de contribuições para intervenção no domínio econômico, inexiste isenção pertinente ao AFRMM. Recurso a que se nega provimento. Decisão indiscrepante". (REsp 37.065/PR, Rel. Ministro DEMÓCRITO REINALDO, PRIMEIRA TURMA, julgado em 15/12/1993, DJ 21/02/1994, p. 2131).

[773] Que deve levar em consideração, conjuntamente as seguintes disposições da CF/88:
Art. 5º – [...]
§ 2º Os direitos e garantias expressos nesta Constituição não excluem outros decorrentes do regime e dos princípios por ela adotados, ou dos tratados internacionais em que a República Federativa do Brasil seja parte.
Art. 102. Compete ao Supremo Tribunal Federal, precipuamente, a guarda da Constituição, cabendo-lhe:
III – julgar, mediante recurso extraordinário, as causas decididas em única ou última instância, quando a decisão recorrida: [...]
b) declarar a inconstitucionalidade de tratado ou lei federal; [...]
Art. 105. Compete ao Superior Tribunal de Justiça: [...]
III – julgar, em recurso especial, as causas decididas, em única ou última instância, pelos Tribunais Regionais Federais ou pelos tribunais dos Estados, do Distrito Federal e Territórios, quando a decisão recorrida:
a) contrariar tratado ou lei federal, ou negar-lhes vigência; [...]

3.4. Outras formas de utilização da arbitragem tributária

Como ressaltado por Jonathan Barros Vita, o direito tributário deve se aproximar das "especulações da arbitragem, vez que vários dos casos mais citados e rumorosos dos últimos tempos tem tratado, de maneira direta e indireta, da matéria tributária"[774].

Indica, ainda, o autor, que os tributos são uma forma de acrescer artificialmente os custos de uma transação, e caso delas surja uma arbitragem, desses desentendimentos, alguma forma de tributação incidiu ou incidirá[775].

Essas afirmações possuem respaldo, pois, tal como será abordado a seguir, as formas indiretas de se deparar com a arbitragem tributária acrescem o rol de utilização do instituto no âmbito tributário.

A primeira modalidade reside na formatação material da decisão arbitral para mitigação do seu impacto tributário.

Jonathan Barros Vita exemplifica essa possibilidade no caso de o laudo arbitral não determinar o pagamento de lucros cessantes – onde haveria incidência de imposto de renda –, para em seu lugar deferir o pagamento de danos morais – sobre os quais não incidirá tributação[776].

Em relação a essa possibilidade, ressalta o autor o limite jurídico-tributário do que chama de "bi-implicação", explicando ser a "impossibilidade de se ter uma conduta elisiva ou, mesmo, evasiva por parte dos árbitros, transformando algo que sob o ponto de vista da substancia econômica se enquadra em uma determinada categoria de renda em outra"[777].

Outra forma indireta de aplicação da arbitragem tributária é a utilização do Direito Tributário como forma de pressão sobre investidores para expropriar valores.

Há também a possibilidade de utilização de alterações tributárias que reproduzirão distorções econômicas determinantes da revisão do equilíbrio econômico-financeiro dos contratos internacionais.

Seria o caso das possíveis alterações tributárias advindas com a 1980 United Nations Convention on Contracts for the International Sale of Goods ("CISG") – Convenção das Nações Unidas sobre Contratos de Compra e Venda Internacional de Mercadorias de 1980, promulgada pelo Decreto n. 8.327, de 16 de outubro de 2014.

---

[774] VITA, Jonathan Barros. **Arbitragem Comercial e de Investimentos e o Direito Tributário**. São Paulo: No prelo, 2015, p. 4.

[775] Op. Cit., p. 4-5.

[776] Op. Cit., p. 8.

[777] Idem.

ARBITRABILIDADE TRIBUTÁRIA

Ocorre que, sob a nossa ótica, o conceito de "mercadoria" contido no art. 3º da CISG distorce o conceito interno para fins de incidência do ICMS – cuja regra geral é a incidência sobre os bens objeto de mercancia. Referido artigo ostenta a seguinte redação[778]:

> Artigo 3º: (1) Serão considerados contratos de compra e venda os contratos de fornecimento de mercadorias a serem fabricadas ou produzidas, salvo se a parte que as encomendar tiver de fornecer parcela substancial dos materiais necessários à fabricação ou à produção.
>
> (2) Não se aplica esta Convenção a contratos em que a parcela preponderante das obrigações do fornecedor das mercadorias consistir no fornecimento de mão-de-obra ou de outros serviços.[779]

Em que pese o seu item (2) afastar a aplicabilidade da convenção nos casos em que o fornecimento de mão de obra e serviços corresponder a parcela preponderante[780] do valor do contrato, é cediço que esse conceito pode abarcar quantidade significativa de serviços[781].

---

[778] GLEBER, Eduardo; RADAEL, Gisely. **Tradução da Convenção das Nações Unidas sobre Contratos de Compra e Venda Internacional de Mercadorias.** Disponível em: < http://www.cisg-brasil.net/doc/egrebler2.pdf >, acesso em: 17/01/16.

[779] O texto original, em inglês encontra-se assim redigido: *"Article 3 (1) Contracts for the supply of goods to be manufactured or produced are to be considered sales unless the party who orders the goods undertakes to supply a substantial part of the materials necessary for such manufacture or production. (2) This Convention does not apply to contracts in which the preponderant part of the obligations of the party who furnishes the goods consists in the supply of labour or other services"*. Disponível em: < http://www.uncitral.org/pdf/english/texts/sales/cisg/V1056997-CISG-e-book.pdf >, acesso em: 18/01/16.

[780] A CISG não define o que deve ser considerado por parcela preponderante, todavia, o entendimento é o de que para o contrato estar fora do campo de aplicação da CISG, a prestação de serviços deve corresponder a grande parte das obrigações do contrato, refletindo-se, através da comparação entre o montante econômico das obrigações relativas à entrega dos bens. Vide comentários da PACE University: *"The 'preponderant part' is not defined in the CISG, nor does it identify its referent, for example costs, price or value. Legal scholars have mostly been in opinion that in order for the contract to be excluded from the CISG, the provision of labour and services must form a major part of the obligations under the contract. Sometimes this seems merely to refer to the comparison between the economic value of the obligations regarding the delivery of the goods, which means that the sale price of the goods to be delivered should be compared with the fee for labour and services, as if two separate contracts had been made"*. In: **Scope of the CISG**. Disponível em: < http://www.jus.uio.no/pace/international_trade_in_finland_the_applicable_rules.tuula_ammala/3.html#_16 >, acesso em 18/01/016.

[781] Reportamos a uma decisão proferida no caso *Switzerland 7 May 1993 District Court Laufen, Canton Berne (Automatic storage system case)*, onde o tribunal considerou que as partes tinham

Assim, tomemos por base a aquisição por meio de importação de uma máquina hospitalar, onde haja o fornecimento tanto da máquina quanto do *software* – operações que comumente são formalizadas através de dois contratos conexos, um prevendo a venda do bem e o outro abarcando a cessão da licença do *software* e o serviço de suporte correspondente.

Partamos também da premissa que o valor da compra do equipamento superou o do fornecimento da licença e o da prestação dos serviços, que seriam implementados através da subsidiária brasileira, detentora do *know--how* em âmbito local.

A análise desse contrato apenas no âmbito interno, antes do advento da CISG, levaria à tributação da aquisição do equipamento pelo ICMS, e a prestação de serviços seria tributada pelo ISS, uma vez que previstos em contratos distintos.

Ocorre que, com o advento da CISG, poderá se questionar a incidência do imposto estadual sobre toda a operação, gerando não apenas um risco tributário, mas também a oneração excessiva do contrato, que certamente não previu a incidência tributária integral pelo imposto estadual.

Esse descompasso poderia, ainda, causar transtornos quanto ao inadimplemento contratual pelo disposto nos artigos 79 e 80 da própria CISG[782].

---

celebrado contratos de fornecimento matéria-prima para fabricação de bens e, portanto, deviam ser consideradas vendas nos termos do artigo 3 (1) CISG, posto que, embora o vendedor tenha fornecido diversos serviços, estas obrigações não foram preponderantes nos termos do artigo 3 (2) da CISG. Por isso, o tribunal considerou que a Convenção era aplicável por força do artigo 1 (1) (b) CISG. Disponível em: < http://cisgw3.law.pace.edu/cases/930507s1.html >, acesso em 18/01/016.

[782] "Artigo 79 (1) Nenhuma das partes será responsável pelo inadimplemento de qualquer de suas obrigações se provar que tal inadimplemento foi devido a motivo alheio à sua vontade, que não era razoável esperar fosse levado em consideração no momento da conclusão do contrato, ou ainda, que fossem evitadas ou superadas suas consequências. (2) Se o inadimplemento de uma das partes for devido à falta de cumprimento de terceiro por ela incumbido da execução total ou parcial do contrato, esta parte somente ficará exonerada de sua responsabilidade se: (a) estiver exonerada do disposto no parágrafo anterior; e (b) o terceiro incumbido da execução também estivesse exonerado, caso lhe fossem aplicadas as disposições daquele parágrafo. (3) A exclusão prevista neste artigo produzirá efeito enquanto durar o impedimento. (4) A parte que não tiver cumprido suas obrigações deve comunicar à outra parte o impedimento, bem como seus efeitos sobre sua capacidade de cumpri-las. Se a outra parte não receber a comunicação dentro de prazo razoável após o momento em que a parte que deixou de cumprir suas obrigações tiver ou devesse ter tomado conhecimento do impedimento, esta será responsável pelas perdas e danos decorrentes da falta de comunicação. (5) As disposições deste artigo não impedem as partes de exercer qualquer outro direito além da indenização

ARBITRABILIDADE TRIBUTÁRIA

Por fim, a doutrina ainda registra a utilização da arbitragem tributária internacional como forma de planejamento tributário, pela implementação da denominada *cross-border tax arbitrage*, através da qual os contribuintes estruturam operações visando reduzir ou eliminar o impacto fiscal de suas operações, utilizando-se da pluralidade das leis em dois ou mais países[783].

Os exemplos de utilização da *cross-border tax arbitrage* constam da doutrina internacional, ressaltando-se a sua importância atual se comparada a um passado recente[784].

Elenca casos ocorridos na Nova Zelândia e conhecidos por *"bank conduit"*, nos quais a disputa tributária envolveu 2,4 bilhões de dólares neozelandeses[785], o que, convertido para reais da época, equivalia a mais de R$ 3 bilhões, e atualmente montaria a mais de R$ 6,2 bilhões[786].

As formas práticas conhecidas são: (i) o *"double-dip leasing"*, ou arrendamento mercantil internacional – quando dois países que permitam a dedução ou o creditamento de impostos disciplinam de forma diversa sobre a propriedade do bem, beneficiando o proprietário com a dedutibilidade de despesas como a depreciação acelerada[787] –; (ii) as *"dual resident compa-*

---

por perdas e danos nos termos desta Convenção. Artigo 80 – Uma parte não poderá alegar o descumprimento da outra, na medida em que tal descumprimento tiver sido causado por ação ou omissão da primeira parte."

[783] BEDANI, Rebeca Soraia Gaspar. **Técnicas de Planejamento Tributário e a Arbitragem Tributária Internacional.** In: Âmbito Jurídico, Rio Grande, XVIII, n. 139, ago 2015. Disponível em: <http://www.ambito-juridico.com.br/site/?n_link=revista_artigos_leitura&artigo_id=16294>. Acesso em 17/01/16.

[784] Do original em inglês: *"Cross-border tax arbitrage plays a much more significant role in tax planning today than formerly"*. In: WHITTINGTON, Stephen A; PREBBLE John. **Cross-Border Tax Arbitrage and convergence of Tax Systems: a Law and Economics Approach.** Wellington: Faculty of Law – Victoria University of Wellington, 2012, p. 4.

[785] Op. Cit., p. 4-5.

[786] Considerando o dólar neozelandês na cotação de 1,26457 em 31/12/2009, e a cotação de 2, 5975 em 17/01/16, segundo conversão efetuada pelo sistema do Banco Central do Brasil. Disponível em: < http://www4.bcb.gov.br/pec/conversao/conversao.asp >, acesso em 17/01/16.

[787] Do original: *"O arrendamento mercantil internacional conhecido como double-dip leasing, segundo Ring (2002) ocorre quando há um contrato de arrendamento mercantil internacional e duas jurisdições diversas especificam de modo diferente quem é considerado o proprietário do bem arrendado, ou seja, um Estado entende que o proprietário do bem é o arrendatário e o outro o arrendador. Segundo Oliveira (2009, p. 64): 'O que irá determinar ou não a ocorrência da arbitragem tributária internacional, nesse caso, será a possibilidade de haver, nesses dois Estados legislação que permita a dedução ou o creditamento em relação àquele que é tido como proprietário do bem.' Assim, os contribuintes poderão ser beneficiados com a depreciação acelerada do bem quanto às deduções ou com a obtenção de créditos referentes ao investimento e*

nies", ou empresas com dupla residência – benefício advindo da criação de empresas com residência em países diversos, com a finalidade de considerar uma simples despesa como uma dupla dedução[788] –; e (iii) as entidades híbridas – quando uma mesma sociedade controlada localiza-se em país de tributação favorecida e a controladora não, quando os lucros observados no paraíso fiscal podem deixar de serem disponibilizados na forma de dividendos, diferindo-se o impacto tributário através de reinvestimentos[789].

3.5. Classificação proposta da arbitragem tributária

Pelos capítulos e seções acima demonstramos que a arbitragem tributária não apenas é possível no Brasil, mas também já é uma realidade, mesmo que restrita e carente de regulamentação procedimental quanto à sua subsunção entre determinados órgãos públicos[790].

---

tais fatores viabilizaram a dedução do montante do imposto de renda devido". In: BEDANI, Rebeca Soraia Gaspar. **Técnicas de Planejamento Tributário e a Arbitragem Tributária Internacional**. In: Âmbito Jurídico, Rio Grande, XVIII, n. 139, ago 2015. Disponível em: <http://www.ambito-juridico.com.br/site/?n_link=revista_artigos_leitura&artigo_id=16294>. Acesso em 17/01/16.

[788] Nas palavras da autora: *"a dual resident companies (empresas com dupla residência) tem como fundamento critérios de residência utilizados pelos Estados, envolve questões relativas a grupos empresariais, cujas empresas tenham se fixado em mais de um país. Assim, empresas com dupla residência favorecem as demais empresas do grupo no que tange à redução ou eliminação relativa ao imposto renda devido por essas empresas. Segundo Oliveira (2009, p. 66) para melhor entendimento é importante exemplificar o que ocorre com a dupla residência: 'A fim de uma empresa do Reino Unido adquira uma empresa americana ela deve, primeiramente, criar uma subsidiária com dupla residência (EUA e Reino Unido) nos EUA, que financie a aquisição da empresa alvo nos EUA. De tal forma que o débito dessa subsidiária gerado pela aquisição da empresa nos EUA deve produzir, por sua vez, grandes deduções. Como tanto os EUA quanto o Reino Unido têm normas que permitem a consolidação ou o agrupamento de impostos e perdas com as empresas filiais residentes nestes Estados, o gasto na aquisição por parte da subsidiária poderá ser usado para compensar os impostos, tanto da filial dos Estados Unidos como da operação da filial do Reino Unido. O resultado seria a conversão de uma simples despesa em uma dupla dedução (double-dip)'"*. Idem.

[789] Do original: "As entidades híbridas compõem outra possibilidade de arbitragem tributária internacional e referem-se quando uma mesma entidade é classificada de modos diferentes. [...] Tôrres (2001, p. 125) trata o tema como operações entre controladas e controladoras: 'Como os dividendos são tributados somente quando disponibilizados (princípio de caixa), sendo esse o regime de vários países, caso a empresa controlada encontre-se em um país com tributação favorecida que não tribute ou tribute com uma alíquota muito baixa os lucros ali produzidos, o controlador ou acionista obterá uma ótima economia de tributos sobre esses lucros produzidos pela sociedade controlada, evitando a disponibilização sob a forma de dividendos e diferindo o pagamento dos tributos para o futuro, mediante reinvestimentos.'". Ibidem.

[790] Vide seção III.3 (a).

ARBITRABILIDADE TRIBUTÁRIA

Essa possibilidade, contudo, certamente será ampliada no futuro por conta dos precedentes exitosos de aplicação no direito comparado.

Assim, passaremos a abordar a questão de forma hipotética visando estruturar as formas de arbitragem tributária que identificamos.

A doutrina internacional já elencou as categorias da arbitragem fiscal, não a estruturando como ora proposto, mas dividindo-a em três categorias: (i) controvérsias tributárias decorrentes de relações negociais; (ii) acordos para evitar a dupla tributação; e (iii) disputas fiscais entre um investidor estrangeiro e o país investido[791].

As categorias acima, em nossa ótica, apenas distinguem as disputas tributárias quanto mérito e abrangência, carecendo de análise em relação ao tempo.

A justificativa para a classificação advém de um paralelo com o Direito Civil, para o qual um mandato pode ser considerado um contrato unilateral, gratuito, simplesmente consensual, e *"intuitu personae"*[792].

Da mesma maneira, entendemos que a arbitragem tributária também carece de uma classificação mais ampla e estruturada.

Baseando-se nas lições de Orlando Gomes, para quem a utilidade da classificação dos contratos decorre do seu agrupamento em diversas categorias, suscetíveis, isoladamente, de subordinação a regras idênticas ou afins, bem como nas particularidades dessa distinção, é de considerável interesse prático – inclusive, mas não se limitando a – a simplificação da tarefa legislativa[793].

Sendo certa, portanto, a vacância parcial da legislação quanto ao tema, entendemos que a arbitragem tributária deva ser classificada não de forma

---

[791] Nas palavras do autor: *"The amenability of tax disputes to arbitration remains highly fact-intensive, however. Even if no hard-and-fast rule prohibits all tax arbitration per se, many arbitration claims related to fiscal matters will (and should) fail. In some instances, the claim may not be rip for adjudication because the government has not yet rules on the amount of tax (if any) payable. In other cases, the relevant treaty may remove entirely certain types of tax controversies from the arbitrators' adjudicatory power. Distinctions should be drawn among three broad categories of fiscal arbitration: 1. Tax controversies arising from business relationships; 2. Overlapping tax on one transaction by two or more countries; and 3. disputes implication tax issues between a foreign investor and the host state; (...)"*. PARK, William W. **Tax Arbitration and Investor Protection**. In: ROGERS, Catherine A.; ALFORD, Roger P. (coord.). The Future of Investment Arbitration. New York: Oxford University Press, 2009, p. 231.

[792] GOMES, Orlando. **Contratos**. Rio de Janeiro: Forense, 1978, p. 415.

[793] Op. Cit., p. 85.

excludente, mas complementar quanto ao tempo do litígio, em relação ao mérito, e por sua abrangência.

Esquematicamente teríamos a classificação da arbitragem tributária quanto:

- (*i*) ao tempo:
  - (*i.a*) preliminar e preventivamente à constituição do crédito tributário; ou
  - (*i.b*) subsequente à constituição do crédito tributário;
- (*ii*) ao mérito:
  - (*ii.a*) direta – analisando diretamente as questões tributárias; ou
  - (*ii.b*) indireta – quando dos laudos arbitrais surge um novo fato jurídico tributário;
- (*iii*) à abrangência:
  - (*iii.a*) interna – entre os próprios entes federativos pátrios, ou entre Administração e contribuintes nacionais;
  - (*iii.b*) internacional estatal – para dirimir questões envolvendo acordos destinados a evitar a dupla tributação; ou
  - (*iii.c*) internacional mista – quando envolver um Estado e um ente privado estrangeiro (acordos de investimento).

No que tange ao aspecto temporal, como suscitado acima, ela pode ocorrer anteriormente à constituição do crédito tributário, ou mesmo após a sua constituição[794].

Priscila Faricelli de Mendoça, ao tratar da arbitragem tributária preventiva, a considera um campo fértil na medida em que incentivará o "diálogo entre fisco e contribuinte e, ademais, a decisão [...] vinculará ambas as partes"[795].

---

[794] Nesse sentido, a interpretação de Heleno Torres: "Formas alternativas para resolução de conflitos em matéria tributária podem ser desenvolvidas e aplicadas tanto de um modo preventivo, para aquelas situações antecedentes a contenciosos formalmente qualificados, como para as que se encontrem já na forma de lides, servindo de objeto para processos administrativos ou judiciais em curso". TORRES, Heleno. **Transação, Arbitragem e Conciliação Judicial como Medidas Alternativas para Resolução de Conflitos entre Administração e Contribuintes – Simplificação e Eficiência Administrativa.** In: Revista Fórum de Direito Tributário, ano 1, n. 2, mar/abr 2003 (versão digital). São Paulo: Dialética, 2003, p. 8.

[795] MENDONÇA, Priscila Faricelli de. **Arbitragem e transação tributárias.** Brasília: Gazeta Jurídica, 2014, p. 115.

A possibilidade de a arbitragem tributária ser iniciada após a concretização da divergência não decorre de mera análise teórica, mas sim do caso concreto.

Quando verificamos a estrutura que deu origem á CCAF na seção III.3, verificamos que o Parecer PGFN/CAT n. 195/2009 aponta, como critério temporal da arbitragem de questões tributárias, que esta deve ser utilizada somente após a decisão final administrativa tributária, a ser instalada apenas no caso de permanecer a controvérsia.

Assim, uma vez que esse parecer também foi aprovado pelo Advogado Geral da União, e publicado, nos moldes preconizados pela LC n. 73/1993, possui, assim, efeito vinculativo.

Ocorre, entretanto, que a doutrina já suscitou uma questão importante quanto à instituição após a constituição do crédito tributário, qual seja, se essa opção poderá ocorrer durante a discussão no âmbito administrativo tributário, e quais os efeitos dessa opção.

Priscila Faricelli de Mendonça traça um paralelo entre a concomitância da arbitragem tributária, sua discussão em âmbito administrativo e a previsão contida no parágrafo único do art. 38 da Lei de Execuções Fiscais[796] – prevendo-se a renúncia da esfera administrativa caso o contribuinte opte por discutir o tributo judicialmente –, e conclui que, "na arbitragem, do mesmo modo, a opção por firmar o compromisso arbitral acarreta na renúncia da adoção de solução judicial estatal para o conflito".

Assim, a conclusão que se extrai desse comentário, do qual somos partidários, é bifurcada.

Quando as partes resolverem optar por levar uma questão que ainda se encontra no âmbito de discussão administrativa tributária para a arbitragem, renunciariam não só à esfera administrativa, mas também à sua discussão perante o Judiciário.

Todavia, quando as partes já estiverem discutindo judicialmente uma questão tributária, isso não implicará a renúncia à arbitragem, uma vez

---

[796] "Art. 38 – A discussão judicial da Dívida Ativa da Fazenda Pública só é admissível em execução, na forma desta Lei, salvo as hipóteses de mandado de segurança, ação de repetição do indébito ou ação anulatória do ato declarativo da dívida, esta precedida do depósito preparatório do valor do débito, monetariamente corrigido e acrescido dos juros e multa de mora e demais encargos. Parágrafo Único – A propositura, pelo contribuinte, da ação prevista neste artigo importa em renúncia ao poder de recorrer na esfera administrativa e desistência do recurso acaso interposto."

que a lei permite textualmente a celebração do compromisso arbitral judicial[797].

Quanto às matérias a serem submetidas à arbitragem, Heleno Torres indica ser um caminho para uma maior aproximação da verdade material, relacionando exemplos extraídos de conceituações subjetivas, como preço de mercado, valor venal, valor da terra nua, como potenciais[798].

Vejamos a outra classificação proposta, agora em relação ao mérito.

Quanto ao mérito, a arbitragem tributária direta é aquela que resolve diretamente a questão relativa aos tributos.

Há um pequeno ilhéu onde a arbitragem tributária direta poderia já funcionar no Brasil, quando da solução de controvérsias tributárias oriundas dos seus entes federativos, mas, como ressaltado anteriormente, apesar da previsão da arbitragem, resta à AGU regulamentar o seu procedimento para a sua pronta validade no sistema interno.

Será considerada indireta quando dos laudos arbitrais surge um novo fato jurídico tributário, como nos casos analisados na seção III.4, ou seja, a formatação material da decisão arbitral para a mitigação do seu impacto tributário, a utilização do Direito Tributário como forma de pressão para expropriar valores de investidores externos, alterações tributárias que reproduzam distorções econômicas determinantes da revisão do equilíbrio econômico-financeiro dos contratos internacionais, e a utilização da arbitragem internacional – *cross-border tax arbitrage* – como ferramenta de planejamento tributário.

Por fim, vejamos a arbitragem tributária quanto à abrangência.

Será considerada interna a arbitragem instaurada entre os próprios entes federativos pátrios – analisada na seção III.3 –, ou entre Administração e contribuintes nacionais, no caso da aprovação do Projeto de Lei Complementar n. 468/2009, que visa inserir a arbitragem como uma das hipóteses de exclusão do crédito tributário.

Alocamos como arbitragem tributária internacional estatal as analisadas nas seções III.1 (b) e (c), ou seja, para dirimir questões, como as envolvendo acordos destinados a evitar dupla tributação.

---

[797] Nos termos do art. 9º, § 1º da Lei n. 9.307/96: "o compromisso arbitral judicial celebrar-se-á por termo nos autos, perante o juízo ou tribunal, onde tem curso a demanda".

[798] TORRES, Heleno. **Transação, Arbitragem e Conciliação Judicial como Medidas Alternativas para Resolução de Conflitos entre Administração e Contribuintes – Simplificação e Eficiência Administrativa.** In: Revista Fórum de Direito Tributário, ano 1, n. 2, mar/abr 2003 (versão digital). São Paulo: Dialética, 2003, p.

ARBITRABILIDADE TRIBUTÁRIA

Por fim, consideramos como arbitragem internacional mista os casos envolvendo um país e um ente privado estrangeiro, como, por exemplo, nos acordos de investimento.

3.6. Inversão do olhar: tributação da arbitragem

Encerrando essa jornada, invertemos a ótica para, ao invés de analisar a arbitragem com a intenção de nela inserirmos o Direito Tributário, partirmos deste para identificar as incidências tributárias em uma arbitragem.

Em proêmio, registramos que as principais câmaras brasileiras são instituições sem fins lucrativos[799] – formatadas na modalidade de associações, entidades sindicais, por exemplo –, supostamente imunes nos termos dos arts. 150, VI, "c" e § 4º, da CF/88[800], em conformidade com o art. 14 do Código Tributário Nacional[801].

---

[799] Exemplificadamente listamos: (i) CAM-CCBC: art. 1º do estatuto social da Câmara de Comércio Brasil-Canadá: "Artigo 1º – A Câmara de Comércio Brasil-Canadá é uma associação, sem fins econômicos, que se rege por este Estatuto e pela legislação aplicável"; (ii) CAM-FIESP: art. 1º do estatuto da Federação das Indústrias do Estado de São Paulo: "Artigo 1º – A Federação das Indústrias do Estado de São Paulo – FIESP, entidade sindical de grau superior com sede e foro na Capital do Estado de São Paulo, é constituída, por prazo indeterminado, para fins de coordenação e proteção das categorias econômicas pertencentes ao ramo da indústria na base territorial do Estado de São Paulo"; e (iii) CAMARB: art. 1º do seu estatuto: "Art. 1º – A CÂMARA DE ARBITRAGEM EMPRESARIAL – BRASIL, denominada simplesmente CAMARB, fundada em 02 de setembro de 2000, constitui-se sob a forma de uma associação civil sem fins lucrativos, que se rege pelo presente estatuto e pelas disposições legais que lhe forem aplicáveis".

[800] Art. 150. Sem prejuízo de outras garantias asseguradas ao contribuinte, é vedado à União, aos Estados, ao Distrito Federal e aos Municípios: [...]
VI – instituir impostos sobre: [...]
c) patrimônio, renda ou serviços dos partidos políticos, inclusive suas fundações, das entidades sindicais dos trabalhadores, das instituições de educação e de assistência social, sem fins lucrativos, atendidos os requisitos da lei; [...]
§ 4º As vedações expressas no inciso VI, alíneas "b" e "c", compreendem somente o patrimônio, a renda e os serviços, relacionados com as finalidades essenciais das entidades nelas mencionadas. [...]

[801] Art. 14. O disposto na alínea c do inciso IV do artigo 9º é subordinado à observância dos seguintes requisitos pelas entidades nele referidas:
I – não distribuírem qualquer parcela de seu patrimônio ou de suas rendas, a qualquer título;
II – aplicarem integralmente, no País, os seus recursos na manutenção dos seus objetivos institucionais;
III – manterem escrituração de suas receitas e despesas em livros revestidos de formalidades capazes de assegurar sua exatidão.

Todavia, nem todas são entidades sem finalidade lucrativa[802], e mesmo as que são podem sofrer questionamentos administrativos tributários caso desrespeitem, por exemplo, o mandamento de que devem, necessariamente, aplicar a integralidade de seus recursos no Brasil, ou o de não distribuírem qualquer parcela de seu patrimônio ou de suas rendas, a qualquer título.[803]

Desta maneira, mesmo as sem fins lucrativos devem se atentar às questões ora suscitadas para o caso de eventuais autuações por parte das autoridades fiscais.

Feitas essas ressalvas, e diante da pluralidade dos atores – partes, instituição, árbitros –, vislumbramos diversas relações jurídico-tributárias em uma arbitragem, com a incidência de uma diversidade de exações, como, por exemplo: o Imposto sobre a Renda ("IR") pessoa física e jurídica; o Imposto sobre Serviços ("ISS"); a Contribuição Social sobre o Lucro Líquido ("CSLL"), a Contribuição ao Programa de Integração Social ("PIS"), a Contribuição para o Financiamento da Seguridade Social ("COFINS").

Como a intenção do presente tópico é nos embrenharmos nas incidências controvertidas, focaremos as nossas análises em dois pontos: (i) na incidência tributária sobre os valores integrais recebidos pelas câmaras,

---

§ 1º Na falta de cumprimento do disposto neste artigo, ou no § 1º do artigo 9º, a autoridade competente pode suspender a aplicação do benefício.

§ 2º Os serviços a que se refere a alínea c do inciso IV do artigo 9º são exclusivamente, os diretamente relacionados com os objetivos institucionais das entidades de que trata este artigo, previstos nos respectivos estatutos ou atos constitutivos.

[802] Como a Bolsa de Valores de São Paulo S/A ("BOVESPA") deixou de ser uma instituição sem fins lucrativos em outubro de 2007, consequentemente, a Câmara de Arbitragem do mercado por ela instituída, também passou a ter finalidade lucrativa: "Em 2007, após uma reestruturação societária, a BOVESPA deixou de ser constituída como uma sociedade civil sem fins de lucro, que mantinha uma estrutura mútua, integralmente detida pelas Sociedades Corretoras. Seguindo a tendência internacional, em outubro de 2007 concluiu o processo de desmutualização, reorganização societária, abertura de capital e listagem de suas próprias ações. A partir da reestruturação societária, a BOVESPA passou a ser denominada Bolsa de Valores de São Paulo S.A., uma empresa do Grupo Bovespa Holding. A Bovespa Holding é uma empresa com fins lucrativos de capital aberto e listada, que detém a totalidade do capital da BOVESPA e da CBLC, que são sociedades operacionais, por ações, de capital fechado". Disponível em: < http://www.bmfbovespa.com.br/pdf/perfilbovespa.pdf >, p. 3. Acesso em 13/01/16.

[803] Art. 14, incisos I e II, do CTN.

neles contidos os honorários dos árbitros; e (ii) na incidência tributária sobre os honorários dos árbitros.

Primeiramente, analisaremos o recebimento integral dos valores pelas instituições arbitrais.

3.6.1. Tributação dos valores recebidos pelas Câmaras e repassados aos árbitros

Como salientado acima, as instituições recebem das partes tanto os montantes correspondentes à administração do procedimento arbitral quanto os honorários dos árbitros, que são, posteriormente, a eles repassados.

Desta maneira, haverá uma relação jurídica (e tributária) entre as partes e a instituição, e outra, diversa, entre a câmara e os árbitros.

Vejamos primeiro a sistemática desses recebimentos e repasses.

Essa forma não pode ser interpretada tecnicamente como reembolso de despesas pelo simples motivo de que, para se considerar como reembolso, prescindiria o desembolso prévio – que não ocorre, pois é cediço que a Câmara arbitral, ao receber os honorários dos árbitros, ainda não teve qualquer gasto referente a essa rubrica.

Parece-nos, então, que esses honorários, quando recebidos pelas instituições que administram os procedimentos, são antecipações de receitas recebidas em nome e por conta da (sub)contratação de terceiros.

Essa prática decorre do fato de o árbitro não ser vinculado à parte que o indicou, mantendo relação direta apenas com a instituição, sendo que o recebimento efetivo desses honorários também ocorre através do repasse das câmaras.

Assim, vejamos primeiramente a incidência sob a ótica dos serviços que são prestados nessas relações jurídicas e tributárias.

O ISS, de competência dos Municípios e do Distrito Federal[804], previsto na Lei Complementar n. 116, 31 de julho de 2003, contempla a arbitragem no item 17.15 do seu rol de serviços, considerando a: "arbitragem de qualquer espécie, inclusive jurídica".

Como regra geral, a alíquota máxima incidente será de 5% (cinco por cento)[805], calculada com base no preço do serviço[806], o que aflora uma dis-

---

[804] Conforme art. 156, III, da CF/88, e art. 1º da LC n. 116/01.
[805] Art. 8º, inciso II, da LC n. 116/01
[806] Art. 7º da LC n. 116/01.

cussão quanto ao que deve ser considerado como base de cálculo do ISS, especialmente quanto à inclusão ou não dos montantes recebidos pelas câmaras e repassados aos árbitros, a título de honorários.

Vale repisar que, quando as partes remetem as quantias estipuladas no regulamento à câmara de arbitragem, essa transferência de recursos contempla tanto os honorários da própria instituição pela efetiva administração do procedimento quanto os honorários destinados aos julgadores.

Em nosso sentir, o serviço tipificado como arbitragem é um serviço complexo e bipartido, pois envolve dois prestadores diversos: (i) a instituição, que presta o serviço de administração do procedimento; e (ii) os árbitros, que prestam o serviço jurisdicional almejado pelas partes.

A prática demonstra que as instituições, inclusive ao cobrarem os custos da arbitragem das partes, o fazem em boletos diversos, segregando assim – ao menos física e contabilmente – a origem e o destino desses ingressos de divisas.

Partindo dessa premissa, entendemos que a base de cálculo do ISS das instituições arbitrais deva ser o valor líquido recebido, com o devido abatimento dos montantes repassados aos julgadores, pois a redação do art. 7º da LC n. 116/2003[807] estabelece apenas que a base de cálculo será o preço (efetivo) do serviço, não devendo incidir sobre os montantes pagos pelos serviços que não são prestados pelas câmaras, uma vez que contratualmente são destinados aos árbitros.

Em que pese a ausência de análise específica por parte do judiciário quanto ao tema, justificamos o posicionamento por analogia (art. 108, I, do CTN)[808] ao já decidido pelo STJ, quando do julgamento do caso dos planos de saúde em relação aos montantes repassados aos seus profissionais credenciados.

Um dos precedentes nesse sentido[809] ocorreu com o julgamento do Recurso Especial n. 1.237.312/SP (2011/0019397-6)[810] por parte da

---

[807] Art. 7º A base de cálculo do imposto é o preço do serviço. (..)

[808] Art. 108. Na ausência de disposição expressa, a autoridade competente para aplicar a legislação tributária utilizará sucessivamente, na ordem indicada:

I – a analogia; [...]

[809] Vide: REsp n. 1.041.127/RS, Relator Ministro Luiz Fux, Primeira Turma, in DJe 17/12/2008; (AgRg no Ag 1288850/ES, Rel. Ministro HAMILTON CARVALHIDO, PRIMEIRA TURMA, julgado em 19/10/2010, DJe 06/12/2010; AgRg no REsp 1122424/RJ, Rel. Ministro HUMBERTO MARTINS, SEGUNDA TURMA, julgado em 15/02/2011, DJe 22/02/2011; REsp 1.211.002/MS, Rel. Min. Hamilton Carvalhido, decisão monocrática, julgada em 12.11.2010; REsp 885.944/

Segunda Turma do STJ, sob a relatoria do Ministro Herman Benjamin, em 20 de outubro de 2011[811], extraindo-se das razões de decidir do relator que, sendo devido o ISS, o cálculo deve ser feito sobre base menor[812].

A Prefeitura de São Paulo também refletiu esse entendimento quando da Solução de Consulta SF/DEJUG n. 23, de 19 de setembro de 2014, onde expressamente considerou que, como a empresa consulente – uma associação sem fins lucrativos – figurava como mera intermediária para o recebimento de honorários dos médicos associados, não poderia ser considerada como prestadora desses serviços[813].

MG, Rel Min. Castro Meira, decisão monocrática, julgada em 12.4.2010; REsp 1.041.127/RS, Rel. Min. Luiz Fux, Primeira Turma, julgado em 4.12.2008, DJe 17.12.2008.

[810] PROCESSUAL CIVIL E TRIBUTÁRIO. ISS. PLANO DE SAÚDE. INCIDÊNCIA. BASE DE CÁLCULO. DESCONTOS. 1. Discute-se a validade da cobrança do ISS sobre planos de saúde e sua base de cálculo. 2. A solução integral da controvérsia, com fundamento suficiente, não caracteriza ofensa ao art. 535 do CPC. 3. Na hipótese dos autos, o Tribunal de origem consignou expressamente que "os Planos de Saúde foram incluídos na Lista de Serviços tributáveis pelo ISSQN, assim permanecendo na lista anexa à Lei Complementar n° 116/03, o que tornou possível aos municípios exercitar sua competência tributária e exigir o imposto nos termos do art. 156, III da CF" (fls. 297-298 – grifei). 4. No caso em análise não existe, a rigor, discussão quanto à legislação federal, que prevê a exação nos itens 4.22 e 4.23 da Lista Anexa à LC 116/2003 (isso jamais é negado pela contribuinte). A pretensão principal da recorrente, na presente demanda, implica infirmar a análise feita pelo TJ no tocante ao conceito de serviço fixado pelo art. 156, III, da CF e declarar inconstitucionais os dispositivos da lei complementar federal, o que é inviável em Recurso Especial. 5. Ainda que impossível acolher integralmente o pedido principal da contribuinte (não incidência do ISS sobre planos de saúde), é preciso reconhecer parcialmente o seu pleito, no que se refere à base de cálculo da exação. 6. A Segunda Turma ratificou jurisprudência de que a base de cálculo do ISS sobre planos de saúde é o preço pago pelos consumidores, diminuído dos repasses feitos pela contribuinte aos demais prestadores de serviços de saúde (hospitais, clínicas, laboratórios, médicos etc.). Com ressalva de meu entendimento, passo a acompanhar esses precedentes. 7. A empresa pretende afastar totalmente a tributação, pelo argumento de que a base de cálculo reconhecida pelo TJ-SP (preço pago pelo consumidor, sem abatimento) é incorreta. O pedido deve ser parcialmente provido, pois, embora devida a cobrança, o cálculo deve ser feito sobre base menor. 8. Não se trata de decisão extra petita, como aventado pelo Município, mas de deferimento, em parte, do pedido. 9. Recurso Especial parcialmente conhecido e, nessa parte, parcialmente provido. (REsp 1237312/SP, Rel. Ministro HERMAN BENJAMIN, SEGUNDA TURMA, julgado em 20/10/2011, DJe 24/10/2011).

[811] DJe 24/10/2011; e RDDT vol. 197, p. 185.

[812] Vide p. 9 do acórdão analisado.

[813] Ementa: ISS. Associação sem fins lucrativos. Serviços prestados a associados e não associados. Intermediação de recebimento de honorários médicos. Não caracterização de

Da mesma maneira, o serviço de arbitragem deve refletir esse entendimento. Ao envolver dois prestadores de serviços, a base de cálculo deve refletir essa divisão, restando à instituição apenas a diferença entre o valor recebido e o que é repassado aos árbitros.

Todavia, diante da ausência de autorização legal expressa nesse sentido, entendemos que essa possibilidade deva ser discutida judicialmente para a obtenção de declaração expressa nesse sentido.

Encerrando a análise dos serviços, vejamos a incidência do ISS em relação à parcela prestada pelos árbitros.

Os serviços remunerados através dos honorários recebidos pelos árbitros deverão ser por eles tributados, sendo que, se o recebimento se dá através de uma sociedade, o custo fiscal será da pessoa jurídica. Ainda, se os julgadores integrarem uma sociedade de advogados, essa incidência não ocorrerá com base nos valores dos honorários, mas sobre um montante fixo anual, por conta do disposto no art. 9º, §§ 1º e 3º, do Decreto-lei n. 406/1968[814].

No que se refere à incidência sobre os valores recebidos pelas instituições e repassados aos árbitros, há ainda que se verificar a incidência de outros tributos.

Quanto à contribuição ao PIS e a COFINS, a atual redação da Lei n. 9.718, de 27 de novembro de 1998, estabelece que a base de cálculo seja o faturamento, assim entendido como a sua receita bruta[815].

---

prestação de serviços, quando para associados. Das razões de decidir extraímos: "14. À vista do exposto, a consulente figura apenas como intermediária para recebimento de honorários de médicos associados, não podendo, por conseguinte, ser caracterizada como prestadora de tais serviços".

[814] Art 9º – A base de cálculo do impôsto é o preço do serviço. [...]

§ 2º Na prestação dos serviços a que se referem os itens 19 e 20 da lista anexa o impôsto será calculado sôbre o preço deduzido das parcelas correspondentes:

a) ao valor dos materiais fornecidos pelo prestador dos serviços;

b) ao valor das subempreitadas já tributadas pelo impôsto.

§ 3º – Quando os serviços a que se referem os itens 1, 4, 8, 25, 52, 88, 89, 90, 91 e 92 da lista anexa forem prestados por sociedades, estas ficarão sujeitas ao imposto na forma do § 1°, calculado em relação a cada profissional habilitado, sócio, empregado ou não, que preste serviços em nome da sociedade, embora assumindo responsabilidade pessoal, nos termos da lei aplicável.

[815] Art. 2º – As contribuições para o PIS/PASEP e a COFINS, devidas pelas pessoas jurídicas de direito privado, serão calculadas com base no seu faturamento, observadas a legislação vigente e as alterações introduzidas por esta Lei.

O atual conceito de "receita bruta" é o contido na redação vigente do art. 12 do Decreto-Lei n. 1.598, de 26 de dezembro de 1977[816], ou seja, para o que interessa à presente análise: o preço da prestação de serviços em geral, acrescido do resultado auferido nas operações de conta alheia e das demais receitas da atividade ou objeto principal da pessoa jurídica.

As hipóteses de exclusão da base de cálculo encontram-se expressamente previstas na Lei n. 9.718/1998, não contemplando o repasse para o pagamento de outros serviços em geral.

Assim, se as instituições segregam os valores contabilmente, oferecendo à tributação apenas o valor referente à contraprestação do serviço de administração do procedimento, o fazem por entendimento próprio.

A Instrução Normativa da Secretaria da Receita Federal n. 247, de 21 de novembro de 2002, estabelece que a base de cálculo da contribuição ao PIS e da COFINS será a receita bruta, entendida como a totalidade das receitas recebidas, independentemente das atividades exercidas e da classificação contábil adotada para a escrituração das receitas[817].

Nesse sentido também o posicionamento da Receita Federal do Brasil, contido na Solução de Consulta n. 159/2012[818], proferida pela 8ª Região

---

Art. 3º – O faturamento a que se refere o art. 2º compreende a receita bruta de que trata o art. 12 do Decreto-Lei no 1.598, de 26 de dezembro de 1977.

[816] Art. 12. A receita bruta compreende:
I – o produto da venda de bens nas operações de conta própria;
II – o preço da prestação de serviços em geral;
III – o resultado auferido nas operações de conta alheia; e
IV – as receitas da atividade ou objeto principal da pessoa jurídica não compreendidas nos incisos I a III.

[817] Art.10. As pessoas jurídicas de direito privado e as que lhes são equiparadas pela legislação do Imposto de Renda, observado o disposto no art. 9º, têm como base de cálculo do PIS/Pasep e da Cofins o valor do faturamento, que corresponde à receita bruta, assim entendida a totalidade das receitas auferidas, independentemente da atividade por elas exercidas e da classificação contábil adotada para a escrituração das receitas.

[818] Ementa: BASE DE CÁLCULO. REEMBOLSO DE DESPESA. A base de cálculo da Contribuição para o PIS/Pasep no regime cumulativo é o valor do faturamento, entendido como a receita bruta auferida pela pessoa jurídica, observadas as exclusões permitidas em Lei. Desse modo, os valores recebidos de clientes, referentes a reembolso de despesas incorridas pela pessoa jurídica visando à prestação dos serviços que constituem seu objeto compõem a receita bruta para fins de apuração da base de cálculo da contribuição, uma vez que não há nenhum dispositivo legal permitindo sua exclusão. Dispositivos Legais: Lei n. 9.718, de 1998, arts. 2º e 3º, caput e § 2º; Decreto n. 3.000, de 1999, arts. 278 a 280; Lei n. 5.474, de 1968, art. 20.

Fiscal[819], para quem os valores recebidos de terceiros deveriam compor a receita bruta para fins de incidência da contribuição ao PIS e da COFINS.

Ocorre, entretanto, que, na prática, os honorários dos árbitros não são destinados às instituições, que figuram como meros intermediários de serviços já segregados quando da sua contratação, por conta de disposição expressa em seus regulamentos de arbitragem.

Assim como indicamos o serviço de arbitragem como complexo, essa dualidade de relações jurídico-tributárias deveria refletir para a incidência de ditas contribuições.

Ora, se desde que formalizada a relação partes-câmara se estabelece contratualmente que as instituições serão responsáveis pela administração física e financeira do procedimento, e que repassarão os honorários destinados aos árbitros, parece-nos que o atual conceito de "receita bruta" não reflete a particularidade da atividade específica desenvolvida pelas instituições arbitrais.

Além de não refletir, ainda a repele, posto que se tomarmos por base que uma instituição recebeu das partes R$ 400 mil, e desses ficará apenas com R$ 100 mil pela administração do procedimento[820], tributá-la pela sistemática cumulativa da contribuição do PIS e da COFINS implicaria um custo de praticamente 15% (quinze por cento) do que efetivamente receberá[821], que, acrescido à tributação do IR, da CSLL e do ISS, totalizaria cerca de[822] 80% (oitenta por cento) de sua remuneração[823].

Devemos considerar, ainda, que, quando instados a se manifestar quanto ao recebimento de receitas de terceiros, com base em outra sistemática anteriormente vigente, tanto o STJ[824] quanto o STF[825] foram contrários à tributação apenas das receitas próprias.

---

[819] São Paulo.

[820] Os R$ 300 mil restantes seriam destinados aos árbitros.

[821] Considerando a aplicação das alíquotas de 0,65% e 3,00% sobre a integralidade dos R$ 400 mil que ingressaram na contabilidade da instituição arbitral.

[822] O cálculo exato é de 79,29%, considerando a base de R$ 400.000,00, na qual aplicamos os percentuais de: (i) PIS, de 0,65%; (ii) COFINS, de 3%; (iii) IR calculado pelo Lucro Presumido, cuja alíquota efetiva é de 4,80%; (iv) CSLL calculada pela sistemática do lucro presumido, cuja alíquota efetiva é de 2,88%; e (v) e ISS, calculado com a alíquota de 5%.

[823] Vide justificativa de adoção dos percentuais de tributação na seção III.6 (b), nota de rodapé 835.

[824] PROCESSO CIVIL. RECURSO ESPECIAL REPRESENTATIVO DE CONTROVÉRSIA. ARTIGO 543-C, DO CPC. TRIBUTÁRIO. CONTRIBUIÇÕES SOCIAIS DESTINADAS AO CUSTEIO DA SEGURIDADE SOCIAL. PIS E COFINS. BASE DE CÁLCULO.

"FATURAMENTO" E "RECEITA BRUTA". LEIS COMPLEMENTARES 7/70 E 70/91 E LEIS ORDINÁRIAS 9.718/98, 10.637/02 E 10.833/03. DEFINIÇÃO DE FATURAMENTO QUE OBSERVA REGIMES NORMATIVOS DIVERSOS. EMPRESAS PRESTADORAS DE SERVIÇO DE LOCAÇÃO DE MÃO-DE-OBRA TEMPORÁRIA (LEI 6.019/74). VALORES DESTINADOS AO PAGAMENTO DE SALÁRIOS E DEMAIS ENCARGOS TRABALHISTAS DOS TRABALHADORES TEMPORÁRIOS. INCLUSÃO NA BASE DE CÁLCULO.

1. A base de cálculo do PIS e da COFINS, independentemente do regime normativo aplicável (Leis Complementares 7/70 e 70/91 ou Leis ordinárias 10.637/2002 e 10.833/2003), abrange os valores recebidos pelas empresas prestadoras de serviços de locação de mão-de-obra temporária (regidas pela Lei 6.019/74 e pelo Decreto 73.841/74), a título de pagamento de salários e encargos sociais dos trabalhadores temporários. 2. Isto porque a Primeira Seção, quando do julgamento do REsp 847.641/RS, perfilhou o entendimento [...] Independentemente das vantagens ou desvantagens do regime da não-cumulatividade estabelecido pelo legislador, matéria que aqui não está em questão, o certo é que, mantido o atual sistema constitucional e ressalvadas as situações previstas nas Leis acima referidas, as contribuições para PIS/COFINS podem incidir legitimamente sobre o faturamento das pessoas jurídicas mesmo quando tal faturamento seja composto por pagamentos feitos por outras pessoas jurídicas, com recursos retirados de receitas sujeitas às mesmas contribuições." (EREsp 727.245/PE, Rel. Ministro Teori Albino Zavascki, Primeira Seção, julgado em 09.08.2006, DJ 06.08.2007) [...] 3. Deveras, a definição de faturamento mensal/receita bruta, à luz das Leis Complementares 7/70 e 70/91, abrange, além das receitas decorrentes da venda de mercadorias e da prestação de serviços, a soma das receitas oriundas do exercício das atividades empresariais, concepção que se perpetuou com a declaração de inconstitucionalidade do § 1º, do artigo 3º, da Lei 9.718/98 (Precedentes do Supremo Tribunal Federal que assentaram a inconstitucionalidade da ampliação da base de cálculo da COFINS e do PIS pela Lei 9.718/98: RE 390.840, Rel. Ministro Marco Aurélio, Tribunal Pleno, julgado em 09.11.2005, DJ 15.08.2006; RE 585.235 RG-QO, Rel. Ministro Cezar Peluso, Tribunal Pleno, julgado em 10.09.2008, DJe-227 DIVULG 27.11.2008 PUBLIC 28.11.2008; e RE 527.602, Rel. Ministro Eros Grau Rel. p/ Acórdão Ministro Marco Aurélio, Tribunal Pleno, julgado em 05.08.2009, DJe-213 DIVULG 12.11.2009 PUBLIC 13.11.2009). 4. Por seu turno, com a ampliação da base de cálculo do PIS e da COFINS, promovida pelas Leis 10.637/2002 e 10.833/2003, os valores recebidos a título de pagamento de salários e encargos sociais dos trabalhadores temporários subsumem-se na novel concepção de faturamento mensal (total das receitas auferidas pela pessoa jurídica, independentemente de sua denominação ou classificação contábil). 5. Conseqüentemente, a definição de faturamento/ receita bruta, no que concerne às empresas prestadoras de serviço de fornecimento de mão-de-obra temporária (regidas pela Lei 6.019/74), engloba a totalidade do preço do serviço prestado, nele incluídos os encargos trabalhistas e previdenciários dos trabalhadores para tanto contratados, que constituem custos suportados na atividade empresarial. 6. In casu, cuida-se de empresa prestadora de serviços de locação de mão-de-obra temporária (regida pela Lei 6.019/74 e pelo Decreto 73.841/74, consoante assentado no acórdão regional), razão pela qual, independentemente do regime normativo aplicável, os valores recebidos a título de pagamento de salários e encargos sociais dos trabalhadores temporários não podem ser

Os casos mencionados decorreram da análise da contratação de mão de obra temporária, nos termos da Lei n. 6.019, de 03 de janeiro de 1979, e refletiram entendimento de que a contribuição ao PIS e a COFINS incidem legitimamente sobre o faturamento das pessoas jurídicas mesmo quando composto por pagamentos feitos a outras pessoas jurídicas.

Entrementes, o caso da mão de obra temporária – objeto dos precedentes – é diametralmente oposto ao do repasse dos honorários dos árbitros pelas câmaras, posto que a prestação de serviços decorrente da mão de obra temporária é simples e direta, configurando mera terceirização, caracterizada pelo vínculo estreito da empresa tomadora com a de trabalho temporário, que apenas disponibiliza mão de obra.

Não há um segundo serviço específico prestado pelo trabalhador temporário senão aquele já objeto do contrato da empresa que o terceirizou.

---

excluídos da base de cálculo do PIS e da COFINS. 7. Outrossim, o artigo 535, do CPC, resta incólume quando o Tribunal de origem, embora sucintamente, pronuncia-se de forma clara e suficiente sobre a questão posta nos autos. Ademais, o magistrado não está obrigado a rebater, um a um, os argumentos trazidos pela parte, desde que os fundamentos utilizados tenham sido suficientes para embasar a decisão. 8. Recurso especial da Fazenda Nacional provido. Acórdão submetido ao regime do artigo 543-C, do CPC, e da Resolução STJ 08/2008. (REsp 1141065/SC, Rel. Ministro LUIZ FUX, PRIMEIRA SEÇÃO, julgado em 09/12/2009, DJe 01/02/2010).

[825] EMENTA Agravo regimental no recurso extraordinário. Análise do conceito de receita bruta para fins da identificação da base de cálculo do PIS e da COFINS. Valores repassados a terceiros por empresa de agenciamento de mão-de-obra. Incidência. 1. Segundo o entendimento firmado nesta Corte, a receita bruta e o faturamento são termos equivalentes para fins jurídicos, sem embargo de haver distinções técnicas entre as referidas espécies na seara contábil. Para fins de incidência, ambos os termos refletem a totalidade das receitas auferidas com a venda de mercadorias, de serviços ou de mercadorias e serviços. 2. Não obstante a jurisprudência desta Corte já ter sinalizado pela incidência das contribuições na forma como ficara consignado pelo juízo monocrático, cumpre ressaltar relevante precedente no sentido de que a pretensão de reduzir a base de cálculo por força de repasse de valores a terceiros não encontra ressonância constitucional, devendo ser dirimida no âmbito da legalidade. 3. O Superior Tribunal de Justiça já assentou em recurso especial repetitivo que a base de cálculo do PIS e da COFINS, independentemente do regime normativo aplicável (Leis Complementares n.s 7/70 e 70/91 ou Leis n.s 10.637/02 e 10.833/03), abrange os valores recebidos pelas empresas prestadoras de serviços de locação de mão-de-obra temporária (regidas pela Lei n. 6.019/74 e pelo Decreto n. 73.841/74), a título de pagamento de salários e encargos sociais dos trabalhadores temporários. Não existem fundamentos constitucionais para ilidir tal conclusão. 4. Agravo regimental não provido. (ARE 643823 AgR, Relator(a): Min. DIAS TOFFOLI, Primeira Turma, julgado em 05/02/2013, ACÓRDÃO ELETRÔNICO DJe-053 DIVULG 19-03-2013 PUBLIC 20-03-2013).

ARBITRABILIDADE TRIBUTÁRIA

Na arbitragem, como já dito, o contrato estipula serviços distintos a serem prestados pela câmara – de administração do procedimento – e pelos árbitros – de prestação jurisdicional.

Assim, entendemos que há fundamentos para o reconhecimento judicial da tributação apenas da base de cálculo líquida das câmaras, com o consequente desconto dos valores de honorários repassados aos árbitros.

E antes, contudo, de cairmos na cilada de discutir a intenção do conceito de "receita bruta" constante na Constituição, lembremos das considerações do Ministro Eros Grau: "em verdade a Constituição nada diz; ela diz o que essa Corte, seu último intérprete, diz que ela diz"[826], ressaltando, ainda, que "a norma constitucional é criada pela autoridade que o aplica, no momento em que a aplica mediante a prática da interpretação"[827].

Esse trecho foi extraído justamente do voto de vista que proferiu nos autos da ação que julgou a inconstitucionalidade do alargamento – anterior – da base de cálculo, contido na redação original da Lei n. 9.718/1998.

E, da mesma maneira como acontece com a interpretação do texto constitucional, as normas ordinárias – logicamente não no sentido vulgar, mas técnico legislativo[828] – também nada dizem, senão o que o Pretório Excelso assim determinar.

Ainda refletindo as lições de Eros Grau, tem-se que a realidade não é estanque, derruba bibliotecas e preceitos que não sejam mais coerentes a ela, tornando o direito um organismo vivo e contemporâneo a essa realidade, que, uma vez alterada[829], "a norma que se extrai de um mesmo texto será diversa daquela que dele seria extraída anteriormente à mudança de realidade"[830].

E é justamente essa realidade diversa que precisa ser analisada no presente exemplo do repasse dos honorários dos árbitros perpetrado pelas instituições arbitrais.

Primeiramente pelo fato de a atual redação da Lei n. 9.718/1996, dada pela Lei n. 12.973/2014, estampar um novo conceito de "receita bruta", que ainda precisa ter sua legalidade e constitucionalidade corroboradas,

---

[826] Voto de vista do Ministro Eros Grau, nos autos do RE n. 390.840-5/MG, p. 491.
[827] Idem.
[828] Tal como asseverado pelo Ministro Marco Aurélio em seu voto proferido no julgamento do RE n. 390.840, p. 383.
[829] Voto de vista do Ministro Eros Grau, nos autos do RE n. 390.840-5/MG, p. 492-493.
[830] Idem, p. 493.

bem como pelo fato de não refletir todas as hipóteses de exclusão que a prática corrente de algumas atividades, como a arbitragem, prescindiria.

Esse conceito de "receita" constante na nova redação da lei também carece de fundamentação econômica, por não enfrentar o que efetivamente se pode considerar como receita, ou seja, somente aquilo que implicará acréscimo patrimonial bruto. Ademais, a previsão constitucional de incidência sobre o faturamento (art. 195, I, "b"), interpretada sistematicamente, esbarra, ainda, nas previsões contidas na Lei n. 5.474, de 18 de julho de 1968, que determina que a fatura somente corresponderá à efetiva prestação de serviços – que, como já visto, não se configura no presente caso –, ou então decorrente de uma operação de venda, também inaplicável.

Ademais, é de rigor recordar que as atuais hipóteses de exclusão de receitas de terceiros, contidas expressamente no texto legal, somente refletiriam esse entendimento após longo e acalorado debate judicial.

Exemplificadamente, citamos os próprios planos de saúde, que, somente após a pacificação dos entendimentos pela jurisprudência reiterada quanto ao desconto dos valores repassados aos médicos da base do ISS – precedentes acima destacados –, passaram a contar com expressa previsão legal para a exclusão dos valores de terceiros de sua base de cálculo das contribuições[831].

Ademais, também por analogia, fazemos menção ao repasse financeiro pelas instituições arbitrais, comparando-o com as despesas de intermediação financeira efetuadas pelas sociedades de crédito imobiliário – caso em que a lei permite a exclusão da base de cálculo das contribuições em questão[832]. Se a possibilidade de exclusão das sociedades de crédito decorre da

---

[831] A redação original da Lei n. 9.718/96 era silente quanto a essa possibilidade. Vide também § 9º-B do art. 3º da Lei n. 9.718/96, acrescido pelo art. 21 da Lei n. 12.995, de 18 de junho de 2014: "Para efeitos de interpretação do caput, não são considerados receita bruta das administradoras de benefícios os valores devidos a outras operadoras de planos de assistência à saúde".

[832] Lei n. 9718/98:

Art. 3º [...]

§ 6º – Na determinação da base de cálculo das contribuições para o PIS/PASEP e COFINS, as pessoas jurídicas referidas no § 1o do art. 22 da Lei no 8.212, de 1991, além das exclusões e deduções mencionadas no § 5o, poderão excluir ou deduzir:

I – no caso de bancos comerciais, bancos de investimentos, bancos de desenvolvimento, caixas econômicas, sociedades de crédito, financiamento e investimento, sociedades de crédito imobiliário, sociedades corretoras, distribuidoras de títulos e valores mobiliários, empresas de arrendamento mercantil e cooperativas de crédito:

a) despesas incorridas nas operações de intermediação financeira; [...]

peculiaridade de atuação de uma instituição financeira, o mesmo argumento servirá para o presente caso, por ser, também, uma hipótese de atuação *sui generis*.

Entendemos, ainda, que a natureza do negócio jurídico efetuado entre as instituições e os árbitros, a fim de determinar se a receita oriunda do referido negócio enquadra-se ou não no conceito de "receita bruta", deva ser solvida à luz da interpretação da legislação infraconstitucional aplicável à espécie, bem como da exegese das cláusulas contratuais[833].

Por fim, há também o argumento de que, ao tributar quase 80% (oitenta por cento) dessa atividade – como exposto acima –, além de inviabilizá-la, essa atitude configura verdadeiro confisco, prática vedada pelo art. 150, IV, da CF/88.

3.6.2. Tributação dos honorários dos árbitros

A questão não ostenta menor complexidade, posto que, se um árbitro receber os honorários diretamente em sua pessoa física, nela deverá recolher o IR através da aplicação da tabela progressiva vigente, atualmente chegando a 27,5% dos valores recebidos[834].

Se o receber através de um escritório de advocacia, a tributação integral – não apenas o IR, mas todas as exações incidentes – poderá variar entre 4,5% e 16,85%[835] do montante recebido, no caso de a empresa estar inscrita perante pelo Regime Especial Unificado de Arrecadação de Tributos e Contribuições devidos pelas Microempresas e Empresas de Pequeno Porte ("SIMPLES Nacional")[836] ou 11,33%[837], se optante pelo lucro presumido[838].

---

[833] Voto da Ministra Rosa Weber nos autos dos Embargos de Declaração no Recurso Extraordinário com Agravo n. 711.210-DF, p. 2.

[834] Vide art. 1º da Lei n. 11.469, de 26 de agosto de 2011, e art. 86 do Regulamento do Imposto de Renda ("RIR/99"), aprovado pelo Decreto n. 3.000, de 26 de março de 1999.

[835] Exemplificadamente, a atividade de serviços advocatícios é tributada com base no Anexo IV da LC n. 123/06, dado as alterações advindas pela LC n. 147/14, que acresceu àquele diploma o inciso VII, ao § 5º-C do art. 18.

[836] Instituído pelo art. 12 da Lei Complementar n. 123, de 24 de dezembro de 2006.

[837] Percentual considerando: (i) a alíquota efetiva de IR como sendo: 4,80% (15% calculados sobre o percentual de presunção da atividade de serviços, que é de 32% – art. 15, § 1º, inciso III, alínea "a", da Lei n. 9.249/95); (ii) a alíquota efetiva de contribuição social como: 2,88% (9% calculados sobre o percentual de presunção da atividade de serviços, que é de 32% – art. 15, § 1º, inciso III, alínea "a", da Lei n. 9.249/95); (iii) Contribuição ao PIS: 0,65% (art. 8º, inciso II, da Lei n. 10.637/02); e (iv) COFINS: 3% (art. 10, inciso II, da Lei n. 10.833/03). No

Percebe-se que a variação percentual de incidência tributária é considerável, justificando, assim, a presente análise.

Verificaremos se o árbitro pode receber e tributar os valores correspondentes aos seus honorários na pessoa jurídica à qual está vinculado, ou se teria que fazê-lo diretamente em sua pessoa física.

À presente análise acresceremos outro fator, o do árbitro ser advogado, nos obrigando a entender, também, se a arbitragem pode ser considerada um serviço jurídico e, consequentemente, recebido pelo escritório de advocacia ao qual o árbitro é vinculado.

Para dirimir essa questão, vejamos o posicionamento da Ordem dos Advogados do Brasil ("OAB"), uma vez ser o órgão que regulamenta, inclusive, a abertura e o registro das sociedades de advogados, bem como da sociedade individual de advocacia[839].

O Conselho Federal da OAB ("CFOAB"), reformulando entendimento contrário[840], se posicionou em 26 de novembro de 2013[841] pela possibilidade

---

exemplo foram não computados: (a) o adicional de 10% do imposto de renda, por se tratar de um exemplo acadêmico, e a sua incidência dependeria do faturamento mínimo da sociedade; e (b) ISS, haja vista que as sociedades de advogados recolhem um valor fixo ao ano, calculados com base no número de sócios, independentemente do valor faturado pela empresa (art. 9º, §§ 1º e 3º, do Decreto-lei nº 406/6).

[838] Vide arts. 516 a 528 do RIR/99.

[839] Vide arts. 15 a 17 da Lei n. 8.906/94 ("Estatuto da Advocacia"), com a redação dada pelo art. 2º da Lei n. 13.247, de 12 de janeiro de 2016, e art. 7º do Provimento OAB n. 112/2006: "Art. 7º O registro de constituição das Sociedades de Advogados e o arquivamento de suas alterações contratuais devem ser feitos perante o Conselho Seccional da OAB em que forem inscritos seus membros, mediante prévia deliberação do próprio Conselho ou de órgão a que delegar tais atribuições, na forma do respectivo Regimento Interno, devendo o Conselho Seccional, na forma do disposto no Provimento n. 98/2002, evitar o registro de sociedades com razões sociais semelhantes ou idênticas ou provocar a correção dos que tiverem sido efetuados em duplicidade, observado o critério da precedência. § 1º O Contrato Social que previr a criação de filial, bem assim o instrumento de alteração contratual para essa finalidade, devem ser registrados também no Conselho Seccional da OAB em cujo território deva funcionar a filial, ficando os sócios obrigados a inscrição suplementar (§ 5º do art. 15 da Lei n. 8.906/94). (NR. Provimento 126/2008) § 2º O número do registro da Sociedade de Advogados deve ser indicado em todos os contratos que esta celebrar".

[840] Ementa n. OIO8/2OI3/OEP: "Não pode ser conhecida como receita da Sociedade de Advogados os honorários recebidos por um sócio que tenha atuado como árbitro em um processo específico, posto que a atuação não se caracteriza como serviço jurídico."

[841] Publicado no Diário Oficial da União – Seção 1 de 02/12/2013, p. 80.

de os advogados que atuam como árbitros receberem os honorários correspondentes através das sociedades de advogados aos quais estão atrelados[842].

Para atingir essa conclusão o CFOAB partiu da premissa de que "não se pode dizer que a atuação arbitral é estranha ao exercício da advocacia"[843] sedimentado o entendimento de que, ao compor uma modalidade de exercício da advocacia, "como tal é faturável por intermédio da sociedade de advogados da qual o árbitro é sócio, tal como ocorre com a receita oriunda de pareceres jurídicos"[844].

Da leitura tanto das razões de decidir quanto da ementa consagrada pelo CFOAB infere-se que a questão se resolveu internamente no âmbito da OAB, que, sendo o órgão responsável pela organização das sociedades de advogados, tem competência para analisar o que pode ou não ser faturado por uma.

Entretanto, ressaltamos que essa competência regulacional interna da OAB não exclui outra, exercida pela Secretaria da Receita Federal em relação à incidência tributária.

Assim, levando em consideração essa possibilidade, entendemos que uma providência de ordem formal deve ser observada pelos árbitros, para que o entendimento da OAB fique em plena consonância com a jurisprudência, minimizando, assim, eventuais questionamentos por parte da autoridade administrativa tributária.

Ocorre que, no momento em que uma parte indica um árbitro, nasce entre as partes uma relação jurídica, posto que essa escolha decorre de uma manifestação de vontade devidamente refletida em um instrumento privado.

Há registro de teorias que enquadram a relação jurídica estabelecida entre os árbitros e as partes como mandato, prestação de serviços, agência, dentre outros[845].

---

[842] EMENTA N. 024 /2013. "Arbitragem – modalidade legítima e que faz parte da natureza da advocacia, do que decorre que as receitas provenientes dessa atuação podem ser tratadas para todos os efeitos, inclusive fiscais, como receita da sociedade de advogados cujo integrante oficiou como árbitro. Modificação do entendimento da Ementa 0108/2013 do Órgão Especial deste Conselho Federal, advinda da Consulta 49.0000.2012.003317-8/OEP."

[843] Trecho extraído da fl. 47 da Proposição n. 49.0000.2013.011843-1/COP.

[844] Idem.

[845] Nas palavras da autora: "Muito se discutiu sobre a natureza jurídica da relação estabelecida entre os árbitros e as partes, existindo teorias para enquadrá-la como mandato, prestação de serviços, agência, entre outros. Certo é que a relação entre árbitros e partes é de natureza sui

Diogo Leite Campos advoga a tese de que os árbitros seriam os mandatários das partes[846].

Assim, independentemente da natureza da relação jurídica mantida entre o árbitro e a parte que o indicou, sugerimos que, no momento em que o árbitro externe sua aceitação, o faça indicando expressamente a sociedade de advogados à qual pertença, o número de sua inscrição perante a OAB, o número do CNPJ, e da inscrição municipal, replicando essa informação quando da formalização do termo de arbitragem.

Essa preocupação formal decorre do entendimento pacificado pelo STJ, e que trazemos por analogia, de que, se uma procuração deixar de indicar o nome da sociedade de que o profissional faz parte, presume-se que a causa tenha sido aceita em nome próprio, e, assim, o precatório deve ser extraído em benefício do advogado[847].

O mesmo entendimento se aplica para outro precedente, também trazido por analogia, sobre o levantamento de honorários advocatícios em juízo, posto que o STJ também decidiu que, para a expedição do alvará de levantamento em nome da sociedade, imprescindível a sua indicação no instrumento de mandato[848].

---

generis, já que não se enquadra nos modelos rígidos dos negócios jurídicos típicos, regulados por lei" In: LAGES, Ana Paula. **O papel do Árbitro no Procedimento Arbitral**. Disponível em: < http://www.grebler.com.br/Artigos.html.79 >, acesso em: 13/01/16.

[846] Nas palavras do autor: "Pensado, desde há séculos, para as 'aplicações' de normas jurídicas, previamente editadas, gerais e abstractas, o juiz profissional do Estado tem encontrado dificuldade em transitar para a composição concreta de conflitos concretos, em que a norma legal, mesmo entendida em termos de 'norma – problema', cede perante o direito (e os direitos) de cada caso. Direito de cada caso que serve cada vez menos de parâmetro para a resolução de casos futuros. Estou a emitir juízos de realidade e não de valor. Assim, tendem os cidadãos a assumir, também eles próprios, a resolução dos seus conflitos, através de estruturas montadas e desmontadas para cada conflito. Por outras palavras: através do recurso a árbitros escolhidos por eles. Resolvendo, neste sentido, o seu conflito, não através de terceiro, do Estado, mas por si mesmos, através dos seus mandatários. [...]". In: CAMPOS, Diogo Leite de. **A Arbitragem Tributária – "A Centralidade da Pessoa"**. Coimbra: Almedina, 2010, p. 47-48.

[847] PRECATÓRIO. SOCIEDADE DE ADVOGADOS. Na forma do art. 15, § 3º, da Lei n. 8.906, de 1994, "as procurações devem ser outorgadas individualmente aos advogados e indicar a sociedade de que façam parte"; se a procuração deixar de indicar o nome da sociedade de que o profissional faz parte, presume-se que a causa tenha sido aceita em nome próprio, e nesse caso o precatório deve ser extraído em benefício do advogado, individualmente. (AgRg no Prc 769/DF, Rel. Ministro ARI PARGENDLER, CORTE ESPECIAL, julgado em 27/11/2008, DJe 23/03/2009).

[848] TRIBUTÁRIO. PROCESSUAL CIVIL. IMPOSTO DE RENDA. LEVANTAMENTO DE HONORÁRIOS ADVOCATÍCIOS POR ADVOGADO OU POR SOCIEDADE DE

ARBITRABILIDADE TRIBUTÁRIA

A conclusão lógica é que se a ausência de menção à sociedade da qual faça parte faz presumir que a causa tenha sido aceita em nome próprio, o mesmo se aplica à tributação, que, consequentemente incidirá na pessoa física do advogado.

Todavia, caso conste na procuração a menção da sociedade da qual o advogado participa, essa será a responsável por pagar os tributos correspondentes.

Aliás, tanto o Tribunal Regional Federal da 1ª Região[849] quanto o da 3ª Região já se posicionaram exatamente nesse sentido[850].

ADVOGADOS. CRÉDITO CUJO TITULAR, EM PRINCÍPIO, É O ADVOGADO (LEI 8.906/94, ART. 23). HIPÓTESES DE LEVANTAMENTO PELA SOCIEDADE: CESSÃO DE CRÉDITO (CPC, ART. 42) OU INDICAÇÃO DO NOME DA SOCIEDADE NA PROCURAÇÃO OUTORGADA AO ADVOGADO (LEI 8.906/94, ART. 15, § 3º). SOCIEDADE CUJO NOME NÃO CONSTA DO INSTRUMENTO DE MANDATO. IMPOSSIBILIDADE. 1. A expedição de alvará para "entrega do dinheiro" constitui um ato processual integrado ao processo de execução, na sua derradeira fase, a do pagamento. Segundo o art. 709 do CPC, a entrega do dinheiro deve ser feita ao "credor". Esta regra deve ser também aplicada, sem dúvida, à execução envolvendo honorários advocatícios, o que significa dizer que, também nesse caso, o levantamento do dinheiro deve ser deferido ao respectivo 'credor'. 2. Segundo o art. 23 da Lei 8.906/94 (Estatuto da OAB) 'os honorários incluídos na condenação, por arbitramento ou sucumbência, pertencem ao advogado, tendo este direito autônomo para executar a sentença nessa parte, podendo requerer que o precatório, quando necessário, seja expedido em seu favor'. Em princípio, portanto, credor é o advogado. 3. Todavia, o art. 15, § 3º, da Lei 8.906/94 autoriza o levantamento em nome da sociedade caso haja indicação desta na procuração. Há, ainda, outra hipótese em que a sociedade torna-se credora dos honorários: quando cessionária do respectivo crédito. 4. No caso concreto, não está configurada qualquer das hipóteses acima referidas, já que sequer se cogita de cessão de crédito em favor da sociedade, e o acórdão recorrido afirma apenas a existência de procuração em favor dos advogados, e não da sociedade. 5. Recurso especial provido. (REsp 437.853/DF, Rel. Ministro Teori Albino Zavascki, PRIMEIRA TURMA, julgado em 25/05/2004, DJ 07/06/2004, p. 160).

[849] PROCESSUAL CIVIL. PROCURAÇÃO. SUBSTABELECIMENTO. SOCIEDADE DE ADVOGADOS. ALVARÁ DE LEVANTAMENTO EM NOME DE PESSOA FISICA. IMPOSSIBILIDADE DA INCIDÊNCIA DE ALÍQUOTA DEVIDA POR PESSOA JURÍDICA. ART. 16, LEI N. 8.906/94. 1 – A expedição de alvará de levantamento de verba advocatícia com a incidência de alíquota 1,5% só é possível se o alvará for expedido em nome da sociedade de advogados e se a procuração outorgada ou o substabelecimento do mandato fizerem menção à entidade societária. 2 – No presente caso, constata-se que as procurações outorgadas fazem menção à sociedade civil (fls. 11/20). Contudo, o fato de a requisição de pagamento ter sido viabilizada no nome da pessoa natural do Advogado Djalma Nogueira dos Santos Filho, inviabiliza a incidência da alíquota devida pela pessoa jurídica da sociedade de advogados (1,5%), e impõe a incidência da alíquota devida pela pessoa física (27,5%). 3 – O deposito

Utilizando essa analogia, para evitar qualquer questionamento referente à incidência tributária dos honorários recebidos pelos árbitros através de sua pessoa jurídica, reiteramos o entendimento de que, no momento em que esse externar aceitação de sua indicação, o faça indicando expressa-

judicial determinado à fl. 54, referente ao montante relativo a 26% do valor total do alvará, deverá ser revertido em favor da União (Fazenda Nacional). 4 – Agravo desprovido. (TRF 1ª Região, SEGUNDA TURMA, AI 0014297-42.2003.4.01.0000 (2003.01.00.020659-4/DF), Rel. DESEMBARGADOR FEDERAL Francisco de Assis Betti, julgado em 30/07/2008). [850] TRIBUTÁRIO. PROCESSUAL CIVIL. HONORÁRIOS ADVOCATÍCIOS. IMPOSTO DE RENDA PESSOA FÍSICA. ALVARÁ DE LEVANTAMENTO EM NOME DO ADVOGADO. INEXISTÊNCIA DE INDÉBITO. ALEGAÇÃO DE PRESTAÇÃO DE SERVIÇOS ADVOCATÍCIOS PELA SOCIEDADE NÃO COMPROVADA. AUSÊNCIA DE CONTRTATO E DE PROCURAÇÃO. MAJORAÇÃO DA VERBA HONORÁRIA. 1. In casu, o autor alega que levantou valores a título de honorários advocatícios de forma equivocada, uma vez que o fez em seu próprio nome, quando, na verdade, deveria tê-lo feito na pessoa jurídica da qual é sócio, sendo assim, o imposto de renda retido na fonte deveria ter sido recolhido à alíquota de 1,5%, e não 27,5%. 2. Não merece guarida o pedido de restituição sob o argumento do recolhimento do imposto ter sido efetuado a maior, uma vez que os serviços advocatícios teriam sido prestados pela pessoa jurídica, pois não consta dos autos cópia do contrato firmado entre o escritório e o cliente, nem tampouco da procuração outorgando poderes aos casuísticos da sociedade de advogados. 3. Conforme documentação acostada aos autos, o autor apenas logrou comprovar que o valor relativo aos honorários advocatícios, depositado nos autos do processo n. 00.7996-0, foi levantado em nome da pessoa física do advogado, Dr. José de Vasconcelos, de acordo com o alvará de levantamento de fl. 18, razão pela qual, a dedução do Imposto de Renda se deu no percentual de 27,5% (fls. 16/17). 4. A regra inserta no art. 333, I e II do CPC é clara ao afirmar que incumbe ao autor provar o fato constitutivo de seu direito e, à parte contrária, o fato impeditivo, modificativo ou extinto do direito do autor. 5. Vigora no direito processual civil o princípio básico de que alegar e não provar é o mesmo que não alegar, assim, tendo em vista a falta de prova de que os serviços advocatícios foram prestados pela sociedade de advogados e não pela pessoa física do sócio, não há como reconhecer o indébito passível de restituição. 6. A inscrição em dívida ativa e o ajuizamento das execuções fiscais mencionadas nos autos deram-se tão somente em razão da conduta contraditória do próprio autor, a não da Fazenda Pública, como faz crer esse, pois, apesar de levantar o montante em seu próprio nome, depositando-o em sua conta corrente e retendo o imposto à alíquota aplicável à pessoa física, declarou o valor como receita da sociedade. 7. Sendo assim, eventual insurgência contra a cobrança dos tributos em face da empresa, deve ser formulada em autos próprios, oportunidade na qual se discutirá eventual bis in idem. 8. Os honorários advocatícios devem ser fixados em 10% sobre o valor da causa, com fulcro no art. 20, § 4º, do Código de Processo Civil, limitado, contudo, ao montante de R$ 20.000,00 (vinte mil reais), consoante entendimento desta E. Sexta Turma. 9. Apelação do autor improvida. Apelação da União Federal parcialmente provida. (TRF 3ª Região, SEXTA TURMA, AC 0006885-62.2005.4.03.6102, Rel. DESEMBARGADORA FEDERAL CONSUELO YOSHIDA, julgado em 06/10/2011, e-DJF3 Judicial 1 DATA:13/10/2011 PÁGINA: 789).

mente a sociedade de advogados à qual pertença, o número de inscrição dela perante a OAB, o número do CNPJ e da inscrição municipal, replicando essa informação quando da formalização do termo de arbitragem.

Ressaltamos, ainda, que o serviço não seria prestado pela sociedade de advogados, haja vista que os serviços advocatícios são *sui generis*, sendo certo que a presente sugestão apenas refletirá que o serviço prestado de forma pessoal pelo árbitro-advogado deverá ser tributado pela sociedade ao qual esse é vinculado.

CONCLUSÃO

Demonstramos ao longo do presente trabalho que, através de uma intepretação principiológica, a arbitragem é plenamente aplicável às discussões tributárias no sistema brasileiro – ainda que restritas a normas específicas e explícitas nesse sentido.

Tal demonstração foi feita, primeiramente, delineando-se os pressupostos teóricos e metodológicos, consubstanciados na conceituação de "sociedade em rede" como um novo paradigma decorrente da necessidade social, por meio do qual uma nova constituição social – marcada pelo pluralismo, a consensualidade, a transparência, a participação e a *accountability* – é implementada através de mecanismos jurídicos inovadores, como a arbitragem envolvendo questões tributárias.

Essas ferramentas não foram analisadas isoladamente quanto aos seus ramos jurídicos de atuação, pois partimos da complexidade dos sistemas para afirmar a necessidade simbiótica entre os vários subsistemas, em especial o da arbitragem e o do direito tributário.

Ainda de forma preliminar ao mérito da pesquisa, definimos a hermenêutica aplicada, extraindo o seu significado epistemológico, para somente então fazermos a exegese extraindo sua função cognoscitiva, optando, assim, pela utilização da interpretação sistemática.

Adentrando na análise da arbitragem e da Administração Pública, conceituamos ambas para os fins do presente trabalho.

O caminho para culminar no conceito de arbitragem considerou detidamente os motivos pelos quais não se pode mais afirmar que sua adoção esbarraria na inafastabilidade do controle jurisdicional – questão já pacificada doutrinariamente e corroborada pela jurisprudência do STF –, bem como delineamos o instituto e sua abrangência para, somente então, propor um conceito.

Com base neste cenário, a arbitragem foi considerada como uma tecnologia jurídica de afastamento do controle jurisdicional por vontade expressa das partes, que outorgam a particulares ou instituições poderes para dirimir conflitos decorrentes de direitos patrimoniais disponíveis, com a finalidade de obter uma decisão escrita, final, irrecorrível, que, sendo condenatória, constituirá título executivo, com força de título executivo judicial.

Uma vez conceituada, nos debruçamos nas modalidades de sua formalização, tanto no Brasil quanto no direito comparado, pormenorizando o que se entende pelo gênero convenção de arbitragem, do qual são espécies: cláusula compromissória (previsão prévia ao litígio) e compromisso arbitral (opção de subsunção posterior ao surgimento da controvérsia).

Extraímos, ainda, as potencialidades da arbitragem, identificando--as e nos debruçando nas seguintes particularidades: (i) exequibilidade dos laudos arbitrais; (ii) flexibilidade do procedimento; (iii) possibilidade de seleção dos árbitros; (iv) confidencialidade; (v) neutralidade; (vi) definitividade das decisões; (vii) celeridade do procedimento arbitral; e (viii) custo.

Finalizada a delineação da arbitragem, passamos para o conceito de Administração Pública, seguido do de interesse público.

Considerada a assistência regular prestada por estruturas constituídas por agentes estáveis, tarefas definidas e dotação orçamentária e de poderes jurídicos decorrentes do caráter permanente das necessidades coletivas, o conceito de "Administração Pública" foi adotado não sob a ótica dos serviços que presta, mas sim do conjunto de entidades jurídicas que podem desenvolver essa atividade administrativa de interesse coletivo.

Compreendemos "interesse público" como as projeções das necessidades, segregando-as em interesses públicos primários (indisponíveis e teoricamente não arbitráveis), e secundários (disponíveis e suscetíveis de arbitramento).

Retomamos a questão da indisponibilidade do interesse público para demonstrar a divergência existente entre o pensamento administrativista clássico, para quem nem o secundário poderia se utilizar da arbitragem, e o pensamento administrativista moderno e refletido tanto na prática da própria Administração Pública quanto nas decisões judiciais.

CONCLUSÃO

Percorremos toda a cronologia fático-normativa da arbitragem, desde as Ordenações do Reino de Portugal até os diplomas recentes, demonstrando que a arbitragem na Administração Pública sempre foi utilizada na prática no Brasil, sendo que extraímos, inclusive, exemplo de arbitragem de questões tributárias na época do Império.

Quanto ao tratamento legal atual no Brasil, destacamos que diversas são as possibilidades previstas em lei de a Administração Pública submeter à arbitragem controvérsias relacionadas a um rol amplo de temas, como: BNDES, empréstimos externos, concessão de obras e serviços públicos, transporte ferroviário, licitações, concessões, telecomunicações, petróleo, concessão de transportes, direito societário, energia elétrica, parcerias público privadas, e portos.

A jurisprudência brasileira também prestigiou o instituto ao consolidar a sua aplicação, especialmente ao afastar o pensamento administrativista clássico de que a Administração Pública não poderia se submeter à arbitragem.

Como não poderia deixar de ocorrer diante de um sistema legal com uma gama de possibilidades vigentes e construção jurisprudencial favorável à pacificação dos humores contrários à aplicação da arbitragem às contratações públicas, a prática também se mostrou uma realidade, onde, através da análise pormenorizada das experiências paradigmáticas, demonstramos que a Administração Pública não só lançou mão dessa possibilidade em diversos níveis, como também observamos que divergências efetivas já surgiram e arbitragens de vulto foram concluídas.

Um comportamento reiterado também restou presente nessa análise dos casos concretos: a tendência de tentar rediscutir judicialmente o que não se logrou êxito em conseguir na arbitragem, com o que demonstrou que a Administração Pública, apesar de prestigiar o instituto, ao se deparar com o caso concreto revelou uma ausência de unicidade estratégica, posto que, nos casos analisados, independentemente da razão meritória, evidenciou-se uma postura contraditória no decorrer do procedimento, atraindo, assim, o ônus da sucumbência.

Referimo-nos, exemplificadamente, aos casos envolvendo a compra da Refinaria de Passadena pela Petrobras, a discussão advinda com a construção da linha amarela do Metrô de São Paulo e a construção do Trem-Bala Rio de Janeiro-Campinas.

Em relação à compra da refinaria, a contradição reside no fato de que, apesar de haver previsão no contrato de compra quanto à arbitragem, com o advento da controvérsia, a empresa pública brasileira não vacilou ao anuir com um procedimento expedito, para que o laudo arbitral fosse proferido em noventa dias; todavia, diante da decisão negativa aos seus interesses, passou a questionar a ausência de tempo para a produção de provas que julgava imprescindíveis.

Atuação semelhante ocorreu por parte do Metrô de São Paulo, ao se deparar com o pedido de aumento de custo da obra por parte do Consórcio Via Amarela. As partes não chegaram a um consenso quanto aos custos da nova metodologia de construção, culminando num procedimento arbitral. Nesse procedimento, o que chama atenção não foi o fato de o Metrô insistir em uma prova que não comprovaria o problema em discussão, mas sim optar por impetrar um Mandado de Segurança fora do prazo decadencial para questionar o indeferimento desse pedido por pare do tribunal arbitral.

No que concerne ao caso envolvendo a construção do Trem-Bala Rio de Janeiro-Campinas, novamente nos deparamos com preconceitos evidentes de órgãos públicos extremamente técnicos quanto à adoção do instituto, posto ter sido o Ministério Público Federal quem ajuizou uma ação civil pública contra a União e a ANTT, buscando retirar a previsão editalícia, pretensão repelida liminarmente e, posteriormente, confirmada em sede de sentença, oportunidade em que o Judiciário reafirmou que a opção pela arbitragem nas contratações públicas não somente era possível, mas também desejável.

O que se extrai dessas experiências paradigmáticas é que o amadurecimento desse entendimento deve ser dirigido não apenas para os contratantes privados e o Judiciário – que vem cumprindo esse papel –, mas também para a própria Administração Pública, para que as teses e procederes já ultrapassados não sirvam de base para a defesa do interesse público.

No terceiro capítulo, adentramos na análise da arbitragem das questões tributárias propriamente ditas, revelando-a como uma realidade, inobstante as objeções práticas de natureza doutrinária e teórica.

Essa resistência foi transposta pela análise das hipóteses estrangeiras já vigentes de arbitragem tributária, como os acordos firmados para evitar a dupla tributação assinados entre países como: Estados Unidos da América, Bélgica, Canadá, Alemanha, França, Holanda, Egito, Kwait, Macedônia, Moldávia e Uzbequistão.

A referência paradigmática, contudo, foi a de Portugal, posto que, de forma ainda singular, previu a arbitragem de questões tributárias diretas

CONCLUSÃO

entre contribuintes e fazenda pública, o que se dá no âmbito do Centro de Arbitragem Administrativa, CAAD, que se encontra sob a égide do Conselho Superior dos Tribunais Administrativos e Fiscais.

Em Portugal, a introdução da arbitragem tributária direta visou justamente: (i) reforçar a tutela eficaz dos direitos e interesses legalmente protegidos dos sujeitos passivos; (ii) imprimir maior celeridade na resolução de litígios que opõem a administração tributária ao sujeito passivo; e (iii) reduzir a pendência de processos nos tribunais administrativos e fiscais.

Demonstrado que, no exterior, diversas são as aplicações já vigentes da arbitragem tributária, enfrentamos preconceitos internos – como a suposta falta de previsão legal e a ausência de vedação legal expressa – e superamos a ideia de indisponibilidade do crédito tributário.

Nos debruçamos, então, nos conceitos que deveriam ser observados na arbitragem tributária no âmbito interno, analisando sob uma nova perspectiva a publicidade dos procedimentos arbitrais fiscais, considerando, para tanto, uma jurisdição privada não estatal e as previsões da Lei de Acesso à Informação, identificando, assim, que o destinatário da norma de sigilo é a Administração Pública e não as instituições arbitrais, que devem respeitar a opção – desde que observados os critérios da LAI –, cindindo-se à publicação na Internet de um extrato contendo as informações principais dos procedimentos tributários, tal como nos que a Administração Pública se fizer presente.

Pontuamos também que a equidade não poderá ser utilizada para decidir questões tributárias, tanto pela atual redação da lei brasileira de arbitragem quanto por vedação expressa contida no CTN.

Quanto à escolha dos árbitros, da dificuldade contida no paradoxo entre a maior experiência dos árbitros e a sua atuação onde figurem os locais onde esse conhecimento foi adquirido, sugerimos um sistema elástico-pragmático-acadêmico escalonado aberto com a intenção de manter a imparcialidade das decisões, quando contrapostas aos tribunais administrativos tributários, que são órgãos colegiados e paritários (representantes tanto dos contribuintes quanto da fazenda) compostos por julgadores em número par, residindo o voto de desempate nas mãos de um representante da fazenda.

O sistema consiste em uma tecnicidade que abarque tanto uma experiência pragmática quanto acadêmica, diretamente relacionado com os valores envolvidos – quanto maior o montante em discussão, maior a técnica necessária para a sua solução. Contempla também a abertura cadastral para qualquer interessado figurar, desde que observadas as premissas técnicas, sendo ainda extensível a outras formações, como engenharia, administração de empresas, economia e contabilidade.

Ressaltamos, em breves linhas, a observância à sistemática dos precatórios nos casos de eventuais condenações da fazenda nos procedimentos arbitrais tributários.

Com essa moldura teórica desenhada com base na experiência internacional, passamos a adaptá-la para o caso brasileiro, registrando a existência de um exemplo interno e já vigente de arbitragem tributária.

Para tanto, demonstramos o histórico de criação e limites de atuação da Câmara de Conciliação de Arbitragem da Administração Federal – CCAF, através da qual evidenciamos que o CTN também considera como legislação tributária os atos normativos emanados por autoridades competentes, fazendo, assim, uma intepretação sistemática quanto à legislação complementar e ordinária que rege a AGU, bem como os atos administrativos emanados por esse órgão, ressalvando-se que os pareceres internos, quando aprovados nos termos da lei complementar, e publicados, vinculam toda a Administração Pública.

Com base nessas premissas, destacamos haver a hipótese vigente de subsunção de conflitos tributários no âmbito interno da Administração Púbica, ressalvando restar, apenas, a formalização dos procedimentos que deverão ser observados para o seu funcionamento efetivo.

Evidenciamos, também, outra hipótese premente de implementação, decorrente do fato de que os acordos brasileiros para evitar a dupla tributação firmados com países como a Bélgica, o Canadá e a França são baseados nas mesmas fontes que originaram os acordos que esses mesmos países firmaram com os Estados Unidos, acrescendo a possibilidade da arbitragem tributária.

Elencamos as formas indiretas de arbitragem tributária, como, por exemplo: a formatação material da decisão arbitral para mitigação do seu impacto tributário; a utilização do Direito Tributário como forma de pressão sobre investidores para expropriar valores; a utilização de alterações tributárias que reproduzirão distorções econômicas determinantes da revisão do equilíbrio econômico-financeiro dos contratos internacionais; assim como a utilização da arbitragem tributária internacional como forma

CONCLUSÃO

de planejamento tributário, pela implementação da denominada *cross-border tax arbitrage*.

Diante da pluralidade de adoção do instituto junto ao Direito Tributário, sugerimos uma classificação da arbitragem tributária quanto:

- (*i*) ao tempo:
  - (*i.a*) preliminar e preventivamente à constituição do crédito tributário; ou
  - (*i.b*) subsequente à constituição do crédito tributário;
- (*ii*) ao mérito:
  - (*ii.a*) direta – analisando diretamente as questões tributárias; ou
  - (*ii.b*) indireta – quando dos laudos arbitrais surge um novo fato jurídico tributário;
- (*iii*) à abrangência:
  - (*iii.a*) interna – entre os próprios entes federativos pátrios, ou entre Administração e contribuintes nacionais;
  - (*iii.b*) internacional estatal – para dirimir questões envolvendo acordos destinados a evitar a dupla tributação; ou
  - (*iii.c*) internacional mista – quando envolver um Estado e um ente privado estrangeiro (acordos de investimento).

E, por fim, optamos por inverter o olhar, deixando de sondar a arbitragem para nela incluir o Direito Tributário, e passamos a verificar as questões controvertidas da tributação incidente na arbitragem.

Verificamos a incidência da tributação sobre os valores recebidos pelas instituições arbitrais e, posteriormente, repassados aos árbitros, demonstrando as justificativas teóricas através das quais referidos repasses não deveriam compor a base de cálculo dos tributos eventualmente devidos pelas câmaras de arbitragem.

Também analisamos a tributação dos honorários dos árbitros, quando recebidos através de pessoas jurídicas. Acrescemos à análise o caso dos árbitros advogados que recebem por meio das respectivas sociedades de advogados, e, levando em consideração a orientação dada pelo CFOAB, que entendeu pela validade desse recebimento e tributação nas sociedades de advogados, sugerimos, por conta de uma intepretação jurisprudencial sistemática, que, quando da aceitação da indicação, os árbitros ressalvassem expressamente que os serviços seriam prestados pessoalmente, mas através da sociedade à qual são ligados, minimizando, assim, os riscos de questionamentos por parte da Receita Federal do Brasil.

Desta forma, demonstramos que a arbitragem tributária é uma realidade no Brasil, mesmo que carente apenas de regulamentação do seu procedimento e restrita aos atores da própria Administração Pública.

Restou também evidenciado o terreno fértil para sua adoção em outros segmentos, tanto de forma direta quanto indireta, residindo no debate acadêmico o contexto adequado para o aperfeiçoamento dessas proposições.

REFERÊNCIAS

ABDALLA, Letícia Barbosa e Silva; BARROS, Vera Cecília Monteiro de. **Algumas Questões Ainda Polêmicas na Homologação de Sentença Arbitral Estrangeira**. In: LEMES, Selma Ferreira; BALBINO, Inez (coord.). Arbitragem. Temas Contemporâneos. São Paulo: Quartier Latin, 2012.

AMARAL, Paulo Osternack. **Vantagens, desvantagens e peculiaridades da arbitragem envolvendo o Poder Público**. In: PEREIRA, Cesar A. Guimarães; TALAMINI, Eduardo (coord.). Arbitragem e o Poder Público. São Paulo: Saraiva, 2010.

_____. **Arbitragem e Administração Publica: aspectos processuais, medidas de urgência e instrumentos de controle**. Belo Horizonte: Fórum, 2012.

ANDERSON, Kenneth. **The Ottawa Convention Banning Landmines, the Role of International Non-governmental Organizations and the Idea of International Civil Society**. European Journal of International Law. Vol. 11, Issue 1, 2000, p. 20. Disponível em: < http://papers.ssrn.com/sol3/papers.cfm?abstract_id=233561 >, acesso em 31 de outubro de 2015.

ANDRADE, Claudia Castro de. **A fenomenologia da percepção a partir da autopoiesis de Humberto Maturana e Francisco Varela**. Griot – Revista de Filosofia, Amargosa, Bahia, Brasil. V.6, n. 2, dezembro/2012.

BALBINO, Inez. **Arbitrabilidade do Direito Falimentar**. In: LEMES, Selma Ferreira; BALBINO, Inez (coord.). Arbitragem. Temas Contemporâneos. São Paulo: Quartier Latin, 2012.

BANDEIRA DE MELLO, Celso Antônio. **Curso de Direito Administrativo**. 32ª ed. São Paulo: Malheiros, 2015.

BAPTISTA, Luiz Olavo. **Confidencialidade na Arbitragem**. In: V Congresso do Centro de Arbitragem Comercial: Intervenções. Coimbra: Centro de Arbitragem Comercial/Almedina, 2012.

_____. **Direito Civil e Arbitragem**. In: *Revista Brasileira de Arbitragem*, Ano XII, n. 48, out/dez 2015. Alphen aan den Rijn: Kluwer Law International; Curitiba: Comitê Brasileiro de Arbitragem.

BARBOSA, Lúcio de Assunção. **A arbitragem em Direito Tributário**. In: CAMPOS, Diogo Leite de; Ferreira, Eduardo Paz (coord.). A Arbitragem em Direito Tributário: I Conferência AIBAT – IDEFF. Coimbra: Almedina/Instituto de Direito Econômico, Financeiro e Fiscal, 2010, p. 10-11.

BARRAL, Welber. **Arbitragem e jurisdição.** In: Arbitragem: lei brasileira e praxe internacional. 2ª ed. Paulo B. Casella (coord.). São Paulo, LTr, 1999.

BASSO, Maristela. **Procedimento Arbitral Atual: Necessidade de um Diálogo de Reforma?** In: LEMES, Selma; CARMONA, Carlos Alberto; MARTINS, Pedro Batista. **Arbitragem: estudos em homenagem ao Prof. Guido Fernando da Silva Soares.** São Paulo: Atlas, 2007.

BECKER, Bertha Koiffman. **Brasil – Tordesilhas, Year 2000.** In: Revista Território, ano IV, n. 7. jul/ dez. 1999, Rio de Janeiro: LAGET/UFRJ, 1999.

BEDANI, Rebeca Soraia Gaspar. **Técnicas de Planejamento Tributário e a Arbitragem Tributária Internacional.** In: Âmbito Jurídico, Rio Grande, XVIII, n. 139, ago 2015. Disponível em: <http://www.ambito-juridico.com.br/site/?n_link=revista_artigos_leitura&artigo_id=16294>. Acesso em 17/01/16.

BERALDO, Leonardo de Faria. **Curso de arbitragem: nos termos da Lei n. 9.307/96.** São Paulo: Atlas, 2014.

BIGGS, Gonzalo; CARVALHO, André Castro. **Arbitraje em Chile y Brasil.** In: LEMES, Selma Ferreira; BALBINO, Inez (coord.). Arbitragem. Temas Contemporâneos. São Paulo: Quartier Latin, 2012.

BOISSÉSON, Matthieu de. **Réflexions sur l'espace et le temps dans l'arbitrage international.** In: Etudes offertes à Pierre Bellet, Paris: Litec, 1991.

BORN, Gary. **International Commercial Arbitration.** Vol I. Alphen aan den Rijn: Kluwer Law International, 2009.

BRANCHER, Paulo. **Soluções de Controvérsias e as Agências Reguladoras.** In: *Revista Brasileira de Arbitragem*, Ano I, n. 1, jan/mar 2004. São Paulo: IOB Thomson.

BROCHES, Aron. **Selected essays: World Bank, ICSID, and other subjects of** public and private international law. Dordrecht: Martinus Nijhoff Publishers, 1994.

CAETANO, Marcello. **Manual de Direito Administrativo.** Coimbra: Almedina, 2010.

CALMON, Eliana. **A Arbitragem Internacional.** Informativo Jurídico da Biblioteca Ministro Oscar Saraiva, v. 16, n. 1, Jan./Jul. 2004, p. 11. Disponível em: <http://www.stj.jus.br/publicacaoinstitucional/index.php/informativo/article/viewFile/434/392>, acesso em 07 de janeiro de 2016.

CÂMARA, Alexandre Freitas. **Arbitragem: Lei n. 9.307/96.** Rio de Janeiro: Lumen Juris, 1997.

CAMPOS, Diogo Leite de. **A Arbitragem Tributária – "A Centralidade da Pessoa".** Coimbra: Almedina, 2010.

CAMPOS, Diogo Leite de; Ferreira, Eduardo Paz (coord.). **A Arbitragem em Direito Tributário: I Conferência AIBAT – IDEFF.** Coimbra: Almedina/ Instituto de Direito Econômico, Financeiro e Fiscal, 2010.

CANOTILHO, José Joaquim Gomes. **Direito constitucional e teoria da constituição.** Coimbra: Almedina, 2003.

CANOTILHO, J. J. Gomes; MENDES, Gilmar F.; SARLET, Ingo W.; STRECK, Lanio L. (Coords.). **Comentários à Constituição do Brasil.** São Paulo: Saraiva/Almedina, 2013.

CARDIN, Carlos Henrique. **A luta pelo Princípio da Igualdade entre as nações: Rio Branco e Rui Barbosa na Convenção de Paz da Haia de 1907.** In: COUTINHO, Maria do Carmo Strozzi (Coord. Ed.). II Conferência da Paz Haia, 1907: a correspondência telegráfica entre o Barão de Rio Branco e Rui Barbosa / [Centro de História e Documentação Diplomática]. Brasília: FUNAG, 2014

CARDOSO, André Guskow. **As Agências Reguladoras e a Arbitragem**. In: PEREIRA, Cesar A. Guimarães; TALAMINI, Eduardo (coord.). Arbitragem e o Poder Público. São Paulo: Saraiva, 2010.

CARMONA, Carlos Alberto. **Arbitragem e Processo: um comentário à Lei n. 9.307/96**. São Paulo: Atlas, 2009.

CARVALHO, Paulo de Barros. **Direito Tributário : linguagem e método**. 4ª ed. – São Paulo: Noeses, 2011.

CASELLA, Paulo Borba. **Efetividade da nova lei**. In: CASELLA, Paulo Borba. (Coord.) Arbitragem – a nova lei brasileira e a praxe internacional. São Paulo: LTr, 1997.

_____. **Procedimentos da Arbitragem: a Nova Lei Brasileira, a Praxe Internacional**. In: Revista do Tribunal Regional Federal 1ª Região, Brasília, v. 9, n. 1, p. 129-148, jan/mar 1997.

CASTELLS, Manuel. **A sociedade em rede**. São Paulo: Paz e Terra, 2005.

CASTELLS, Manuel; CARDOSO, Gustavo. **The Network Society: From Knowledge to Policy**. Washington: Johns Hopkins Center for Transatlantic Relations, 2005.

COGLIOLO, Pedro. **Philosophia do Direito Privado**. Vertida da segunda edição italiana com o consentimento do auctor por Eduardo Espinola. Bahia: Empreza Editora, 1898.

COUTINHO, Maria do Carmo Strozzi (Coord. Ed.). **II Conferência da Paz Haia, 1907: a correspondência telegráfica entre o Barão de Rio Branco e Rui Barbosa** / [Centro de História e Documentação Diplomática]. Brasília: FUNAG, 2014.

CRETELLA NETO, José. **Curso de Arbitragem**. Rio de Janeiro: Forense, 2004

CRETTON, Ricardo Aziz. **Os princípios da proporcionalidade e da razoabilidade** e sua aplicação no direito tributário. Rio de Janeiro: Lumen Juris, 2001.

DA SILVA, Eduardo Silva. **Arbitragem e Direito da Empresa**. São Paulo: RT, 2003.

DA SILVA, Eduardo Silva. **Brasil e Infraestrutura: *Aggiornamento* do Direito da Empresa e da Arbitragem. Primeira Linhas**. In: LEMES, Selma Ferreira; BALBINO, Inez (coord.). Arbitragem. Temas Contemporâneos. São Paulo: Quartier Latin, 2012.

DARBY, Willian Evans. **International arbitration. International tribunals. A collection of the various schemes which have been propounded; and of instances in the nineteenth century**. London: J. M. Dent and Co., 1904.

DINAMARCO, Cândido Rangel. **A arbitragem na Teoria Geral do Processo**. São Paulo: Malheiros, 2013.

ESCOBAR, Marcelo Ricardo; LEITE, Yuri Pedroza. **Article 13 – Interpretation**. In: STRAUBE, Frederico José; FINKELSTEIN, Cláudio; CASADO FILHO, Napoleão. The CAM-CCBC Arbitration Rules 2012: a commentary. The Hague: Eleven, 2016

FERRRARI, Maristela. **Conflitos Políticos na definição dos limites entre o Brasil e a Argentina: a questão de Palmas ou Missões (1857 e 1895)**. In: Anais do X Encontro de Geógrafos da América Latina – 20 a 26 de março de 2005 – Universidade de São Paulo, 2005.

FIGUEIRA JÚNIOR, Joel Dias. **Manual da Arbitragem**. RT: São Paulo: 1997.

FIGUEIRAS, Cláudia Sofia de Melo. **Arbitragem: a redescoberta de um novo paradigma de justiça tributária?** In: FONSECA, Isabel Celeste M. (coord.) A Arbitragem Administrativa e Tributária – problemas e desafios. Coimbra: Almedina, 2013.

FIGUEIREDO, Roberto Castro de. **Alabama Claims: Decision of the Arbitrators Respecting National Losses**. In: *Revista Brasileira de Arbitragem*, Ano VIII, n. 31, jul/set 2011. São Paulo: IOB Thomson.

FILHO, Rodolfo Pamplona; BARBOSA, Charles. **Reflexões Filosóficas sobre a neutralidade e imparcialidade no ato de julgar**. Rev. TST, Brasília, vol. 77, n. 3, jul/set 2011.

FINKELSTEIN, Cláudio. **A Questão da Arbitrabilidade**. In: *Revista Brasileira de Arbitragem*, Ano IV, n. 13, jan/mar 2007. São Paulo: IOB Thomson.

FIUZA, César. **Direito civil: Curso Completo**. Belo Horizonte: Del Rey, 2002.

FONSECA, Isabel Celeste M. (coord.). **A Arbitragem Administrativa e Tributária: Problemas e desafios**. Coimbra: Almedina, 2012.

FONSECA, Rodrigo Garcia da; CORREIA, André de Luizi. **Confidencialidade na Arbitragem. Fundamentos e Limites**. In: LEMES, Selma Ferreira; BALBINO, Inez (coord.). Arbitragem. Temas Contemporâneos. São Paulo: Quartier Latin, 2012.

FOUCHARD, Philippe; GAILLARD, Emmanuel; GOLDMAN, Berthold; SAVAGE, John. **Fouchard, Gaillard, Goldman on International Commercial Arbitration**. The Hague: Kluwer Law International, 1999.

FRIEDLAND, Paul; MISTELIS, Loukas. **2015 International Arbitration Survey: Improvements and Innovations in International Arbitration**. London: Queen Mary University of London – School of International Arbitration/White & Case, 2015. Disponível em: < http://www.arbitration.qmul.ac.uk/docs/164761.pdf >, acesso em 29/11/15.

FRIEDLANDER, Lara; WILKIE, Scott. **Policy Forum: The History of Tax Treaty Provisions – And Why It is Important to Know About It**. Canadian Tax Journal / Revue Fiscale Canadienne, Vol. 54, N. 4, 2006.

GABARDO, Emerson. **Interesse Público e Subsidiariedade: o Estado e a sociedade civil para além do bem e do mal**. Belo Horizonte: Fórum, 2009.

GASPARINI, Diógenes. **Direito Administrativo**. São Paulo: Saraiva, 2011, p. 96.

GIANNINI, Achille Donati. **Istituzioni di Diritto Tributári**. Milão: Dott. A. Giuffré Editore, 1974.

GIL, Antonio Carlos. **Métodos e técnicas de pesquisa social**. São Paulo: Atlas, 1999.

GIUSTI, Gilberto; TRINDADE, Adriano Drummond C. **As arbitragens internacionais relacionadas a investimento: a Convenção de Washington, o ICSID e a posição do Brasil**. In: *Revista de Arbitragem e Mediação*, Ano 2, n. 7, out/dez 2005. São Paulo: Revista dos Tribunais.

GOLDSCHNIDT, Fabio Brun. **Arbitragem e Transação tributária – Verificação de Compatibilidade**. In: Revista Dialética de Direito Tributário, n. 48, set. 1999. São Paulo: Dialética, 1999.

GOMES, Orlando. **Contratos**. Rio de Janeiro: Forense, 1978.

GRADWOHL, Carlos; SOSA, Araceli. **Anti-Abuse Rules on International Taxation**. PriceWaterhouseCoopers, p. 2, disponível em: < https://www.pwc.com/mx/es/publicaciones/archivo/201108-081104_gm_antiabuse.pdf >, acesso em: 15/01/16.

GLEBER, Eduardo; RADAEL, Gisely. **Tradução da Convenção das Nações Unidas sobre Contratos de Compra e Venda Internacional de Mercadorias**. Disponível em: < http://www.cisg-brasil.net/doc/egrebler2.pdf >, acesso em: 17/01/16.

GRECO, Marco Aurélio. **Planejamento fiscal e interpretação de lei tributária.** São Paulo: Dialética, 1998.

GRINOVER, Ada Pellegrini. **A inafastabilidade do controle jurisdicional e uma nova modalidade de autotutela (parágrafos únicos dos artigos 249 e 251 do Código Civil).** In: *Revista Brasileira de Direito Constitucional – RBDC n. 10 – jul./dez. 2007.* São Paulo: ESDC.

HUSSERL, Edmund. **Ideen zu einer reinen Phänomenologie und phänomenologischen Philosophie.** Hamburg: Felix Meiner Verlag GmbH: 2009.

LAGERBERG, Gerry; MISTELIS, Loukas. **International Arbitration: Corporate attitudes and practices 2006.** London: Queen Mary University of London – School of International Arbitration/ Price Waterhouse Coopers, 2006.

_____. **International Arbitration: Corporate attitudes and practices 2008.** London: Queen Mary University of London – School of International Arbitration/Price Waterhouse Coopers, 2008.

LAGES, Ana Paula. **O papel do Árbitro no Procedimento Arbitral.** Disponível em: < http://www.grebler.com.br/Artigos. html.79 >, acesso em: 13/01/16.

LAKATOS, Eva Maria; MARCONI, Marina de Andrade. **Fundamentos de metodologia científica.** São Paulo: Atlas, 1993.

LEE, João Bosco; PROCOPIAK, Maria Claudia de Assis. **A obrigação da Revelação do Árbitro – Está Influenciada por Aspectos Culturais ou Existe um Verdadeiro** *Standard* **Universal?** In: *Revista Brasileira de Arbitragem*, Ano IV, n. 14, abr/jun 2007. São Paulo: IOB Thomson.

LEMES, Selma Ferreira. **Arbitragem na Administração Pública não precisa de regra posterior.** Consultor Jurídico, 05/01/15, disponível em: < http://www. conjur.com.br/2015-jan-05/arbitragem-administracao-publica-nao-regra-posterior >, acesso em 13/01/16.

LEMES, Selma Ferreira; BALBINO, Inez (coord.). **Arbitragem. Temas Contemporâneos.** São Paulo: Quartier Latin, 2012.

LIMA, Jucélia. **Arbitragem Tributária Internacional e o Discurso Sul-americano da "Renúncia à Soberania Fiscal".** In: Revista Direito Tributário Atual, n. 33, São Paulo: IBDT/Dialética, 2015.

LUHMANN, Liklas. **Sistemas sociales: limenamentos para una teoría generale.** Tradução de Silvia Pappe e Brunhilde Erker. Barcelona: Anthropos, 1998.

_____. **El derecho de la sociedad.** Madrid: Iberoamericana, 2002.

MAGALHÃES, Rejane M. Moreira de A. **Presença de Rui Barbosa em Haia.** Fundação Casa de Rui Barbosa, p. 11. Disponível em: <http://www.casaruibarbosa.gov.br/dados/DOC/artigos/sobre_rui_barbosa/FCRB_RejaneMagalhaes_PresencaRuiBarbosa_em_Haia. pdf>, acesso em 10 de janeiro de 2016.

MARTINS FILHO, Ives Gandra da Silva. **O Ordenamento Jurídico Brasileiro.** In: *"Revista Jurídica Virtual".* Vol. 1, n. 3, julho 1999, Brasília. Disponível em: < http://www.planalto.gov.br/ccivil_03/revista/ Rev_03/ordenamento%20jur%20brasil.htm >, acesso em: 30/08/15.

MATURANA, R., Humberto; VARELA G. Francisco. **Autopoiesis and cognition. The realization of the Living.** Dordrecht: D. Reidel Publishing Company (Kluwer Group), 1980.

_____. **De máquinas y seres vivos – Autopoiesis: la organización de lo vivo.** Santiago: Editorial Universitária, 1998.

MEDAUAR, Odete. **Direito administrativo moderno.** São Paulo: Editora Revista dos Tribunais, 2010.

_____. **O direito administrativo em evolução.** São Paulo: Editora Revista dos Tribunais, 2003.

MENDONÇA, Priscila Faricelli de. **Arbitragem e transação tributárias.** Brasília: Gazeta Jurídica, 2014.

MONTORO, Marcos André Franco. **Flexibilidade do procedimento arbitral.** São Paulo, 2010. Tese de Doutorado em Direito, Faculdade de Direito da Universidade de São Paulo.

MOREIRA, José Carlos Barbosa. **Reflexões sobre a Imparcialidade do Juiz.** In: Temas de Direto Processual Civil, 7ª Série. São Paulo: Saraiva, 1994.

NETO, Diogo de Figueiredo Moreira. **Mutações do Direito Administrativo.** Rio de Janeiro: Renovar, 2007.

OLIVEIRA, Gustavo Justino. **A administração consensual como a nova face da administração pública no século XXI: fundamentos dogmáticos, formas de expressão, e instrumento de ação.** In: OLIVEIRA, Gustavo Justino. Direito Administrativo Democrático. Belo Horizonte: Fórum, 2010.

_____. **A Arbitragem e as Parcerias Público-Privadas.** In: OLIVEIRA, Gustavo Justino. Direito Administrativo Democrático. Belo Horizonte: Fórum, 2010.

PALHARES, Ana. **A arbitragem e a renúncia dos entes públicos ao direito de acesso aos tribunais do Estado.** In: FONSECA, Isabel Celeste M. (coord.) A Arbitragem Administrativa e Tributária – problemas e desafios. Coimbra: Almedina, 2013.

PARENTE, Eduardo de Albuquerque. **Processo arbitral e sistema.** São Paulo: Atlas, 2012.

PARK, William W. **Tax Arbitration and Investor Protection.** In: ROGERS, Catherine A.; ALFORD, Roger P. (coord.). The Future of Investment Arbitration. New York: Oxford University Press, 2009.

PEREIRA, Cesar A. Guimarães; TALAMINI, Eduardo (coord.). **Arbitragem e o Poder Público.** São Paulo: Saraiva, 2010.

PEREIRA, César Augusto Guimarães. **O decreto 8.465 e a arbitragem no setor portuário: considerações sobre a sua natureza, eficácia e objeto.** Migalhas, 27/07/15, disponível em: < http://www.migalhas.com.br/dePeso/16,MI224129,31047--O+Decreto+no+8465+e+a+arbitragem+no+setor+portuario+consideracoes >, acesso em 03/09/15.

PEREIRA, Renato Barbosa Rodrigues. **O Barão do Rio Branco e o traçado das fronteiras no Brasil.** In: Revista Brasileira de Geografia. Ano VII, n. 2, abr/jun. 1945, Rio de Janeiro: Instituto Brasileiro de Geografia e Estatística, 1945.

PIETRO, Maria Sylvia Zanella Di. **Parcerias na Administração Pública.** São Paulo: Atlas, 2005.

PONTES DE MIRANDA, Francisco Cavalcanti. **Tratado de Direito Privado.** Tomo XXVI. Rio de Janeiro: Borsoi, 1959.

RIBEIRO, Marilda Rosado de Sá. **Solução de Controvérsias na Indústria do Petróleo.** In: LEMES, Selma Ferreira; CARMONA, Carlos Alberto; MARTINS, Pedro Batista, (coord.). Arbitragem: Estudos em Homenagem ao Prof. Guido Fernando da Silva Soares, *In Memoriam.* São Paulo: Atlas, 2007.

RIBEIRO, Ricardo Lodi. **A segurança jurídica do contribuinte: legalidade, não-surpresa e proteção à confiança legítima.** Rio de Janeiro: Lumen Juris, 2007.

REFERÊNCIAS

RISSE, Joerg. **Ten Drastic Proposals for Saving Time and Costs in Arbitral Proceedings**. In: Arbitration International Vol. 29, n. 3, 2013, London: LCIA/Kluwer Law International, 2013.

ROBINSON, John. **Ancient History; exhibiting a summary view of progress, revolution, decline, and fall of the states and nations of antiquity**. London: Printed for John Souter, at the School Library, 73, St. Paul's Chuchyard, 1831.

ROELLECKE, Gerd. **Die Legitimation des Grundgesetzes aus Sicht von Rechtsphilosophie und Gesellschafstheorie**. Baden-Baden: Nomos Verlag, 1996.

ROMÃO, Filipe. **Arbitragem Tributária – Uma análise breve da autorização legislativa para introdução da arbitragem tributária constante na proposta de Lei 9/XI, 1ª A (OE 2010)**. In: CAMPOS, Diogo Leite de; Ferreira, Eduardo Paz (coord.). A Arbitragem em Direito Tributário: I Conferência AIBAT – IDEFF. Coimbra: Almedina/Instituto de Direito Econômico, Financeiro e Fiscal, 2010.

ROSS, Alf. **Direito e Justiça**. Bauru: EDIPRO, 2000.

SANTI, Eurico Marcos Diniz de. **Transação e arbitragem no direito tributário: paranoia ou mistificação?** In: SARAIVA FILHO, Oswaldo Othon de Pontes; GUIMARÃES, Vasco (Org.). Transação e arbitragem n âmbito tributário: homenagem ao jurista Carlos Mário da Silva Velloso. Belo Horizonte: Fórum, 2008.

SARAIVA FILHO, Oswaldo Othon de Pontes; GUIMARÃES, Vasco (Org.). **Transação e arbitragem n âmbito tributário: homenagem ao jurista Carlos Mário da Silva Velloso**. Belo Horizonte: Fórum, 2008.

SCHMIDT-ASSMANN, John Eberhard. **La Teoría General del Derecho Administrativo como sistema: Objeto y fundamentos de la construción sistemática**. Instituto Nacional de Administración Pública Marcial Pons/Ediciones Jurídicas y Sociales S.A.: Madrid, 2003.

SEITENFUS, Ricardo Antônio da Silva. **Relações internacionais**. Barueri: Manole, 2004.

SILVA, Edna Lúcia da; MENESES, Estera Muszkat. **Metodologia da Pesquisa e Elaboração de Dissertação**. Florianópolis: UFSC, 2005

SINÉSIO, Daniel Jacuá. **A questão Christie e a atuação do Secretário João Batista Calógeras (1862-1865)**. Rio de Janeiro, 2013. Dissertação (Mestrado em História), Universidade Federal Fluminense. http://www.historia.uff.br/stricto/td/1698.pdf

SOUZA, Rubens Gomes de. **Compêndio de Legislação Tributária**. Rio de Janeiro: Edições Financeiras S.A., 1954.

SUNDFELD, Carlos Ari. **A Administração Pública na Era do Direito Global**. Revista Diálogo Jurídico, Salvador, CAJ – Centro de Atualização Jurídica, ano I, vol. 1, n.. 2, maio, 2001. Disponível em: < http://www.direitopublico.com.br > Acesso em: 31 de outubro de 2015.

TEUBNER, Gunther. **Recht als autopoietisches System**. Frankfurt am Main: Suhrkamp Verlag, 1989. Tradução portuguesa de: José Augusto Quelhas Lima Engrácia Antunes, **O direito como sistema autopoiético**. Lisboa: Fundação Gulbenkian, 1993.

TELES, Miguel Galvão. **A independência e a imparcialidade dos árbitros como imposição constitucional**. In: Estudos em Homenagem ao Doutor Carlos Ferreira de Almeida, Vol. III. Coimbra: Almedina, 2011.

TIMM, Luciano Benetti; SILVA, Thiago Tavares da. **Os Contratos Administra-**

tivos e a **Arbitragem**. In: Revista Brasileira de Arbitragem, Ano VIII, n. 29, jan/mar 2011. São Paulo: IOB Thomson.

TORRES, Heleno. **Apresentação do livro "arbitragem e transação tributárias"**. In: MENDONÇA, Priscila Faricelli. Arbitragem e transação tributárias. Brasília: Gazeta Jurídica, 2014.

_____. **Princípios da segurança jurídica e transação em matérias tributária. Os limites da revisão administrativas dos acordos tributários**. In: SARAIVA FILHO, Oswaldo Othon de Pontes; GUIMARÃES, Vasco (Org.). Transação e arbitragem n âmbito tributário: homenagem ao jurista Carlos Mário da Silva Velloso. Belo Horizonte: Fórum, 2008.

_____. **Transação, Arbitragem e Conciliação Judicial como Medidas Alternativas para Resolução de Conflitos entre Administração e Contribuintes – Simplificação e Eficiência Administrativa**. In: Revista Fórum de Direito Tributário, ano 1, n. 2, mar/abr 2003 (versão digital). São Paulo: Dialética, 2003

_____. **Tratados e Convenções Internacionais em Matéria Tributária e o Federalismo Fiscal Brasileiro**. In: Revista Dialética de Direito Tributário, n. 86, nov. 2002. São Paulo: Dialética, 2002.

TORRES, Ricardo Lobo. **Transação, conciliação e processo tributário adminis-** trativo equitativo. In: SARAIVA FILHO, Oswaldo Othon de Pontes; GUIMARÃES, Vasco (Org.). Transação e arbitragem n âmbito tributário: homenagem ao jurista Carlos Mário da Silva Velloso. Belo Horizonte: Fórum, 2008.

VALVERDE, Gustavo Sampaio. **Coisa julgada em matéria tributária**. São Paulo: Quartier Latin, 2004.

VERÇOSA, Fabiane. **Young Arbitrators Forum – Alterações na Lei Brasileira de Arbitragem ICCYAF, 30 de junho de 2015, São Paulo**. In: *Revista Brasileira de Arbitragem*, Ano XII, n. 48, out/dez 2015. Alphen aan den Rijn: Kluwer Law International; Curitiba: Comitê Brasileiro de Arbitragem.

VILLA-LOBOS, Nuno; VIEIRA, Mónica Brito (coord.). **Guia da Arbitragem Tributária**. Coimbra: Almedina/Centro de Arbitragem Administrativa – CAAD, 2013.

VITA, Jonathan Barros. **Arbitragem Comercial e de Investimentos e o Direito Tributário**. São Paulo: No prelo, 2015.

WHITTINGTON, Stephen A; PREBBLE John. **Cross-Border Tax Arbitrage and convergence of Tax Systems: a Law and Economics Approach**. Wellington: Faculty of Law – Victoria University of Wellington, 2012.

ZÜGER, Mario. **Arbitration under Tax Treaties: Improving Legal Protection in International Tax Law**. Amsterdã: IBFD-Doctoral Series 5, 2001.

ÍNDICE

INTRODUÇÃO	13
1. PRESSUPOSTOS TEÓRICOS E METODOLÓGICOS	17
2. ARBITRAGEM NA ADMINISTRAÇÃO PÚBLICA	41
3. ARBITRABILIDADE TRIBUTÁRIA	207
CONCLUSÃO	295
REFERÊNCIAS	303